Verschwörung

Daniel Pipes

Verschwörung

Faszination und Macht
des Geheimen

*Aus dem Amerikanischen von
Gerhard Beckmann*

Gerling Akademie Verlag

Die Originalausgabe erschien 1997 unter dem Titel
»Conspiracy« bei The Free Press, New York.

Die Deutsche Bibliothek – CIP-Einheitsaufnahme

Pipes, Daniel: Verschwörung : Faszination und Macht
des Geheimen / Daniel Pipes.
Aus dem Amerikan. von Gerhard Beckmann. –
München : Gerling-Akad.-Verl., 1998
Einheitssacht.: Conspiracy <dt.>
ISBN 3-932425-08-1

Umschlaggestaltung: Claus Seitz, München
Titelabbildung: George Grosz, »Stützen der Gesellschaft«
© VG Bild-Kunst, Bonn 1998, Photo: AKG, Berlin
Satz: Fotosatz Reinhard Amann, Aichstetten
Druck und Bindung: Clausen & Bosse, Leck
ISBN 3-932425-08-1

www.gerling-academy-press.com

Für Sarah Pipes,
eine leidenschaftliche Leserin

Inhalt

... Nichtigkeiten, leicht wie Luft,
sind für Argwöhnische
so stark wie Beweise heiliger Schriften.
American Mercury, 1799

Was könnte sein Motiv gewesen sein?
(Fürst Metternich auf die Nachricht
vom Tode des russischen Botschafters)

Ich traue niemandem,
nicht einmal mir selbst.
Josef Stalin

Vorwort

Es sind fast genau zwei Jahrhunderte her, als eine neue Erklärungsweise politischer Ereignisse aufkam. Einige Gegner der Französischen Revolution schrieben ihren Feinden ein unmenschliches Planungsvermögen und eine grauenhafte Absicht, das Streben nach Weltherrschaft, zu. Solche Ängste, die zunächst die nächtlichen Alpträume Unzufriedener ausmachten, nahmen während des 19. Jahrhunderts Gestalt an und entwickelten sich zu einem Gemenge von politischen Vorstellungen, das ich als Verschwörungsdenken bezeichne. Es bildeten sich zwei Hauptstränge von Verschwörungsdenken heraus; der eine war auf Gefahren ausgerichtet, die mit Geheimgesellschaften verbunden waren; der andere beschäftigte sich ausschließlich mit Juden. Mit der Zeit griffen solche Ängste auch auf Regierungen über – insbesondere auf britische, amerikanische und israelische Regierungen. Das Verschwörungsdenken gewann im Laufe des 19. Jahrhunderts eine immer größere Anhängerschaft. Zur Jahrhundertwende hatten skrupellose politische Aktivisten sich seiner bemächtigt und seinem Gedankengut dadurch weite Verbreitung verschafft, daß sie es mit einem harschen Ton versetzten und zum Fundament ehrgeiziger radikaler Bewegungen machten. Zwischen den beiden Weltkriegen haben Politiker in der Sowjetunion und in Deutschland dem Verschwörungsdenken zur Macht verholfen und es dann zur Rechtfertigung aggressiver Eroberungsfeldzüge verwendet. Für ungefähr zwei Jahre, von 1939 bis 1941, waren sie nahe daran, die Herrschaft über die Welt zu gewinnen. Das ist bloß an ihren eigenen kolossalen Fehlern gescheitert. In den dann folgenden Jahrzehnten hat das Verschwörungsdenken an Kraft verloren, obwohl es keineswegs verschwunden ist.

In diesem Buch entwickle ich eine integrale Deutung des Verschwörungsdenkens. Die nachfolgenden Seiten zeichnen die

Geschichte der Verschwörungstheorien von den frühesten Anfängen während der Kreuzzüge (als das Schema von den zwei
Hauptgegnern auftauchte) bis zur Gegenwart (als ihre Wirkung
sich an die politischen und geographischen Ränder verlagert
hat). Auf dem Wege werden wir einigen äußerst beunruhigen-
den Personen, den seltsamsten Vorstellungen und größten
Tragödien der Moderne begegnen. Das handelnde Personal
umfaßt unbekannte Intellektuelle (Augustin de Barruel, Sergej
Nilus) wie auch berühmte Intellektuelle (J. A. Hobson, Oswald
Spengler), Demagogen (Wilhelm Marr, Louis Farrakhan) und
Gestalten der Weltgeschichte (Adolf Hitler, Josef Stalin). Es
werden sogar einige Personen auftauchen, von denen man
nicht erwartet hätte, daß sie das Verschwörungsdenken billig-
ten (Benjamin Disraeli, Winston Churchill).

Zum Verständnis der Rolle, welche Verschwörungstheorien
heutzutage spielen, sind insbesondere zwei Fragenkomplexe
von Bedeutung: Wie seit dem Ersten Weltkrieg antisemitische
und anti-geheimbündlerische Traditionen verschmolzen, und
wie solche Vorstellungen zuerst bei den Rechten aufkamen,
dann von der Linken übernommen wurden und bis heute zwischen den Extremen des politischen Spektrums hin- und her-
springen.

Dieses Buch ist ein Essay, der Versuch einer Deutung; keine
wissenschaftliche Studie. Ich habe mich, um den Umfang in
den Griff zu bekommen, auf die ursprünglichen und die wichtigsten Aspekte des Verschwörungsdenkens konzentriert. Der
Akzent liegt auf dem Gedanklichen; nicht auf historischer
Information. Ich entschuldige mich vorab für eine eventuell
willkürlich erscheinende selektive Darstellung – so übergehe
ich z. B. konkrete Fälle von Verschwörungen (wie die bolschewistische Machtergreifung); Faktoren, die eine wachsende
Attraktivität des Verschwörungsdenkens (wie zur Zeit der Weimarer Republik) oder sein Abebben (wie jüngst in der westlichen Welt) erklären; und Persönlichkeitsmerkmale, die Verschwörungsdenken fördern (wie bei den Milizsoldaten im
US-Staat Montana). In seiner ersten historischen Periode über-
springe ich ganze Jahrhunderte; in der jüngeren Zeit Jahrzehnte. In diesem Zeitraum ist die Sowjetunion viel stärker

präsent als die übrigen totalitären Staaten (wie Nazi-Deutschland oder das China Maos). Vielleicht sollte ich das erläutern: Das sowjetische Beispiel kam zeitlich zuerst. Es währte am längsten; und es hatte den mit Abstand größten Einfluß. Stalin war »tiefer und komplexer als Hitler«[1]. Er war mehr als alle anderen Diktatoren Fokus der meisten und der komplexesten Versionen von Verschwörung. Er tötete aus Gründen, die mit politischer Paranoia[2] zusammenhingen, die bei weitem größte Anzahl von Menschen und begründete viele andere, beinah ebenso blutrünstige Regime.

Auf das Thema stieß ich beim Schreiben meines Buches *The Hidden Hand*, einer Studie über Verschwörungstheorien im Nahen Osten, der mein Spezialgebiet darstellt. Als ich den Ursprüngen der paranoiden Vorstellungen von Menschen wie Gamal Abdel Nasser, Ayatollah Khomeni und Saddam Hussein nachging, machte ich die Entdeckung, daß ihre Angst vor Komplotten keineswegs ein ihnen eigentümliches, originäres Phänomen war, sondern sich größtenteils aus europäischen und amerikanischen Quellen herleitete. Infolgedessen führten meine Forschungen mich von der aktuellen arabischen und iranischen Politik zur Geistesgeschichte der westlichen Welt. Das allerdings war ein Thema, das sich im Rahmen einer Studie über den Nahen Osten nicht unterbringen ließ. Mein Entwurf einer Darstellung dieses Themas geriet im Speicher der Festplatte in Vergessenheit und kam erst wieder zum Vorschein, als Bruce Nichols vom Verlag The Free Press mich dazu anregte, die alten Notizen zu einem druckreifen Text auszuarbeiten. Ich danke ihm für den Anstoß, aus dem nun dieses Buch hervorgegangen ist.

Ich danke dem Kuratorium, den Sponsoren und den Mitarbeitern meines Instituts Middle East Forum dafür, daß es mir das zum Schreiben des Buches geeignete Ambiente geboten hat. Roger Donway, Paul Hollander, Richard Pipes, Gerald Posner und Arthur Waldron haben wiederholt Fragen zu den Gebieten ihres Fachwissens freundlich beantwortet. Meine Forschungsassistenten – Leora Aster, Seyit Ali Avcu, J. Michael Barrett, Nick Backwith, Randy Figatner, Seth Lasser, Tamala

T. Montgomery, Jacqueline Portugese, Erika Triscari und Zena
Yoslov — haben in ihrer Bibliotheksarbeit und Lektüre Uner-
meßliches geleistet, indem sie eifrig von einem zum nächsten,
gänzlich anderen Themenkreis übergingen.

Commentary, The New Republic und *The Wall Street Journal* haben mir freundlicherweise gestattet, auf die kurzen Teile dieses
Buches zurückzugreifen, die erstmals dort erschienen sind. Da
ich die Lektüre des Textes nicht durch unzählige Einschränkungen (»angeblich«, »mutmaßlich«, »wie behauptet«) zur
Kennzeichnung persönlicher Distanzierung belasten wollte,
möchte ich den Leser bitten, sie an entsprechenden Stellen im
stillen für sich zu ergänzen.

Philadelphia   D.P.
Im Februar 1997

I

Verschwörungstheorien überall

Verschwörungstheorien – die Angst vor Verschwörungen, die überhaupt nicht existieren – haben in den USA Blütezeit. Sie werden heute sogar von republikanischen, demokratischen und unabhängigen Präsidentschaftskandidaten propagiert. Auf sie stützen sich stetig wachsende politische Bewegungen (die Nation of Islam, die Milizen). Die Mehrheit der Amerikaner ist der Überzeugung, daß für den Mord an John F. Kennedy nicht ein bewaffneter Einzeltäter, sondern eine Verschwörung verantwortlich ist; für die Ausbreitung von Drogen gibt die Mehrheit der schwarzen Bevölkerung der US-Regierung schuld. O.J. Simpson gewann seinen Strafprozeß, weil er die Geschworenen von einer Verschwörungstheorie überzeugte – daß die Polizei von Los Angeles ihm eine Falle gestellt hatte. Zwei junge Männer, denen Verschwörungstheorien den Kopf verdreht hatten, so daß sie glaubten, die Regierung in Washington beraube die Amerikaner ihrer Bürgerfreiheiten, sprengten in Oklahoma City ein Regierungsgebäude in die Luft, wobei 168 Menschen (darunter 19 Kinder) ums Leben kamen und 550 Personen verletzt wurden.

Solche Mißtrauenshaltung schlägt sich sogar in amtlichen Maßnahmen nieder. So sind die Schulen im Staat New York per Gesetz verpflichtet, den Unterricht über die große irische Hungersnot in dem Sinne auszurichten, daß sie »das Resultat einer bewußten Kampagne der Engländer [war], dem irischen Volk die zum Überleben notwendige Nahrung vorzuenthalten«, wie Gouverneur George E. Pataki anläßlich der Unterzeichnung des Gesetzes kommentiert.[1] Auf einer für Oktober 1995 in Philadelphia angesetzten Konferenz der amerikanischen Bundesstaaten sollten deren Machtbefugnisse auf Kosten von Washington geltend gemacht werden. Als jedoch die ex-

treme Rechte davon Wind bekam, brachte sie Verschwörungstheorien in Umlauf, denen zufolge es sich um ein raffiniertes
Manöver handelte, die Verfassung außer Kraft zu setzen und
die USA einer Weltregierung zu unterwerfen. Zum Beweis
wurde die Tatsache angeführt, daß die Tagung so anberaumt
worden war, daß sie auf den fünfzigsten Jahrestag der Gründung der Vereinten Nationen fiel. Diese Kampagne war dermaßen wirkungsvoll, daß ein Bundesstaat nach dem andern
seine Teilnahme zurückzog, die ganze Tagung storniert werden
mußte und die politische Föderalismusdebatte zusammen-
brach.

Eine Übersicht über die in der amerikanischen Öffentlichkeit gängigen Verschwörungstheorien zeigt, daß sie tendenziell
in unverhältnismäßig hohem Maße von zwei Bevölkerungs-
gruppen herrühren: den politisch Unzufriedenen und den kulturell Argwöhnischen.

Die Unzufriedenen

> Verschwörungstheorien sind das
> Raffinement von Ignoranten.
> *Richard Grenier*[2]

Unter den politisch Unzufriedenen sind die Schwarzen und die
extreme Rechte für Verschwörungstheorien ganz besonders
aufgeschlossen. Beiden mißfällt die bestehende öffentliche Ordnung. Beide bieten radikale Vorstellungen zur Veränderung an.
Beide greifen auf Weltanschauungen zurück, die in hohem
Maße die Existenz starker, an Komplotten beteiligter Mächte
voraussetzen.

Wahrscheinlich sind Verschwörungstheorien am allermeisten
im Amerika der Schwarzen verbreitet. Ein Kolumnist bezeichnet sie als »Lebenssaft der afro-amerikanischen Gemeinschaft«.[3]
Eine klinische Psychologin bemerkt, es gebe »vermutlich keine
Afro-Amerikaner betreffende Verschwörung, die zu weit her-
geholt, zu verrückt oder zu kompliziert sein könnte«. Sie hat

vier immer wiederkehrende Themenkreise entdeckt, die sämtlich die US-Bundesregierung angehen: Washington benutzt Schwarze als Versuchskaninchen, zwingt ihnen schlimme Lebensgewohnheiten auf, dezimiert sie und nimmt die Anführer aufs Korn.[4]

Das Bewußtsein, von Bösewichtern umzingelt zu sein, zeigt sich allerdings in vielerlei Formen, die vom Belanglosen bis zum Kosmischen reichen und nicht immer nur auf die Regierung abzielen. Um ein unwichtiges, aber bezeichnendes Beispiel anzuführen: Im September 1990 kam im Nordosten der USA ein neues, billiges Getränk – Tropical Fantasy – auf den Markt, das sich während der folgenden sechs Monate in Wohngegenden mit niedrigen Einkommensgruppen äußerst gut verkaufte. Die Tatsache, daß die Angestellten des Herstellers im New Yorker Stadtteil Brooklyn vorwiegend Schwarze waren, verlieh dem Getränk nur noch mehr Anziehungskraft. Anfang 1991 tauchten in schwarzen Wohngebieten dann aber anonyme Pamphlete mit der Warnung auf, das alkoholfreie Getränk sei vom Ku-Klux-Klan produziert und enthalte »Stimulantien, um den schwarzen Mann zu sterilisieren«. Obwohl dieser Vorwurf sich aufgrund journalistischer und polizeilicher Nachforschungen als völlig haltlos erwies, fand er bei den Konsumenten Gehör. Der Umsatz des Getränks sank um 70 Prozent. Andere Produkte – darunter die Zigarettenmarken Kool und Uptown, Troop Sport-Kleidung, Church's Fried Chicken und nichtalkoholische Getränke der Marke Snapple – erlitten entsprechende Einbußen nach ähnlichen Verleumdungen, ein Ku-Klux-Klan-Erzeugnis und Ursache von Impotenz zu sein.[5]

In einem größeren Rahmen sind es die Morde an Malcolm X und Martin Luther King Jr., die unter den Schwarzen Argwohn und Mißtrauen wecken. Die Führer der Nation of Islam weisen darauf hin, daß Malcolm X vom FBI nicht beschützt wurde; bei King behaupten sie, die US-Regierung hätte »seinen Tod organisiert«.[6] Dem Vorwurf stimmt ein anderer Führer der Schwarzen zu: »Wir haben auch nicht einen Moment lang aufgehört zu glauben«, sagt Joseph Lowery, »daß es bei dem tödlichen Attentat auf Martin Luther King Jr. irgendwie eine Komplizenschaft der Regierung gegeben hat.«[7] Der Aktivist

Dick Gregory – ein Schauspieler des komischen Fachs, dem wegen der Verschwörungstheorien längst das Lachen vergangen ist – macht für Kings Tod ebenfalls ein Regierungskomplott verantwortlich – wie auch für die unaufgeklärten Morde an 28 Schwarzen, die von 1979 bis 1981 in Atlanta stattfanden. (Er schreibt sie Wissenschaftlern in Regierungsdiensten zu, die die Geschlechtsteile der ermordeten Männer zum Testen eines Serums gegen Krebs verwendet haben sollen.)

Die zwei hauptsächlichsten Verschwörungstheorien betreffen jedoch Befürchtungen, daß die US-Regierung Sabotagemaßnahmen gegen die Schwarzen trifft, sowie den Komplex der von Louis Farrakhan und der Nation of Islam erhobenen Anschuldigungen.

AIDS UND DROGEN Die unverhältnismäßig hohe Häufigkeit von AIDS und Drogenkonsum unter Schwarzen hat führende Sprecher dazu bewegt, eine Verschwörungstheorie zu unterschreiben, wonach hinter diesen Epidemien die US-Regierung steht. Der Schauspieler Bill Cosby behauptet, daß AIDS »von Menschen lanciert wurde, um gewissen Menschen zu schaden, die sie nicht mögen«.[8] Der Filmregisseur Spike Lee erklärte (ausgerechnet in einer Werbung für die Bekleidungsgeschäfte von Benetton): »AIDS ist eine durch die Regierung bewerkstelligte Krankheit.«[9] In einer Spätabendsendung des Fernsehens bezeichnete der Rap-Sänger Kool Moe Dee – ohne Widerspruch vom Moderator Arsenio Hall – AIDS als einen Verschwörungsakt zum Völkermord an den Schwarzen. Eine populäre Zeitschrift für schwarze Leser brachte eine Titelgeschichte mit der Überschrift: »AIDS: Ist es Völkermord?«.[10] Steven Cokely, ein bekannter ehemaliger städtischer Beamter Chicagos, gab diesem Komplott dann einen antisemitischen Dreh, indem er jüdische Ärzte bezichtigte, im Rahmen einer Verschwörung zur Weltherrschaft den Babys schwarzer Eltern AIDS injiziert zu haben. Rauschgift und Kriminalität wecken ähnliche Ängste. In dem vielgerühmten Film *Boyz N' the Hood* (1991) über das Leben der Schwarzen vertritt eine Gestalt eine komplette Verschwörungstheorie, derzufolge Crack und Waffen Schwarzen zugänglich gemacht werden, weil »die da oben wollen, daß wir uns gegenseitig umbringen. Sie bringen uns dazu, daß wir uns selbst antun, was ihnen während der Sklaverei uns gegenüber nicht gelang.«

Angesichts einer schwarzen Führerschaft, die solchen Ideen mit Feuereifer Vorschub leistet, kann es kaum verwundern, daß 1990 in einer Umfrage unter New Yorker Schwarzen 29 Prozent davon überzeugt waren, daß der AIDS-Virus »in einem Labor mit der Absicht erzeugt« wird, »mit ihm schwarze Menschen zu infizieren«, und daß 60 Prozent glaubten, die Regierung mache armen Schwarzen »absichtlich« Rauschgift zugänglich.[11]

Solche Ansichten schufen den Nährboden für die sensationelle Rezeption der dreiteiligen Artikelserie »Dark Alliance«, die im August 1991 in den *San José Mercury News* erschien. Der Verfasser, Gary Webb, gab klar und deutlich zu verstehen, daß die CIA vom Drogenhandel antikommunistischer Nicaraguaner in Los Angeles wußte, dagegen jedoch nichts unternahm, weil ihr deren Geldsendungen an die in Nicaragua kämpfenden Contras willkommen waren. Kokain, so behauptet Webb in der ersten Folge, »war in schwarzen Wohnvierteln so gut wie nicht erhältlich, bevor Angehörige der CIA-Armee in den 1980er Jahren damit anfingen, es zu Schleuderpreisen nach South Central zu schaffen«. Das Rauschgiftnetz »öffnete die erste Pipeline zwischen den Kokainkartellen in Kolumbien und den Wohngegenden der Schwarzen in Los Angeles«. Die nicaraguanischen Händler, so behauptete er ferner, »trafen sich vor und während der Zeit, als sie in L. A. Rauschgift verkauften, mit CIA-Agenten«.[12] Folglich, so suggerierte die Artikelserie, war die Regierung an der Verbreitung des Kokainderivats Crack mitschuldig.

Im Internet stellten die *Mercury News* diesen Zusammenhang noch direkter her. Ihre World Wide Website zeigte über einem Crack rauchenden Mann die Insignien der CIA. Auf der ultramodernen Website der *Mercury News* erklärte Gary Webb in einem Rundfunkinterview, daß »das Kokain, das zur Herstellung von Crack verwendet wurde, mit dem Anfang der 80er Jahre L. A. überschwemmt wurde, von der CIA-Armee kam«. Abgesehen davon, daß Nachforschungen seitens der CIA,

des Senate Intelligence Committee und des Sheriffs von Los
Angeles keinerlei Beweismaterial zur Stützung der Webbschen
Verschwörungstheorie zu entdecken vermochten, ergaben die
Recherchen einiger investigativer Journalisten, daß die von
Webb angeführten Beweise überhaupt nicht schlüssig waren.
Die *Washington Post* kam zu dem Schluß: »Die verfügbaren In-
formationen belegen mitnichten die Aussage, daß die von der
CIA geförderten Contras – oder Nicaraguaner allgemein – bei
der Entwicklung von Crack als einem in den USA weithin be-
nutzten Rauschgift eine große Rolle gespielt haben.«[13] Die *Los
Angeles Times* stellte knapp und klar fest: »Die Crack-Epidemie
in Los Angeles ist nicht auf einen bestimmten Aktionsplan oder
eine böse Absicht zurückzuführen. Sie wurde keineswegs von
den Contras, der CIA oder einem Drogenring organisiert.«[14]
Die *New York Times* fand »kaum Indizien« für die These.[15] Diese
Entlarvungen – und andere mehr[16] – nötigten die *Mercury News*
zum Rückzug. Der Chefredakteur erklärte, die Artikelserie
»Dark Alliance« habe lediglich betont, daß Personen, die mit
der CIA in Verbindung standen, Kokain verkauften, das auf
den Straßen von Los Angeles endete; nicht aber, daß die CIA
solchen Verkauf billigte. Im übrigen verschwanden die CIA-
Insignien vom World Wide Web.

Auf die Meinung der Schwarzen wirkte sich diese Kehrt-
wendung jedoch nur wenig aus. Sie hielten die »Dark Alliance«-Artikelserie für wahr. Ihre Führer haben sie sich prompt
zu eigen gemacht. Jesse Jackson beschuldigte die Regierung, sie
sei über die CIA »an der Drogenförderung beteiligt«.[17] Dick
Gregory erklärte bei seiner Festnahme in der Zentrale der CIA:
»In diesem Gebäude gibt es Beweismaterial, das die Mitwir-
kung der CIA an der Vernichtung der schwarzen Bevölkerung
bestätigt. So etwas wird als Völkermord definiert.«[18] Die Kongreßabgeordnete für den Wahlkreis South-Central in Los Angeles, Maxine Waters, verkündete auf einer Versammlung:
»Personen in hohen Positionen haben es gewußt und zwinkernd
die Augen zugemacht, während in South-Central Los Angeles
unsere Kinder starben.«[19]

Schwarze Journalisten griffen das Thema auf und jubelten es
hoch. Derrick Z. Jackson schrieb in seiner Kolumne in der *Bo-*

ston Globe: »Da kann man nur die Schlußfolgerung ziehen, daß Ronald Reagan das Crack und die Zerstörung von schwarzen Menschenleben bewußt hinnahm, um das Töten von Kommunisten im Ausland finanzieren zu können.«[20] Der Chefredakteur der *Amsterdam News*, Wilbert Tatum, fand diese Behauptung »total plausibel«.[21] Ein Leitartikel-Cartoon zeigte CIA-Agenten, die auf der Fahrt in einem Schwarzenstadtviertel Pakete mit Crack aus den Wagenfenstern werfen. Die Verschwörungstheorie nahm sogar kommerzielle Formen an. In Los Angeles verkauften Straßenhändler Baseball-Mützen mit der Aufschrift »C.I.A. Crack Inforcement Agency«.*

Solche Thesen zur CIA dienten dann als Basis für noch pauschalere Vorwürfe. Kobie Kwasi Harris, der Direktor des Instituts für Afro-Amerikanistik an der San José State University, identifizierte ein tiefergehendes Denkschema: »Wenn Amerika die Wahl hätte zwischen einer desorganisierten kriminellen schwarzen Bevölkerung und einer organisierten radikalen schwarzen Bevölkerungsgemeinschaft, würde es sich für die erste Option entscheiden.«[22] Barbara Boudreaux, eine Beamtin an der Schulbehörde in Los Angeles, sprach von einem fertig ausgearbeiteten »Plan zum Massenvölkermord an allen neugeborenen Kindern besonders in Los Angeles und Compton«.[23]

LOUIS FARRAKHAN UND DIE NATION OF ISLAM Louis Farrakhan verdient eine gründliche Beachtung, weil er nicht bloß ein führender Vertreter schwarzer Verschwörungstheorien, sondern auch der prominenteste Antisemit der USA ist. Farrakhan reflektiert teilweise die Theologie der Nation of Islam, die schon in der bloßen Existenz der weißen Rasse einen auf die Eliminierung von Schwarzen gerichteten Verschwörungsakt sieht. In diesem Sinne machten Farrakhans Mitarbeiter auf der Black Holocaust Nationhood Conference, die kurz vor dem Million Man March im Oktober 1995 stattfand, die Weißen für den Tod von 600 Millionen Schwarzen während der letzten sechs Jahrtausende verantwortlich.[24] In Farrakhans eigener Zeitung werden die Weißen angeklagt, dieses Ziel mit

---

* »Crack-Oktroyierungs-Behörde«. A.d.Ü.

vielen Mitteln und Wegen zu verfolgen. An oberster Stelle
wird AIDS genannt, »eine vom Menschen gemachte Krankheit
mit dem Zweck, uns alle umzubringen«.[25] (Mit »uns« meint
Farrakhan übrigens auch die Schwarzen in Afrika: Die US-Regierung, so hat er verkündet, verschickte eine Milliarde AIDS-
Einheiten nach Afrika, um die gesamte Bevölkerung des Kontinents zu eliminieren.) Weitere einschlägige Methoden sieht
er u. a. in einer Propaganda am Werk, die Schwarze als minderwertig brandmarkt, in einer unterdurchschnittlichen Schulbildung, in den langen Gefängnishaftzeiten und im freien Zugang
zu Waffen, Drogen und Junkfood. Das Aus-dem-Wege-schaf-
fen von schwarzen Männern durch Drogenabhängigkeit, Gefängnis oder Tod hat außerdem noch den Vorteil, daß schwarze
Frauen weißen Männern leicht gefügig werden, die sie dann
durch eine fatale Kombination von Geburtenkontrolle, Abtrei-
bung und Fürsorge unter Kontrolle halten.

Farrakhan geht über die von seinem Mentor Elijah Muhammad angenommene Theologie hinaus. Er pflegt ein allumfassendes Verschwörungsdenken eigener Art. Es begann 1975,
mit dem Tod Elijah Muhammads. Farrakhan weigerte sich, die
amtlichen Todesursachen (Herzversagen und Arteriosklerose)
anzuerkennen. Er behauptete, daß Muhammad einer Verschwörung von Familienangehörigen, der US-Regierung und
arabischen Sunni-Muslimen zum Opfer gefallen sei. Er übernimmt viele klassische Themen des Antisemitismus und greift
die Juden an – ein Volk, dem die Nation of Islam vorher keine
besondere Beachtung geschenkt hatte. Die Juden, so behauptet
er, sind schuld an Kapitalismus, Kommunismus und zwei Weltkriegen. Sie hätten Hitler finanziert. In den USA hielten sie
den Zentralbankrat und Hollywood unter ihrer Kontrolle; sie
seien für die Staatsverschuldung verantwortlich. Sie dominieren die Politik der USA (»seit 1932 stehen alle Präsidenten
unter der Kontrolle der Juden«) und die Medien (»alle Zeitungen, die sich ihrer Nachrichtenkontrolle nicht fügen wollten,
wurden durch Anzeigenentzug in die Knie gezwungen. Wenn
auch das nichts half, stellten die Juden die Belieferung mit Zei-
tungspapier und Druckerschwärze ein«).[26] Insgesamt werden
»85 Prozent der Bevölkerungsmassen weltweit von den Juden

schikaniert.«[27] Die Nation of Islam verteilt auf ihren Versammlungen die *Protokolle der Weisen von Zion* – eine bekanntermaßen antisemitische Fälschung – und veröffentlicht eigene konspirativ antisemitische Literatur.[28]

Farrakhan stellt aber auch neue Behauptungen über die Juden auf: Sie seien es gewesen, die den transatlantischen Sklavenhandel durchführten, der angeblich 100 Millionen Afrikaner das Leben kostete. Sie hätten drei Viertel aller Sklaven besessen und für den Fortbestand der Sklaverei gesorgt; sie injizieren den AIDS-Virus in neugeborene schwarze Kinder und stechen ein Loch in die Ozonschicht. In einem besonders cleveren Akt von historischem Revisionismus verdreht er das anhaltende aktive jüdische Engagement für den Bürgerrechtskampf der Schwarzen mit der Unterstellung, es sei bloß aus Eigennutz erfolgt. Durch die Förderung einer gesellschaftlichen Integration der Schwarzen, so Farrakhan, sei es den Juden gelungen, die autonomen wirtschaftlichen Institutionen der Schwarzen zu zerstören und deren Geschäfte an sich zu ziehen. Durch die Ermunterung der Schwarzen, im System zu arbeiten, statt sich ihm zu widersetzen, hätten die Juden die Schwarzen daran gehindert, den Zwängen der weißen Vorherrschaft zu entkommen. Kurzum, jüdische »Blutsauger« haben den Aufstieg der Schwarzen mit Erfolg blockiert.

Die zweite organisierte Schicht von Unzufriedenen wird von der politischen Rechten gebildet. Während des Kalten Krieges befürchtete sie, daß eine konspirative Gemeinschaft von Amerikanern – sie wurde unterschiedlich als »Money Power«, als die »Insider«, das »Secret Team« oder als »High Cabal« tituliert – bereit war, das Land an die Sowjetunion zu verkaufen, die anschließend eine Weltregierung gründen würde. Der Zusammenbruch der Sowjetunion hat solche Ängste wider Erwarten keineswegs völlig beendet. Es gibt noch immer etliche Vertreter der Rechten, die sich wegen des Kremls sorgen und den Zusammenbruch der UdSSR argwöhnisch als Täuschungsmanöver mit dem Ziel betrachten, die Amerikaner zur Aufgabe ihrer Wachsamkeit zu bewegen. Und viele andere machen sich weiterhin wegen einer die ganze Welt umfassenden Behörde Sorgen, nur daß sie die Durchsetzung einer neuen Weltordnung jetzt statt von der mächtigen Sowjetunion von den zahnlosen Vereinten Nationen erwarten. Man sieht da eine genaue Parallele: Wie Moskau verfügen auch die Vereinten Nationen über Mechanismen zur Unterwanderung der USA und über eine Besatzungsarmee.[29]

Rechte Gruppen rechnen mit einer Invasion der USA durch Streitkräfte unter UNO-Kommando, die gelegentlich als »Multi Jurisdictional Task Force« bezeichnet werden. Manche Gruppen sind der Meinung, daß dieser Einmarsch noch bevorsteht; daß auf der Rückseite der Fernstraßenschilder Geheimmitteilungen für Invasionstruppen eingegeben sind. (So soll auf den Straßenschildern in Michigan Blau die Nähe von Wasser, Grün einen Rastplatz und Braun eine Tankstelle signalisieren.) Andere wiederum glauben, daß die Invasion bereits begonnen hat und sich an geheimen Orten quer durch die Vereinigten Staaten 300 000 russische und Hongkong-chinesische Soldaten sowie Gurkhas versteckt haben. Es gibt gelegentlich Berichte mit äußerst präzisen Angaben über 40 000 UNO-Soldaten in San Diego, 14 000 UNO-Soldaten in Anchorage und einem Bataillon Gurkhas in Montana.

Die Federal Emergency Management Agency (FEMA), die dem Schein nach für eine Koordinierung von Hilfsaktionen in Katastrophenzeiten gegründet wurde, wird zunächst die Übernahme des Landes durch die UNO steuern und dann die »Geheimregierung« zur Administration der Vereinigten Staaten bilden. Wie bei einer Planungsbehörde nicht anders zu erwarten, hat die FEMA bereits Probeläufe durchgeführt. So soll sie beispielsweise 1992 die Aufstände in Los Angeles nach dem Prozeß gegen Rodney King inszeniert haben, um die Reaktionen auf einen Bandenaufstand zu testen. Bei der Durchsetzung der neuen Ordnung sollen auch schwarze Gangs wie die Crips und die Bloods eine wichtige Rolle spielen. Weitere wichtige Behörden sind in diesem Zusammenhang die Environmental Protection Agency (die Verkehrsströme observiert) und die National Education Association (die eine schlechte Schulbildung der Kinder gewährleisten soll).

Und wo befinden sich derweil die US-Militärstreitkräfte?

Ganz weit weg werden sie sein, um unter dem UNO-Kommando in fernen Ländern die neue Weltordnung durchzusetzen. Den Präzedenzfall hat die Stellung von US-Truppen unter UNO- Kommando in Somalia geliefert; auf den der Bosnien-Einsatz folgte. Die neue Ordnung wird nicht angenehm sein. Einwanderer werden die Herrschaft im Lande übernehmen und die Amerikaner alle verfassungsmäßigen Rechte, insbesondere ihr Recht zum Tragen von Waffen, verlieren. Es wird eine nie dagewesene Überwachung stattfinden: »Es ist lediglich eine Frage der Zeit, bis den Menschen eine ähnliche Markierung eintätowiert wird«, wie man sie von den Warenkodes in den Supermärkten kennt.[30] Oder den Amerikanern werden winzige Mikrochips im Gesäß eingepflanzt, damit der Aufenthalt und die Bewegungen aller Personen registriert werden können. (Timothy McVeigh – der Bombenattentäter von Oklahoma City – glaubt, daß die Regierung während seines Militärdienstes so einen Eingriff an ihm vorgenommen hat.) Wer aus der Reihe tanzt, muß ernste Konsequenzen gewärtigen. Regimekritiker werden mit schwarzen Hubschraubern ohne Kennzeichen in Haftanstalten deportiert, die in Regierungsarrealen wie zum Beispiel US-Luftwaffenstützpunkten untergebracht und zum Teil schon vorbereitet sind. Auf einem stillgelegten kalifornischen Flughafen ist der Stacheldraht der Einfriedung ominöserweise nach innen gerichtet. Für ultimative Schritte sind, über das ganze Land verteilt, vier Krematorien gebaut worden, die je dreitausend Leichen pro Tag bzw. vier Millionen Leichen pro Jahr beseitigen können.

Die Rechte hat eine Reihe von Maßnahmen ergriffen, um dieses Szenarium zu vereiteln. Im Jahr 1994 spornte sie die Legislative des US-Staates Oklahoma zu einer Resolution an, die den Kongreß aufforderte, »jegliche Unterstützung zur Errichtung einer neuen Weltordnung oder irgendeiner Form von künftiger Weltregierung zu unterlassen«.[31] Sie unternimmt aber auch selbst aktive Schritte. So hat sie zwischen zehn- und vierzigtausend Personen in Milizen organisiert, die an den Wochenenden in den unerschlossenen Waldgebieten von Michigan, Montana und anderer US-Bundesstaaten Waffenübungen durchführen, um für den Ernstfall gerüstet zu sein. Sie betreiben »Blaumützen-Späherei« bzw. halten in den USA Ausschau nach UNO-Truppen sowie nach schwarzen Hubschraubern. (»Wenn ich einen Hubschrauber ohne Markierungszeichen sehe, betrachte ich ihn als feindlichen Hubschrauber.«)[32] Sie übermalen außerdem Autobahnschilder – und verwirren damit Autobahn-Wartungsmannschaften, denen auf diese Weise nämlich die Wartungsdaten verlorengehen. Um dieses Problem aus der Welt zu schaffen, hat das Verkehrsministerium des US-Staates Indiana die Kodierungsmethode geändert in der Hoffnung, damit »diejenigen Autofahrer zu beruhigen, die solchen Verdacht hegten«.[33]

Die Milizen sind aber nicht nur um den Schutz ihres Heimatstaates besorgt. Sie wenden sich zunehmend auch gegen die Bundesregierung. In den Augen vieler Rechter ist Washington für »wahre« Amerikaner auf immer verloren, und sie halten es deshalb für erforderlich, die US-Regierung zu vernichten. Der wichtigste Befürworter eines Aufstandes ist William Pierce. Anklagen wegen konspirativen Aufruhrs umgeht er, indem er seine Vorstellungen in Romanform präsentiert. Im Roman *The Turner Diaries* – »der Bibel der extremen Rechten« – erzählt er mit erschreckendem Enthusiasmus die Geschichte der Organisation, einer rassistischen Untergrundgesellschaft von Weißen, die sich durch Warenfälschungen und Einbrüche in jüdischen Firmen finanziert. Die Aktion erreicht ihren Höhepunkt in einem rassistischen Aufstand und mit dem »Tag des Seils«, an dem Weiße, die »ihre Rasse verraten haben«, zu Zehntausenden an Straßenlampen erhängt werden. Es folgen Massaker an Juden und Schwarzen. Schließlich übernimmt die Organisation die Macht. Im zweiten Roman *Hunter* erzählt Pierce voller Bewunderung die Geschichte eines Mannes, der im Alleingang Verfechter einer rassischen Vermischung, Juden und andere Menschen tötet, die zum Leben in einem Amerika seiner Vorstellung ungeeignet sind.[34] Pierce verhehlt nicht, daß er mit dem Schreiben solcher Romane operative Ziele verfolgt. »Ich schreibe nicht nur, um zu unterhalten. Ich schreibe, um den Menschen etwas klar zu machen. Ich möchte erreichen, daß Nordamerika ein Kontinent der Weißen wird.«[35]

Die Argwöhnischen

> Humpty Dumpty wurde von der
> Mauer hinuntergestoßen!
> *Amerikanischer Autoaufkleber der
> 1970er Jahre*
>
> Die Paranoiker sind im Besitz der
> Fakten.
> *Oliver Stone*[36]

Man muß nicht in einer Innenstadt oder in Montana leben, um sich wegen Komplotten zu ängstigen. Verschwörungstheorien florieren auch unter den gesellschaftlich Privilegierten. Es gibt viele Menschen in der politischen Mitte, Reiche und Gebildete mit der gleichen Einstellung, zu denen sogar Präsidentschaftskandidaten und bedeutende Persönlichkeiten der Massenkultur zählen.

Daß mehrere Präsidentschaftskandidaten der jüngsten Zeit dem Verschwörungsdenken angehangen haben, ist ein Indiz dafür, wie weit diese Mentalität verbreitet ist; daß von ihnen keiner auch nur in die Nähe eines Wahlsieges kam, deutet auf ihre Grenzen. Die Gruppe setzt sich aus drei Republikanern, einem Demokraten und zwei Unabhängigen zusammen.

PATRICK BUCHANAN Der Republikaner Patrick Buchanan kandidierte bei den Wahlen von 1992 und 1996 und äußerte sich insbesondere beim zweitenmal im Sinne des herkömmlichen derben amerikanischen Populismus. »In Amerika gehört die wahre Macht der Manhattan Money Power«, erklärte er[37], womit er einen archaischen Ausdruck für die Banken- und Finanzwelt aufgriff. Er bemühte das Schreckgespenst einer neuen Weltordnung und meinte damit eine Situation, in der Amerika nicht mehr die volle Souveränität besitzt, sondern Schlüsselentscheidungen der UNO, dem Internationalen Währungsfonds, der Weltbank, einem Weltgerichtshof, der Welthandelsorganisation überläßt. Die »Gimpel und Betrogenen der neuen Weltordnung«[38] sind die amerikanischen Steuerzahler.

PAT ROBERTSON Die ausgefeiltesten Vorstellungen über ein Komplott gegen die Vereinigten Staaten hatte von diesen Präsidentschaftskandidaten der Evangelist und Politiker Pat Robertson, der sich 1988 zur Wahl stellte. Möglicherweise ist er sogar der einflußreichste Verschwörungstheoriker der USA heute. Hier muß jedoch angemerkt werden, daß nur wenige der im folgenden erwähnten Vorstellungen Robertsons eigene Ideen sind und daß er sie während des Wahlkampfes 1988 fast ganz unausgesprochen ließ. (Er hat jedoch gelegentlich auf den Council on Foreign Relations hingewiesen; dieser New Yorker Think Tank ist allen amerikanischen Verschwörungstheoretikern ein Greuel.) Was er wirklich denkt, offenbarte er erst 1991 in seinem Buch mit dem Titel *The New World Order*. [Es ist in deutscher Übersetzung 1993 unter dem Titel *Geplante Neue Welt* erschienen. A.d.Ü.]

Robertson entwirft zwei ganz verschiedene Szenarien für die neue Weltordnung, eines die Finanzen, das andere die Moral betreffend. In ersterem sieht er die Inbesitznahme des amerikanischen Reichtums mittels einer Weltwährung und einer Weltbank durch die Europäer voraus. Als Verschwörer nennt er die Money Power, als deren Motiv teils Habsucht, teils Präferenz der simplen Verfahrensweisen einer Diktatur an Stelle demokratischer Chaotik. Ihm zufolge waren es schon 1865 europäische Bankiers, die den Mord an Abraham Lincoln organisierten, um zu verhindern, daß er eine zinsfreie Währung emittierte, weil sonst ihre Kontrolle der Geldzufuhr in den USA gebrochen worden wäre. Und im Jahre 1912 fädelten Bankenkreise zwecks Bewahrung ihrer Machtposition einen Präsidentschaftswahlkampf mit drei Kandidaten ein, der Woodrow Wilson den Sieg sicherte. Wilson und sein Berater Oberst Edward House haben dann ein Jahr später die Money Power institutionalisiert, indem sie das 16. Amendment der Verfassung durchbrachten, welches dem Kongreß die Erhebung einer Einkommensteuer und die Einführung des Zentralbankrats ermöglichte.[39] Diese zwei Entwicklungen stehen in engem Zusammenhang. Die Zentralbank ist auf die Einkommensteuer angewiesen, um einen »internationalen Finanzangriff auf die Freiheit und Integrität Amerikas« führen zu können.[40]

Robertsons zweites, viel häßlicheres Szenario betrifft die Illuminaten, die Freimaurer und extreme New Age-Anhänger, denen es nicht um die Anhäufung von Kapital geht, sondern vielmehr darum, die christliche Gesellschaftsordnung zu untergraben. Zu diesem Zweck streben sie »eine Weltregierung, eine Weltarmee, eine Weltwirtschaft unter einer britischen Finanzoligarchie und einen Weltdiktator, dem ein Rat von zwölf Getreuen zur Seite steht, an«. Diese Tyrannenherrschaft wird »den christlichen Glauben zu vernichten« und ihn »durch eine vom Okkultismus inspirierte sozialistische Weltdiktatur zu ersetzen« suchen. An anderer Stelle prophezeit er nicht weniger als eine Welt »unter der Herrschaft Luzifers und seiner Anhänger«, welche geistige Kräfte in Bewegung setzt, »die in Schach zu halten kein Mensch stark genug sein wird«. Als naheliegendste Parallele zum »Riesengefängnis« der neuen Weltordnung erwähnt Robertson Hitlers Streben nach Welthegemonie.[41]

Robertson verwickelt sich auch in seltsame Widersprüche, was den Gang der amerikanischen Geschichte angeht. Manchmal deutet er an, daß sich das Land von Anbeginn an auf dem falschen Wege befunden hat. Möglicherweise verfolgten einige Gründerväter die Absicht, so spekuliert er, »gar nicht die Nation hervorzubringen, die unsere Staatsgründer und Herolde der Freiheit erstrebten, sondern eine völlig andersgeartete Weltordnung unter dem Regime einer Geheimreligion«.[42] In diesem Zusammenhang mißt er den Freimaurer-Emblemen auf dem Großen Siegel der Vereinigten Staaten große Bedeutung zu. Andererseits datiert er den Verfall auf die Zeit von Cecil Rhodes (1853–1902). Seither bewegt sich die amerikanische Politik – ganz gleich, ob die Demokraten oder die Republikaner an der Macht sind – zunehmend auf die neue Weltordnung zu. Robertson charakterisiert einige US-Präsidenten einschließlich Jimmy Carter und George Bush als »Männer guten Willens«, die aber trotzdem ihren Teil zum Herbeiführen solch einer erbärmlichen Zukunft beitragen.[43] Für den wesentlichen Betreiber der neuen Weltordnung innerhalb der Vereinigten Staaten hält Robertson den Council on Foreign Relations (sowie die Trilateral Commission). Bislang konnten die Verschwörer die USA noch nicht zu Fall bringen; sie haben allerdings schon die Weltwirtschaftskrise und andere Rezessionen verursacht. Im übrigen haben sie den Sowjetblock, China, Kuba, Nicaragua und viele Staaten in Südostasien und Afrika »ruinieren helfen«.[44]

Robertson findet – so schrieb er 1991 –, daß jüngste Ereignisse auf »einen gigantischen Plan« hindeuten, in dem alles »perfekt läuft«. Man beachte einmal diese Details: »Europa setzt den Termin für seine Vereinigung fest. Der Kommunismus bricht zusammen. Im Mittleren Osten findet ein [bei uns] immens populärer Krieg [gegen den Irak] statt. Die Vereinten Nationen werden von einer leicht umzustimmenden Öffentlichkeit aus dem Zustand der Verachtung gerettet. Es wird [von George Bush] eine neue Weltordnung propagiert.« Für die Zukunft sieht Robertson einen geldwirtschaftlichen Zusammenbruch, der die US-Regierung dazu veranlaßt, die Verteidigung und die Souveränität [des Landes] auf die Vereinten Nationen zu übertragen. Darauf werden Amerika von den Vereinten Nationen sozialistische, antichristliche Regeln oktroyiert. Die politischen Führer »wählen einen Weltpräsidenten mit uneingeschränkten Vollmachten, der ganz der Humanitätsreligion ergeben ist«.[45] Und damit ist die neue Weltordnung begründet.

LYNDON LAROUCHE Während Robertson nur seit langem existente Ängste vor Geheimgesellschaften aufwärmt, bietet Lyndon LaRouche ziemlich eigenständige Formulierungen. Die vielen Hinweise auf Philosophen der Antike und zur Weltgeschichte geben seinen Theorien eine Scheintiefe, die aber nur eine eklatante Zusammenhanglosigkeit kaschiert. Seine Ideen sind dermaßen wirr, daß sie jeder Einordnung auf dem Spektrum zwischen links und rechts trotzen. Für das Amt kandidierte er jedoch als Demokrat, er kommt aus einem radikal linken Milieu, und sein politisches Programm hat in vielen Punkten einen linken Einschlag. Das alles wird noch verwirrender, weil LaRouche die Begriffe immer wieder mit unterschiedlicher Bedeutung verwendet, so daß ein Wort sowohl den normalen Sinn und dessen Gegenteil meint. Dadurch werden Rauschgiftgegner zu Drogenhändlern, Juden zu Nazis usw. »LaRouches Anhänger hatten schließlich eine verdrehte Weltsicht, in der die wirklichen Nazis als Antinazis angesehen wurden und der Antisemitismus als etwas moralisch Notwendiges verstanden wurde – um die Juden vor sich selber zu ›retten‹.«[46] Sehr viel verworrener kann Verschwörungsdenken wohl kaum mehr werden.

Die Weltverschwörungstheorie hat LaRouche als Leitthema für seine vielen Organisationen und Veröffentlichungen wie für seine (ab 1972) wiederholte Präsidentschaftskandidatur gedient. Er behauptet, daß die Menschheit seit den Anfängen ihrer Geschichte von einer auf Gesamtherrschaft zielenden oligarchischen Verschwörung heimgesucht wird. Zentrum war zuerst Babylon, dann Rom und Venedig. Heute ist es London. Die britische Aristokratie bemüht sich mit konspirativen Mitteln um Welthegemonie. Die Königin von England stellt die größte Gefahr für die Menschheit dar. Nach Meinung von La-Rouche sichern sich die Engländer in hohem Maße Macht dadurch, daß sie andere Nationen durch Krieg, Aushungern und Empfängnisverhütung schwächen und partiell durch Popkultur und Halluzinogene betäuben. Wenn die Engländer das »neue Mittelalter« eines uneingeschränkten Kapitalismus begründet haben, werden die Verschwörer mit Sitz in London grenzenlose Macht haben und diese Macht nutzen, um große Teile der menschlichen Rasse mit Atomwaffen, AIDS und sonstigen Mitteln auszurotten. Um diese Katastrophe zu verhindern, empfiehlt LaRouche die Aufrüstung zum totalen Krieg gegen Großbritannien.

Für sich allein würden die Briten wohl keine große Gefahr darstellen. Ihre Stärke liegt in der Zahl und Vielfältigkeit ihrer Verbündeten und Mittelsmänner, angefangen mit den Zionisten bis zu den Griechisch-Orthodoxen, Jesuiten und Freimaurern, zur Familie Rockefeller, zu Umweltschützern, Drogenhändlern und fundamentalistischen Muslimen. Die Behauptung, daß all diese beziehungslosen, ja einander gar feindlichen Elemente zusammenwirken, zwingt LaRouche dazu, groteske Hypothesen aufzustellen. So soll etwa die jüdische Organisation B'nai B'rith von den Freimaurern als ein für den Fortbestand von Sklaverei arbeitender Spionagering gegründet worden sein, der die Südstaaten in der Zeit vor dem amerikanischen Bürgerkrieg mit Geheiminformationen versorgte. Den Mord an Abraham Lincoln haben die Rothschilds auf dem Gewissen. Die Bolschewiken sind im Grunde nur die alte Okhrana [der zaristische Geheimdienst] und wurden von englischen und deutschen Aristokraten finanziert. Die Anti-Defamation League importiert Rauschgift in die USA. Das Bombenattentat auf eine Kaserne in Saudi-Arabien, bei dem 19 US-Soldaten ums Leben kamen, offenbart »eine neue Flanke« in Englands »Krieg gegen die Clinton-Regierung«.[47]

Für all diese Beschuldigungen nennt LaRouche Roß und Reiter, und er setzt all seine Gegner in Verbindung mit den Mächten der Finsternis. Der Rockefeller-Clan, die CIA und ihre vielen Helfershelfer sind stets zum Schlag gegen ihn bereit.

ROSS PEROT Der Präsidentschaftskandidat Ross Perot, der 1992 19 Prozent und 1986 acht Prozent der Stimmen auf sich vereinigte, brachte in seinem ersten Wahlkampf viele Verschwörungstheorien vor. Für den zweiten Anlauf hatte er gelernt, daß es besser war, sie für sich zu behalten. Er hatte mindestens zwei Zusammenkünfte mit dem Leiter des Christic Institute, das am Rande der Gesellschaft steht und verkündet, daß die Regierungsgeschäfte in Washington (bis hin zu illegalem Drogen- und Waffenhandel) in Wahrheit von einer konspirativen Gruppe (dem »Secret Team«) geführt werden. Perot verbündete sich mit Verschwörungstheorikern wie James »Bo« Gritz und Roy Cohn. Er nahm dubiose Vorwürfe ernst, denen zufolge – unter dem Kodewort »October Surprise« – George Bush 1980 nach Europa reiste, um die Freilassung amerikanischer Geiseln in Teheran zu verhindern und auf diese Weise Jimmy Carters Wahlchancen zu schaden. Perot ging sogar so weit, daß er eine Abordnung ins Staatsgefängnis von Missouri entsandte, um die Behauptung eines Knastbruders zu überprüfen, er habe Bush nach einer Madrider Geheimkonferenz mit Iranern in einem Überschallflugzeug zurückgeflogen. Perot sieht eine Verschwörung der Unachtsamkeit seitens der US-Regierung generell, insbesondere jedoch bei Bush, gegen US-Soldaten in südostasiatischer Kriegsgefangenschaft. Regierungsmitglieder meiden dieses Problem, damit ihre arg korrupten langjährigen Beziehungen zu Drogenhändlern nicht ans Licht kommen. Eine gründliche Forschungsstudie kam zu dem Schluß, daß die Wut Perots auf diese Verschwörer »1992 der innere Beweggrund, um nicht zu sagen das Herzstück seines Kampfes um das Präsidentenamt« gewesen ist.[48]

Bei Perot gab es allerdings auch eine Spur von privater Paranoia, die insbesondere auf seinen ersten Wahlkampf abfärbte. Er hat oft Privatdetektive mit dem Ausforschen der Lebensverhältnisse von Angestellten und Gegnern beauftragt. In seiner Sorge vor Angriffen auf seine Person von Feinden unter Vietnamesen, Iranern, in der Black-Panther-Bewegung, bei Drogenhändlern und ihren Verbündeten in der US-Regierung läßt er den gesellschaftlichen Umgang und die Freundschaften von Familienangehörigen überwachen. Seine Frau habe ihn nicht zu einer politischen Versammlung in Florida begleitet, ließ er wissen, weil »ich sie zu sehr liebe, um sie in Gefahr zu bringen«.[49] Als Grund für seine sechswöchige Wahlkampfunterbrechung im Jahr 1992 führt er »schmutzige Tricks« seiner politischen Rivalen an, die die Hochzeit seiner Tochter Carolyn stören wollten: »Ich habe drei Berichte erhalten, daß die Republikanische Partei ein falsches Foto von meiner Tochter zu veröffentlichen plante, bei dem man ihrem Körper den Kopf einer anderen Frau aufsetzen wollte.«[50] Selbstverständlich ist Perot auch um die eigene persönliche Sicherheit besorgt. Seine Villa in Dallas steht auf einem ummauerten Grundstück und wird durch Bewegungssensoren, Kameras, Alarmanlagen und Wachmänner gesichert. Manchmal wandert er mit einem Maschinengewehr über das Gelände. Bei der dritten Fernsehdebatte des Präsidentschaftswahlkampfes von 1992 erklärte er, daß »die Vietnamesen Leute nach Kanada geschickt hatten, die Vorbereitungen treffen sollten, um mich und meine Familie umzubringen. In dem Zusammenhang war es äußerst bezeichnend, daß eines Nachts fünf Personen durch meinen Vorgarten liefen.«[51]

Den paranoiden Wahlkampfstil pflegen neben so namhaften auch einige unbedeutende Präsidentschaftskandidaten. Da ist vor allem Fred Newman nennenswert, ein früherer Gefolgsmann von Lyndon LaRouche: Er steht der New-Alliance-Party vor, die eine seltsame Variante marxistischer Lebensauffassung vertritt (eine »Sozialtherapie«, die für alle persönlichen Probleme den Rassismus und den Sexismus verantwortlich macht). Obwohl es sich hier um eine antisemitische Partei handelt, ist die Führungsmannschaft (einschließlich Newmans) größtenteils jüdisch. Sie fördert eine sehr komplizierte, verwirrende Verschwörungstheorie und hat mehrmals Lenora Fulani als ihre Präsidentschaftskandidatin aufgestellt. Mit der New-Alliance-Party, innerhalb derer auch noch eine Geheimorganisation existiert – die International Workers Party –, ist Perot 1996 ein Wahlbündnis eingegangen.

Einen Sonderfall stellt Spiro Agnew dar. Er hat nicht für die Präsidentschaft kandidiert, wäre jedoch um ein Haar fast Präsident geworden. Wenn er es geschafft hätte, nur ein paar Monate länger als US-Vizepräsident auszuharren, so wäre das Amt im August 1974 von Richard Nixon auf ihn übergegangen. Doch er trat im Oktober 1973 zurück, weil Beweise für seine korrupten Machenschaften als Gouverneur von Maryland ans Licht kamen. In einem Rückblick auf diese Ereignisse schrieb Agnew Jahre danach in einem persönlichen Brief an Paul Findley, der zu den führenden Gegnern der amerikanischen Israel-Lobby zählt:»Ich führe den Beginn meiner Probleme auf eine Konfrontation mit dieser Lobby zurück.«[52] Der Grund für seine Verdrängung aus dem Amt des Vizepräsidenten sei keineswegs der gewesen, daß er Bestechungsgelder angenommen hätte, sondern seine Weigerung, den Staat Israel zu besuchen.

Insofern das Verschwörungsdenken in den Vereinigten Staaten eine Faszination für Geheimnisse und Verrätselungen spiegelt, ist an ihm vieles modisch. Während aber die Gebildeten einerseits über die primitiven Vorstellungen der wahren Gläubigen spotten, akzeptieren sie andererseits doch etliche von deren Prämissen, ganz so, als ob eine sozial deklassierte Denkhaltung kultiviert würde, sobald sie von ihnen übernommen wird. Leute, die es eigentlich besser wissen müßten, werden gerade von der Exotik, vom schlechten Ruf der Verschwörungstheorien angezogen. Auf einer Ebene ist die Vorstellung von nach universaler Macht strebenden Geheimbünden faszinierend und

auf einer andern Ebene erschreckend. Darin ähnelt sie fast den
Halloween-Feiern, die in Amerika neuerdings starken Anklang
bei Erwachsenen finden. Eine Studie erkennt in solcher Haltung zu recht eine Art »Unterhaltungszauber« und diagnosti-
ziert »Denkweisen«, die »sich an Mystifikationen einfach er-
götzen«.[53] Unter den gängigen Verschwörungstheorien übt der Mord
an John F. Kennedy im November 1963 die größte Anziehungskraft aus. Es ist die höchst entwickelte und weitest verbreitete Verschwörungstheorie der jüngeren amerikanischen
Geschichte. Das bestätigt ihren gewaltigen Nervenkitzel. Gewiß, es war ein Ereignis, das den Amerikanern einen Schock
versetzte; und viele von ihnen haben sich mit seiner Sinnlosig-
keit nicht abfinden können, vor allem nicht mit der Vorstellung, daß ein so nichtiger Typ wie Lee Harvey Oswald im Alleingang den Lauf der Politik aus der Bahn warf. »Wenn man
auf die eine Schale der Waage den ermordeten Präsidenten der
Vereinigten Staaten und auf die andere Schale den elenden
Wicht Oswald stellt, so ergibt sich kein Gleichgewicht. Man
möchte Oswald einfach ein größeres Gewicht beigeben ... Da
würde eine Verschwörung natürlich gut zupaß kommen.«[54]
Die Unverhältnismäßigkeit von Täter und Tat sowie das ungläubige Staunen vermögen jedoch kaum die andauernde immense Popularität von Verschwörungstheorien zur Ermordung
Kennedys erklären, die allesamt von der Grundvoraussetzung
ausgehen, daß Oswald nur ein Sündenbock war, der in eine
Falle gelockt worden ist. Die Kennedy-»Attentatologen« sind so
erfolgreich gewesen, daß laut Meinungsumfragen 1963 etwa
zwei Drittel und 1991 noch 56 Prozent der amerikanischen
Bevölkerung den Mord als das Werk einer Verschwörung ver-
dächtigten.[55] Fast drei Jahrzehnte nach der Ermordung glaubten Umfragen zufolge drei Viertel der amerikanischen Bevölkerung, daß Oswald einem Verschwörerring angehörte und
daß der Fall offiziell vertuscht wurde.[56]
Ein zweites Lieblingsthema gängiger Verschwörungstheorien betrifft die Übernahme der Regierungsgeschäfte durch
eine unheilvolle Clique. Im Unterschied zur politischen Rechten, denen der Council on Foreign Relations und die »Insider«

Angst machen, ergehen sich die Gebildeten in phantasiereichen Vorstellungen von einer heimlichen Übernahme des Weißen Hauses, des Militärs oder – das wird besonders oft erwähnt – der CIA, die auf diese Weise unter der Fassade normaler Ämter und Institutionen zu konspirativen Zentren mutieren. Um den Protagonisten des Films *The Days of the Condor* (1975) zu zitieren: »Vielleicht existiert in der CIA ja noch eine weitere CIA.« In anderen Versionen hat eine Geheimclique von CIA-Beamten die US-Regierung und damit auch die ganze übrige Welt unter Kontrolle.

Falls ein anständiger amerikanischer Bürger der Existenz dieses inneren Zirkels auf die Spur kommen sollte, würde er schwer dafür büßen. Laut Joe Trento von dem einflußreichen National Security News Service in Washington »kann man ohne dessen Approbation in dieser Stadt in einer offiziellen Position nichts werden ... Wenn man etwas tut, das denen mißfällt, wird man Schwierigkeiten bekommen.«[57] In einem Fall, bei dem es um einen streng geheimen Militärplan ging, haben die Verschwörer den armen Kerl mit Falschinformationen über böse Aliens und über Gehirnimplantate angeblich so lange bombardiert, bis er wahnsinnig wurde. Dutzende Personen, die mit dem Mord an Kennedy in Verbindung gestanden haben sollen, sind eines unnatürlichen Todes gestorben.

Ein häufiges Thema ist das Unterdrücken von Informationen über eigenen Unfug durch die US-Regierung. Als vorrangige Beispiele für Vertuschungen gelten Kennedys Ermordung, die vermißten US-Soldaten des Vietnamkriegs und ein Heilmittel gegen Krebs. Unmittelbar nach dem Bombenanschlag im April 1995 auf das Gebäude der Bundesverwaltung in Oklahoma City kursierten bei der Rechten Vermutungen, daß Millisekunden vor der Lkw-Bombe eine erste Explosion stattgefunden habe (d.h. der Anschlag ging von der Regierung selbst aus). Auf ähnliche Weise argumentierten Verschwörungstheoretiker nach dem Absturz von TWA Flug 800 im Juli 1996 bei New York City, bei dem alle 230 Passagiere den Tod fanden, daß die Absturzursache eine von der US-Marine abgefeuerte Rakete gewesen sei. Besonders ausgefallen sind die Verdächtigungen hinsichtlich von Unidentifizierten Fliegenden Objek-

ten (UFOs) aus dem Weltraum, und da wiederum Spekulationen zum angeblichen Absturz eines UFOs in der Nähe von
Roswell, New Mexico im Juli 1947.[58] Dort wurde behauptet,
daß die US-Luftwaffe Anfang der 50er Jahre unter dem Code-
wort Operation Majestic 12 eine hochrangig besetzte Untersuchung dieses Unfalls durchführte, die dann vertuscht worden
sei.[59] Manche Verschwörungstheoretiker gehen sogar so weit
zu glauben, daß die Außerirdischen in den Vereinigten Staaten
eine »Geheimregierung« gebildet und Positionen in der am-
tierenden Bundesregierung innehaben; ja, die Trilateral Commission sei zum Zwecke von Verhandlungen mit diesen außerirdischen Wesen gegründet worden, weil die Aliens ihre
Versprechungen gebrochen hätten.[60]

Auf Grund ihrer dauerhaften Beliebtheit haben solche Verschwörungstheorien große ökonomische Folgen. Der Ort der
Ermordung Kennedys wird Jahr für Jahr von schätzungsweise
sechs Millionen Menschen besichtigt, die für die Stadt Dallas
eine beträchtliche Einnahmequelle darstellen. Dealey Plaza
selbst ist zum »Verschwörungsschaupark« geworden, wo Tag
für Tag selbsternannte ›Forscher‹ Autopsiebilder anpreisen.[61]
Wer den Mord noch eindrücklicher nacherleben möchte, der
hat Gelegenheit, in einer offenen Limousine des Typs Lincoln
Continental von Love Field über Dealey Plaza zu fahren, beim
Erreichen der Stelle von Kennedys Ermordung Gewehrschüsse
zu hören und dann zu dem Parkland Memorial Hospital zu jagen. Außerdem gibt es ein Museum, das den Verschwörungstheorien zu diesem Mord gewidmet ist und ein 33 Meter langes
Wandgemälde enthält, das ihn mit vielen andern berühmten
Todesfällen aus der jüngsten amerikanischen Geschichte in
einen Zusammenhang stellt. Die wahren Fanatiker nehmen an
jährlichen Drei-Tage-Konferenzen in Dallas teil, wo sich Semi-
nare eingehend mit allen Details befassen und selbsternannte
Augenzeugen des Attentats Autogramme geben.

Das Geheimnis um den Kennedy-Mord ist über Dallas hinaus zu einer tragenden Säule der Volkskultur, zu so etwas wie
einer Devotionalie geworden. Für die Menschen, die ein Stück
Geschichte besitzen wollen, sind – allerdings ziemlich teure –
Artefakte zu kaufen. Die Waffe, mit der Jack Ruby Oswald

erschoß, wurde für $200 000 verkauft. Es gibt einschlägige
Brettspiele, T-Shirts und Auto-Aufkleber. Oliver Stones mit
Verschwörungstheorien durchwachsener Film *JFK*, der das Attentat mit einem 50-Millionen-Dollar-Budget auf die Lein-
wand bannte, hat nach seinem Kinostart Ende 1991 eine riesige
Welle von Verschwörungstheorien ausgelöst. Der Film wurde
für acht Oscars nominiert. Die Produktionsfirma Warner Bro-
thers verteilte für den Geschichtsunterricht an High Schools
und Colleges einen *JFK Study Guide*. Der Film regte eine
Reihe anderer Produktionen über das gleiche Thema an, so
etwa den Thriller *In the Line of Fire* (1993) und im November
1996 eine Folge der Fernsehserie *The X-Files*, in der Kennedy
von einem Captain der US-Army im Auftrag seiner Vorgesetzten getötet wurde. Zu diesem Thema sind in drei Jahrzehnten
zweitausend Bücher veröffentlicht worden. Im Februar 1992
befanden sich nicht weniger als vier Titel zur Ermordung Kennedys auf den amerikanischen Bestsellerlisten (und zwar unter
der Rubrik »Sachbücher«, obwohl das sehr wohl als Fehlklassi-
fizierung gelten könnte). Mit dem Thema befaßt sich eine
wachsende Zahl von CD-ROMs und Websites im Internet
(vgl. die Liste von Worldwide-Web-Quellen zu diesem und
anderen Themen im Anhang C dieses Buches). Solche Belege
einer unverminderten Faszination sind ein Indiz dafür, daß der
Mordfall sich verselbständigt hat. Man wird Gerald Posner,
dem führenden Forscher zum Kennedy-Attentat, schwerlich
widersprechen können, wenn er festhält, »daß der Mord an JFK
sich leider zu einer Unterhaltungsindustrie entwickelt hat«.[62]
Was als häßliche Spiegelung des Kalten Krieges begann, ist am
Ende zum Krimi und Mordkult geworden.

   In einer Zeit, da in den USA weniger als hunderttausend
verkaufte Exemplare für einen Platz auf den Bestsellerlisten
genügen, bringen Titel, die Verschwörungstheorien anpreisen,
erheblich höhere Absatzzahlen. Von Pat Robertsons *New World
Order* sind über eine Million, von den *Gravediggers* Phyllis
Schlaflys binnen zwei Monaten zwei Millionen Exemplare
verkauft worden. Das Buch *None Dare Call It Conspiracy* hat
eine Auflage von fünf Millionen; das ähnlich lautende *None
Dare Call it Treason* hat bereits in den ersten acht Monaten nach

Veröffentlichung sechs Millionen und dann nochmals eine
weitere Million Exemplare erreicht. (Der Autor behauptet, daß
»der Verkauf von so vielen Exemplaren in solch kurzem Zeitraum einen [amerikanischen] Rekord« darstellt.)[63]
Mit der Tradition der Geheimbünde befassen sich gar nicht
wenige Romane. *Das Foucaultsche Pendel* von Umberto Eco
schildert auf eine verspielte Weise das Verschwörungsdenken
von Geheimbünden über mehrere Jahrhunderte. (»Wenn es
den ›Plan‹ gibt, muß er allumfassend sein.«)[64] Die Romane von
Thomas Pynchon bewegen sich in einer Fantasiewelt konspirativer Netzwerke. Die Trilogie *The Illuminatus!* von Robert
Shea und Robert Anton Wilson − beides ehemalige *Playboy*-
Chefredakteure − ist ein Werk der Science-fiction, das auf der
weitverbreiteten Illuminaten-Phobie aufbaut.[65] Die zwei Autoren versuchen hier, mit Hilfe einer »Guerilla-Ontologie«
Zweifel an der Beschaffenheit von Wirklichkeit im Bewußtsein
der Leser zu wecken. Das Werk erzählt von zwei − zwischen
Ordnung und Chaos − konkurrierenden Verschwörungen und
bezieht praktisch alle bekannten sowie obendrein noch einige
von den Autoren selbst erfundenen Verschwörungstheorien ein.
(So etwa die, daß Adam Weishaupt still und heimlich George
Washington ermordet und anschließend seine Stelle eingenom-
men hat.) *Illuminatus!* wurde als Kultroman zum Bestseller,
nach dem ein Brettspiel entwickelt wurde. Der Erfolg veranlaßte
Wilson zur weiteren Ausbeutung des lohnenden Terrains. Er
hat dann noch andere Verschwörungsromane verfaßt.

Spielfilme zur Verschwörungsthematik gibt es in Hülle und
Fülle. Sie sind kommerzielle Erfolge. Abgesehen von Filmen
zum Kennedy-Thema sind vorrangig zu nennen *The Manchu-
rian Candidate* (1962), *Seven Days in May* (1964), *The President's
Analyst* (1967), *The Package* (1989), *Total Recall* (1990), *Point of
No Return* (1993) und *The Conspiracy Theory* (1997). Zu den TV-
Serien mit Verschwörungsstoffen zählen *Dark Skies*, *The Fugi-
tive*, *The Lazarus Man*, *Millenium*, *The Pretender*, *Profiler*, *Twin
Peaks* und *The X-Files*. Einige handeln von belanglosen Verschwörungen. *Capricorn One* (1978) entlarvt den ersten be-
mannten Flug zum Mars als Schwindel, der in einer Studioku-
lisse gedreht wurde (und hat möglicherweise Anspruch darauf,

erstmals schwarze Hubschrauber als Feind von rechtschaffenen Amerikanern abgestempelt zu haben). Doch globale Verschwörungstheorien sind ein noch verlockenderes Thema. »Die Menschen sind komisch«, erklärt eine Figur in der Fernsehserie *Nowhere Man*. »Sie haben eine Schwäche für ausgefallene Ideen wie Demokratie, Redefreiheit und freie Wahlen. Das sind natürlich Illusionen.« Das Computerspiel *Interstate '76* simuliert eine Verschwörung ölexportierender Staaten zur Vernichtung von Energievorräten in den USA, um das Land lahmzulegen.

Angesichts der enormen konspirationsträchtigen Produktion kam ein Forscher 1997 zu dem Schluß, daß die einst für den politischen Sektor charakteristische Denkweise im kulturellen Bereich eine »Dominowirkung« erfahren hat. »Seit etwa einem Jahr ist das Verschwörungsmuster von Romanciers bis hin zu Produzenten von Unterhaltungsfilmen allgemein als narratives Grundmodell verwendet worden.«[66]

Entsprechend dieser auf Nervenkitzel zielenden Tendenz verstiegen einige amerikanische Verschwörungstheoretiker sich zu wilden Übertreibungen. Für sie bedeutet die ganze Welt nur eine inszenierte Realität. Obwohl Charles Paul Freund von der *Washington Post* selbst nicht an so etwas glaubt, hat er diese Angst treffend eingefangen:

Nehmen wir einmal an, daß Ihr gesamtes Wissen nicht bloß falsch ist, sondern vielmehr eine mit Bedacht ausgeheckte Lüge darstellt. Nehmen wir einmal an, daß Ihr Bewußtsein, daß Sie selbst, Ihre persönliche Biographie und Ihre Umwelt voller Falschheiten sind, die Ihnen von mächtigen Kräften eingepflanzt wurden, um Sie selbstzufrieden zu machen und einzulullen. Es ist eine Illusion, daß Sie ein freier Mensch sind. In Wahrheit fungieren Sie als Bauer in einem Verschwörungsplan, spielen Sie die Rolle eines willfährig Betrogenen – sofern Sie Glück haben. Denn die Rolle wird sich ändern, falls und wann es den Interessen anderer dient. Dann wird Ihr gewohntes Leben gestört, Sie können in Hunger und Armut enden; möglicherweise werden Sie sogar sterben müssen.
Und es gibt gar nichts, was Sie dagegen unternehmen könnten. Na schön, falls Sie zufällig einen Geruch der Wahrheit mitbekommen, könnten Sie Menschen zu warnen versuchen, indem Sie die Ver-

schwörer entlarven. Doch der Feinde sind zu viele, und sie sind zu
mächtig, zu weit verstreut, zu unsichtbar, zu clever. Es wird Ihnen,
wie anderen vor Ihnen, nicht gelingen.[67]

Hat das Verschwörungsdenken freien Lauf, so führt es zu
Zweifeln an allem und jedem. Dann fällt das Leben selbst dem
Mißtrauen anheim. Wie Jonathan Vankin schreibt, scheint in
solcher Geisteshaltung »die Kultur eine Verschwörung gegen
die Wirklichkeit« zu sein.[68] Einer der berühmtesten Filmpro-
duzenten Hollywoods, Oliver Stone, stellt die letzten Fragen
des Verschwörungstheoretikers, wenn er wissen will: »Wem
gehört die Realität? Wem gehört Ihr Bewußtsein?«[69] Seine eigenen Antworten darauf lassen für eine rationale Diskussion
wenig Raum: »Ich habe inzwischen ernsthafte Zweifel an Co-
lumbus, an Washington, an dem amerikanischen Bürgerkrieg
als Kampf gegen die Sklaverei, am Ersten Weltkrieg, an dem
Zweiten Weltkrieg und dem angeblichen Kampf gegen den
Nazismus und die japanische Beherrschung der Boden-
schätze ... Ich weiß sogar nicht einmal, ob ich geboren bin
oder wer meine Eltern waren.«[70] Auf diese Weise verkehrt sich
die Sucht nach nervenkitzelnder Spannung in einen totalen
Nihilismus.

Wie bedeutsam sind Verschwörungstheorien? Wie groß ist ihr
Schadenspotential? Um auf diese Fragen Antwort zu finden,
muß man Ursprünge und Hintergründe der Verschwörungstheorien kennen. Die paranoiden Vorstellungen, die heutzutage in den Vereinigten Staaten kursieren, sind nämlich alles
andere als neu. Die Kernthemen entstanden fast ausnahmslos in
anderen Ländern und früheren Zeiten. Wenn ein Farrakhan
oder ein Robertson möglicherweise den Eindruck erweckt,
daß er zu Fragen und Persönlichkeiten der Gegenwart Stellung
bezieht, folgt er in Wahrheit eben einem beinahe fertigen
Drehbuch, paßt er seine Anliegen einem Text ein, der Jahrzehnte oder gar Jahrhunderte zuvor geschrieben wurde. Es sind
die literarischen Traditionen des Verschwörungsdenkens, die
den Kontext für das Hier und Heute liefern. Sie erhellen auch
die wahrscheinlichen Konsequenzen. Deshalb konzentriert

diese Studie sich mit einem Blick nach Europa und in zwei zurückliegende Jahrhunderte auf die Ursprünge und die Entwicklungsgeschichte von Verschwörungstheorien.

Bevor wir uns jedoch mit dem historischen Stoff befassen, halten wir inne, um das Thema und die speziellen Herausforderungen zu untersuchen, die sich seiner Erforschung stellen.

II

Ein Spiegelsaal

Verschwörungsdenken ist eine durch Selbstbeobachtung, Verunsicherung und Reflexe geprägte Geisteshaltung, die thematisch oft wahnsinnig schwer zu fassen ist. Aus diesem Grunde beginnen wir mit einer Klärung von Schlüsselbegriffen und -ideen, bevor wir uns dem Problem einer Unterscheidung von realen und eingebildeten Verschwörungen zuwenden.

Termini und Begriffe

Wegen der vagen und unlogischen Eigenart des Verschwörungsdenkens sind exakte Termini und präzise Begriffe um so wichtiger. Ich treffe in diesem Buch zwei grundlegende Unterscheidungen: nämlich zwischen Verschwörungen, die reale Phänomene sind, und Verschwörungstheorien, die nur in der Einbildung existieren; und zwischen den gegen die Juden und den gegen die Geheimgesellschaften gerichteten Traditionen.

Eine Verschwörung besteht, wie nach amerikanischem Recht definiert, aus einer »Vereinigung oder Verbündung von zwei oder mehr Personen zu dem Zweck, in gemeinsamem Vorgehen eine illegale oder verbrecherische Tat zu verüben«.[1] Es gibt tatsächlich Verschwörungen. Die Prozeßlisten der Gerichte sind voll mit Anklageerhebungen wegen verschiedener Arten von krimineller Verschwörung wie Bestechung, organisierte Erpressung, Preisabsprachen und Drogenhandel. Mitverschwörer − gerichtlich angeklagte ebenso wie juristisch nicht verfolgte − sind ein alltägliches Vorkommnis. Es gibt aber auch die großen Verschwörungen der politischen Vergangenheit. Die spektakulärsten und folgenschwersten Fälle betreffen den Mord an Führerpersönlichkeiten (Julius Cäsar, Zar Alexan-

der II., Erzherzog Ferdinand, Anwar Sadat) und den Akt der
Machtergreifung (durch Napoleon III., Mussolini, Franco, Gamal Abdel Nasser). »Der Glaube an ein häufiges Vorkommen
von Verschwörungen«, bemerkt abwehrend ein Verschwörungstheoriker, »sollte nicht immer als Indiz eines Verlusts gei-
stiger Ausgewogenheit gedeutet werden.«[2]
    Die Verschwörungen unterteilen sich in zwei Kategorien, in
Lokal- und *Welt*verschwörungen. Lokale Verschwörungen haben, so gefährlich auch die Konsequenzen sein mögen, ein be-
grenztes Ziel. In der Iran/*Contra*-Affäre von 1985/86 hat eine
kleine Personengruppe heimlich das Gesetz übertreten. Sie tat
es jedoch lediglich in der Absicht, die Beziehungen zu einem
Staat zu verbessern und in einem anderen Staat Oppositions-
kräfte mit Geldmitteln zu versorgen. Dabei wurde weder die
bestehende Ordnung an sich noch die ganze Menschheit in
Frage gestellt. Im Gegensatz dazu streben Weltverschwörungen nach globaler Macht und nach einer Veränderung der
Prämissen menschlicher Existenz. Radikale utopische Ideologien − die leninistische, die faschistische und die islam-funda-
mentalistische − implizieren stets eine Weltverschwörung. So
verfügten zum Beispiel alle drei genannten Bewegungen in
den USA über Zweigorganisationen (die Kommunistische Partei, der German-American Bund, die World Trade Gang), die
die Absicht verfolgten, die Vereinigten Staaten nach ihrer Vorstellung umzugestalten.
    Diese Unterscheidung wird nicht immer unmittelbar klar,
weil sie in der Weite des angepeilten Zieles, nicht aber in dem
tatsächlichen Ausmaß der Verschwörung begründet ist. Der Erste Weltkrieg ergab sich aus lokalen Verschwörungen (ihre Initiatoren strebten keineswegs nach Weltmacht). Der Zweite
Weltkrieg resultierte in Europa jedoch aus einer Weltverschwörung (ausgelöst wurde er durch einen Versuch der Nazis,
der Welt ihren Willen aufzudrücken). Der sowjetische Putschversuch im August 1991 war als Versuch einer Machtergreifung
der Apparatschiks eine lokale Verschwörung. Hingegen fanden
Wladimir Iljitsch Lenins anscheinend lokale Intrigen innerhalb
der russischen Sozialdemokratischen Arbeiterpartei um die
Jahrhundertwende im Rahmen einer Weltverschwörung statt.

Eine *Verschwörungstheorie* ist eine real nicht existente, aus
Angst befürchtete Verschwörung. Der Begriff *Verschwörung* bezieht sich auf eine Tat, *Verschwörungstheorie* auf eine Betrachtungsweise. Während ersterer ein seit langem bestehender Terminus ist, der im Englischen (»conspiracy«) bis ins Mittelalter
zurückreicht, ist letzterer erst einige Jahrzehnte alt.[3] Die beiden
Termini können sich partiell überlappen. Die Russische Revolution war eine echte, von Lenin und anderen ausgeführte Verschwörung. Sie war jedoch auch Gegenstand von Verschwörungstheorien, die das ganze einschlägige Personal von den
Illuminaten des 18. Jahrhunderts bis zu den zeitgenössischen
deutschen Sozialisten und den Weisen von Zion umfaßten.

Verschwörungstheorien unterteilen sich in die gleichen Ka-
tegorien wie Verschwörungen: nämlich in *lokale* und in *Welt*-
verschwörungstheorien. Im ersten Fall geht es um Angst vor
Verschwörungen mit begrenztem Ziel, im zweiten um Angst
vor Verschwörungen mit unbegrenzten Zielen. Die sachlich
ungerechtfertigte Annahme, daß Rivalen sich aktiv gegen Sie
verschwören, ist eine lokale Verschwörungstheorie. Die Angst,
daß Juden oder Freimaurer nach der globalen Macht zu greifen
versuchen, stellt eine Weltverschwörungstheorie dar. Das Phänomen der lokalen Verschwörungstheorie ist zeitlos, geht bis
auf die frühesten Formen gesellschaftlichen Lebens zurück und
kommt überall vor. Die Weltverschwörungstheorie hat hingegen eine Geschichte, die der unverwechselbaren Geschichte
Europas entspringt und über zwei Jahrhunderte bis in die Zeit
der Aufklärung zurückgeht. Mit anderen Worten: Die Idee,
daß eine Einzelperson oder eine Organisation durch heimliche
Machenschaften die Welt unter ihre Kontrolle zu bringen versucht, ist weder ein zeitloser Bestandteil menschlichen Bewußtseins noch ein Produkt unseres Jahrhunderts.[4]

Im Zentrum dieses Buches stehen Weltverschwörungstheorien – ihre Entstehung, die Veränderungen, die sie mit der Zeit
durchmachten, der Einfluß, den sie ausgeübt haben. Sie enthalten üblicherweise drei Kernelemente: eine mächtige, böse
und geheime Gruppe, die die Welthegemonie anstrebt; Leicht-
gläubige und Handlanger, die den Einfluß dieser Gruppe rund
um den Globus ausweiten, so daß deren Sieg unmittelbar be-

vorsteht; und eine tapfere, aber eingezingelte Gruppe, die dringend Hilfe benötigt, um die Katastrophe abwenden zu können. Verschwörungstheorien haben es an sich, einen Menschen zunehmend für sich einzunehmen, bis sie schließlich zu einer Lebensanschauung werden. Den Zustand bezeichnen wir dann als *Verschwörungsdenken, Paranoia-Haltung* bzw. *Mentalität der heimlichen Hand.* Das Verschwörungsdenken, der Konspirationismus, ähnelt anderen Ismen, insofern er nämlich eine Einstellung definiert, die absolut alles einbezieht. Es fängt damit an, daß jemand an eine vereinzelte Verschwörungstheorie glaubt – daran, daß die Französische Revolution das Werk der Illuminaten, die Russische Revolution das Werk der Juden war. Und es endet schließlich mit einem Geschichtsverständnis, das sich weitgehend oder sogar ausschließlich auf die Annahme von Komplotten zum Erreichen von Weltherrschaft oder sogar zur Vernichtung der menschlichen Rasse gründet. In ihrer ausgereiften Form ergreift die Verschwörungsmentalität total Besitz vom Denken ihrer Anhänger. Sie wird zum Prisma, durch das diese alles menschliche Dasein wahrnehmen. In diesem Sinne ist der Antisemitismus ein fast ideales Beispiel für Verschwörungsdenken. Seine neuartige, in gefährlicher Weise besondere Qualität liegt in »seiner Politisierung und in seiner Eingliederung in dauerhafte, reguläre politische Parteien, Freiwilligenverbände und Verlagsaktivitäten – kurzum, in seiner Institutionalisierung ... Er entwickelte sich rasch zu einer Alternativschau der Welt, die Antworten auf alle Fragen und Heilsrezepte anbot.«[5] In seiner ausgereiften Form zeigt sich der Antisemitismus als eine Art Lebens- und Weltanschauung, als Engagement, das ein Leben lang währt und total ist (»Ihr ganzes Reden war Antisemitismus, bis wir Familienrat hielten und ihr empfohlen, sich für eine lange Zeit der Erholung an die Seen in Wisconsin zurückzuziehen und die Juden zu vergessen«).[6]

Verschwörungsdenken beansprucht sogar einen Vorrang gegenüber der Religion. Um einen Geheimbundpropagandisten zu zitieren: Die Menschen, welche »die innersten Geheimnisse dieser verborgenen Tradition ergründet haben, sind die Hüter der uralten Weisheit, die die hinter allen offiziellen Religionen verborgene wahre Lehre ist.«[7] Dieser Anspruch trat ganz besonders klar beim Nationalsozialismus in Erscheinung, der an die Stelle des Christentums treten sollte und im Besitz der Wahrheit in allen Lebensbereichen einschließlich der Mathematik zu sein vorgab. Folglich galt Einsteins Werk als ein Versuch des Judentums zur Zerstörung deutschen Mannestums. In ähnlicher Weise treibt Lyndon LaRouche ihn aufs Äußerste, wie eine Darstellung seiner Weltsicht klar und deutlich macht:

Sie reicht zeitlich um Zehntausende Jahre zurück und ebenso in die menschliche Zukunft. Sie erstreckt sich über alle Bereiche der Kultur: Musik, Kunst, Dichtung, Philosophie, Wissenschaft – ja, in alle Aspekte menschlichen Daseins. Sie reicht hinab in die Sexualität und ins Unbewußte und, noch tiefer, in die Gene und Chromosomen, diese Ebene des Rassenkampfes. Sie reicht auch *über* die Geschichte hinaus in eine neoplatonische, übersinnliche Welt. Sie hat ihren Ursprung in der geometrischen Struktur der Wirklichkeit. Wenn jemand ein LaRouchianer ist, kann man diesem Glaubenssystem einfach nicht entkommen. Der Kampf ist allgegenwärtig.[8]

Verschwörungsdenken bedeutet eine total andere Denkweise als die durch herkömmliches Wissen und Verstehen gegebene. Die Annahme solchen Wissens erfordert eine radikal veränderte Wahrnehmung. Einige Adepten gelangen durch eine allmähliche, doch stetige Zerstörung früherer Überzeugungen zu ihrem neuen Glauben. Die meisten, die solchen Sinneswandel durchgemacht haben, schildern ihn jedoch als eine Epiphanie, bei der sie erkennen, wie hoffnungslos naiv sie vorher gewesen waren. »Man sieht alles auf eine gänzlich neue Weise«, erklärt ein Amerikaner. »Dieser Traktat hat mein Leben verändert«, berichtet ein ehemaliger Linker von seiner Lektüre einer antisemitischen Flugschrift, »es war ein schwindelerregendes Gefühl.«[9] »Während dieser Nacht habe ich kaum schlafen können«, bekennt ein Anhänger, nachdem ihm ein Licht über das Council on Foreign Relations aufgegangen war.[10] Andererseits empfinden Verschwörungstheoretiker die Einsicht, einem Irrtum angehangen zu haben, als äußerst unangenehme Erfahrung: »Ich mußte das Beweismaterial für die

Anwesenheit eines zweiten Schützen, das ich in vielen Jahren
gesammelt und aufgedeckt hatte, mühsam demontieren«, erklärt
Dan Moldea mit Blick auf seine Nachforschungen zum Mord an
Robert Kennedy.[11] Wie nicht anders zu erwarten, zeigen jedoch
nur wenige Menschen ein Verhalten, wie es Dan Modea tat: alles noch einmal überprüfen, sich in seinem Denken vom Beweismaterial leiten lassen und seinen Irrtum zugeben.

Verschwörungstheoretiker, d. h. Menschen, die sich von Verschwörungstheorien einnehmen lassen, umfassen eine Skala
vom durch und durch Gläubigen bis hin zum gesellschaftlichen
Mitläufer.

Gläubige Verschwörungstheoretiker widmen sich ihrer
Überzeugung mit Leib und Seele, verbringen unzählige Stunden damit, sich über ihr auserwähltes Thema (Freimaurer, Juden, die Ermordung John F. Kennedys) zu informieren. Sie erkennen es überall – in der Zahlenmystik (die Zahl 19 und die
Zahl 666 haben es ihnen besonders angetan), in Formen (Drei-
ecke, Kreise) und Tieren (Schlangen, Kraken). Im Extremfall
weihen sie dieser Sache ihr ganzes Leben. Sie unternehmen
zwanghaft autodidaktische Forschungen (»Das Forschen war
anstrengend, doch ich fühlte mich dazu getrieben«)[12]; anschließend bekehren sie andere. Die Ehrgeizigen unter ihnen veröffentlichen ihre Ergebnisse (was das Ausmaß an konspirationistischer Literatur erklären hilft). In manchen Fällen verdrängt
solch eine Besessenheit Beruf und Familie. Die Folge ist ein ge-
hetztes Leben: Im späten zaristischen Rußland verschworen
Antisemiten und Revolutionäre sich ihrer Sache, verabschiede-
ten sich vom gewöhnlichen Leben und hausten am Rand der
Gesellschaft. Gelegentlich können Verschwörungstheoretiker
dank besonderer Umstände jedoch in den Hauptstrom der ge-
schichtlichen Entwicklung eintreten und manchmal sogar an
die Macht kommen. Herausragende Beispiele für solchen
Übergang sind Wladimir I. Lenin und Adolf Hitler, die Generationen von Möchtegern-Nacheiferern inspiriert haben.

Politische Paranoia muß nicht unbedingt von privater Paranoia begleitet sein. Beides geht allerdings oft unter wechsel-
seitiger Verstärkung zusammen. Die einflußreiche englische
Verschwörungstheoretikerin Nesta Webster war von ihren

fürchterlichen politischen Vorstellungen dermaßen aufgezehrt, daß sie ohne einen geladenen Revolver in der Hand nicht mehr die Haustür öffnete. Der nationalsozialistische Antisemit Grigorii Schwartz-Bostunich war heilfroh, daß die Gestapo für seine persönliche Sicherheit sorgte – nur daß er seine Leibwächter manchmal für Agenten der Freimaurer hielt und dann bei ihrem Chef Himmler Schutz gegen sie anforderte. Im Gerichtsverfahren in New Orleans gegen einen angeblichen Kennedy-Mörder glaubte ein konspirationistischer Zeuge, daß eine Polizistin als seine Tochter auftrat. Deshalb nahm er von seiner Tochter jedesmal Fingerabdrücke, wenn sie aus der Schule heimkam. Solche Ängste werden anscheinend auch nicht durch den Besitz absoluter Macht beschwichtigt. Nach seiner jahrelangen Zugehörigkeit zu Stalins Stab war Nikita Chruschtschow überzeugt, daß der »Verfolgungswahn des Diktators unglaubliche Ausmaße angenommen hatte«. So wartete Stalin etwa, bis seine Gefolgsleute das Essen gekostet hatten, bevor er selbst davon aß. (»Schau, hier ist das Geflügelklein, Nikita. Hast du es schon gekostet?«)[13] Stalins Angst, daß die Ärzte ihn umbringen wollten, ging so weit, daß er sie kaum mehr an sich heranließ. Diese Tatsache könnte durchaus seinen Tod beschleunigt haben. Auch Mao verweigerte sich im Alter der medizinischen Betreuung, weil er befürchtete, daß seine Feinde ihn auf diesem Weg ermorden würden. »Er hörte ungern schlechte Nachrichten über seine Gesundheit; in solchen Fällen vermutete er immer ein Komplott gegen sich.«[14] Es war Teil einer generelleren Verdachtshaltung, da Mao am Ende fast überall Verschwörungen gegen seine Person witterte. Wenn ein Wachtposten ungerufen sein Zimmer betrat, verdächtigte ihn Mao, für seine Rivalen zu spionieren. Er glaubte beispielsweise auch, daß das Wasser in seinem Schwimmbad vergiftet war.

Nicht alle Verschwörungstheoretiker erreichen solche pathologische Hochform. Der Grad der Akzeptanz von Verschwörungstheorien reicht von dauerhafter Besessenheit bis zum vorübergehenden ästhetischen Eindruck. Auf der Seite der Rechten sieht ein Louis Farrakhan beinahe alles durch ihr Prisma, während Patrick Buchanan konspirationistische Ideen

lediglich flüchtig berührt. Auf der Seite der Linken stellt Stalin
einen überwältigenden Fall von Verschwörungsdenken dar,
während Leo Trotzki nur ein leichter Fall war.

Obwohl ich mir der verschiedenen Grade von Verschwörungsdenken bewußt bin, neige ich dazu, alle Menschen,
die an eine Verschwörungstheorie glauben, als Verschwörungstheoretiker anzusehen; weil ich nämlich aus zwei Gründen
annehme, daß er dann auch noch mehr unterschreibt. Erstens:
Die Annahme einer Verschwörungstheorie deutet oft auf
eine Empfänglichkeit für andere Verschwörungstheorien. Die
Glaubenshaltung sowie das Fehlen von logischen Zwängen
macht den Weg von einer Phobie zu einer anderen leicht.
Antisemiten finden gewöhnlich die feindselige Haltung gegenüber Freimaurern glaubwürdig, und umgekehrt. Milizio-
näre, die die US-Regierung als ihren Feind betrachten, lesen
Literatur über den Mord an Kennedy oder unterschreiben die
»October Surprise«-These, obwohl beide in keinem direkten
Zusammenhang zu ihrer eigenen Sache stehen. Sie akzeptieren
Behauptungen einer Beteiligung seitens der US-Regierung am
Drogenhandel und verwenden sie als Bestätigung für ihre Phobie vor der Macht der Vereinten Nationen. Timothy McVeigh,
der Mann, der das Bombenattentat auf das Federal Building in
Oklahoma City verübte, glaubte an UFOs. Gary Webb machte
sich einen Namen als Autor einer Artikelserie, welche die CIA
zur Verbreitung von Kokain in Los Angeles in Verbindung
brachte. Für sich genommen, mußte das nicht unbedingt ein
Indiz für Verschwörungsdenken sein. In der Hoffnung, von
seinem plötzlichen Ruhm profitieren zu können, trug Webb
dann aber das Projekt eines Buches vor, in dem er »eine Theorie ausloten« wollte, derzufolge der siebenjährige Bürgerkrieg
in Nicaragua »gar kein richtiger Krieg war. Er war eine Schau-
nummer, ein Deckungsmanöver ... für einen massiven Drogenhandel« von kriminellen Elementen in der CIA mit
anderen.[15] Es gab weitere Hinweise für Webbs Neigung, hinter
Ereignissen eine Verschwörung zu finden.[16]

Zweitens: In Anbetracht des schlechten öffentlichen Rufs,
den die Kennzeichnung als Verschwörungstheoretiker mit sich
bringt, hüten sich manche Vertreter davor, ihre Ansichten voll

auszusprechen. So unterdrückte Pat Robertson zum Beispiel sein Verschwörungsdenken fast vollständig, als er 1988 für die Präsidentschaft kandidierte. Andere streiten ihre Verschwörungsmentalität rundheraus ab. Unmittelbar nach seiner Darstellung der Sowjetunion als Projekt des »anglo-amerikanischen Establishments« fügt Lyndon LaRouche hinzu: »Es wäre ein großer Fehler zu versuchen, das alles nur als ›Verschwörungstheorie‹ wegzuerklären.«[17]

Selbst unter Berücksichtigung solcher Diskretion ist es oft schwierig, die wahren Ansichten zu erkennen, weil manche Schriftsteller und Politiker das Verschwörungsdenken fördern, gerade wenn sie sich von ihm distanzieren. Nehmen wir den seltsamen Fall von Benjamin Disraeli (1804–1881). Von Geburt Jude, der als Kind zur anglikanischen Kirche übertrat, war er einerseits ein berühmter Verschwörungstheoretiker, der große spekulative Netze über Juden und Geheimgesellschaften auswarf. Andererseits rühmte Disraeli sich seiner jüdischen Herkunft, forderte die Zulassung von Juden zum englischen Unterhaus und schalt Juden, die ihre religiöse Identität verheimlichten. All diese Forderungen lassen sich am besten mit Disraelis hinlänglich bekanntem Sinn für Humor und seiner nicht zu unterdrückenden Schrulligkeit erklären. Sie sind allerdings auf Grund seiner außergewöhnlichen Leistungen – zu denen sechs denkwürdige Jahre als britischer Premierminister zählen – von großem Gewicht und bleibender Bedeutung. Daraus resultiert eine große Verwirrung. War Disraeli, wie manche seiner Äußerungen nahelegen, ein Verschwörungstheoretiker? Oder war er, was Verschwörungstheorien betrifft, ein Skeptiker, den es amüsierte, mit dem Gedankengut des Konspirationisten zu spielen? Niemand weiß es. Wie Léon Poliakov erklärte: »Es könnte so aussehen, als ob der Autor von *Coningsby* und von *Tancred* eine nicht zuschreibbare Quelle der Inspiration für Generationen von antisemitischen Hochstaplern, Fälschern und Illuminaten war, und daß man ihm um so leichter glaubte und ihn imitierte, wenn nicht plagiierte, insofern seine aufsehenerregende Laufbahn die Gültigkeit seiner Aussagen zu beweisen schien.«[18] Die gleiche Ungewißheit gilt in einem geringeren Maße auch für andere.

Es gibt auch unter ansonsten hoch idealistischen, äußerst
tüchtigen, vernünftigen und freundlichen Mitgliedern der
Gesellschaft Leute, die ganz unerwartet plötzlich etwa folgende
Bemerkung fallenlassen:»Die Medien sagen uns natürlich nie
die Wahrheit« oder:»Hinter dem Krieg um die Falkland-Inseln
hat doch Israel gesteckt.« Mit ihrem Haß und ihrer Angst können sie aber auch unzähligen Millionen Menschen furchtbares
Leid bringen. Der Historiker Walter Laqueur charakterisiert sie
vielsagend »als Kämpfer gegen Chimären und Phantome, als
einen kollektiven gegen Windmühlen kämpfenden Don
Quixote, der überall gräßliche Riesen sieht, die unversöhnliche
Bosheit gegen unsern Helden hegen und schlimme Tricks und
Machenschaften praktizieren. Dieser Don Quixote ist weder
lustig noch tragisch. Er hat keinerlei versöhnende Züge, wird
nur von Haß geleitet, ist eine Gefahr für sich und andere.«[19]
    An Adjektiven benutze ich auf den folgenden Seiten zwei
verschiedene: *verschwörerisch* bzw. *konspirativ*, um auf eine reale
Verschwörung zu verweisen, und *konspirationistisch*, das sich auf
imaginäre, befürchtete Verschwörungen bezieht. Trotz ihres
Unterschiedes sind die beiden Eigenschaften miteinander orga-
nisch verbunden. Die Bolschewiken sind durch verschwöreri-
sches Handeln an die Macht gekommen. Als sie erst einmal an
der Macht waren, haben sie auf Grund ihrer konspirationistischen Ängste vor einer Einkreisung durch die imperialistischen
Mächte ein Schreckensregime eingeführt.
    Operatives Verschwörungsdenken verweist auf Umstände, in de-
nen Verschwörungstheorien auf das politische Programm von
Regierungen und sonstigen mächtigen Organisationen Einfluß nehmen. In der westlichen Welt liefern Nazi-Deutschland
und der Sowjetblock eklatante Beispiele für Verschwörungsdenken an der Macht. Aktuelle Beispiele würden u. a. die Regime im Irak und im Iran bieten.

Und welche Feindbilder haben Weltverschwörungstheorien?
Es gibt hauptsächlich zwei, Juden und Geheimbünde. Andere
mögliche Weltverschwörer spielen eine wesentlich kleinere
Rolle.
    Obwohl antijüdische Argumente und Klischees vom 3. vor-

christlichen Jahrhundert bis zur Gegenwart viele Formen angenommen haben – seit der hellenistischen Epoche die intellektuelle Verachtung des kultivierten Atheisten, die Ressentiments
frommer Christen und Muslime, den Neid der Landbevölkerung, den gesellschaftlichen Snobismus der Aristokraten, den
politischen Zorn der unterlegenen Führer der arabischen Welt
–, bleiben die zugrundeliegenden Gefühle ziemlich konstant.
Die Vorwürfe gegen die Juden variieren je nach den Beschwer-
den. Die frühen Heiden ärgerte es, daß die Juden sich abseits
hielten. Die Christen beschuldigten sie des Mordes am Sohn
Gottes. Die Denker der Aufklärung (und Deutsche, die sich
nach einer heidnischen Vergangenheit sehnten) gaben ihnen
die Schuld am Christentum. Populisten machten sie für die
Moderne verantwortlich. Die Rassisten erklärten sie zum Quell
allen Übels, und fundamentalistische Muslime brandmarkten
sie als Speerspitze westlicher Werte.

Der *Antisemitismus* – ein Begriff, der 1879 mit der Gründung
der *Antisemitenliga* in Berlin geprägt wurde – ist eine Form des
gegen Juden gerichteten Hasses, die sich in mehrerer Hinsicht
von vorhergehenden Formen unterscheidet: 1) Sie verlegt die
Betonung von der Religion auf die Rasse. 2) Sie läßt Abneigung in Angst umschlagen. 3) Sie verwandelt ein Vorurteil in
eine allumfassende Ideologie, ja, sogar in eine Lebensform. 4)
Sie setzt an die Stelle der sporadischen Verfolgung von Juden die permanente Judenverfolgung. Der Antisemitismus ver-
schob den Haß gegen Juden aus dem Reich der Gefühle ins
Reich des politischen Handelns, aus der Defensive in die Of-
fensive, von den Rändern ins Zentrum des Lebens. Er veränderte auch die Darstellung von Juden: Aus Ketzern wurden
mächtige böse Gestalten.

Der Begriff *Antisemitismus* ist leider in dreifacher Hinsicht
unzutreffend. Er benennt ein falsches Opfer: Es sind ja die Juden, die unter diesem Vorurteil zu leiden haben, und nicht allgemein Semiten (z. B. die Araber).[20] Er ist anachronistisch: Der
Judenhaß entwickelte sich erst in den 1880er Jahren zur politischen Ideologie, doch der Begriff Antisemitismus wird für antijüdische Vorurteile aller Epochen verwendet. Er ist eine Fehl-
bezeichnung: Es gibt keine semitische Rasse. Falls *Semit* einen

Sinn hat, so zur Bezeichnung von Menschen, die eine semitische Sprache sprechen. Viele, vielleicht sogar die meisten Juden sprechen jedoch kein Hebräisch.

Der in diesem Buch verwendete Begriff *Antisemitismus* umfaßt nicht alle antijüdischen Emotionen, sondern nur solche, die institutionalisiert und ideologisiert worden sind. Ich schreibe das Wort [im Unterschied zu der Praxis anderer Amerikaner A.d.Ü] ohne Bindestrich (also nicht: anti-*Semitismus*), um deutlich zu machen, daß eine Ideologie gemeint ist und daß das gemeinte Phänomen so gut wie gar nichts mit Verhaltensweisen und Taten von Juden zu tun hat.

Es ist nicht so, daß zum Antisemitismus in allen Fällen die Anschuldigung gehört, die Juden beabsichtigten, die Macht über den ganzen Globus zu gewinnen. (Manche Spielarten betonen beispielsweise, daß die Juden eine Quelle des Bösen oder rassisch minderwertig sind.) Größtenteils trifft es aber zu. Die heftigste Form des Judenhasses ist vermutlich der *konspirative Antisemitismus*, weil er die Juden zum vorrangigen Feind aller macht. Wie könnte es anders sein, wenn, in den Worten eines Antisemiten, »das Judentum als Ganzes die stetige Politik verfolgt, die darauf abzielt, den einzelnen Juden in allen Ländern und der ganzen Welt als Mitglied der ›auserwählten‹, höheren und dominierenden Führungsschicht zu etablieren«.[21] Die Ursprünge des konspirativen Antisemitismus gehen bis auf die Kreuzzüge zurück, und sein Erbe wirkt sogar noch heute nach. Die mit ihm verbundene Angst florierte insbesondere in den acht Jahrzehnten bis 1953 (als das »Ärztekomplott«, die Anschuldigung, daß jüdische Ärzte sich gegen die Sowjetführer verschworen hätten, das Judentum in der Sowjetunion beinah vernichtete.)

Der *Antizionismus* sollte eigentlich nichts mit dem Antisemitismus gemein haben. Er hat keinen religiösen oder rassistischen Inhalt, sondern verurteilt die jüdischen Nationalisten im Nahen Osten wegen ihres schlechten Verhaltens. Es ist sogar so, daß gar nicht wenige Juden das Verhalten der Israelis ablehnen und Antizionisten sind. Umgekehrt begrüßen manche Antisemiten einen jüdischen Staat als eine Möglichkeit, die jüdische Bevölkerung in ihrer Mitte zu verringern. Solch ein prozionistischer Antisemit war beispielsweise Wilhelm Marr: Die jüdische Idee, Palästina zu kolonisieren, könne für beide Seiten [d. h. Juden und Deutsche] heilsam sein.[22] Er war sogar fest davon überzeugt, daß die antisemitische Bewegung den Juden Palästina zurückgewinnen würde. Meistens fürchten die Antisemiten jedoch einen jüdischen Staat als ein besonders beunruhigendes Sammelbecken des fähigsten und gefährlichsten Volkes der Welt. Ein sowjetischer Schriftsteller brachte die Angst bündig zum Ausdruck:»Zionismus und Judaismus haben ein gemeinsames Ziel: die Vorherrschaft in der Welt.«[23] Je virulenter der Zorn eines Antizionisten, desto größer auch die Wahrscheinlichkeit, daß verdeckter Antisemitismus vorliegt. Eine Verurteilung israelischer Unternehmungen in Westjordanland signalisiert unter der Oberfläche weniger Verdächtiges als die Ansicht, der Zionismus sei die Spitze eines Imperiums, das die ganze Welt bedroht. Funktional ist der Antizionismus weitgehend mit Antisemitismus identisch.

Auch der Begriff *Geheimgesellschaft* bedarf der Erklärung. Er entstand während des 18. Jahrhunderts, als »geheim« weniger *heimlich* und *verborgen*, sondern eher *nicht-staatlich* bzw. *privat* bedeutete.[24] Im heutigen Sprachgebrauch meint er eine Organisation, die Vertraulichkeit zur Voraussetzung ihrer Existenz macht, wie es auf studentische Verbindungen bzw. Bruderschaften und Männerbünde zutrifft. Das Spektrum solcher Geheimgesellschaften reicht vom Klub mit eigenem, besonderen Händedruck bis hin zu Revolutionären, welche die herrschende Gesellschaftsordnung umstürzen wollen. Fast alle Geheimgesellschaften kennen Rituale, die die Notwendigkeit von Verschwiegenheit betonen. Im typischen Initiationsritus verpflichtet sich der Eingeweihte unter Eid, bei Androhung furchtbarer Konsequenzen, hinsichtlich der Geheimnisse der Gruppe zur Vertraulichkeit. Die Mitgliedschaft ist in den allermeisten Fällen (mit Ausnahme von radikalen politischen Gruppen) auf Männer beschränkt. Man spricht oft von tiefer Verständigung mit andern Mitgliedern, von einer geistigen Wiedergeburt und einer tiefen quasi religiösen Erfahrung.

Die *geheimbundfeindliche Verschwörungstheorie* ist ein Äquivalent zum Antisemitismus. Sie klassifiziert Mitglieder konspirativer Gruppen als Feinde, die das Ziel verfolgen, durch die Zerstörung der herrschenden Ordnung Welthegemonie zu gewinnen. Sie kann sich auf eine einzige Gruppe beziehen (die Jesuiten, die anglo-amerikanischen Regierungen) oder auf deren Verknüpfung in einer »endlosen Verschwörung«, die bis in die ersten Anfänge der Geschichte zurück reicht. So ziehen Okkultisten beispielsweise die Linie bis zu einer ursprünglichen Geheimgesellschaft im Alten Ägypten. Charles Louis Cadet de Gassicourt (1769–1821), ein französischer Apotheker mit radikalen politischen Vorstellungen, der auf dem Gipfel der Französischen Revolution schrieb, entwarf eine Kette, die mit den Assassinen, einer muslimischen Sekte aus der Zeit der Kreuzzüge, einsetzte, dann die Tempelritter, die Jesuiten, die Freimaurer und die Illuminaten einschloß und bei den Jakobinern endete.[25] Andere oft erwähnte Namen sind u. a. die Ritter von Malta, die Hexen, die Prieuré de Sion, die Rosenkreuzer, die französischen *Philosophes*, die Carbonari, die britischen und amerikanischen Regierungen, Waffenhändler, internationale Bankiers, der amerikanische Council on Foreign Relations und die Trilateral Commission. »Die Verschwörungstheorien überlappen sich, und so bildet sich ein riesiges Netzwerk, das Jahrhunderte und Kontinente umspannt.«[26] Man glaubt, daß jede Gruppe ihre Ansichten und Geheimnisse an die folgende Organisation weitergibt. So wurde zum Beispiel der Weisheitsschatz, der vom Isiskult des Alten Ägypten ausging, über die Jahrhunderte weitergegeben an die Pythagoreer, Gnostiker, Katharer, Tempelritter, Rosenkreuzer und schließlich an die Freimaurer.

Ich benütze auch noch einige andere Begriffe, die einer Definition bedürfen. *Extremismus* heißt: eine Idee bis zu einem übertriebenen Punkt weiterzutreiben, und das geschieht normalerweise durch Mittel, die ebenfalls exzessiv sind. Im Unterschied dazu akzeptiert eine moderate Haltung Grenzen und Einschränkungen. Zum politischen Extremismus gehört stets das Verschwörungsdenken, und das in einem Ausmaß, daß Verschwörungstheorien ein Kernelement von Extremismus sind. *Mainstream* meint die gesellschaftlich sanktionierten Vorstellungen und Institutionen, die die Unterstützung der Regierung und der führenden privaten Organisationen finden. *Marginal* meint die Elemente außerhalb der Hauptströmung, die solch eine Förderung nicht genießen. In einigen Fällen – die bekanntesten sind Nazi-Deutschland und die leninistischen Staaten – kann der Mainstream extremistisch werden. Die Begriffe *die Rechte* und *die Linke* kommen in diesem Buch oft vor und beziehen sich auf Extreme dieser Haltungen – nicht auf die gemäßigten Republikaner und Demokraten in den USA oder auf deren Entsprechungen (die *Konservativen* und *Liberalen*) in andern Ländern, sondern die harten politischen Traditionen an den Rändern des politischen Spektrums. Rechte heben ihre eigene Rasse, Religion oder Nation über die der anderen. Linke verfolgen ein avantgardistisches sozialistisches oder anarchistisches Programm.

Auf der politischen Bühne Amerikas ist Newt Gingrich kein Rechter. Pat Buchanan ist jedoch einer, weil er einen Hauch des Faschisten an sich hat. Auf Ted Kennedy paßt das Etikett des Linken nicht, wohl aber auf Jesse Jackson. Zugegeben, Buchanan und Jackson reden eine viel mildere Sprache als die hundertprozentigen Extremisten, doch sie rühren die gleichen Themen an. Wo die harte Rechte von der »zionistisch besetzten Regierung« in Washington spricht, mildert Buchanan ab, indem er den US-Kongreß als Israels »Bestätigungsklub« bezeichnet.[27] Wenn sowjetische Propagandisten von den Vereinigten Staaten als »zionistischer Kolonie«[28] sprachen, so nannte Jackson Juden einfach »Hymies« und New York »Hymietown«.[29]

Manche politische Persönlichkeiten sind eindeutig konspirationistisch, aber nicht eindeutig der Rechten oder der Linken zuzuordnen. Louis Farrakhan und Lyndon LaRouche spotten jeder Charakterisierung nach üblichen Leitlinien. Und wie der deutsch-sowjetische Nichtangriffspakt bewies und unser historischer Überblick bestätigt, machen Extremisten oft die Entdeckung, daß sie mehr miteinander als mit den Gemäßigten gemeinsam haben.

Wie Einbildungen überzeugen

> Der Verschwörungstheoretiker …
> verhält sich zum professionellen
> Historiker wie der Schatzsucher
> zum Archäologen. Allerdings gibt
> es im Fall des Verschwörungstheo-
> retikers keine Möglichkeit, ihn zu
> überzeugen, daß sein schnelles Gra-
> ben in Dokumenten nur falsches
> Gold zum Vorschein gebracht hat.
> *Michael Billig*[30]

Wenn es um das Thema Verschwörung geht, fällt es oft schwer, Wahrheit von Unwahrheit zu trennen. Das liegt zum Teil daran, daß sich die beiden nicht durch objektive Kriterien – Logik und Beweis – klar voneinander abgrenzen lassen. Die Verwirrung wird dadurch noch größer, daß Personen, die sich auskennen, manchmal falsche Erklärungen abgeben, daß seriöse Wissenschaftler unsinnige Behauptungen akzeptieren und Pseudogelehrte ihre Arbeiten als echte Forschungen ausgeben.

Logik allein genügt nicht, um eine Verschwörungstheorie zu entlarven, und zwar aus dem einfachen Grund, daß rein logisch fast alle Ereignisabfolgen möglich sind. Mit Logik läßt sich die Behauptung nicht Lügen strafen, daß Juden die Absicht haben, die U-Bahn-Tunnel in europäischen Hauptstädten zu nutzen, um diese Städte »mit allen ihren Organisationen und Archiven in die Luft zu jagen«, wie in den *Protokollen der Weisen von Zion* behauptet wird.[31] Sie kann auch nicht die Behauptung des Ku-Klux-Klans aus den 1920er Jahren als irrig beweisen, daß sechs katholische Kirchen im Umkreis des Kapitols von Washington sowie die Georgetown Universität und die katholischen Universitäten verdeckte Militäranlagen zum Zweck einer gewaltsamen Übernahme der amerikanischen Hauptstadt und der Einsetzung des Papstes in das Amt des Präsidenten waren. Und sie vermag auch nicht die These zu widerlegen, daß der größte Teil der sowjetischen Führung in den Jahren 1937 / 38 Trotzki unterstützte, daß es ein Komplott der CIA war, die zum Tode John F. Kennedys führte oder daß sich Ronald Reagan mit Ayatollah Khomeini verschwor, um amerikanische Geiseln in Iran festzuhalten.

Solch imaginäre Komplotte zeigen meistens eher eine strengere Logik und weniger offene Enden als die Realität. Wie die Alchemie und die Astrologie bietet auch das Verschwörungsdenken eine vernünftige Recherche, bei der viele Fakten stimmen, die jedoch in die Irre führt, insofern sie Kausalzusammenhänge setzt, wo es keine gibt. Das ist das »heimliche Laster des rationalen Geistes«.[32] Die stets neutralen Regeln der Logik können nicht die Fehler erkennen, die in diesen drei Bereichen zu Unwahrheit und Irrelevanz führen.

Eine zweite Schwierigkeit im Aufdecken von Verschwörungstheorien resultiert daraus, daß sie genug an Wahrheit und Vernunft enthalten, um plausibel zu wirken. Ein Element von Richtigkeit wird einem viel größeren Anteil von Fantasie untermischt. »Selbst in den unvorstellbarsten Sachen, die die Leute sich ausdenken, gibt es ein Körnchen Wahrheit.«[33] Was das Beispiel der angeblichen jüdischen Verschwörung betrifft, so haben die Juden nie so etwas wie eine Weltherrschaft angestrebt. Es gibt aber biblische und talmudische Stellen, die von einem messianischen Zeitalter unter der Herrschaft des Gottes Israels sprechen. Der große jüdische Philosoph Maimonides (1135–1204) hat es so erklärt: »Die Weisen und die Propheten sehnten sich nach der Zeit des Messias, nicht, um über die Welt zu herrschen, und nicht, um die Heiden unter ihr Zepter zu bringen; nicht, um von den Völkern gepriesen zu werden oder auch nur, um zu essen, zu trinken und sich des Lebens zu freuen. Sie haben sich lediglich gewünscht, Zeit für die Thora und ihre Weisheit zu haben, ohne daß sie von anderen unterdrückt oder daran gehindert werden.«[34] Aber die Schriften verheißen, daß diejenigen, die den Messias ablehnen, furchtbar bestraft werden: »Gott wird alle Könige der Erde zittern machen«, so schreibt Maimonides. »Ihre Reiche werden zusammenbrechen ... Er [der Messias] wird jeden erschlagen, der ihn zu töten versucht, und da wird keiner entkommen oder vor ihm errettet.«[35]

Diese Verheißung hat Generationen von Juden beseelt. Mit

der Zeit wurde die hochherzige Deutung der Gelehrten jedoch
vulgarisiert zu einer weltlicheren Erwartung von der Ankunft
des Messias, der das auserwählte Volk aus seiner Drangsal befreit. Solche Hoffnungen fanden bei den Juden vor allem nach
den Katastrophen des ersten Kreuzzuges weithin Gehör. Als
Opfer von Schande und Unterdrückung konnten sie kaum den
Träumen von einer Zeit widerstehen, wenn mit dem Erscheinen des Messias der Spieß umgedreht und der Unterdrücker
überwältigt werden würde.

In ähnlicher Weise haben auch die Geheimgesellschaften
ihren Peinigern Beweismaterial gegen sich geliefert. Es gibt in
der Tat eine gewisse Kontinuität. »Es kommt sehr selten vor,
daß man einem Geheimbund begegnet, der absolut von vorn
anfängt, ohne einem Vorgänger verpflichtet zu sein.«[36] Im
übrigen erfanden die Leiter gewöhnlich eine lange Kette von
Verbindungen mit anderen Gruppen, um ihrer Organisation
den Anschein höheren Alters und größerer Bedeutung zu verleihen. So beanspruchen die Freimaurer zum Beispiel als Grün-
derahnen Hiram und die Erbauer des Jüdischen Tempels (womit sie die Verbindung zu den Juden herstellen, die ihre Feinde
äußerst nützlich fanden) sowie die Tempelritter (wodurch sie
sich beim französischen Staat verhaßt machten). Das Interesse
an okkulten Geheimnissen bestätigt irgendwie die Anschuldigung, daß die Freimaurer über große, böse Macht verfügen. Und die Freimaurer verwenden tatsächlich Begriffe der
Illuminaten. Der Grundstein einer New Yorker Loge trägt als
Jahreszahl nicht 1875, sondern 5875 A.L. – A.L. steht für *anno*
lucis, »im Jahre des Lichts«. Außerdem haben die Freimaurer
sich manchmal auf konspirative Art und Weise verhalten. Laut
einem auf dieses Thema spezialisierten Historiker deuten »In-
dizienbeweise« darauf hin, daß sie im September 1826 einen
widerspenstigen Bruder namens William Morgan ermordet haben, um zu verhüten, daß er sein Geheimwissen aufdeckte.[37]

Drittens entsteht Unklarheit dadurch, daß Personen, die sich
auskennen, manchmal Verschwörungstheorien bestätigen.
Michael der Neophyte, ein Jude des 18. Jahrhunderts, der zum
Christentum übertrat, hat nicht nur beschworen, daß das Judentum den Ritualmord an christlichen Kindern befiehlt, son-

dern auch grausige Details von der eigenen Teilnahme an solchen Morden geliefert. Benjamin Disraeli, der seinem jüdischen Glauben abschwor und Premierminister von England wurde, machte sensationelle Aussagen, denen zufolge die europäische Politik durch Verschwörungen von Juden und Geheimgesellschaften bestimmt wurde. In seinem Roman *Coningsby* (1844) legte er einer Figur die Worte in den Mund: »Die ersten Jesuiten waren Juden ... Jene gewaltige Revolution, die sich zur Zeit in Deutschland vorbereitet und von der in England noch so wenig bekannt ist, entwickelt sich gänzlich unter der Schirmherrschaft der Juden.«[38] Zwei Seiten weiter macht eine andere Romanfigur eine noch unheimlichere Feststellung, die immer wieder von Verschwörungstheoretikern zitiert wird: »Da sehen Sie nun, mein lieber Coningsby, daß die Welt von ganz anderen Leuten regiert wird, als sich diejenigen vorstellen, die nicht selbst hinter den Kulissen stehen.«[39] Disraeli beschränkte sich auch nicht darauf, solche Aussagen in schöngeistigen Worten zu machen. In einem biographischen Werk aus dem Jahre 1852 erklärte er, daß die Juden »diese undankbare Christenheit zu zerstören wünschen«.[40] Er äußerte sein Verschwörungsdenken sogar im englischen Parlament, wo er 1856 kundtat: »Ein britischer Minister hat geprahlt – und das war eine äußerst unkluge Prahlerei –, er brauche nur die Hand zu heben, um am darauffolgenden Tag in Italien eine Revolution auszulösen. Es war dies ein unvorsichtiges Prahlen, doch halte ich es, bei den Mitteln, die ihm zur Verfügung stehen, keineswegs für unmöglich, daß es ihm mit Erfolg gelingen könnte. Was würde dann geschehen? Man würde es mit einer Republik zu tun haben, die auf radikalen Prinzipien beruhte.«[41] Wer würde darüber besser Bescheid wissen als Disraeli? Solche Feststellungen verleihen dem Verschwörungsdenken eine viel größere Glaubwürdigkeit.

Und Disraeli steht mitnichten allein. Ein angeblich abgefallener Freimaurer enthüllte die Existenz von jüdisch beherrschten Freimaurerorden, welche die Welt zu beherrschen suchten. Ein Leitartikel der Londoner *Times* gab 1875 einen Einblick in imperiale britische Denkmuster, als er betonte: »Diesem Land wird die Entscheidung über alle Fragen gehören, seien sie wissenschaftlicher, finanzieller oder politischer Natur. Das Regieren und Verhandeln wird ganz in unserer Hand liegen, und da wir die Macht haben, werden wir auch die Verantwortung für die Welt haben.«[42] Ein – laut eigenen Angaben – Halbjude aus Ungarn gab 1905 bekannt, daß England und Frankreich »fast« von Juden beherrscht sind, während die Vereinigten Staaten »sich langsam, aber sicher dieser internationalen, hinterhältigen Hegemonie ergeben«.[43] Am aufschlußreichsten ist vielleicht das Geständnis von einem Mitglied der amerikanischen Führungsschicht, Carroll Quigley von der Georgetown University:

> Es existiert, in der Tat, und existiert bereits seit einer Generation, ein internationales anglophiles Netz, das zu einem gewissen Teil die Auffassung der radikalen Rechten über die Handlungsweise der Kommunisten prägt. Dieses Netz, das wir als die Round Table-Gruppen identifizieren können, hat in der Tat keine Hemmungen, mit den Kommunisten oder irgendwelchen anderen Gruppen zu kooperieren, und tut das häufig auch. Ich weiß von den Tätigkeiten dieses Netzes, weil ich es über zwanzig Jahre erforscht habe und weil es Anfang der 60er Jahre zwei Jahre gestattet war, seine Unterlagen und geheimen Akten zu untersuchen. Ich habe keine Abneigung gegen dieses Netz und die meisten seiner Ziele und habe ihm und vielen seiner Werkzeuge über einen großen Teil meines Lebens nahegestanden ... im großen und ganzen besteht unser wesentlicher Meinungsunterschied darin, daß dieses Netz unbekannt zu bleiben wünscht, und ich glaube, daß seine historische Rolle bedeutsam genug ist, um öffentlich bekannt gemacht zu werden.[44]

Quigley schrieb, anders gesagt, daß es da die Verschwörung einer kleinen, wohlsituierten Gruppe gibt, mit deren Zielen er einverstanden ist.

Viertens ist auf den ärgerlichen Aspekt hinzuweisen, den Richard Hofstadter die »höhere paranoide Gelehrsamkeit«[45] nennt. Hier geht es nicht um die legitime Gelehrsamkeit, die von Forschern mit Universitätsbildung, Zugehörigkeit zu professionellen Organisationen und hoher gesellschaftlicher Achtung betrieben wird. Es handelt sich hier eher um die Spiegelwelt des Verschwörungsdenkens mit ihren dilettantischen Autodidakten, die keinen Bildungsinstituten angehören und zu ihrem Leidwesen von den etablierten Institutionen ausge-

schlossen sind. Nun könnte man aufgrund der krassen Unterschiede zwischen beiden Gruppen annehmen, daß die
Forschungen der Wissenschaftler und die Spekulationen von
Verschwörungstheoretikern nicht zu verwechseln seien. Doch
erstere werden häufig von letzteren imitiert, so daß eine Verwechslung durchaus möglich ist.

Verschwörungstheoretiker schmücken sich, ob verdient oder
zu Unrecht, ganz gleich, mit akademischen Titeln (»Dr.«, »Professor«). Sie versenken sich nicht weniger als die konventionellen Historiker in die Literatur zu ihrer Materie und werden
darin zu Experten. Der Unterschied liegt in den Methoden.
Statt die Vergangenheit mit einer allmählichen Akkumulation
von Fakten zusammenzusetzen, plündern sie legitimierte historische Forschungsarbeiten aus, um aus isolierten, zusammenhanglosen Elementen Riesengebilde zu errichten.

Die Wahrheit läßt sich um so schwerer erkennen, weil konspirationistische Themen viel mehr Pseudowissenschaftler als
echte Wissenschaftler anziehen. Während der vergangenen
zwei Jahrhunderte ist in fast allen europäischen Sprachen eine
Riesenflut von Pseudostudien erschienen. Der Zusammenhang zwischen Juden und Freimaurern ist Thema von lediglich
zwei Werken legitimierter Gelehrter, jedoch von Dutzenden,
wenn nicht Hunderten Büchern von antijüdischen und freimaurerfeindlichen Schriftstellern. Eine Bibliographie aus dem
Jahre 1923 enthält nicht weniger als 23 000 Titel über die Freimaurer[46], von denen aber nur sehr wenige von unvoreingenommenen Forschern stammen. Unter den Tausenden von Büchern über den Mord an Kennedy argumentieren nur ganz
wenige gegen eine Verschwörung. Manch ein Leser wird von
dem Umfang dieser Literatur beeindruckt sein: »Es ist so viel
darüber geschrieben worden . . ., daß sie meinen, daran müsse
doch etwas wahr sein.«[47] Aufgrund der Fülle dieser Titel können Verschwörungstheoretiker sich gegenseitig zitieren. Auf
diese Weise errichten sie ein eindrucksvolles Gebäude selbstreferentieller Pseudowissenschaft. Im Fall von alten Themen wie
den Tempelrittern geben sie Neuausgaben von jahrhundertealten Büchern heraus, die sie als maßgebliche Quellen zitieren.
Im Fall von neuen Themen wie dem Mord an John F. Kennedy

diskutieren sie auf hoch gelehrte Weise die gegenseitigen Schlußfolgerungen.

Konspirationistische Bücher kommen oft im Gewand seriöser Werke mit Vorwort, Einführung, Danksagung, Quellenangaben, Fußnoten, Bibliographie, Register und dem übrigen Beiwerk von Gelehrsamkeit daher. Selbst Fälschungen werden in einen scheinwissenschaftlichen Aufzug verpackt. Mit Hilfe der Nachbildung dieser Elemente wissenschaftlicher Autorität fällt es dem Pseudo-Experten leichter, den gutgläubigen oder unerfahrenen Leser zu überzeugen, seine Lieblingstheorien zu akzeptieren. Eine Fülle von Verweisen dient außerdem als Schutzschild gegen Kritik. Als Pat Robertson sein Buch *Die geplante Welt* gegen Vorwürfe des Antisemitismus verteidigte, führte er das völlig irrelevante Argument an, daß »es sorgfältig recherchiert worden ist und sieben eng bedruckte Seiten Bibliographie mit authentischen historischen Quellen enthält«.[48]

Verschwörungstheoretiker haben die Angewohnheit, ernste, sachliche Titel zu wählen, ganz als ob sie ihre völlig unsachlichen Ideen verschleiern wollen. Das einflußreichste konspirationistische Buch aller Zeiten hat den pedantischen Titel *Memoirs Illustrating the History of Jacobism*. Sein gefälschtes Duplikat trägt einen durch und durch bürokratischen Titel (*Protokolle der Sitzungen der Weisen von Zion*). Das Werk *Jews in the Japanese Mind* ist eine seriöse Untersuchung, während das Buch *The Japanese and the Jews*[49] pure Fantasterei ist. Doch die Titel klingen ganz ähnlich und beide sind in respektablen Verlagen erschienen.

Verschwörungstheoretiker bringen auch Zeitschriften heraus, die dem Anschein nach verantwortungsbewußte akademische Periodika sind. Name und äußeres Erscheinungsbild der *Revue internationale des sociétés secrètes* erwecken den Eindruck, daß hier würdige Wahrheitssucher solide wissenschaftliche Arbeiten publizieren. In Wirklichkeit diente sie lange Zeit dem anti-geheimbündlerischen Völkchen als zentrale Clearing-Stelle. *The Journal of Historical Review* klingt ganz ähnlich wie *American Historical Review*; mehr noch: Diese beiden Vierteljahreszeitschriften haben einen deutlich akademischen Ton gemeinsam, und beide nennen ein Gremium von Professoren als

Herausgeber. Während letztere jedoch eine führende wissenschaftliche Zeitschrift ist, existiert erstere nur, um die historische Realität des Holocaust zu widerlegen.

Genauso wenig kann der Leser sich, um die Spreu vom Weizen zu trennen, auf die Verlage verlassen. Selbst angesehenste Häuser geben ihren Namen manchmal für konspirationistischen Unsinn her. Die Originalausgabe der *Protokolle der Weisen von Zion* erschien zuerst in dem erzrespektablen Haus Eyre and Spottiswood. Jonathan Cape (der Londoner Verlag von Samuel Butler, Len Deighton, Maxim Gorki, James Joyce, H. G. Wells und William Carlos Williams) tat sich mit Delacorte in New York zur Veröffentlichung von *Holy Blood, Holy Grail* zusammen – ein Buch, das die These vertrat, Jesus sei ein jüdischer Prinz gewesen, dem Maria Magdalena einen Sohn gebar, der die Königsdynastie der Merowinger begründete, und die Geheimgesellschaft namens Prieuré de Sion habe seit ihrer Gründung im Jahre 1099 merowingische Interessen gefördert.[50] Jonathan Cape verband sich auch mit dem amerikanischen Haus Henry Holt zur Veröffentlichung eines zweiten Buches zum gleichen Thema, das nun die gegenwärtigen Unternehmungen der Prieuré de Sion skizzierte, um »das Königreich oder Kaiserreich der Vereinten Staaten von Europa zu errichten«, welches von niemand anderem als der Familie Jesu regiert würde.[51]

In der chaotischen Sphäre des World Wide Web wird eine Unterscheidung wahrer Gelehrsamkeit von Verschwörungsdenken eine noch schwierigere Aufgabe. Hier sind entsprechende Materialien in unverhältnismäßig großen Mengen präsent. Die vertrauten Kennzeichen fachlicher Kompetenz sind noch schwerer zu erkennen, und beim Surfen taucht willkürlich konspirationistisches Gedankengut neben wahrer Wissenschaft auf. Texte, welche die meisten Menschen auf Papier nie in ihrem Hause dulden würden, erscheinen ohne Vorankündigung auf den Bildschirmen. Die übelsten Haßverbreiter stellen sich als Vorkämpfer des Rechts auf freie Meinungsäußerung dar. Im übrigen fasziniert die Technologie, und das langsame Tempo von Klicken und Warten kann Zuschauer fast hypnotisch einlullen.

Schließlich verfangen sich wirkliche Forscher gelegentlich auch im Verschwörungsdenken und zeigen damit, daß die Per-

son, die den Tatbestand einer Verschwörung erklärt, noch
keine Gewähr hinsichtlich ihrer Wahrheit oder Unwahrheit
abgibt. Der Österreicher Joseph von Hammer-Purgstall (1774–
1856), ein unendlich gebildeter Gelehrter und einer der großen
Orientalisten seiner Epoche, schrieb eine Reihe von höchst bedeutenden Werken, von denen einige heute noch lieferbar sind.
Seine Übersetzung des persischen Dichters Hafis hat Goethes
Westöstlichen Diwan angeregt. Dennoch war er ein unverbesser-
licher Verschwörungstheoretiker, der viel dazu beigetragen hat,
um die Vorstellung von den Tempelrittern als Geheimbund zu
fördern.[52]

Das Thema wird dadurch noch undurchschaubarer, daß aus
Gegnern manchmal Vertreter des Verschwörungsdenkens werden. Für solch eine Entwicklung bietet Gary Sick ein Beispiel
aus jüngster Zeit. Sein hervorragendes Werk *All Fall Down*
(1985) über den Sturz des Schahs von Persien und die Tehera-
ner Geiselkrise beschäftigt sich mit den Irrtümern des Verschwörungsdenkens. In diesem Buch hält Sick fest, daß Iraner
»annehmen, daß eine einfache, direkte Erklärung der Ereignisse nur eine Tarnung ist, die die verschlungenen Verwicklungen der ›Wirklichkeit‹ verdeckt«, und er kritisiert die Iraner
wegen ihrer Annahme, daß »alle großen politischen, ökonomischen oder sozialen Umwälzungen im Iran auf Manipulationen
äußerer Mächte zurückverfolgt werden müssen«.[53] Solche Einsicht hat Sick jedoch anscheinend bald darauf verlassen. Im Jahr
1988 braute er bereits die *October-Surprise*-Verschwörungstheo-
rie, in der er behauptete, daß Ronald Reagan die Präsidentschaft im Jahre 1988 auf Grund geheimer Absprachen mit Ayatollah Khomeni gewann.[54] Sicks Vertrauenswürdigkeit besaß
ein solches Gewicht, daß diese irrige Vorstellung zwei Kon-
greß-Untersuchungen nach sich zog.

Wenn die Regeln der Logik uns nicht signalisieren »Verschwörungstheorien in Sicht«; wenn die angeblichen Verschwörer die Vorwürfe partiell selbst bestätigen; und wenn
Personen mit Insiderwissen andeuten, daß tatsächlich eine Verschwörung existiert – wie läßt sich dann überhaupt eine Verschwörungstheorie demaskieren?

III

Die Entlarvung der Verschwörungstheorie

Der Gründer der John Birch Society, Robert Welch, stellte einmal die Möglichkeit in den Raum, daß der einflußreiche republikanische Senatsvorsitzende Robert Taft an Krebs gestorben war wegen »eines Röhrchens Radium, das in das Polster seines Sitzes gesteckt wurde«.[1] Warum ist diese Behauptung schlichtweg absurd? Weil die Demokraten ihre politischen Gegner nicht umbringen; weil das Mobiliar des US-Senats auf solche Weise nicht manipuliert werden kann; weil es unsinnig ist, jemand ausgerechnet mittels einer Radiumvergiftung zu ermorden; und weil die Quelle dieses Verdachts eine Person ist, die für ihr abenteuerliches Verschwörungsdenken bekannt ist. Doch nun denken Sie einmal über folgenden Fall nach: Christopher Andrew und Oleg Gordievsky schreiben in ihrer Geschichte der sowjetischen Geheimpolizei: »Um einen mutmaßlichen britischen Spion, ohne bei ihm Verdacht zu erwecken, aus seiner Moskauer Wohnung zu locken, rieben KGB-Toxikologen auf [Oleg] Penkovskys Stuhl Giftsubstanzen, die eine kurze, aber heftige Erkrankung bewirken.«[2] Das ist absolut plausibel, weil vom KGB viele gemeine Tricks bekannt sind. Er hätte mühelos in die Wohnung eines seiner Angestellten einbrechen können. Gift, das auf einen Stuhl eingerieben wird, kann wirksam sein; und die Autoren des Buches sind geachtete Schriftsteller, die keinen Verschwörungstheorien anhängen.

Mit anderen Worten: Die Unterscheidung zwischen einer tatsächlichen und einer imaginären Verschwörung – oder, in unserer Terminologie, zwischen einer Verschwörung und einer Verschwörungstheorie – ist ein subjektiver Erkenntnisprozeß. Und wenngleich manche Analytiker solche Differenzierung nicht für entscheidend halten[3]: Es *ist* wichtig, Wahrheit von Unwahrheit zu trennen. Man kann Winston Churchills Warnungen vor einer Nazi-Verschwörung in den 1930er Jahren und Hitlers gleichzeitiges irres Gerede von einer jüdischen Verschwörung nicht gleichermaßen behandeln. Leser und Autor brauchen Wegweiser, um den soliden Boden der Tatsachen vom Sumpf der Einbildung zu trennen. Denn es ist ja dieses heimtückische Problem, das es dem Verschwörungsdenken erlaubt, sich von den Rändern zum Mainstream auszuweiten.

Hier erheben sich viele Fragen: Gibt es tatsächlich Verschwörungen? Wie läßt sich die begründete von der eingebildeten Angst vor Verschwörungen unterscheiden? Welche einschlägigen Werke sind seriös?

Die Unterscheidung von Realität und Einbildung

> Es kann für den Historiker keine Generalisierungen, sondern nur eine sichere Regel geben: daß er in der Entwicklung menschlicher Schicksale das Spiel des Zufalls und des Unvorhergesehenen erkennen muß.
>
> *Herbert A.L. Fisher*[4]

> Das krönende Ergebnis historischer Forschung ist ein Sinn für Geschichte – ein intuitives Verstehen davon, wie Dinge nicht zustandekommen.
>
> *Lewis B. Namier*[5]

Glücklicherweise gibt es Werkzeuge zum Identifizieren von Verschwörungstheorien. Dazu gehören der gesunde Menschenverstand, Geschichtskenntnis und die Fähigkeit, die ausgeprägten Schemata des Verschwörungsdenkens zu erkennen. Am wichtigsten ist jedoch wahrscheinlich ein Verständnis der Voraussetzungen, die solcher Mentalität zugrundeliegen.

GESUNDER MENSCHENVERSTAND Nicht alles logisch Mögliche ist sinnvoll oder vernünftig. Es ist nicht so, daß jeder Feind die Weltherrschaft anstrebt; es gibt Zufallsereignisse; Kirchen, Untergrundbahntunnel und Senatsstühle sind keine Mordinstrumente; und Katholiken, Juden und Demokraten verwenden solche Methoden nicht. Wie ein Logiker schreibt: »Wenn wir eine Hypothese aufstellen, um etwas zu erklären, dann arbeiten wir nicht in einem Vakuum. Wir verfügen über einen breiten Kontext von Hintergrundinformationen – Überzeugungen, Prinzipien und Theorien, für die wir eine große Menge an Beweismaterial akkumuliert haben.«[6]

Der gesunde Menschenverstand akzeptiert einfache Erklärungen. Verschwörungstheorien tragen verwickelte Elemente zusammen. Sie setzen eine so lange Kette des Betrugs, eine solch enorm hohe Intelligenz und ein derartig großes (und Stillschweigen bewahrendes) Personal von Komplizen voraus, daß das ganze Projekt unter der eigenen Implausibilität zusammenbricht. Nehmen wir das Beispiel der Ermordung John F. Kennedys. Lee Harvey Oswald konnte allein schon wegen der riesigen Zahl von Teilnehmern, derer es im Falle einer Verschwörung bedurft hätte, nicht von einer unbekannten Macht mit der Tat beauftragt worden sein. Es hätte allein vier reibungslos kooperierende Mitverschwörer gebraucht, um Oswald im Texas Book Depository zu plazieren, von wo er einen unbehinderten Direktschuß auf Kennedys Wagenkolonne abfeuern konnte. Die gesamte Mordverschwörung hätte ein Ensemble von Hunderten Mitwirkenden erfordert.[7] In diesen Dingen gilt das Prinzip der Einfachheit oder Ökonomie: »Bei ansonsten gleichwertigen Aspekten ist eine Hypothese dann plausibler als eine andere, wenn sie eine geringere Zahl an zusätzlichen neuen Annahmen erfordert.«[8]

Daraus folgt zweierlei. Erstens: Verschwörungen entstehen nur innerhalb eines Kontexts (Morde, die in Moskau einen Sinn ergeben, sind in Washington sinnlos). Und zweitens: Ein angebliches Komplott ist um so unwahrscheinlicher, je komplizierter es ist. Daß ein Staatsstreich geplant wird, ist annehmbar; nicht aber eine im voraus geplante Französische Revolution.

GESCHICHTSKENNTNIS Eine Vertrautheit mit der Geschichte führt zu der Erkenntnis, daß die meisten Verschwörungen fehlschlagen. Sie werden durch willkürlich eintretende Ereignisse aus der Bahn geworfen; durch Komplizen, die untreu werden; weil die heimlichen Aktivitäten den Gegner alarmieren. Allgemein gilt: Je komplexer das Komplott, um so geringer die Chancen auf Erfolg. Niccolò Machiavelli, der viele Intrigen miterlebt hat, macht die Feststellung, daß eine Verschwörung »stets zahllose Probleme und Gefahren mit sich bringt« und gewöhnlich mit einer Enttäuschung endet: »Es hat viele Verschwörungen gegeben, doch die Geschichte zeigt, daß nur wenige erfolgreich gewesen sind.«[9] Der Philosoph Karl Popper ergänzt: »Erstens kommen sie nicht sehr häufig vor, und sie verändern nicht die Eigenart des gesellschaftlichen Lebens. Einmal angenommen, daß es mit Verschwörungen ein Ende hätte, so würden wir grundsätzlich mit den gleichen Problemen konfrontiert sein, mit denen wir es schon immer zu tun hatten. Zweitens behaupte ich, daß Verschwörungen nur sehr selten erfolgreich sind. Was an Resultaten erreicht wird, ist in der Regel sehr verschieden von den erwünschten Resultaten. (Bedenken Sie die Nazi-Verschwörung.)«[10] Nach den Nazis scheiterte auch die zweite große Verschwörung des 20. Jahrhunderts, der Kommunismus, auf allen Ebenen. Ähnliches gilt in den Vereinigten Staaten, wo der Historiker David Brion Davis eine riesige Kluft feststellt zwischen der »erbärmlichen Schwäche und Unfähigkeit der meisten [echten amerikanischen] Verschwörer und der Bereitschaft vieler Amerikaner zu glauben, daß eine mächtige, monolithische und praktisch unfehlbare Organisation die Republik umzustürzen im Begriff war«.[11] Die großen konspirativen Anstrengungen europäischer, israelischer und amerikanischer Führer im Nahen Osten hatten kaum Erfolg, ganz im Gegenteil, sie kehrten sich gegen ihre Urheber. Der britisch-französische Sykes-Picot-Geheimvertrag teilte den Nahen Osten auf, doch hatte er nicht lange Bestand. In der Lavon-Affäre versuchten israelische Agenten, die Verantwortung für antiamerikanische Ausschreitungen in Ägypten Gamal Abdel Nasser anzuhängen, wurden dabei jedoch entdeckt. In dem Iran/*Contra*-Skandal wurden die Amerikaner erwischt, als sie heimlich Waffen an den Iran verkauften. Nach diesem Schema läuft es auf der ganzen Welt ab.

CHARAKTERISTISCHE MERKMALE Konspiratistische Überzeugungen weisen große Unterschiede auf. Die faschistische und die leninistische Ideologie unterscheiden sich in fast allen Punkten, und ein Fan von Theorien zur Ermordung Kennedys hat wenig mit Louis Farrakhan gemein. Wenn man sich aber von den Details löst und die ihnen zugrundeliegenden Charakteristika anschaut, so wird klar, wieviel Verschwörungstheorien gemein haben. Es gibt zwei Hauptmerkmale, die sie vom gewöhnlichen Denkverhalten unterscheiden: ihre Beweismaßstäbe und ihre Grundvoraussetzungen. Zu den ausgeprägten Eigenarten ihrer Art von Beweisführung zählen folgende:

– die Obskurität. Von der Voraussetzung ausgehend, daß der äußere Anschein trügt, lehnen sie das gewöhnliche Wissen ab und suchen exotische und wenig bekannte Varianten. Eine Vorliebe für das Unwahrscheinliche und das Okkulte verleiht ihren Daten eine typische und erkennbare Qualität.
– die Abneigung, Wissen preiszugeben. Sie zeigt sich gewöhnlich in Form von passiven Verben und vagen Pronomen (»sie«), findet aber manchmal auch offen Ausdruck: »Um die Namen der Personen zu schützen, die [von der Sache A.d.Ü] betroffen sein könnten, habe ich mich entschieden, meine Quelle im gegenwärtigen Augenblick nicht preiszugeben.«[12]
– das Stützen auf Fälschungen. Hier spielen Fälschungen als Beweismittel eine überdimensionale Rolle. Die Angst vor den Tempelrittern wurde, Stein auf Stein, mit Fälschungen aufgebaut, die 1877 in der Publikation ihrer angeblichen, 600 Jahre alten »Lateinischen Regel« kulminierten, die ihnen geheime (und obszöne) Rituale zuschrieb. Im Jahre 1614 gab der Traktat eines abtrünnigen Jesuiten vor, die Tricks und ehrgeizigen Ziele der Gesellschaft Jesu aufzudecken.[13] Im Jahre 1811 veröffentlichte Napoleon ein auf 1709 datiertes, angebliches »Testament« Peters des Großen, in dem der Zar seine Pläne für eine russische Herrschaft über Europa umriß und mit unheimlicher Genauigkeit die politischen Ereignisse der hundert Jahre nach seinem Tod voraussagte. Während der 1890er Jahre verbreitete die American Protective Association viele gefälschte Dokumente. Das wichtigste war eine betrügerische Enzy-

klika von Papst Leo XIII. an die amerikanischen Katholiken mit der Bitte, alle Ketzer (d. h. Nichtkatholiken) zu eliminieren. Im Jahr 1894 stützte sich die komplette Anklage gegen Hauptmann Alfred Dreyfus auf Dokumente, die seine militärischen Vorgesetzten gefälscht hatten. Das bedeutendste Fälschungsdokument waren jedoch die sogenannten *Protokolle der Weisen von Zion*, die in Frankreich und Rußland aus mehreren schon existierenden, zum Teil offenkundig fiktionalen Werken zusammengeschustert wurden.

– die Widersprüchlichkeiten. Die Verschwörungstheoretiker bringen mit leichten Abwandlungen und aufschlußreichen Widersprüchen immer die gleichen Kernthesen in Umlauf. Ein halbes Jahrhundert lang hat eine rechtsgerichtete Gruppe in den USA nach der anderen Alarm geschlagen wegen feindlicher Truppen, die sich an der amerikanisch-mexikanischen Grenze zusammenziehen. Während des Zweiten Weltkriegs schrieb ein Führer der Rechten: »An der mexikanischen Grenze warten 200 000 kommunistische Juden darauf, in unser Land zu kommen. Falls sie eingelassen werden, werden sie alle ungeschützten Frauen und Kinder vergewaltigen.«[14] Im Jahre 1962 schlugen die *Minutemen* Alarm wegen chinesischer kommunistischer Truppen, die an der mexikanischen Grenze für eine Invasion bereitstanden. Ein Jahr später konkretisierte die John Birch Society diese Gefahr noch weiter: In Mexiko seien 35 000 chinesische Soldaten zum Angriff auf San Diego postiert. Aus ihnen machte die Anti-Steuer-Bewegung Posse Comitatus in den 1980er Jahren 35 000 Vietcong, die sich im südlichen Texas versteckt hielten. In jüngerer Zeit kursierten Geschichten von russischen Truppen, die sich in Mexiko massierten. Juden, Chinesen, Vietnamesen, Russen: Die genaue Identität spielt fast keine Rolle, obwohl die Angst sich hält. Solche Sorglosigkeit im Sachlichen deutet auf eine paranoide politische Denkweise hin.

– Unmengen von gelehrter Scheinfaktizität und an pedantischen Verweisen. Verschwörungstheoretiker scheinen es darauf abgesehen zu haben, den Skeptiker mit Namen, Daten und Fakten zu bombardieren. Zum Beweis, daß die CIA in den Verkauf von Kokain an Straßengangs in Los Angeles verwickelt war, liefert Gary Webb eine solch irre Fülle an Details über so viele Personen, daß der benommene Leser der Argumentation kaum mehr klar zu folgen vermag.[15]

– das Aufeinandertürmen von Verschwörungstheorien. Die Lücke in einer Verschwörungstheorie (daß beispielsweise in der Leiche John F. Kennedys keine zusätzlichen Patronen gefunden wurden)

wird wiederum durch eine weitere Verschwörungstheorie erklärt
(die Kugeln sind von Ärzten heimlich entfernt worden).
– das Abtun von widersprechenden Beweisen als Indizien für eine
Verschwörung. Der Verschwörungstheoretiker fängt mit der
Schlußfolgerung an und findet dann Gründe, um alles auszuschlie-
ßen, was ihr nicht entspricht. Ein Assistent des führenden JFK-
Attentats-Theoretikers Jim Garrison erläutert dessen Ermittlungs-
methoden im Mordfall Kennedy wie folgt:»Meistens ordnet man
die Fakten und zieht dann die Schlußfolgerungen. Doch Garrison
zog eine Folgerung und ordnete anschließend die Fakten. Und
wenn die Fakten nicht paßten, pflegte er zu sagen, daß sie von der
CIA verändert worden seien.«[16]
– die unkritische Akzeptanz jedweden Arguments, das auf eine
Verschwörung hindeutet. Zum einen behauptete der britische Antisemit C.H. Douglas, Hitler sei ein illegitimer Rothschild-Ab-
kömmling. Zum andern behauptete Lyndon LaRouche, Winston
Churchill sei ein Handlanger der Rothschilds. Ein Widerspruch?
Ganz und gar nicht. Louis Farrakhan nutzt die lockere Logik des
Verschwörungsdenkens und findet eine Synthese: Die Rothschilds
»würden beiden Konfliktparteien Geld geliehen haben, weil es
ihnen im Grunde egal war, wer gewann und wer verlor.«[17] Das ist
typisch.
– das Nichtbeachten des zeitlichen Ablaufs. Generationen und
Jahrhunderte gehen vorbei, doch ändert sich kaum etwas. Die
Tempelritter – ein christlicher Ritterorden, der um 1119 entstand
und 1314 vom französischen König ausgeschaltet wurde – liefert
dafür ein extremes Beispiel: Seit beinah sieben Jahrhunderten hat
niemand mehr einen Tempelritter gesehen, doch der Nimbus dieses langlebigsten aller Geheimbünde ist lebendig geblieben. Eine
beeindruckende Verweildauer im Bewußtsein von Verschwörungstheoretikern beweisen auch die bayerischen Illuminati, die
schon seit über zwei Jahrhunderten nicht mehr existieren. Die faschistischen Mothers of the United States of America beschuldigen
den Sanhedrin – ein seit dem Jahre 66 n. Chr. nicht mehr beste-
hendes Gremium von Rabbinern –, er habe Hitler zum Angriff auf
Polen ermutigt (und ihn auf diese Weise diskreditiert).
– leichtfertiger Umgang mit Fakten. Manchmal erfinden Verschwörungstheoretiker Tatsachen aus dem Nichts. Die Rosenkreuzer»waren allüberall, was ihnen durch die Tatsache ihrer Nichtexi-
stenz erleichtert wurde.«[18] Der Glaube, daß es diese Organisation
gab, nahm seinen Ursprung mit der Publikation (1614, 1615 und

1616) von drei fantasievollen Büchern, die seine Existenz verkündeten. Daraufhin bemühten sich vor allem in England und Deutschland einige Leser um Mitgliedschaft und um eine dementsprechende Geisteshaltung gegenüber alten Geheimnissen. In späteren Jahrhunderten haben dann Scharlatane und Möchtegern-Verschwörer wie Filippo Buonarroti, Eliphas Levi, Madame Blavatsky und Annie Besant den geheimnisvollen Namen des Rosenkreuzes für ihre eigenen Zwecke übernommen. Im kalifornischen San José wurde 1915 der Ancient Mystical Order Rosae Crucis gegründet, der in letzter Zeit eine plötzliche Erscheinung in Steingebilde und Versammlungslisten umwandelte. Bemerkenswert sind auch die Fälle, in denen sich konkrete Angaben als völlig imaginär herausstellten. Um die *October-Surprise*-Verschwörung zu veranschaulichen, lieferte Gary Sick verblüffend präzise Details zu Ereignissen, die nie stattgefunden hatten. Zur Ausschmückung einer nie abgehaltenen konspirativen Versammlung am 27. Juli 1980 in Madrid fügte er beispielsweise folgende Aussage an:»Die Unterredung wurde zweimal unterbrochen, weil Hotelkellner zum Servieren des Kaffees hereinkamen.«[19]

Schließlich enthalten Verschwörungstheorien etliche immer wiederkehrende Grundvoraussssetzungen.

DAS ZIEL IST MACHT Alles andere ist illusorisch. In der trostlosen menschlichen Welt des Verschwörungstheoretikers drängt die Gier nach Macht geringwertigere Motive zur Seite. Frömmigkeit ist Betrug: Daß die Freimaurer vorgeben, das Christentum zu akzeptieren, geschieht »nur in der Absicht, seinen Umsturz zu bewirken«.[20] In einer antisemitischen Fälschung heißt es:»Jeder Mensch strebt nach Macht, jeder möchte Diktator werden, wenn er nur könnte, und die Menschen sind in der Tat selten, die nicht bereit wären, zur Sicherung des eigenen Wohlstands den Wohlstand aller zu opfern.«[21] Reichtum und sexuelle Befriedigung werden gewöhnlich als die zwei vorrangigen Nebenwirkungen der Macht betrachtet. »Sie verehren keinen anderen Gott als Mammon.«[22]

Philanthropie ist eine Form verschleierter Gier. Wenn jemand einem andern anscheinend einen Gefallen tut, verfolgt er in Wirklichkeit auf subtile Weise Eigeninteressen. Die imperialistischen Mächte gewährten ihren Kolonien nach dem Zweiten Weltkrieg die Unabhängigkeit. Es geschah anscheinend zum Vorteil der kolonisierten Völker. Doch in Wirklichkeit profitierten von solch verfrühter Autonomie und dem Sprung dieser Nationen in den Sozialismus »mächtige internationale Wirtschaftsinteressen«. Der daraus folgende Ruin dieser Volkswirtschaften bewahrte die ehemaligen Kolonialmächte vor Konkurrenz und – besser noch –: Er sicherte ihnen billige Rohstoffe. Die Auslandshilfe ist im Grunde ein Mechanismus, der Abhängigkeit fördert. Darlehen an arme Länder sind ein Mittel, um sie »zu dominieren und zu kontrollieren«.[23] Andere Arten von Großzügigkeit stellen ebenfalls eine Taktik dar: Die Juden haben die Schwarzen um eigener geschäftlicher Vorteile willen bei ihrem Kampf um die Bürgerrechte unterstützt.

VORTEILGEWINN VERRÄT KONTROLLE Wer aus einem Ereignis Gewinn zieht, muß es verursacht haben. Wenn man weiß, wer der Nutznießer ist, kennt man den Verschwörer. Fragen Sie *cui bono* [»Wem dient es?« A.d.Ü.]. Die Antwort auf diese Frage wird Sie zum Verschwörer führen. Die Französische Revolution gab den Juden das Wahlrecht. Also müssen es die Juden gewesen sein, die die Französische Revolution verursacht haben. Oder könnte Napoleon vielleicht ein Jude gewesen sein? Handelsinteressen auf der Suche nach neuen Märkten haben vom Imperialismus am meisten zu gewinnen. Also müssen sie die treibende Kraft hinter dem britischen Weltreich gewesen sein. Es sind fast dreißig Gruppen, denen vorgeworfen wird, eine Verschwörung zur Ermordung Präsident Kennedys organisiert zu haben. In allen Fällen ist die Grundlage für den Vorwurf ein angeblicher Vorteil, den die Gruppe aus seinem Ableben gewann. Wenn die Sowjets aus Saddam Husseins Invasion in Kuwait finanziellen Nutzen gehabt haben, dann muß Moskau ihn zu diesem Schritt angestiftet haben. Andere sehen die Vereinigten Staaten als den Nutznießer und deshalb auch als den Anstifter. Vom Putschversuch des Jahres 1991 in der Sowjetunion hat Boris Jelzin am meisten profitiert; folglich muß er ihn vorbereitet haben.

VERSCHWÖRUNGEN SIND DER TREIBENDE FAKTOR DER GE-
SCHICHTE Andere Kräfte zählen nicht. Ganz gleich, ob das
Ereignis so unbedeutend ist wie eine schlechte Ernte oder so
enorm wie der Erste Weltkrieg – die Ursache liegt immer in
einer verborgenen Hand. Die üblichen Erklärungen von historischem Wandel sind passé. Ideologischer Eifer, wirtschaftliche
Not, Sieg im Kriege – das sind nur Symptome, aber nicht die
Ursachen. Die wahre Kraft liegt, nach Nesta Websters Überzeugung, in »der großartigen Organisation und den immensen
Geldmitteln«, die Verschwörern zur Verfügung stehen.[24] Historische Giganten wie Napoleon und Lenin werden zu bloßen Schachbrettfiguren, an ihre Stelle treten machtlose oder
überhaupt nichtexistente Gestalten. (Der Großmeister der freimaurerischen Loge in Charleston, South Carolina, ist der Anti-
papst.[25] Der fiktive »Rabbi Eichborn« ist ein führender jüdischer Verschwörer.) In dieser verkehrten Welt erweisen sich die
mächtigsten Personen als die schwächsten: »Der Heilige Vater
ist wenig mehr als ein Gefangener innerhalb des Vatikans, *genauso* wie der Präsident der Vereinigten Staaten von Amerika
ein Gefangener innerhalb des Weißen Hauses, die Königin von
England eine Gefangene in Buckingham Palace und Chruschtschow ein Gefangener im Kreml ist.«[26]

Für manche ist die ganze Geschichte der Menschheit auf die
jüdische Verschwörung zurückzuführen: Die Juden sind zahl-
reich, allgegenwärtig und gut organisiert. Für andere liegt die
Schuld bei den Geheimgesellschaften. Wie ein amerikanischer
Journalist formuliert: »Demnach ist die Geschichte der Verschwörungstheorien die Geschichte der Geheimbünde, und
die Geschichte der Geheimgesellschaften ist die Geschichte der
Verschwörungen. Damit ist die gesamte menschliche Kulturge-
schichte erfaßt.«[27]

Wichtige Ereignisse finden hinter verschlossenen Türen
statt, wo nur Eingeweihte zu finden sind. Der Pöbel mag ja
vielleicht glauben, daß er die Entscheidungen trifft. Doch er
trifft sie mitnichten: »Die wahre Macht, die Präsidenten und
Premierminister auswählt, zeigt sich nicht öffentlich – sie handelt hinter den Kulissen.«[28] Nehmen wir die Französische Revolution. Die übliche Darstellung analysiert die Umstände, die

zu den Ereignissen des Jahres 1789 führten und behandelt die
Revolution als einen großen Komplex mit offenem Ausgang
mit vielen gegensätzlichen Persönlichkeiten und ideologischen
Widersprüchen. Die konspiratistische Version führt alles auf
Pläne von Geheimgesellschaften und Zusammenkünfte obsku-
rer Individuen zurück. Die Wahlen und die Teilnahme der
Bürger am politischen Leben sind nur Fassade. Nach den Wor-
ten eines amerikanischen Nazis ist Demokratie lediglich »die
Parole, mit der das amerikanische Regierungssystem für den
Despotismus vorbereitet wird«.[29]

Die verschwörungsmentale Schau der Vergangenheit steht
im tiefen Widerspruch zur herkömmlichen Geschichtswissenschaft. Letztere zieht zum Begreifen des Wandels viele Faktoren in Betracht. Erstere hat eine Einheitstheorie bzw. einen
»monistischen Plan«[30] entdeckt, der alles erklären soll. »Das
charakteristische Moment am paranoiden Denkstil«, so schreibt
Richard Hofstadter, »besteht nicht darin, daß seine Vertreter in
der Geschichte hier und da Verschwörungen oder Komplotte
ausmachen, sondern daß sie in den historischen Ereignissen
eine ›immense‹ oder ›gigantische‹ Verschwörung als die eine
treibende Bewegungskraft am Werk sehen. Die Geschichte ist eine
Verschwörung.«[31]

ES GIBT KEINE ZUFÄLLE UND TORHEITEN Der Zufall spielt
keinerlei Rolle. Was immer in der Gesellschaft geschieht – für
den Verschwörungstheoretiker, so erläutert der Philosoph Karl
Popper, sei das Resultat direkten Planens von einigen wenigen
mächtigen Einzelpersonen oder Gruppen.[32] Für Pat Robertson
»sind die Geschehnisse des öffentlichen politischen Lebens keineswegs, wie man uns im allgemeinen glauben macht, Mißgeschicke und bloße Zufälligkeiten. Sie sind geplant.«[33] William
Guy Carr formuliert es genauer: »Je gründlicher wir die Methoden studieren, die von den Geheimen Kräften hinter den internationalen Angelegenheiten angewandt werden, desto deutlicher wird erkennbar, daß sie Attentaten den Anschein von
Unfällen oder Selbstmorden geben. Sabotageakte erhalten den
Schein von Fahrlässigkeit, Fehlurteilen und unbeabsichtigten
dummen Patzern aufgrund von entschuldbaren Umständen.«[34]

Zufälle werden nach dem Gesetz von Ursache und Wirkung umgedeutet:»Wo es eine Wirkung gibt, gibt es immer eine Ursache.«[35] An die Stelle von menschlichen Schwächen tritt eine Mechanik. Die Verschwörungstheoretiker bekunden einen verblüffenden Glauben an die Fähigkeiten ihrer Gegner. Ein Mitglied der amerikanischen Rechtsgruppe E Pluribus Unum erklärt:»In der Regierung geschieht nichts zufällig. Wenn etwas geschieht, dann seien Sie gewiß, daß es genauso geplant wurde.«[36]

Stalins Schauprozessen und seinem Terrorregime lag die Annahme zugrunde, daß Mißgeschicke in der Sowjetwirtschaft (und es gab derer viele in einem System, das eine rasche Industrialisierung bei minimaler Rücksicht auf Menschenleben betrieb) auf Absicht zurückzuführen sein mußten:»Von Zufallserscheinungen kann gar keine Rede sein.«[37] Daraus zog er den Schluß, daß Millionen von Saboteuren dem imperialistischen Feinde halfen, und er bestrafte fast alle. AIDS kann unmöglich versehentlich entstanden sein. Die Seuche muß von bösen Kräften in einem Labor ausgeheckt worden sein, die den Plan verfolgten, Millionen oder sogar Milliarden Menschen umzubringen. Verschwörungstheoretiker suchen selbst hinter Naturphänomenen wie Erdbeben, Stürmen und abnormal warmer Witterung nach einer verborgenen Hand.

DER ÄUSSERE SCHEIN TRÜGT Das Leben ist inszenierte Wirklichkeit.»Um erfolgreich zu sein, muß eine Verschwörung sich und ihre wahren Ziele tarnen und als Gegenteil dessen ausgeben, was sie in Wahrheit ist.«[38] Offensichtliche Gewinne sind Verluste; Verluste sind eigentlich Gewinne. Opfer verursachen ihr Leid selbst. Die Übeltäter hingegen sind unschuldig.»Das Augenfällige ist nicht das Wirkliche, und das Wirkliche ist aus Absicht böse.«[39] Der gute Familienmensch, der ehrliche Kaufmann, der Patriot entpuppen sich als falsche, raffinierte Verräter. Für einen vernünftigen Menschen bedeutet ein Mangel an Beweisen, daß es eben keine Verschwörung gibt. Hingegen besteht für einen Verschwörungstheoretiker»der beste Beweis darin, daß es gar keinen Beweis gibt«.[40] Als Lenin keine Verschwörung gegen seinen neuen Staat zu entdecken vermochte,

»steigerten sein Argwohn und seine Ängste sich bis zu dem Punkt, daß sie rationalen Argumenten völlig unzugänglich wurden«.[41] Harmlosigkeit verrät Sabotage: Stalin befand, daß eine »äußerlich harmlose« Situation einen »stillen Krieg gegen die Sowjetmacht« signalisierte.[42]

Die Annahme, daß der äußere Schein trügt, führt zu vier wesentlichen Irrtümern: daß man Feindschaft, Geheimabsprachen, Hierarchien und Freiheit sieht, wo sie gar nicht existieren.

– Scheinbare Feinde sind in Wirklichkeit Freunde. Es waren Juden, die den Antisemitismus geschaffen haben; es sind Juden, die ihn nutzen. In den Worten der angeblichen Weisen von Zion: »Der Antisemitismus ist uns zur Führung unserer geringeren Brüder unentbehrlich.«[43] Auch die Antisemiten arbeiten für die jüdische Verschwörung. Die gleiche Grundannahme – hinter den Kulissen arbeiten böse Kräfte zusammen – betrifft auch die Geheimgesellschaften. Die Jesuiten sind nicht die Feinde, sondern im stillen die Verbündeten der Illuminaten. Umgekehrt bilden die Jesuiten den Kern der Freimaurerei (trotz wiederholter päpstlicher Verurteilung der Freimaurerei).

Auf der Rechten sind viele überzeugt, daß Marx keineswegs der große Gegner, sondern ein Werkzeug des Kapitalismus war. Der führende britische Faschist Nesta Webster schreibt, Marx sei »nicht aufrichtig gewesen in seiner öffentlichen Verurteilung des kapitalischen Systems«.[44] Der berühmte Kulturphilosoph Oswald Spengler ging noch einen Schritt weiter und behauptete, daß die kommunistische Bewegung von westlichen Bankiers gegründet worden sei und beherrscht würde: »Es gibt keine proletarische Bewegung, nicht einmal eine kommunistische, die nicht, ohne daß es den Idealisten unter ihren Führern irgendwie zu Bewußtsein käme, im Interesse des Geldes wirkte, in welcher Richtung das Geld es will und solange es will.«[45] Der Nazi-Ideologe Alfred Rosenberg übernahm diese Vorstellung für die Weltanschauung des Dritten Reiches. Sie wirkt bei den Rechten, insbesondere in der John Birch Society, bis heute nach. Ihr Gründer verkündete 1968, daß der »Kommunismus nicht, wie er vorgibt, die Bewegung der unterdrückten Massen ist, die sich gegen eine herrschende Klasse erheben, die sie ausbeutet. Das Gegenteil ist der Fall.«[46] Ein Vierteljahrhundert später verbreitete Pat Robertson eine noch spektakulärere Verschwörungstheorie, indem er die Wall-Street-Banker einer »enthusiastischen Finanzierung« des Bolschewismus mit dem Hintergedanken bezichtigte, »der potentiell reichen Sowjetunion ein völlig unwirtschaftliches, ineffizientes System aufzubürden«, das das Land von den Bankern abhängig machen würde.[47]

– Scheinbare Freunde sind in Wirklichkeit Feinde. Diese Auffassung kommt zwar weniger häufig vor als ihre Umkehrung, ist jedoch auch ziemlich weit verbreitet. Die Vereinigten Staaten sind nicht freiwillig in die Weltkriege eingetreten, sondern nur infolge britischer Verschwörungen, die durch die Agenten Englands, vor allem durch die Wall Street ausgeführt wurden. Die massive Unterstützung, die die Amerikaner und die Europäer dem jüdischen Staat gewährt haben, haben nach Meinung von zwei proisraelischen Schriftstellern gar nichts zu bedeuten; sie behaupten, daß »das einzige Hindernis für den Frieden im Nahen Osten das heimliche Vorurteil der westlichen Regierungen gegen die Juden war und ist«.[48]

Diese zwei Irrvorstellungen kamen im November 1940 zusammen und führten zu einem fast schon surrealistischen Gespräch zwischen Hitler und Stalins Außenminister Wjatscheslaw Molotow. Der deutsche Diktator vertrat den Standpunkt, daß die Amerikaner – trotz US-Unterstützung für Großbritannien – im Grunde das britische Weltreich begehrten und im Begriff waren, es sich anzueignen. Roosevelt, so erzählte Hitler den Sowjets, »macht nichts anderes, als sich aus dem bankrotten Staat ein paar Stücke herauszusuchen, an welchen den Vereinigten Staaten besonders gelegen ist«.[49] Es ist dann natürlich so gekommen, daß Hitler ein halbes Jahr später in das Gebiet seiner sowjetischen Verbündeten einmarschierte, während das anglo-amerikanische Bündnis Bestand hatte. Und Hitlers Vorhersage, »daß England und Amerika eines Tages miteinander in einem Krieg stehen werden, der mit dem größten denkbaren Haß geführt werden wird«[50], traf statt dessen haargenau auf seinen Krieg gegen Rußland zu.

– Fehlende Führung bedeutet Führung. Beinahe zweitausend Jahre lang – von 70 n.Chr. bis 1948 – hat es keine zentrale jüdische Regierung gegeben. Die Verschwörungstheoretiker insistieren aber, daß die Juden unter Führung der Weisen von Zion jahrhundertelang die Weltherrschaft angestrebt haben. Der Verschwörungsideologe ignoriert einfach die legendäre Streitsucht der Juden (zwei Juden bedeuten drei Synagogen, wie es in dem Witz heißt). Er macht aus ihnen willfährige Fußtruppen eines allmächtigen Politbüros. Ihre Spaltungen tut er als gerissenes Manöver zur Täuschung von Beobachtern ab. Die Atheisten und mit Selbsthaß Erfüllten unter den Juden sind nicht minder Teil der Verschwörung als die Frommen. »Nichtjüdische Juden« wie Trotzki können ihr Judentum mit Wort und Tat noch so sehr ableugnen. Es beweist lediglich ihre tatsächliche Dienstbarkeit gegenüber der jüdischen Obrigkeit.

Die Freimaurer behaupten, den Logen freiwillig aus gesellschaftlichen und karitativen Gründen beizutreten und jederzeit wieder austreten zu können. Wohl kaum, erwidert darauf der Verschwörungstheoretiker. Wenn sie einmal drin sind, können sie nicht mehr heraus. Er zitiert das Beispiel des abtrünnigen Freimaurers William Morgan, der am 11. September 1826 aus Batavia, New York, entführt und angeblich ermordet wurde. Damit sollte die Veröffentlichung eines Buches verhindert werden, in dem er Geheimnisse der Freimaurer ausgeplaudert hätte. Ähnliches gilt für den Council on Foreign Relations. Es mag ja vielleicht so aussehen, daß er Veranstaltungen und Publikationen des außenpolitischen Führungskreises fördert. Der Verschwörungstheoretiker sieht jedoch einen »hochgradigen« Einfluß auf die Mitglieder am Werk[51], insbesondere die Macht, Karrieren zu machen oder zu ruinieren. Der Verschwörungstheoretiker sieht die Macht der Ratsmitglieder und zieht den falschen Schluß, ihre Führungsposition beruhe auf der Mitgliedschaft; in Wahrheit verhält es sich umgekehrt. In beiden Fällen wird eine völlig harmlose gesellschaftliche Tätigkeit fälschlicherweise zu einer Verschwörung umgemodelt.

Der Kapitalismus ist keineswegs das Wettbewerbssystem, das er zu sein scheint, sondern wird von oben gesteuert. Die Geschäftsleute haben keine Wahl, sie müssen von Politikern Anweisungen entgegen nehmen. Die Vereinten Nationen mögen ja schwach scheinen, aber sie üben eine strenge Kontrolle über die gewählten amerikanischen Politiker aus. Die harmlose Federal Emergency Management Association (FEMA) – eine Regierungsbehörde, die bei Katastrophenfällen tätig wird – ist in Wirklichkeit die künftige Vollstreckungsbehörde des Kriegsrechtes in den Vereinigten Staaten. In all diesen Fällen stattet der Verschwörungstheoretiker Organisationen, die durch freiwillige Spenden finanziert werden, mit den Zwangsvollmachten eines diktatorischen Staates aus.

– Straffe Führung bedeutet fehlende Führung. Was Diktaturen angeht, so unterläuft den Verschwörungstheoretikern hier der umgekehrte Irrtum, indem er echte Hierarchien wie bei den totalitären Regimen in Deutschland, Rußland, China, Vietnam und Irak nicht wahrnimmt. Hier tut er die Notwendigkeit des strikten Einhaltens einer Parteilinie als läppisch ab, sieht er interne Konflikte (»Gemäßigte« gegen »Extremisten«), wo es gar keine gab. Er spielt die Zahl der Opfer herunter und sieht über die konspirativen Machenschaften dieser Staaten hinweg. Nehmen wir die Sowjetunion. Verschwörungstheoretiker glaubten, daß die ukrainischen Bauern oder die britische Regierung an einer großen konspirativen Sabotage gegen das stalinistische Experiment beteiligt waren. So berichteten die britischen Sozialistenführer Beatrice und Sidney Webb vor Ort, für den Nahrungsmangel in der UdSSR (1932–1933) sei »eine Bevölkerung, die eindeutig der Sabotage schuldig war«, verantwortlich.[52] Sie ließen sich auch von den Schauprozessen täuschen, die sie positiv mit englischen Gerichten verglichen.[53] Ein Autor der 1950er Jahre geht so weit, Stalin »nur als Instrument internationaler Bankiers« zu sehen, »das zum Regieren Rußlands bestellt wurde«. Hitler ist für ihn der Vertreter »einer gemäßigt faschistischen Politik«, der dann unter den beherrschenden Einfluß einer Gruppe von »Nazi-Warlords« kam.[54]

In neuerer Zeit glauben manche Verschwörungstheoretiker nicht, daß den sowjetischen Geheimaktionen (wie den antiamerikanischen Desinformationskampagnen) oder Zielen (über die Welt zu herrschen) ein Komplott zugrunde lag. Der Politologe und Naturforscher Louis Halle verspottet solche Befürchtungen als reine Fantasie: »Der Westen war dominiert vom Mythos einer Verschwörung zur Welteroberung unter der Führung einer teuflischen Kremlbande, der sich weltweit alle ›Kommunisten‹ unterordneten.«[55] Zum Vietnamkrieg schreibt ein auf populäre Themen spezialisierter Autor: »Ohne die weithin akzeptierten Grundannahmen der Verschwörungstheorie wären wir [die amerikanische Regierung] nie in einen solch sinnlosen, strategisch unwichtigen Krieg hineingeraten.«[56]

Und der Verfasser einer Geschichte des Antikommunismus wagt die extreme Formulierung, daß »Millionen von Unschuldigen gestorben sind, daß ganze Gesellschaften verwüstet und eine lebendige inländische [amerikanische] Arbeiterbewegung kastriert und die politische Kultur der Vereinigten Staaten in einer rückschrittlichen Position eingefroren wurde – und das alles nur, um den Kommunismus zu besiegen.«[57]

Merkwürdigerweise neigen Verschwörungstheoretiker dazu, die Macht der Regierungen, die doch viel größer und stärker sind als die Juden oder Geheimbünde, abzuschreiben. Die Rechte betrachtete die Sowjetunion als Symptom der jüdischen Macht oder der Finanzmacht. Nach Meinung der Rechten wie der Linken wird Washington von verborgenen Kräften beherrscht. Das entspricht ganz dem Deutungsschema »Der äußere Schein trügt«: Bedeutungslose Spieler wie die Freimaurer oder kleine Spieler wie die Juden werden für wesentlich wichtiger als mächtige Organisationen wie die amerikanische oder die sowjetische Regierung ausgegeben.

Kurzum: Das Deutungsschema »Der äußere Schein trügt« erweist sich als Passepartout für schlechtes Urteilsvermögen. Das Verschwörungsdenken macht aus den ohnmächtigsten, den meistverglimpften Menschengruppen (Juden, Freimaurer) die mächtigsten; aus den Regierungen der Menschheitsgeschichte mit dem positivsten Einfluß (die englische und die amerikanische) macht es die fürchterlichsten. Angst vor dem Harmlosen und dem Gütigen läßt die Verschwörungstheoretiker blind werden für das Totalitäre, so daß sie Despotismus in einem New Yorker Think-tank, nicht aber im stalinistischen Rußland erkennen. Kurzum, Verschwörungsdenken führt zu einem monumentalen Mangel an Urteilsvermögen. Es ist nur schwer vorstellbar, wie man sich schlimmer irren kann.

Zusammenfassend ist festzuhalten, daß diese typischen Beweis- und Argumentationsmuster die Methodik ergeben, mit Hilfe derer sich Verschwörung und Verschwörungstheorie unterscheiden lassen.

Auf den folgenden Seiten habe ich mich nach besten Kräften bemüht, Verschwörungsdenken von Verschwörung, Wirklichkeit von Fantasie zu trennen. Es kann aber niemand gewiß sein, daß ihm solches in allen Fällen gelingt; und diese Gewißheit beanspruche ich für mich nicht. Das Verschwörungsdenken vermag sich selbst in die wachsten, intelligentesten Köpfe einzuschleichen. Es zu überwinden, ist daher ein immerwährender Kampf. Der Leser ist dazu eingeladen, sich an diesem Ringen zu beteiligen.

Eine Ideengeschichte

> Wenn andere etwas aufdecken,
> wird es als Geschichte bezeichnet.
> Wenn wir etwas aufdecken, wird es
> Verschwörungstheorie genannt.
> *Der amerikanische Verschwörungs-*
> *theoretiker John Judge*[58]

In gewissem Sinn ist dieses Buch das Gegenteil einer geistesgeschichtlichen Studie. Ich befasse mich nicht mit der kulturellen Elite, sondern mit ihrer Nachhut; nicht mit den höchsten Geisteserzeugnissen, sondern ihrem Abschaum. Hume, Rousseau, Kant und Weber tauchen hier kaum auf. An ihrer Stelle erscheinen Robison, de Barruel, Starck und Nilus. Und vertraute Personen betreten diese Bühne auf unerwartete Art und Weise: Richard Wagner erscheint nicht als Komponist, sondern als Denker; Benjamin Disraeli nicht als Politiker, sondern als Schriftsteller; Henry Ford nicht als Industrieller, sondern als Verleger; Noam Chomsky nicht als Linguist, sondern als Polemiker. Der folgende Diskurs bewegt sich auf solch niederen Ebenen, daß selbst die russische Geheimpolizei und Hitler wichtige intellektuelle Rollen spielen.

In der Tat, verschwörungsideologische Texte sind eine Form von Pornographie (obwohl politischer statt sexueller Ausrichtung). Die beiden Genres wurden ungefähr zur gleichen Zeit, in den 1740er Jahren populär.[59] Bei beiden handelt es sich um Hintertreppen-Literatur, die häufig eher heimlich vertrieben und bei heruntergelassenen Jalousien gelesen werden muß. Die Ältesten suchen die Jugend gegen ihre Verwüstungen zu schützen. Bibliothekare halten sich die Nase zu und verbannen diese Werke in die *Collection de l'Enfer* oder »Giftschränke«, wo sie lediglich denjenigen zugänglich sind, die die nötige Reife besitzen, um nicht in ihren Bann zu geraten. Die Wissenschaftler, die solche Literatur erforschen, bemühen sich um eine Form der Diskussion und Darstellung, die keiner Werbung für die Inhalte gleichkommt: Entsprechende Textstellen aus der erotischen Pornographie werden aus diesem Grund besonders gern durch Sternchen und Gedankenstriche ersetzt; aus Verschwörungstexten nur kurze Zitate verwendet.[60] Weltläufige Snobs empfinden bei einer Lektüre von Verschwörungsliteratur zum Zeitvertreib einen ähnlichen Kitzel wie beim Lesen pornographischer Texte. Künstler ergründen Verschwörungsfantasien im gleichen Geiste wie Sexualfantasien.

Vom üblichen philosophischen Denken unterscheidet sich das Verschwörungsdenken aber auch noch in anderer Hinsicht, insofern es geradezu bemüht ist, nichts zu verändern. Die Tatsache, daß diese Denkweise keine präzise oder sogar überhaupt keine logischen Regeln kennt, ermöglicht ihren Vertretern nicht etwa eine gedankliche Freiheit, so daß sie ihrer Fantasie freien Lauf ließen. Das genaue Gegenteil ist der Fall: Das Fehlen von Grenzen scheint sie nur um so stärker zu verpflichten, althergebrachte Erklärungen zu wiederholen und sich auf die Autorität von Vorgängern zu verlassen. Die von wahren Wissenschaftlern und Forschern so hochgeschätzte Eigenständigkeit und Originalität ist nicht willkommen in dieser merkwürdigen Welt von Pseudogelehrten, wo das Prestige alter Quellen alles, was jüngeren Datums ist, überschattet. Die Verschwörungstheoretiker rufen die Erinnerung an jene mittelalter-

lichen Autoren wach, für die Autoritäten der Antike als
höhere Instanz galten, der sie selbst die eigene, persönliche
Erfahrung unterordneten. Daher ist Augustin de Barruel, der
sein Hauptwerk 1797/98 schrieb, bis heute der herausragende
Gewährsmann in Sachen Illuminatentum und Lenin die maßgebliche Kapazität für den Imperialismus geblieben. Was es
an Neuerungen gibt, beschränkt sich in der Regel auf eine
Aktualisierung im Rahmen der vorgegebenen Gedankengänge und wird überdies mit archaischen Herleitungen ver-
schleiert.

Im übrigen ist eine Studie über Weltverschwörungstheorien
eine ganz normale geistesgeschichtliche Untersuchung. Die
Fragen lauten: Wer hat die Idee zuerst entwickelt? Wer hat sie
verbreitet? Welchen Einfluß hat sie gehabt? Welches Erbe hat
sie hinterlassen? Das Verschwörungsdenken ist durch ein voll-
entwickeltes Ideengut geprägt. Und wie es in der Ideenge-
schichte gewöhnlich der Fall ist, spielen im geistigen Schaffens-
prozeß und für die Verbreitung auch hier weder Zeitungs- bzw.
Zeitschriftenartikel und elektronische Medien noch lebendig
in Erscheinung tretende Einzelpersonen, sondern Bücher die
entscheidende Rolle. Es ist einzig und allein das Buch, welches
die Gewichtigkeit besitzt, unser Leben zu verändern, indem es
die Welt auf grundlegend neue Weise zeigt. Es ist einzig und
allein das Buch, das den nötigen Raum zum Darlegen einer
alternativen Weltsicht bietet. Andere Medien spielen gewiß
eine Rolle – die Nazis verwendeten Karikaturen, Pater Charles
Coughlin stützte sich hauptsächlich auf den Rundfunk, die
Sowjets versuchten es mit dem Fernsehen, die Nation of Islam
verläßt sich auf Zeitungen, William Pierce schreibt Unterhal-
tungsromane und die Bewegung Christian Identity nutzt
primär das Internet –, doch letztendlich setzt das Verschwörungsdenken auf die »Sachbuch«-Veröffentlichung. Sogar die
in Organisationen betriebene Schulung erfolgt durch Bücher,
und nicht etwa persönlich durch Führungskräfte. Der neonazistische britische National Front »veranstaltet keine förmli-
chen Konferenzen, um seine Mitglieder in den Feinheiten der
Verschwörungstradition zu unterweisen. Statt dessen werden
Mitglieder offenbar auf Publikationen hingewiesen, wenn sie

mehr über die grundlegende Ideologie zu erfahren wünschen.«[61] Das Verschwörungsdenken ist aber noch aus anderen Gründen besonders für eine ideengeschichtliche Darstellung geeignet. Sein gegenwärtig kursierendes Gedankengut basiert fast ausnahmslos auf schriftlicher Überlieferung. Antisemiten kommen nicht aus dem Nichts. Sie sind unweigerlich irgendeinem Teil jenes umfangreichen Schriftguts ausgesetzt, das in den 1870er Jahren entstand, und handeln anschließend unter dessen Einfluß. Der Hitlerjugendführer Baldur von Schirach gab während der Nürnberger Prozesse zu Protokoll, er habe Henry Fords *International Jew* gelesen, und »so bin ich Antisemit geworden«[62]. Alfred Rosenberg, der spätere Ideologe des Nationalsozialismus, wurde nach Lektüre der *Protokolle der Weisen von Zion* zum überzeugten, aktiven Antisemiten. Solche Erfahrungen sind ein häufiges Phänomen. »Ohne die Kenntnis der literarischen Überlieferung des Antisemitismus – was die Antisemiten behaupteten, unternahmen und planten – wird uns eine ausreichende Erklärung des Phänomens auch weiterhin abgehen.«[63] Rosenberg, der »Chefideologe« der Nazis, hat sich in seinen Schriften auf fast die gesamte antisemitische Überlieferung seit Barruel bezogen.

Die Erforschung des Verschwörungsdenkens geht von der Grunderkenntnis aus, daß – um Richard Weavers prägnante Formulierung zu verwenden – Ideen Folgen haben. Diese Voraussetzung mag selbstverständlich scheinen, ist aber in einem vorwiegend materialistisch denkenden Zeitalter aus der Mode gekommen, so daß sie der Erläuterung bedarf. Die Marxsche Theorie des historischen Materialismus – die Vorstellung, daß die ökonomischen Verhältnisse andere gesellschaftliche Aspekte bestimmen – hat selbst in Kreisen, die sich nicht als marxistisch bezeichnen, viele Anhänger. Im Sinne der Ideen von Karl Marx besteht heute eine Tendenz, in wissenschaftlichen Analysen ökonomische Interessen als von übergeordneter Bedeutung darzustellen. Hingegen scheinen Ideen in solchen Werken wenig mehr zu sein als Rationalisierungen von Interessen.

Das ist eine arg vereinfachende Sicht der Wirklichkeit. Selbstverständlich sind ökonomische Interessen von entscheidender Bedeutung. Allerdings nicht in dem Maße, daß sie andere Beweggründe ausschließen. Auch Ideen zählen, und sie haben eine Wirkungsmacht, die über eine bloße Spiegelung von Interessen hinausreicht. Menschliche Leidenschaft und Angst, Glauben und Idealismus sind durchaus von Belang. Selbst die rücksichtslosesten, zynischsten Herrscher – ein Heinrich Himmler oder ein Stalin – stehen im Banne von Ideen und wissen um die Macht, die Ideen auf andere Menschen ausüben. Ja, man darf sogar noch ein Stück weitergehen und das faschistische und das kommunistische Experiment als Versuche charakterisieren, Gedankenträume auszuleben. In gewissem Sinne erweist sich gerade der totalitäre Staat als ein Beleg für die idealistische Position. Denn er folgt Regeln, die willkürlich im Kopf eines einzigen Menschen erschaffen wurden, und agiert ohne notwendigen Zusammenhang mit soziopolitischen Bedingungen. Die Bedeutung des menschlichen Bewußtseins zu vernachlässigen heißt: eine der reichsten, wichtigsten menschlichen Impulse vernachlässigen.

Für ein Verständnis von Verschwörungstheorien ist diese Auffassung höchst relevant, weil sie impliziert, daß sie Kräfte darstellen, die Geschichte machen können – und immer wieder Geschichte gemacht haben. Insofern müssen ernsthaft denkende Menschen Verschwörungstheorien ernst nehmen. Es ist ein Fehler, Verschwörungsdenken als Phänomen von sekundärer Bedeutung oder gar als lächerlichen Zeitvertreib abzutun. Damit wäre nicht nur die entscheidende Rolle verkannt, die das Verschwörungsdenken während der vergangenen zweieinhalb Jahrhunderte gespielt hat, sondern auch seine gegenwärtige Bedeutung und sein künftiges Potential.

IV

Ursprünge: Bis 1815

König Philipp IV. von Frankreich wies die Juden 1306 mit der Begründung aus seinem Reich aus, daß sie »christliche Sitten und christliches Verhalten in unzähligen Weisen in Unehre bringen«.[1] Im darauffolgenden Jahr unterdrückte er den christlichen Orden der Tempelritter, die er in einer maßlosen Sprache (»ein abscheulicher Schandfleck, etwas beinah Unmenschliches, ja, der Menschheit Fremdes«)[2] der Gotteslästerung, Homosexualität und einer Fülle weiterer angeblicher Vergehen bezichtigte. Diese stellten den Beweis dar, daß sie die Gehilfen des Teufels waren. Zu den Beweggründen des Königs gehörten in beiden Fällen die Angst vor der Macht der unterdrückten Gruppe und die Gier nach ihren Reichtümern, die er prompt konfiszierte. Die parallelen, fast gleichzeitigen Schläge Philipps gegen die Juden und die Mitglieder eines Geheimbunds sind ein früher Ausdruck der Doppeltradition des Verschwörungsdenkens, die im mittelalterlichen Europa einsetzte und in jüngerer Zeit zunächst die politische Fantasie der Europäer und anschließend von Völkern in aller Welt gefangennahm.

Kreuzzüge: Die Entstehung

> Es kamen weltliche und geistige
> Faktoren zusammen, um 1096–1099
> den Zug der Kreuzritter von Frank-
> reich ins Heilige Land zu einem der
> denkwürdigsten Ereignisse der
> Weltgeschichte und der Jüdischen
> Geschichte zu machen.
> *Salo Wittmayer Baron*[3]

In seinem weitesten Dunstkreis läßt sich das Verschwörungsdenken bis zu den dualistischen Religionen des Iran oder zu jenen Mysterienreligionen zurückverfolgen,[4] die das Römische
Reich überrollten.[4] Doch im Rahmen unserer Untersuchung
sind es die Kreuzzüge, die erste Ängste vor einer kleinen Schar
sichtbar machen, die mit konspirativen Mitteln nach Macht
strebt. Sie erzeugten eine deutlich erkennbare Form jenes auf
Juden und Geheimgesellschaften bezogenen Verschwörungsdenkens, das noch heute herrscht.

Im 1. Jahrtausend nach Christus waren christliche Haltungen
gegenüber den Juden von der Wut wegen des Mordes an Jesus
geprägt. Insofern diese Verschwörung in das Denken der Kirchenväter Eingang fand, betraf sie ein Komplott gegen Jesus und
nicht etwa Angst vor zukünftigen jüdischen Bestrebungen, die
Macht an sich zu reißen. So machte zum Beispiel der einflußreiche frühchristliche Autor Origenes (ca. 185 – ca. 254 n.Chr.)
die Juden verantwortlich für das »allerscheußlichste Verbrechen,
indem sie diese Verschwörung gegen den Menschheitserlöser
schmiedeten«.[5] Andere frühe christliche Autoren, die sich in
einem Konkurrenzkampf mit dem Judaismus sahen, nannten
die Juden Mörder und Werkzeuge des Satans. Als die Kirche jedoch im Laufe der Zeit an Selbstvertrauen gewann, ließen die
Angriffe auf die Juden nach. Obwohl die Juden während der
folgenden Jahrhunderte noch unter vielen Behinderungen lit-
ten, waren sie keinen Bestrebungen zu ihrer Ausrottung mehr
ausgesetzt. In solchem sehr eingeschränkten Sinn gewann eine
Politik der Toleranz die Oberhand.

Der Beginn der Kreuzzüge in den Jahren 1096–1099 rief eine neue, wesentlich feindseligere Haltung gegenüber den Juden hervor. Die Kreuzzüge stellten eine militärische Operation der Westeuropäer dar, um den Muslimen die Herrschaft über das Heilige Land zu entreißen. Sie dauerten bis 1291, in einer rudimentären Form noch bis 1444, und riefen eine neue, offiziell nicht sanktionierte Doktrin hervor, derzufolge die in Reichweite lebenden Juden schlimmere Ungläubige als die Muslime waren und das erste Ziel des heiligen Krieges sein sollten. Diese »grundlegende Umdeutung der tradierten Lehre über die Juden«[6] forderte die Christen auf, die Juden »als Volk zu zerstören« und »nicht einen Rest und nicht eine Spur von ihm übrigzulassen«.[7] Mit solchen Worten war nicht unbedingt eine physische Vernichtung gemeint. Denn die Bekehrung der Juden zum Christentum galt als wesentlich bessere Alternative. Dennoch kamen sie fast einem Aufruf zum Völkermord gleich, mit dem die alte Tolerierung von Juden ein Ende fand und ihre Stellung innerhalb der Christenheit einen fundamentalen Wandel erfuhr.

Die Kirchenführung bemühte sich, die Feindseligkeit von den Juden abzuziehen und auf die Muslime umzulenken. Doch die Dynamik des Kreuzzugsgedankens weckte Leidenschaften, die bald völlig außer Kontrolle gerieten. Von 1096 an unternahmen christliche Marodeure vor allem im Rheinland bis dahin beispiellose, fürchterliche Akte von Gewalttätigkeit gegen Juden. Die Juden wurden auf völlig neue Weise als feindliches Volk betrachtet, dessen bloße Existenz in Frage gestellt wurde. Solche Einstellung sollte im Laufe des nachfolgenden Jahrtausends für Juden wie für Christen weitreichende Folgen haben.

Auf diese Verfolgung reagierten die Juden mit starkem Haß auf das Christentum. Ein Historiker geht so weit, die aktive Bereitschaft der Juden zum Martyrium als ihren »Gegenkreuzzug«[8] zu bezeichnen. Im Bewußtsein dieses Hasses suchten die Christen nach Anzeichen für eine bevorstehende jüdische Rache. Ihre Ängste führten zur Entfaltung von zwei Varianten einer Verschwörungstheorie, jüdische Komplotte betreffend: Entweder wollten die Juden für sich allein die Weltherrschaft gewinnen; oder sie würden zu diesem Zweck mit den Muslimen gemeinsame Sache machen.

FÜR SICH ALLEIN   Nach dem Ersten Kreuzzug trat die jüdische Hoffnung auf das Kommen des Messias, der die bestehenden Gewalten vernichtet, stärker in den Vordergrund. Die meisten Christen (einschließlich der katholischen Kirche) verspotteten diese Hoffnung als eitle Selbsttäuschung. Wie konnten die Juden, die wegen des Todes Jesu auf immer verdammt waren, nur die Herrschaft über das Christentum zu gewinnen hoffen? Es gab aber andere Christen, die darauf mit Besorgnis reagierten. Sie deuteten die auf ferne Zukunft gerichtete Hoffnung der Juden um und verstanden sie als Aktionsprogramm. Die Juden wurden daraufhin als die Komplizen des Teufels betrachtet, die dessen Verschwörung zur Vernichtung der Christenheit ausführten. Es war möglicherweise historisch das erste Mal, daß solche Vorwürfe konkret erhoben wurden: 1096 kamen in Worms Gerüchte von einer jüdischen Verschwörung zur Vergiftung der Trinkwasserbrunnen auf. Um diese Zeit nahmen auch viele andere Verleumdungen der Juden Gestalt an, die sich dauerhaft festsetzten: der Vorwurf des Ritualmordes an christlichen Kindern; der Schändung von christlichen Kultgegenständen; der Folterung der geweihten Hostie; der Lästerung des christlichen Glaubens im Talmud; und der wirtschaftlichen Ausbeutung von Christen. Als die Hoffnung einer christlichen Rückeroberung Jerusalems schwand und zur bloßen Erinnerung verblaßte, »traten als Vorwand zu Massenvernichtungen an die Stelle der Kreuzzüge die Vorwürfe des Ritualmords oder der Hostienschändung«.[9] Solche Ängste hatten enorme Folgen. Laut Norman Cohn, einem hervorragenden Kenner dieser Materie, »erwuchs die [Idee einer] jüdische[n] Weltverschwörung unmittelbar aus solch uraltem Aberglauben«.[10]

In unserem Zusammenhang war der Verdacht der Brunnenvergiftung der folgenschwerste. Denn aus ihm entwickelte sich schließlich die Befürchtung, daß die Juden den Plan hegten, alle Christen umzubringen und selbst die Herrschaft zu übernehmen – die Basis des konspirativen Antisemitismus. Die Verschwörungstheorien enthielten belastende Details über Giftart und Anwendungsmethoden. Jedes Auftreten der Pest schien die Wahrheit dieser Beschuldigungen zu bestätigen. Mit der Zeit fand die Angst vor den Juden immer größere Verbreitung. Denn obwohl die Kirche als solche diese Verdächtigungen weiterhin ablehnte, fanden sie Aufnahme bei bedeutenden politischen und geistlichen Führern, insbesondere beim protestantischen Reformator Martin Luther (1483–1546). Luther zufolge beten die Juden, daß Gott »sie gen Jerusalem wiederbringe, Messiam sende, alle Heiden tödte, und ihnen aller Welt Güter gebe«.[11] Aus solchen Ängsten zog Luther eine keineswegs überraschende Schlußfolgerung: Er beklagte es, daß Juden inmitten und unter Christen wohnten (»es ist auch unsere Schuld, daß wir ... sie nicht todtschlagen, sondern ... bei uns sitzen lassen, ihre Schule, Häuser, Leib und Gut schützen und schirmen«), und warnte die Christen, daß

> wir sie faul und sicher machen, und helfen, daß sie getrost unser Geld und Gut uns aussaugen, dazu unser spotten, uns anspeien, ob sie zuletzt könnten unser mächtig werden, und für solch große Sünde uns alle todschlagen, alles Gut nehmen, wie sie täglich bitten und hoffen. Sage nun du, ob sie solch große Ursach haben, uns verfluchten Gojim feind zu sein, uns zu fluchen, unser endlich, gründlich ewig Verderben zu suchen!

Luther schloß drohend: »wenn sie uns das könnten thun, was wir ihnen thun können, würde unser keiner eine Stunde leben müssen. Weil es sies aber öffentlich nicht vermögen zu thun, bleiben sie gleich wohl im Herzen unsere täglichen Mörder und blutrünstigen Feinde.«[12]

Angstvorstellungen von jüdischer Rache lebten, verstärkt durch jeweils aktuelle Ereignisse, über Jahrhunderte fort. Die Antisemiten des 19. Jahrhunderts argumentierten, es sei nur natürlich, daß die Juden auf Grund ihrer unglücklichen Erfahrung zu Feinden ihrer christlichen Peiniger geworden seien und ihre Macht zur Ausrottung der Christen nutzen würden. Hitler stellte seinen Übergriff gegen die Juden als Präventivschlag dar. Und mit der bitteren Ironie, die das Verschwörungsdenken so häufig begleitet, gehen Antisemiten davon aus, daß ein jüdischer Wille zur Vergeltung des Holocaust besteht, der

verschwörerisch tätig ist. In diesem Sinne hat Erich Priebke –
möglicherweise der letzte Nazi, der sich noch vor Gericht zu
verantworten hat – im August 1996 erklärt, daß die Juden ihm
nachgestellt hätten.

GEMEINSAM MIT DEN MUSLIMEN Die Kreuzzüge veranlaßten
die Christen, Muslime und Juden in Parallelität als interne und
externe Ungläubige zu sehen. Denn in der religiösen Praxis, in
der Sprache und vielen Gewohnheiten (wie in den Beschnei-
dungs- und Ernährungsvorschriften) hatten die Juden mehr mit
den Muslimen als mit den Christen gemein. Darüber hinaus
lebten die Juden seit Beginn des Islam lieber unter muslimischer
Herrschaft, weil sie weniger unter ihr zu leiden hatten: »Die Juden des Islam wurden vor allem während der formativen und
klassischen Jahrhunderte (bis zum 13. Jahrhundert) in weitaus
geringerem Maße verfolgt als die Juden der Christenheit.«[13]
Unter sunnitischer Herrschaft hatten die Juden rechtlich einen
normaleren Status, eine größere Teilhabe am Kulturleben des
Landes und eine stärkere gesellschaftliche Interaktion. Den
Christen grauste vor der Mischehe; bei den Muslimen war sie
unter gewissen Bedingungen erlaubt. Alles in allem waren die
unter Muslimen lebenden Juden nicht so marginalisiert und daher auch weniger angreifbar.
   Auf Grund dieser Unterschiede neigten die Juden bei muslimischen Siegen gegen die Christen (wie beispielsweise anläßlich ihrer Eroberung Jerusalems im Jahre 638) zum Jubeln. Sie
haben bei verschiedenen Gelegenheiten muslimische Truppen
sogar unterstützt. Der berühmteste Fall ist die Verschwörung
der Juden Marokkos und Spaniens zugunsten der Eroberung
Spaniens durch die Araber zwischen 710 und 720. Nach dem
Massaker an Muslimen und Juden im Gefolge der Eroberung
Jerusalems im Jahre 1099 verbündeten die Juden sich nicht nur
uneingeschränkt mit den Muslimen, um weitere Verluste zu
vermeiden. In manchen Fällen (z. B. in Haifa) wurden sie zu
den erbittertsten Stadtverteidigern. Im übrigen hatten Juden
oft hohe Ämter in musliminischen Regierungen, die gegen die
Christen Krieg führten.
   Diese Faktoren veranlaßten die mittelalterlichen Christen,

profunde Verbindungen zwischen Juden und Muslimen zu sehen: »Ein Jude ist kein Jude, bis er zum Sarazenen wird [d. h. zum Islam konvertiert]«, erklärt die lateinische Übersetzung der Polemik eines christlichen Arabers gegen den Islam.[14] Araber und Juden wurden eng miteinander identifiziert. Ein Holzschnitt aus dem Jahre 1508 zeigt eine jüdische und eine muslimische Figur: Der Jude trägt ein Banner mit der Aufschrift »Machometus« (Mohammed), und das Banner des Muslimen zeigt den Hut eines Juden. Wenig später schrieb Martin Luther, daß Mohammed (das heißt die Muslime) »uns Christen (wie die Juden gerne thäten) tödtet und Land, Güter, Lust und Freude einnimmt, und wenn er ein Jude, nicht ein Ismaelit wäre, die Juden hätten ihn längst zum Messia angenommen.«[15] Aus diesen Indizien folgern Allan und Helen Cutler:

Seit dem Entstehen des Islam sind die *primären* (obwohl keineswegs einzigen) Momente der Geschichte des Antisemitismus die folgenden gewesen: die Assoziation der Juden mit den Muslimen; die seit langem bestehende europäische Neigung, den Juden, der aus dem Nahen Osten kommt, und den Muslim, der ebenfalls nahöstlicher Herkunft ist, gleichzustellen; das intensive Empfinden, daß der Jude mit seinem ethnoreligiösen muslimischen Cousin in einem Bündnis und Lager gegen den Westen steht; die tiefsitzende christliche Angst, daß der Jude, der interne semitische Fremde, mit dem Muslim, dem externen semitischen Feind, Hand in Hand auf die endgültige und vollkommene Vernichtung der indoeuropäischen Christenheit hinarbeitet.[16]

Letztendlich, so argumentieren die Cutlers, ließe es sich so sehen: »Wäre da nicht während der Kreuzzüge der große Ausbruch christlichen Hasses gegen die Muslime gewesen, so hätte es möglicherweise während des Hochmittelalters in Westeuropa (die Zeit von 1000–1300 n.Chr.) keinen großen Ausbruch von Antisemitismus gegeben.«[17]

Mit den Kreuzzügen nahm demnach die Abneigung gegen die Juden gewalttätige Formen an und gewann die Dimension einer Verschwörungstheorie. Daraus entstand die antijüdische Überlieferung, die ihren Höhepunkt im Antisemitismus fand.

Die Kreuzzüge zeitigten auch die zweite dauerhafte Zielscheibe des Verschwörungsdenkens, den Geheimbund. Der französische Edelmann Hugues de Payns und neun seiner Gefährten weihten ihr Leben dem Schutz christlicher Pilger auf dem Wege nach und von Jerusalem. Sie bekräftigten ihren Schwur durch die Annahme der Mönchsgelübde von Armut, Keuschheit und Gehorsam. Die Gruppe hielt eine Regel ein, die nicht sonderlich von den Regeln anderer Mönchsorden abwich, ausgenommen Bestimmungen, die das Kriegführen gestattete. Das war eine neuartige, bemerkenswerte, verwirrende Entwicklung, insofern sie zwei grundverschiedene Berufungen vereinte: den Geistlichen (dem es absolut verboten war, sich an kriegerischen Auseinandersetzungen zu beteiligen) und den Soldaten (der eben dieses unentwegt tat). Eine Gruppe von Kriegern, die für ihren Anarchismus sowie ihre heftige Neigung zum Plündern und zu Frauen bekannt waren, waren Soldaten Christi geworden. In dieser Kombination »erfanden sie eine absolut neue Gestalt, die des Mönchsritters«.[18] Es war eine radikale Idee, die eine mächtige, aber auch bedrohliche Entwicklung nahm.

Der König von Jerusalem begrüßte die Hilfe, die Payns und seine Begleiter ihm anboten. Es war ein Zeichen seiner Wertschätzung, daß er sie an dem heiligsten Ort Jerusalems einquartierte, auf dem Tempelberg, wo sie in der Al-Aqsa-Moschee lebten. Die Gruppe wurde bekannt als Orden der Armen Ritter vom Tempel Salomons oder, kurz, Templerorden. Die Tempelritter gewannen auch die begeisterte Förderung des einflußreichen Geistlichen Bernhard von Clairvaux und über ihn die Förderung durch Päpste und Adelige sowie einen fast allgemeinen Beifall im katholischen Europa. Ihr Beispiel regte die Gründung weiterer christlicher Militärorden an, darunter die Johanniter und die Deutschordensritter.

Auf Grund der stets äußerst kostspieligen Kriegstätigkeit brauchten die Templer – auch darin unterschieden sie sich von anderen Mönchsorden – ständig Geldmittel. Da sie außerdem eine weitausgedehnte Militärmacht waren und einen integren Ruf genossen, kamen sie – in einer Zeit, als Bankguthaben noch nicht existierten – auf die Idee, Protobankdienste anzubieten. Es dauerte gar nicht lang, bis sie immense Summen an

Einlagen hatten. So wurden sie beispielsweise die Bankiers von den meisten Mitgliedern der französischen Königsfamilie. Es war eine Tätigkeit, die dem Orden, zusammen mit seiner Förderung durch den Adel, großen Reichtum brachte. Die Bankgeschäfte machten ihn allerdings auch moralisch suspekt. Denn solche finanziellen Praktiken verstießen gegen die tief verwurzelten Normen der Feudalgesellschaft und wurden als Widerspruch zur vorgeblichen Frömmigkeit der Ordensritter empfunden.

Ein weiteres Problem entstand 1291 mit dem Fall Akkos, der letzten christlichen Festung im Heiligen Land. Die Tempelritter hatten eine so aktive und führende Rolle während der Kreuzzüge gespielt, daß ihr Prestige – mehr als das aller anderen Orden – von der Situation im Osten abhing. Die arabische Einnahme Akkos zog ihren Ruf in Mitleidenschaft. In Verbindung mit ihrer Geheimhaltung, ihrem großen Reichtum und ihrer Arroganz rief das Scheitern dieser Mönchskrieger, das Heilige Land gegen die Muslime zu verteidigen, dann Ressentiments wegen ihrer Macht wach. Es ließ Gerüchte aufkommen, daß sie Geheimziele verfolgten.

Die Ressentiments erreichten den Siedepunkt im Jahre 1307, als die Tempelritter noch einen weiteren Kreuzzug planten, um nach Palästina zurückzukehren. König Philipp IV. von Frankreich schlug gegen den Orden los. Er nahm seine Mitglieder gefangen und konfiszierte seinen Reichtum. Nach einem siebenjährigen Rechtsprozeß, in dem die Ankläger zu Folterung, Erniedrigung und anderen psychologischen Anreizen griffen, um die erwünschten Geständnisse zu bekommen, wurden die Tempelritter schließlich der Apostasie für schuldig befunden. In einer großen Zurschaustellung seiner Macht ließ Philipp ihren Großmeister, Jacques de Molay, auf dem Scheiterhaufen verbrennen. Mit Ausnahme der iberischen Halbinsel folgten die europäischen Herrscher dem Beispiel Philipps. Es gelang ihnen, den Orden ganz zu unterdrücken. Heute wissen wir, daß die Templer bei aller Machtfülle, und selbst wenn sie außer Kontrolle geraten sein mögen, sich nie an Ketzerei beteiligten und nie eine Gefahr für die bestehende Ordnung darstellten.

Die Tempelritter sind auf Grund mehrerer Besonderheiten

bis heute ein Rätsel geblieben. Sie hatten durchaus etwas Ver-
schwörerisches an sich. So wurde zum Beispiel einem Anwär-
ter bei der Zeremonie zur Aufnahme in den Orden mitgeteilt:
»Ihr seht nur die Oberfläche unseres Ordens, die das Äußere
darstellt«[19] – was ja impliziert, daß sich sehr geheime Dinge
hinter verschlossenen Türen taten. Zum Schluß des Aufnah-
meritus gaben alle Ritter dem Meister einen Kuß auf den
Mund – ein Akt mit offenkundig homoerotischem Unterton.
Im übrigen hatte ihre brutale Unterdrückung durch Philipp
selbst ein Moment des Geheimnisvollen. Bis heute »sind die
Vorwürfe der Ketzerei unbewiesen, und es gibt keine aussage-
fähigen Indizien eines inneren Niedergangs«.[20]

Der spektakuläre Aufschwung, die große Machtfülle und das
grausige Ende machten die Templer zu einem dauerhaften Objekt europäischer Verschwörungstheorien. Die Ritter des Tem-
pelordens stechen als der ursprüngliche, allgegenwärtige Geheimbund hervor. Rückblickend muß gesagt werden, daß
selbst alle konspirativen Gruppen im grauen Nebel der Vorzeit
nur dank der Tempelritter eine klare Gestalt erkennen lassen.[21]
Mit Blick auf die Zukunft wird klar, daß alle Geheimgesellschaften, die in den letzten Jahrhunderten entstanden, sich von
ihnen herleiten: »Die Templer haben mit allem zu tun.«[22] Okkultisten statteten sie mit magischen Kräften aus. Die Rationalisten der Aufklärung deuteten sie zu einer antichristlichen Verschwörung um. Außerdem verfielen viele Romantiker dem
Zauber des sensationellen Märchens von den Tempelrittern, so
daß sie unzählige Stunden mit der Suche nach ihren Idolen und
verborgenen Schätzen verbrachten – Spekulationen, die am
Ende nur »einer wilden Fantasie« aus »Mystagogie und Verworrenheit« gleichkommen.[23]

Es gibt bei beiden Verschwörungsüberlieferungen ein überraschendes Moment, das aus der Zeit der Kreuzzüge kommt.
Warum betrifft es ausgerechnet die Juden – obwohl doch die
Muslime eine wesentlich größere Präsenz und Bedrohung darstellten? Warum ausgerechnet die Tempelritter, die als die treuesten Soldaten Christi gedient hatten? Im Rückblick fügen
diese merkwürdigen Heraussonderungen sich jedoch in ein
Schema: Angebliche Verschwörer sind selten jene Gruppen,

auf die die Logik vielleicht verweisen mag. Der Verschwörung beschuldigt werden gewöhnlich vielmehr die Gruppen, die mit einer Verschwörung am allerwenigsten zu tun haben.[24]

Die Aufklärung: Institutionen

> Die Organisation von Geheimge-
> sellschaften war notwendig, um das
> Theoretisieren der Philosophen in
> ein konkretes, furchteinflößendes
> System zur Zerstörung der Kultur
> zu verwandeln.
>
> *Nesta Webster*[25]

Zu voll ausgewachsenen Verschwörungssystemen entwickelten sich die beiden Verschwörungsmythen mittelalterlichen Ursprungs in den Jahrzehnten unmittelbar vor 1789, als — vor allem mit den Freimaurern und den Illuminaten — echte Geheimbünde entstanden und als die jüdische Emanzipation in Gang kam. Es waren diese Ereignisse, die die Voraussetzungen dafür schufen, daß im letzten Jahrzehnt des 18. Jahrhunderts der Mythos der Geheimgesellschaften und dann in den 70er Jahren des 19. Jahrhunderts der Mythos vom konspirativen Judentum seine moderne Form fand.

Wenige Organisationen haben so viele Spekulationen und soviel Ehrfurcht erregt wie die Freimaurer. Ein Schwärmer nennt sie »die erfolgreichste Geheimgesellschaft der Weltgeschichte«.[26] Wie der Name schon andeutet, entstand sie aus der mittelalterischen Zunft der Mauersteinmetzen, also den Handwerkern, die an Gebäuden wie Kathedralen und Burgen die Steine meißelten. Die Arbeit brachte es mit sich, daß sie von Baustelle zu Baustelle zogen. Wenn sie unterwegs waren, wohnten sie in Logierhäusern bzw. Logen. Um ihren gesellschaftlichen Ruf aufzupolieren, verfolgten die Maurer ihre Handwerkskunst bis auf das alte Israel zurück; um sich vor Eindringlingen zu schützen, hüteten sie zum einen die Geheimnisse des Handwerks. Zum andern entwickelten sie (mit der Zeit) vertrauliche Wort-

und Körperzeichen, damit die beglaubigten Maurer sich
gegenseitig zu erkennen vermochten.

Aus welchem Grund sich im England des 17. Jahrhunderts
Nichthandwerker freimaurerischen Logen anschlossen, ist bis
heute ungeklärt. Vielleicht waren es das Geheimnisvolle und
die darin einbeschlossene Verheißung verborgener Weisheit,
die solche »Herren« oder »spekulativen« Maurer anzogen. Bis
zum Jahrhundertende hatten Elemente des Maurertums (der
nichtbehauene Stein, der Kompaß, Rangordnung gemäß der
handwerklichen Fertigkeit) eine moralische, symbolische Bedeutung gewonnen. Die Gesellschaft der Freimaurer fand ihre
ausgereifte Form 1717 mit der Gründung der Großloge in London. Sechs Jahre später hatte sie eine eigene Verfassung. Die
Zusammenkünfte der Freimaurer waren harmlos genug. Sie
hatten die Funktion eines unpolitischen Klubs, in dem Männer
unterschiedlicher Gesellschaftsschichten einander in einer
durch Deismus, Toleranzdenken und stete Weiterbildung geprägten egalitären Atmosphäre begegneten. Das waren bürger-
liche Liberale, welche die Gesellschaft durch Redefreiheit,
Wahlen und Säkularismus verbessern wollten. Ihre Treffen
waren durch den Geist von Toleranz, durch Achtung vor allen
Menschen und durch Altruismus gekennzeichnet. Das Anzie-
hende an der Freimaurerei bestand in der Möglichkeit, mit
gleichgesinnten Angehörigen anderer religiöser Gruppen,
Klassen und politischer Denkrichtungen zu verkehren. Sie bot
eine befreiende Gelegenheit, die üblichen Grenzen zu überschreiten. Die unverwechselbaren Symbole und elaborierten
Riten erhöhten das Vergnügen.

In England ist die Freimaurerei stets eine höchst achtbare, irgendwie snobistische Institution geblieben. Trotzdem rief sie
bereits 1698 Feindseligkeit hervor, die sich auf den Vorwurf
gründete, sie begünstige antichristliche Haltungen. Solche
Wahrnehmung war nicht ganz falsch, obwohl Geistliche den
Logen in großer Zahl beitraten: »Sobald Männer Freimaurer
wurden, stellten sie sich anscheinend sofort in Opposition gegen Kirche und Staat.«[27] Offiziell waren die Logen unpolitisch.
(Ein französischer Freimaurereid aus dem Jahr 1776 verpflich-
tete ausdrücklich dazu, »keiner Verschwörung gegen den Staat

beizutreten«.)[28] Doch allein die Tatsache, daß die Logen althergebrachte Grenzziehungen zerstörten, führte dazu, daß sie re-
formerische Empfindungen stärkten. Sie erwiesen sich auch als
bedeutsame Vehikel zur Verbreitung des Ideenguts der Aufklärung, ein Gebräu, das zu Kopfe stieg und Unruhe auslöste.

Aus heutiger Sicht scheint es merkwürdig, daß eine Geheimgesellschaft wie die der Freimaurer für Reformen und
gemäßigte Programme einstand. Denn wir sind von Geheimbünden eine radikale Orientierung gewohnt, die Entfremdete
anlockt und gesellschaftlichen Umbruch auf ihre Fahnen geschrieben hat. Als nächstliegende Analogie unserer Tage zu den
Freimaurern könnten die Reformer im sowjetischen Osteuropa gelten, die sich heimlich in »fliegenden Universitäten«, in
Gruppen von Jazzliebhabern und auf religiösen Zusammenkünften trafen. Bis 1848 hatten die Gemäßigten in ganz
Europa, außer im nur partiell westlichen Rußland, genügend
Fortschritte gemacht, um sich nicht mehr in Geheimgesellschaften verstecken zu müssen. Solche Methoden überließen
sie den Revolutionären, die sie sich seither, zumindest in der
westlichen Welt, ganz zu eigen machten.

Von Großbritannien aus verbreiteten die Logen sich rasch
auf den europäischen Kontinent, wo sie, weil sie hier in Länder
mit despotischen Regierungen gerieten, einen völlig anderen
Ton und eine ganz andere Rolle annahmen. In England erregten frei geführte Gespräche und offenes Sondieren wenig Ärger, anderswo dagegen viel Widerstand. Ansichten, die in England als reformerisch galten, besaßen anderswo revolutionären
Klang. Die Gründung der ersten Pariser Loge 1725 führte zu
einer großen öffentlichen Auseinandersetzung über das Freimaurertum. 1737 verlangte König Ludwig XV. von seinen Untertanen, sich vom Freimaurertum fernzuhalten. 1738 erließ
der Vatikan die erste von insgesamt fünfzehn päpstlichen Bul-
len, die die Organisation verurteilten. (Die letzte wurde 1902
erlassen.)[29] Die Jesuiten machten Freimaurer für das Verbot
ihres Ordens im Jahr 1773 verantwortlich (was angesichts der
zahlreichen Mutmaßungen der 1780er Jahre, daß Freimaurer
unter jesuitischen Einfluß geraten waren, eine besondere Ironie darstellt).[30] In geringerem Maße wurden die Freimaurer

auch von den Regierungen protestantischer Länder verfolgt. In Rußland wurden sie 1822 verboten. Seltsamerweise wuchs die Angst vor der Freimaurerei noch, als die Mitgliedschaft wohlhabender, gesetzter und konservativer wurde. Die Freimaurer erregten auch Verdacht, insofern sie eine internationale Gesellschaft waren, die nicht nur Europäer und Amerikaner, sondern auch Muslime aufnahm.

Dann kam die »schottische« Freimaurerei, ein ungestümes Wachstum, das sich fast ohne feste Regeln oder Organisationsformen vollzog. Um ihr gesellschaftliches Ansehen zu steigern, gaben Logen im kontinentalen Europa dubiose Erklärungen zu ihrer Herkunft ab und nahmen exotische Wesenszüge an. So verfolgten beispielsweise französische Logen ihre Herkunft auf die Erbauer des jüdischen Tempels unter König Salomo zurück. Sie führten in der Mitgliedschaft neue Geheimränge ein, prahlten mit ihrer Geheimnistuerei, frönten prätentiösen Ritualen und spalteten sich in rivalisierende Zweige. Das Chaos machte den Orden für Hochstapler und andere unehrbare Figuren attraktiv, die viel zur Kompromittierung seiner Reputation beitrugen. Der bemerkenswerteste war vermutlich Giuseppe Balsamo (1743–1795) alias Graf von Cagliostro, ein italienischer Hochstapler, der den »ägyptischen« Zweig der Freimaurerei gründete und eine kleine Rolle in der Französischen Revolution spielte.

In ihrem Bemühen, dieses verrückte Wirrwarr zu begreifen, entwickelten einige Gegner ein neues, starkes Argument gegen die Freimaurer: daß nämlich deren Führung die unteren Ränge in so großer Unwissenheit und Verwirrung halten, damit sie nicht verstehen, welche Ziele ihre Vorgesetzten verfolgen, welche auf diese Weise ihren Willen besser durchzusetzen vermögen. In *Les Francs-Maçons écrasés* äußerte ein französischer Abt die Meinung, daß die führenden Freimaurer insgeheim konspirierten, um ein goldenes Zeitalter des radikalen Egalitarismus herbeizuführen.[31] Weil sie jedoch diesen Plan ebenso wie ihre eigene Identität geheimhielten, gelänge es ihnen, die Unterstützung des Adels und sogar des Königshauses zu gewinnen. Mit dieser Unterstellung wurde der Verdacht ausgesprochen, daß einzelne Mitglieder persönlich unschuldig sein mochten, der Orden in seiner Gesamtheit aber des Aufruhrs und der Sabotage schuldig sein könnte. Denn es war so stets möglich, daß es einen noch höheren, geheimeren Rang gab, der alle übrigen manipulierte. Derartige Ängste vor höheren Rangebenen und internen Geheimnissen wurden ein Grundelement des Verschwörungsdenkens. Es hatte den immensen Vorteil, daß es von der Notwendigkeit des Tatsachenbeweises befreite.

Im Rahmen unserer Studie ist insbesondere die Neigung von Belang, die Freimaurer mit anderen Geheimgesellschaften in Verbindung zu bringen – eine Methode, die sie mit nochmals okkulteren und rätselhafteren Eigenschaften überkrustete. Es begann 1736 in Deutschland. Die Ritterorden der Kreuzzüge wurden als Vorläufer der Freimaurer dargestellt. (Mancher behauptete allerdings auch genau das Gegenteil.) Zunächst wurde der Johanniterorden angeführt. Die These war jedoch insofern schwer aufrechtzuerhalten, als dieser Orden unpassenderweise noch existierte. Deshalb begann man, sich ab 1752 auf eine Herleitung der Freimaurer von den Templern zu verlegen. Schließlich wurden die Templer als eine Form von Freimaurerei betrachtet. Daraus entwickelte sich dann die ebenso logische wie abstruse Folgerung, daß die Freimaurer die Aufgabe übernommen hätten, Jacques de Molay an der französischen Monarchie zu rächen. Es war eine Idee, die nach 1789 Folgen von großer Tragweite haben sollte. Im Jahre 1790 wurden die Freimaurer mit den französischen *Philosophes* in Verbindung gebracht. Wie wir später ausführlich zeigen werden, wurden dann Freimaurer und Juden als Verbündete, wenn nicht gar als Zwillingsbrüder angesehen. Weniger konsequent, aber doch bezeichnend für die löschpapierartige Eigenart der Freimaurerei war der Verdacht eines Zusammenhanges mit den Rosenkreuzern. Besonders komisch war die Anfang des 19. Jahrhunderts aufkommende Befürchtung eines heimlichen Bündnisses zwischen den Freimaurern und der amerikanischen Ehrengesellschaft für Universitätsstudenten Phi Beta Kappa. Diese fatale Verbindung, so mutmaßte ein Dozent, könnte »unsere sämtlichen bürgerlichen« und religiösen *Rechte*« in die Luft jagen.[32] Mit ihren schottischen, ägyptischen, templerischen, jüdischen

und Rosenkreuzer-Varianten wurde die Freimaurerei die zentralste und komplexeste von allen Geheimgesellschaften, und
das in solchem Ausmaß, daß niemand ihre Organisationsformen zu verstehen und noch weniger ihre Geheimnisse zu ergründen vermag. Und mit den bayerischen Illuminaten wurde
dann alles noch verwickelter.

In den vier Jahrzehnten nach 1750 kam es zu einer starken Zunahme an Geheimgesellschaften, die fast ausnahmslos den
Freimaurern nachgebildet oder aber als Widerstand gegen sie
gegründet wurden. Von diesen Neugründungen war der Illuminatenbund der konsequenteste. Er wurde am 1. Mai 1776
von Adam Weishaupt (1748–1830), einem Professor der Jurisprudenz an der bayerischen Universität Ingolstadt, ins Leben
gerufen. Weishaupt war eine vielschichtige und widersprüchliche Persönlichkeit: ein Verfechter des Gleichheitsprinzips, der
eine streng hierarchisch gegliederte Organisation entwarf; ein
Rationalist, der dem Obskurantismus frönte; ein Mann, der
an die Ideale der Aufklärung glaubte und deren Umsetzung
durch Täuschung zu erreichen suchte. Der Illuminatenbund
diente seinem Ziel, innerhalb einer korrupten Gesellschaft
eine gerechte Gemeinschaft aufzubauen und Deutschland
durch die straffe Führung eines Geheimbunds zu modernisieren.

Der Orden bestand nur wenige Jahre; denn im Juni 1784
wurde er (gemeinsam mit anderen offiziell nicht genehmigten
Gesellschaften) unterdrückt und drei Jahre später völlig zerschlagen.[33] Für Delikte, die mit Aktivitäten des Illuminatentums zu tun hatten, verhängte die bayerische Regierung die
Todesstrafe. Obwohl der Orden hinsichtlich seines unmittelbaren Einflusses und Handlungsraumes nur ein peripheres Phänomen darstellte (auf seinem Höhepunkt zählte der Orden
ungefähr dreitausend Mitglieder; und den Sprung zu einem
politischen Aktivismus hat er nie gewagt), gewannen die Illuminaten bald ebenso real wie mythisch Bedeutung.

Der Orden hatte nach seiner Auflösung realiter größere
Wirkung, als er sie während seines Bestehens je gehabt hatte.
Erstens ersetzte er die aristokratische, selbstzufriedene In

kohärenz der Freimaurer durch ernste, radikale Ideen. Die Freimaurerei existierte als Selbstzweck. Die Illuminaten wurden von Weishaupt als ein politisches Werkzeug geschaffen. Über Persönlichkeiten wie Mirabeau, Nicholas de Bonneville und Filippo Buonarroti hatten seine Ideen einen nachhaltigen Einfluß auf revolutionäres Denken. So kam zum Beispiel der nationalistische italienische Revolutionär Buonarroti (1761–1837) zu dem Schluß, daß Massenaufstände zwecklos seien, und wandte sich statt dessen heimlichen Alternativen zu. Seine *Sublimes Maîtres Parfaits* (gegründet um 1810 und einige Zeit nach 1818 reorganisiert als der Geheimbund Monde) stützten sich, was seine Initiationsriten, hierarchische Rangordnung, besondere Terminologie und katechistischen Merksätze betraf, in hohem Maße auf die Illuminaten.

Indem die Illuminaten, zweitens, von ihren Anhängern viel mehr verlangten, als es die früheren Geheimgesellschaften getan hatten, entwickelten sie eine neue Organisationsform. Insofern der Orden die Mitglieder von ihren Familien und Freunden abschnitt und dann in einer separaten, durch Ziele und Gehorsam gekennzeichneten Gesellschaft aufsog, hat er das Modell des revolutionären Geheimbunds geschaffen. Um es in heutigen Begriffen zu formulieren: Wenn die Freimaurerei den lockeren Methoden der New-Age-Spiritualität ähnlich war, besaßen die Illuminaten die Strenge eines Kults.

Drittens stellten die Illuminaten eine Herausforderung dar, die heftige und konsequente Reaktionen hervorrief. Besonders bemerkenswert war die *Wiener Zeitschrift*, die eigens dem Kampf gegen die Illuminaten gewidmet war. Ein Kenner der Materie hat sie als »das erste offene konservative Journal der deutschen Geschichte bezeichnet.[34]

Viertens entwickelten die Illuminaten das Modell eines Geheimbunds, der von Menschen geführt wurde, die ihre Ziele vor der allgemeinen Mitgliedschaft verheimlichten. Das ist die »doppelte Lehre«. Mit andern Worten: Das Phänomen, dessen die Freimaurer fälschlicherweise bezichtigt wurden, hat erst Weishaupt bei den Illuminaten als bewußte Strategie eingesetzt. Das Prinzip der doppelten Lehre besagt, daß die normalen Mitglieder über harmlose Ziele in Kenntnis wer-

den, während die *supérieurs inconnus* die ganz andersartigen
wahren, inneren Geheimnisse der Organisation kennen. Die
doppelte Lehre hat sich als starkes Führungsinstrument erwiesen und in vielen nachfolgenden Geheimbünden eine zentrale
Rolle gespielt. Buonarroti hat etliche Organisationen gegründet, deren gewöhnliche Mitglieder die Geheimnisse der Organisation nicht kannten und deren Führung ihre Ziele verschlei-
erte, um den Massen besser dienen zu können. In Buonarrotis
Organisationen ging das bis zu dem Punkt, daß er verdächtigt
wurde, konspirative Bewegungen zu persönlichen Zwecken zu
manipulieren, für Ziele, die sogar den offenkundigen Führern
dieser Bewegungen völlig unbekannt waren. Nach dem gleichen Muster schuf Nikolai Ishutin 1860 in einer russischen revolutionären Gruppe, der »Hölle«, eine geheime Sektion mit
dem Namen »Organisation«. In jüngster Zeit hat die faschistische National Front in Großbritannien eine öffentliche Botschaft, die gegen Einwanderer hetzt, und eine geheime Botschaft, die gegen Juden gerichtet ist.

Fünftens: Die Illuminaten schufen den Prototyp der inein-
ander verschachtelten Geheimklubs. Sie traten, Weishaupt voran, Freimaurerlogen bei und versuchten, sie zu dominieren
und die Vision der Illuminaten durch die Freimaurerei zu verbreiten. In der stets ordentlichen Welt des Verschwörungsdenkens sollen die zwei Organisationen sich 1782 bei dem
(tatsächlich abgehaltenen) Kongreß von Wilhelmsbad vereinigt
haben. Dieser Kongreß stellt für viele Verschwörungstheoretiker bis heute einen historischen Wendepunkt dar. Das um so
mehr, weil er zeitlich mit der jüdischen Emanzipation in
Österreich zusammenfiel. Eine Geheimverbindung der Illuminaten soll angeblich auch mit historisch gegebenen Gruppen
wie den französischen Philadelphes, dem Deutschen Tugend-
bund, den italienischen Carbonari und den russischen Dezem-
bristen existiert haben. In Italien haben die Freimaurer beispielsweise von den Illuminaten die Praxis der Infiltration von
anderen Logen übernommen sowie auch deren Vorstellungen
von einem radikalen Egalitarismus und das Vertrauen, das sie
für ihre Arbeit in eine geheime Hierarchie setzten (in der die
oberen Ränge von den verborgenen Zielsetzungen wissen, die

den gewöhnlichen Mitgliedern jedoch vorenthalten werden). Alles in allem haben die Illuminaten bahnbrechend gewirkt, insofern sie zum Erreichen ihrer politischen Zielsetzungen eine systematische Infiltration sowie List und Tücke praktizierten.

Neben dem Einfluß, den sie auf historische Institutionen ausübten, »haben die Illuminaten ungewollt die Gelegenheit für das Entstehen der modernen Verschwörungstheorie geliefert«.[35] Die Beunruhigung wegen der Tüchtigkeit der Illuminaten setzte bereits vor der Französischen Revolution ein. 1788 veröffentlichte der Marquis de Luchet anonym seinen *Versuch über die Sekte der Illuminaten*: Er schilderte sie als mystischen, theokratischen Orden, der das Ziel verfolgte, »die Welt zu beherrschen«.[36] Obwohl der Begriff »Illuminaten« sich hier auf eine mystische Sonderform des Freimaurertums und gar nicht auf die Illuminaten selbst bezieht, wurde Luchets Deutung bald auf letztere übertragen. Die Tatsache, daß er ihre Bedeutung maßlos übertrieb, hatte ein Jahr später, als die Französische Revolution ausbrach, große Folgen. Weishaupt wurde schon 1797 der Vorwurf gemacht, »über seinen Orden die Welt regieren« zu wollen. Ein weiterer Gedanke war schließlich der, daß der Illuminatenbund keineswegs unterdrückt worden sei: Wer seine Auflösung für wahr halte, falle auf einen Trick herein, den der schlaue Weishaupt nur benutzt habe, um seine böse Botschaft wirksamer verbreiten zu können. Das bedeutete, daß ihm in der Folgezeit ein großer, wachsender historischer Einfluß zugeschrieben wurde: Der Illuminatenbund wurde später insbesondere als ein ausschlaggebender Faktor der Französischen Revolution und für den Aufschwung des Marxismus-Leninismus betrachtet.

Insgesamt hatten die Illuminaten eine große Auswirkung auf das Verschwörungsdenken, weil sie den ärgsten Ängsten der Verschwörungstheoretiker Substanz verliehen. Vorher hatten die Gegner der Geheimgesellschaften

nie behauptet, daß sich in ihrem Kern ein großes und universales Komplott entdecken ließe. Das wurde nunmehr zu einem Gedanken, der weithin Verbreitung fand, und er sollte einen wesentlichen Schlüssel zur Deutung vieler Phänomene werden. Die Illuminaten waren ... das einzige real nachgewiesene Beispiel eines Geheim-

bundes, der mit subversiven Absichten tätig war. Doch sie bestätigten und belebten aufs neue einen älteren Argwohn gegenüber
Geheimsekten und -gesellschaften, insbesondere gegen die Freimaurerei.[37]

Die bayerischen Illuminaten bezeugen große Überlebenskraft
über Zeiten und Räume hinweg. »Der Schatten des nicht mehr
existierenden Ordens wurde zu einem Gespenst, das für schwache Gemüter zur schrecklichen Wirklichkeit wurde«, bemerkt
René le Forestier in seiner Geschichte der Illuminaten. »Es
reichte schon die Nennung der Illuminaten, um Rationalisten
wie Traditionalisten in Wahnzustände zu versetzen.«[38]

Werfen wir zur Veranschaulichung solcher Wirkung einen
Blick auf die Geschichte der Illuminaten in den Vereinigten
Staaten, wo sie 1798/99 einen schweren Anfall von Paranoia
auszulösen begannen, als Amerikaner ihretwegen zu der Überzeugung gelangten, daß »die Intrigen von Geheimbünden unter die permanenten Gefahren unserer Zeit gerechnet werden
müssen«.[39] Ein zweiter Anfall ereignete sich nach 1826. Mit
dem Beginn kommunistischer Herrschaft lebte diese Angst in
den 20er Jahren unseres Jahrhunderts wieder auf. Einige Autoren bezeichneten die Illuminaten als Wegbereiter des Bolschewismus. Aber nicht allein das. Als Reaktion auf Nesta
Webster, der dem Illuminatentum kein geringeres Ziel als »die
Zerstörung der christlichen Kultur«[40] zuschrieb, sahen amerikanische Verschwörungstheoretiker es als Schlüsselfaktor aller
Weltprobleme. In seinen Aussagen als Zeuge vor dem amerikanischen Kongreß zitierte der immens populäre Rundfunkred-
ner Pater Charles Coughlin Weishaupt in dem Sinne: »Man
vernichte das Christentum, es wird der Kultur guttun.«[41] Der
Kanadier William Guy Carr, der sieben Bücher und unzählige
Artikel über die Illuminaten verfaßte, war der Überzeugung,
daß »die Illuminaten alle bösen Kräfte steuern«.[42] Die John
Birch Society übernahm 1966 dieses Thema, als sie das *Kommunistische Manifest* von Karl Marx lediglich als eine aktualisierte
und verschlüsselte Version der Prinzipien von Adam Weishaupt
definierte. Die Birch Society deutete den Poor People's March
auf Washington im Lichte des Sturms auf die Bastille im Jahre
1789 und vertrat die Überzeugung, daß »beide Ereignisse von

der gleichen Sorte Verschwörer und mit fast gleicher Zielsetzung geplant wurden«.[43] In unserer Zeit ist der Illuminatenbund
eine furchterregende Institution geblieben, die von Verschwörungstheoretikern mit solch unterschiedlichen Bestrebungen in
Verbindung gebracht werden wie dem Einrichten einer Weltregierung, der Entwicklung eines liberalen Christentums, der
Reformbewegung und dem orthodoxen Zweig des Judaismus
sowie dem Attentat auf John F. Kennedy: Der Illuminatenbund
hat den Zusammenbruch des Sowjetreichs anscheinend überdauert. Pat Robertson schrieb 1991, daß das »Illuminatentum
kein vorübergehendes Phänomen war, und die Prinzipien von
Weishaupt, seine Jünger und sein Einfluß treten bis auf den
heutigen Tag immer wieder von neuem in Erscheinung«.[44]
Dem Illuminatenorden mochte es noch so wenig gelungen
sein, die Gesellschaft zu verändern, aber er hat ein wirkungsmächtiges Modell geschaffen, das lange Zeit von seinen Bewunderern imitiert und von seinen Gegnern noch viel mehr
gefürchtet wurde.

Die Denker des 18. Jahrhunderts haben auf eine fast naive, unschuldige Weise die Themen von List und Tücke, internen Geheimnissen und sich überlappenden Geheimbünden entwickelt, die den weiteren Fortgang des Verschwörungsdenkens
in beträchtlichem Maße bestimmt und vorgegeben haben. Man
könnte die Behauptung wagen, daß in der gleichen Weise, wie
die philosophische Tradition Europas aus einer Reihe von Fußnoten zu Platon besteht, die europäische Tradition der Weltverschwörungstheorien sich aus Fußnoten zur Aufklärung zusammensetzt. Die Konsequenzen dieser Ideen sollten dann mit
der Französischen Revolution klar und deutlich hervortreten.

Französische Revolution:
Die Phobie vor Geheimbünden

> Wir sind alle Verschwörer ...
> gemäß Wunsch der Natur.
> *Flugblatt während der Französischen*
> *Revolution*[45]

> Es waren nicht nur die Throne
> Europas, die ins Wanken gerieten.
> Die Kultur selbst erbebte in ihren
> Fundamenten.
> *Nesta Webster*[46]

Das Emporschießen von Geheimbünden während der Zeit der
Aufklärung und, parallel dazu, die wachsende Angst von deren
Komplotten bedeutet, daß Verschwörungsvorstellungen in den
1780er Jahren weithin als ernsthaftes Mittel zum Verständnis
des politischen Lebens akzeptiert waren. Die Umwälzungen in
Frankreich steigerten Nutzbarkeit und Anwendungsrahmen
solcher Vorstellungen.

Auf die dann folgende Entwicklung des Verschwörungsdenkens hatte die Französische Revolution immensen Einfluß. Sie
leitete ein neues Zeitalter ein, indem sie die Macht des Gedan-
kens und die Möglichkeiten radikaler Veränderung demonstrierte. Sie veränderte das politische Leben, insofern sie in ganz
Europa begeisterte Anhänger fand, die sich zum Teil gegen ihre
eigenen Herrscher auf einen Kampf im Verborgenen rüsteten.
Was das Verschwörungsdenken selbst angeht, so verwandelte
sie die »Theorien von intellektuellen und geistigen Komplotten [des 18. Jahrhunderts] in die paranoide politische Sehweise
des 19. Jahrhunderts«.[47] Wenn die ab 1725 grassierenden französischen Ängste vor einem »Hungersnot-Komplott« – eine konkrete, spezifische Angst vor einer Verschwörung mit dem Motiv finanziellen Gewinns[48] – die Verschwörungstheorien der
Zeit vor der Französischen Revolution kennzeichnen, so gelten
die Ängste nach 1789 einem angeblichen Komplott von *Philo-*
sophes-Freimaurer-Illuminaten zur Beseitigung von Monar-

chie, Kirche und Privateigentum. In dem Maße, wie die Verschwörer viel beängstigender wurden, wurden es auch ihre Ziele – und die Angstvorstellungen, die sie weckten.

Die Gegner der Revolution hatten große Mühe zu verstehen, was in Frankreich geschehen war, und waren sich noch viel weniger darüber im klaren, wie sie die Revolution bekämpfen könnten. Die Ereignisse nach 1789 widersetzten sich, schlicht gesagt, allen herkömmlichen Klassifizierungen, denn solch ein allumfassendes Geschehen hatte es in der Geschichte noch nie gegeben. Für die Ursachen und den Verlauf der Revolution gab es viele Deutungsversuche – ein Diskurs, der bis heute, zwei Jahrhunderte später, keineswegs abgeschlossen ist. Konterrevolutionäre und sonstige Befürworter der alten Ordnung in Frankreich und anderswo, suchten die Ursache für den überraschenden Sturz eines von Gott gegebenen Systems in den aufsässigen Massen, um sich selbst von Schuld zu entlasten. Religiöse Erklärungen waren ihnen offensichtlich verbaut – wie hätten sie Gott für solch einen antikirchlichen Aufruhr verantwortlich machen sollen? Einen Politiker – mochte er mit der Lage auch noch so unzufrieden, mochte er noch so ehrgeizig oder böse sein – konnte man ebensowenig bezichtigen, ein derartiges Chaos bewußt hervorgerufen zu haben. Und wer – ganz im Sinne der Aufklärung – davon überzeugt war, daß die Geschichte durch die Motive Einzelner bewegt wird, konnte diesen eklatanten Fall von schiefgelaufenen guten Absichten nicht verdrängen. Wenn ausgerechnet die intelligentesten, tugendhaftesten Menschen ein Ungeheuer erschaffen, das sie und unzählige andere frißt, dann ist ein Ereignis solchen Ausmaßes eingetreten, das sich mit den althergebrachten Mustern nicht mehr erklären läßt. Somit blieb nur eine konspirative Deutung.

Die Annahme eines Komplottes hatte außerdem den großen Vorteil, daß Mißregierung und Inkompetenz als Schuldfaktoren verschwinden. In der Tat, viele Royalisten fanden eine verschwörungstheoretische Deutung äußerst befriedigend, weil sie ihnen konkrete Feinde lieferte, auf die sie ihre Wut richten konnten und obendrein die stillschweigende Hoffnung erlaubte, daß mit einer Eliminierung solcher Verschwörer auch ein Zurückstellen der Uhr möglich würde.

Gleichzeitig mußten sich natürlich auch herkömmliche Vorstellungen von Verschwörungsdenken ändern: Ein unerhörtes, noch nie dagewesenes Geschehen erforderte auch beispiellose Erklärungen. Wer dieses gewaltige, bestürzende Drama als Komplott deuten wollte, mußte an eine wesentlich größere, mächtigere Verschwörergruppe denken, als man sich je zuvor vorgestellt hatte. Anfängliche Bemühungen, die Revolution als Resultat von Fehden zwischen rivalisierenden Politikern oder durch englische Subsidien darzustellen, waren einfach nicht überzeugend. So es sich denn um eine Verschwörung handelte, mußten Tausende von gut organisierten und mobil gemachten Personen in ganz Europa daran beteiligt gewesen sein – ein riesiges, bösartiges, verstohlenes und übermenschlich effizientes Netzwerk. »Das Ausmaß und die Heftigkeit der Veränderung, für die die Menschen eine rasche Erklärung finden mußten, schien jede konventionelle und vertraute Deutungskategorie zu überfordern. Da war eine neue Dimension des Verstehens gefragt.«[49] Der Moment war reif für Weltverschwörungstheorien.

Paradoxerweise gewann das Verschwörungsdenken gerade in einer Zeit an Auftrieb, als es an Glaubwürdigkeit verlor. Vor der Französischen Revolution wurde die Gesellschaft zahlenmäßig von wenigen Menschen beherrscht, so daß es nicht schwer war, Komplotte durchzuführen. Durch die Ideologie und Beteiligung der Massen am politischen Leben hatten sie nun eine viel geringere Wahrscheinlichkeit, und das Aufkommen der Marktwirtschaft reduzierte ihre Möglichkeiten noch weiter. In gewisser Weise hatte also die Französische Revolution den kuriosen Effekt, die dem Verschwörungsdenken zugrundeliegenden Voraussetzungen zu untergraben, gerade als sie das Verschwörungsdenken zu einer politischen Kraft machte.

Als hauptverdächtige Triebkräfte hinter diesen schrecklichen Ereignissen erschienen drei wohlbekannte Geheimbünde, die angeblich auf eine Unterminierung der öffentlichen Ordnung hinarbeiteten: die bayerischen Illuminaten, die Freimaurer und die Templer.

Die Anschuldigungen gegen die Illuminaten begannen gleich zu Beginn der Französischen Revolution. Es gibt da eine Anekdote über den berühmten Verschwörungstheoretiker Johann August Starck: Er weilte zusammen mit einem Freund gerade in einem Kurort, als ihn die sensationelle Nachricht vom Sturm auf die Bastille erreichte. Der Erinnerung seines Freundes zufolge wechselten die beiden daraufhin wissende Blicke und stießen beide im gleichen Atemzug hervor: »*Das* ist das Werk der Illuminaten.«[50] Die Illuminaten wurden von 1790 an in einer wahren Flut von Aufsätzen und Broschüren als die eigentlichen Drahtzieher der Französischen Revolution genannt. Sie hegten angeblich die Hoffnung, nach dem Zusammenbruch von Monarchie und der Abschaffung von Privateigentum, Familie und Religion über die Welt zu herrschen.

Was die Freimaurer betrifft, so wurden sie mit der Revolution wahrscheinlich zum erstenmal in Verbindung gebracht in dem 1791 erschienenen Buch *Le voile levé pour les curieux*, das einen französischen Priester zum Verfasser hatte.[51] Dem Autor rochen viele Neuerungen in Frankreich – darunter die Neugliederung des Landes nach geographischen Gesichtspunkten, die Rolle, welche die Sicherheitsdienste spielten, und die gesetzlichen Einschränkungen des Klerus – nach Freimaurerei. Seine Ideen wurden in der Folgezeit oft wiederholt und dabei stark ausgeschmückt.

Cadet de Gassicourt führte die Revolution in seinem Büchlein *La tombe de Jacques Molay* auf die Tempelritter zurück.[52] Er beschrieb im Detail, wie der Großmeister Jacques de Molay (gestorben 1314) in seiner Kerkerzelle in der Bastille gegen die Monarchie Frankreichs auf Rache sann und wie sein Plan dann von den zeitgenössischen Revolutionären ausgeführt wurde. Dieser aufsehenerregenden These zufolge waren die Templer nicht ausgestorben, sondern untergetaucht und nun im Gewande der Freimaurer wieder aufgetaucht. Mit anderen Worten: Der Sturz des französischen Königs war auf eine Verschwörung zurückzuführen, die genau 475 Jahre vor dem Sturm auf eben diese Bastille durch die Pariser ausgeheckt worden war! Die These ist dann später von vielen Autoren übernommen worden.[53] Das Templer-Freimaurer-Bündnis besaß implizit eine politische Dimension. Wenn es nämlich so war, daß überlebende Templer sich hier endlich an der französischen Monarchie, am Papsttum, ja, an der ganzen Christenheit gerächt hatten, so hatten sie ein radikales, sogar nihilistisches Programm weiterzuführen. Ferner behauptete Cadet de Gassicourt, die Französische Revolution sei nur durch acht voll und ganz Eingeweihte initiiert worden; alle übrigen Teilnehmer seien betrogen und hintergangen. Er begab sich auf Neuland, indem er eine Verschwörung auf die andere stapelte, ein zunehmend tollkühneres Gebäude aus Geheimgesellschaften errichtete und die verworrene Geschichte von Jahrhunderten in die nahtlose Darstellung einer einzigen Verschwörung umwandelte.

Dann erschienen 1797 in Großbritannien fast gleichzeitig zwei eigenständige, ungemein wichtige und verblüffend ähnliche Bücher. Beide postulierten für die Französische Revolution eine Weltverschwörungstheorie, die auf die Illuminaten deutete. Sechs Jahre später erschien dazu ein Begleitbuch in Deutschland.

Das eine – *Proofs of a Conspiracy*[54] – verfaßte der hochangesehene Wissenschaftsautor John Robison (1739–1805), um zu beweisen, daß die Illuminaten keineswegs vollständig unterdrückt worden waren, sondern weitergelebt hatten und unter dem Namen »Die Deutsche Union« wieder aufgetaucht waren, die später einen dominanten Einfluß auf die französischen Freimaurer gewann – über sie planten sie dann wiederum die Französische Revolution. Den genauen Zeitpunkt der Einflußnahme fixierte Robison auf das Jahr 1787, als zwei Mitglieder des Illuminatenbundes nach Paris reisten und dort die Freimaurerlogen besuchten. Der Jakobinerklub war nichts weiter als eine Freimaurerloge. Dank ihres Erfolgs »leidet Frankreich jetzt ohne Zweifel unter all den Nöten des deutschen Illuminatenbundes.« Ironischerweise war Robison selbst Freimaurer. Er schrieb in der Absicht, den Ruf der britischen Freimaurerei vor den Exzessen der kontinentalen Brüder in Schutz zu nehmen. Sein Werk fand viele Bewunderer. (Der Engländer William Gobbett erklärte, es »löse alles, was an dem Verlauf der Französischen Revolution rätselhaft erscheine«.)[55] Außerdem übte es großen Einfluß aus. So rief es beispielsweise in den Vereinigten Staaten zwischen 1789 und 1799 in New England fast eine Panik hervor und »gab die Themen vor, die während des nächsten Jahrhunderts die amerikanische Literatur gegen einen Umsturz dominieren sollten«.[56] Robison hatte auch großen Einfluß auf den wahrscheinlich bedeutendsten Verschwörungstheoretiker überhaupt, auf Augustin de Barruel.

Der Franzose de Barruel (1741–1820), ein ehemaliger Jesuit und Abt, suchte nach dem Ausbruch der Revolution Zuflucht in England, wo er Robison kennenlernte und von dessen Gedanken angeregt wurde. Er veröffentlichte 1797/98 sein monumentales vierbändiges Werk *Mémoires pour servir á l'histoire du Jacobinisme*[57], das noch ehrgeiziger und einflußreicher war als Robisons Buch. In diesem Werk präsentierte de Barruel systematisch und wohldokumentiert die These, daß die Geheimgesellschaften die Verursacher der Französischen Revolution gewesen seien. Er sah in der Französischen Revolution vor allem das Resultat einer Verschwörung, die von den Jakobinern vorher gründlich vorbereitet wurde. Die Jakobiner wiederum vereinigten drei Elemente *Philosophes*, Freimaurer und Illuminaten. De Barruels erster Band, *Die Antichristliche Verschwörung*, handelt von den *Philosophes* und zeigt, auf welche Art und Weise Voltaire und seinesgleichen die Vernichtung des Christentums planten. Der zweite Band, *Die Verschwörung der Sophisten und der Aufstand gegen Könige*, legt dar, wie die gleichen Übeltäter sich gegen die Monarchen verschwörten und mit den Freimaurern verbündeten, um Adelsprivilegien, Privateigentum, legitimierte Herrschaft und Christentum zu stürzen. Die letzten zwei Bände haben einen gemeinsamen Titel: *Die gottlose und anarchische Verschwörung der Sophisten*. Der dritte Band konzentriert sich auf die bayerischen Illuminaten und deckt deren Beherrschung der Freimaurerei auf. Das vierte Band liefert eine grandiose Schau der Geschichte als einer dreifachen Verschwörung«, die mit Mani, dem persischen Begründer des Manichäismus beginnt und in der Französischen Revolution ihren Höhepunkt findet.

De Barruel machte die Gedanken seiner Vorgänger populär, insofern er sie verständlicher und genauer formulierte, während er gleichzeitig die verschwörungstheoretische Beweislinie ausdehnte und bis ins alte Persien zurückverfolgte. Nach seiner Auffassung richtete sich die jakobinische Verschwörung nicht bloß konkret gegen den Katholizismus, die französische Monarchie und die Großgrundbesitzer, sondern ganz allgemein gegen Religion, Regierung und Privatbesitz. Er war der erste, der sich darum bemühte, Verschwörungstheorien auf eine methodische und intellektuell peinlich genaue Art darzulegen. Um einen Historiker unseres Jahrhunderts zu zitieren: »Barruels Buch ist ein Meisterwerk; der Haß und die Angst haben einen Dichter aus ihm gemacht.«[58]

Die *Mémoires* erfüllten ein weitverbreitetes Bedürfnis nach einer einheitlichen Deutung der Französischen Revolution. Deswegen hatten sie eine ebenso unmittelbare wie bleibende Wirkung. Trotz seines Umfangs fand das Werk eine ungemein große Leserschaft. Es wurde ein Verkaufserfolg. Autor und Verleger wurden reich. Bis 1812 kamen Übersetzungen auf Holländisch, Englisch, Deutsch, Italienisch, Polnisch, Portugiesisch, Russisch, Spanisch und Schwedisch heraus. Die französische Ausgabe blieb bis 1837 lieferbar. Es zählte für lange Zeit zu den meistverbreiteten Büchern in Europa.

Die Bedeutung dieses innovativen, verrückten und heute allgemein so gut wie vergessenen Buches ist schwer zu überschätzen. Seine Kernthese beeinflußte Generationen von französischen Denkern, darunter Persönlichkeiten wie Louis de Bonald (1754–1840), George Sand (1803–1876). Gérard de Nerval (1808–1855), Louis Blanc (1811–1882), Hippolyte Taine (1828–1893) und Charles Maurras (1868–1952). In Deutschland wirkte es auf Friedrich La Motte-Fouqué (1777–1843), Adam Müller (1779–1829) und viele andere mehr. In Großbritannien und in Nordirland überhäufte Edmund Burke (1779–1797) das Buch mit Lob. (»Die wundervolle Erzählung wird zur Gänze mit einer höchst juridischen Korrektheit und Genauigkeit durch Dokumente und Beweise gestützt.«)[59]

Selbst diejenigen, die de Barruels Meinung ablehnten, mußten sich mit ihr auseinandersetzen. Percy Bysshe Shelley (1792–1822) fand seine Argumente inakzeptabel, studierte sie aber gründlich.[60] Thomas de Quincey (1785–1859) hat sein jugendliches Ringen mit de Barruels Ideen festgehalten.[61] Der konservative politische Denker Joseph de Maistre (1753–1821) verwandte große Mühe darauf, de Barruel zu widerlegen (»dieses dumme Illuminatentum ist Auswirkung, aber nicht Ursache«).[62] Verschwörungstheoretiker mit alternativen Theorien über die Französische Revolution antworteten auf de Barruel, indem sie die Verantwortung für diese Episode beispielsweise auf die Jesuiten schoben. Die bedeutendste Widerlegung stammt von Jean-Joseph Mounier (1758–1806). Sie erschien 1801. In de Barruels Werk, so kritisierte Mounier, sind »äußerst komplizierte Ursachen durch einfache Ursachen ersetzt und dem Fassungsvermögen der trägsten und oberflächlichsten Geister angepaßt [worden]«.[63] De Barruels Ideen stießen auch auf Spott und Hohn. In George Farquhars Bühnenstück *The Beaux' Stratagem* entlarvt Scrub die ihnen zugrundeliegende Logik: »Erstens muß es ein Komplott sein, weil eine Frau mit drinsteckt. Zweitens muß es ein Komplott sein, weil ein Priester mit drinsteckt. Drittens muß es ein Komplott sein, weil französisches Gold drinsteckt. Und viertens muß es ein Komplot sein, weil ich nicht weiß, wie's zu verstehen ist.«[64]

Der Einfluß de Barruels reichte weit über den Dunstkreis des Verschwörungsdenkens hinaus. Jacques Droz hat seine zentrale Rolle für die Entstehung des politischen Denkens in der deutschen Romantik aufgezeigt.[65] Die Auffassung von der Französischen Revolution als einer Verschwörung hat eine mystische, reaktionäre Gegenbewegung zu Vorstellungen von Staat und Gesellschaft angeregt, die in totalem Widerspruch zum Rationalismus der Revolutionäre standen. Der Kampf gegen Frankreich wurde eine heilige Aufgabe zur Rettung der deutschen Kultur. Von da war es nur mehr ein Schritt zu romantischen Vorstellungen von der Kultur als einer organischen Kraft. Ja, es waren Polemiken gegen die Illuminaten und ihnen verwandte Gruppen, die zu verborgenen Quellen der Romantik wurden. Selbst die praktische Politik stand unter dem Eindruck der *Mémoires*: Das Buch trug ideell zur Gründung der Heiligen Allianz bei und stiftete die Monarchien der Restaurationszeit nach 1815 in Frankreich, Spanien und Italien an, eine reaktionäre politische Strategie einzuschlagen.

Die *Mémoires* gelten bis heute als »der große Klassiker der Verschwörungstheorie«[66], als »die Bibel der Geheimbundmythologie und unentbehrliche Grundlage zukünftiger Schriften gegen die Freimaurer«.[67] Obwohl Barruels Name der Allgemeinheit heute unbekannt ist, bleibt sein Erbe lebendig. Sein Einfluß ist in fast allen Werken zu verschwörungstheoretischen Schriften über Geheimbünde spürbar. Allein in den 1970er Jahren sind seine *Mémoires* zweimal neu herausgegeben und ist in Lyon eine Société Augustin Barruel gegründet worden.

Ein deutscher Autor, der zu der Geheimbundthese Wichtiges beigetragen hat, ist Johann August Starck (1741–1816) mit seinem zweibändigen Werk *Der Triumph der Philosophie im 18. Jahrhundert*[68]. Starck hatte Barruel für den dritten und vierten Band der *Mémoires pour servir á l'histoire du Jacobinism* mit großen Mengen an Information versorgt und entschloß sich, selbst zur Feder zu greifen, weil das Ergebnis ihn enttäuschte. Wie de Barruel sah auch er eine ununterbrochene Verschwörerlinie von den griechischen Sophisten über die Protestanten bis zu den *Philosophes*. Er hielt Freimaurerlogen für Tarnorganisationen der Illuminaten und maß ersteren wesentlich mehr Schuld zu, als sein französischer Kollege es getan hatte.

Mit Starcks Beitrag hatte nun neben der englischen und französischen auch die deutsche Geistestradition einen herausragenden Verschwörungstheoretiker im Spiel. Von da an wurde der Glaube an Komplotte Bestandteil der Hauptströmung des politischen Lebens in Europa. Robison, de Barruel und Starck begründeten eine bis heute nachwirkende Deutung von Geschichte auf der Grundlage des Wirkens von Geheimgesellschaften, die sich seither nur wenig verändert hat. Manche der typischen Phobien des späten 18. Jahrhunderts haben sich bis auf den heutigen Tag erhalten. Noch wichtiger ist jedoch, daß damals eine neuartige Denkweise eingeführt wurde.

Es lohnt sich festzuhalten, wem die Schuld an der Französischen Revolution zu ihrer Zeit *nicht* gegeben wurde: den Juden. Obwohl es immer schwierig ist, eine Negation zu beweisen, erklärt der herausragendste Forscher auf diesem Gebiet, Léon Poliakov, ohne jede Einschränkung, daß »die Zeitgenossen den

Untergang der Monarchie oder die Verfolgung der Kirche zu keinem Zeitpunkt einem jüdischen Komplott zugeschrieben haben. Es war erst später..., daß dergleichen Deutungen aufkamen.«[69] Der Grund für solchen Mangel an Interesse im Hinblick auf die Juden läßt sich leicht erklären. Während der Revolution und in der Napoleonischen Zeit waren die Juden größtenteils immer noch von Politik und Gesellschaft ausgeschlossen, weshalb kaum Grund zur Befürchtung bestand, daß sie als verschwörerische Kraft tätig werden könnten. Die Ereignisse der Jahre nach 1789 waren für das gegen die Juden gewandte Verschwörungsdenken aktuell nicht relevant, sondern erst Jahrzehnte danach – dann wurden sie rückwirkend als Zeichen einer Verschwörung interpretiert. Dafür waren insbesondere zwei Entwicklungen von nachhaltiger Bedeutung: die Emanzipation der Juden und Verdächtigungen, daß die Französische Revolution durch Geheimbünde verursacht worden sei.

Die Juden hatten jahrhundertelang in Absonderung von ihren christlichen Nachbarn gelebt. Sie hatten ihre eigenen Wohnviertel, sprachen eine andere Sprache, richteten sich nach fremden Sitten und Gebräuchen, übten Gewerbe aus, die den Christen nicht vertraut waren, und führten kulturell und geistig ein bemerkenswert abgetrenntes Eigenleben. Obwohl die Juden über große Entfernungen verstreut waren, hielten sie eine gemeinsame Kultur mit ähnlichen Institutionen aufrecht. Das half den isolierten Gemeinschaften, ihre Trennung von der christlichen Bevölkerungsmehrheit zu ertragen. Daß ihr Ausgeschlossensein so lang andauerte, beruhte auf der Tatsache, daß es beiden Seiten, Juden wie Christen, so lieber war. Die Juden betrachteten sich als ein in der Verbannung lebendes Volk, das auf die Erlösung und auf seine endgültige Heimkehr nach Zion wartete. Die Christen waren mit dieser Sichtweise stillschweigend einverstanden, weil sie die Verbannung der Juden als Strafe für deren Zurückweisung Christi begriffen. Keiner von beiden suchte mehr Kontakt mit dem anderen als unbedingt nötig. Das Leben im Ghetto ist in der ganzen Weltgeschichte wahrscheinlich die vollständigste und längste Abtrennung einer Minderheit von der sie umgebenden Gesellschaft gewesen.

Mit der sogenannten Emanzipation der Juden – ein Prozeß, der sich über hundert Jahre hinzog – begann diese Isolation ab der Mitte des 18. Jahrhunderts zusammenzubrechen. Als die kirchlichen Fesseln sich lösten, gewannen beide Seiten ein gewisses Interesse daran, daß die Juden sich dem Mainstream anschlossen. Die Juden fanden die europäische Kultur zum erstenmal in der Geschichte reizvoll, und liberale Christen verfochten das Prinzip gleicher Bürgerrechte für alle. Der Prozeß einer rechtlichen Integration der Juden begann mit dem österreichischen Toleranzedikt von 1781/82.

Für die Juden spielte die Französische Revolution eine genauso entscheidende Rolle wie für fast alle anderen. Zwei Ereignisse stechen ins Auge. Erstens beendete die Französische Nationalversammlung im September 1791 mit einem entscheidenden Beschluß alle besonderen gesetzlichen Einschränkungen für Juden. Das hieß: Auch wenn Juden noch so wenig aktiv an der Französischen Revolution teilnahmen, haben sie aus ihr unmittelbaren Nutzen gezogen. Daraus folgerten unter Anwendung der logischen Frage *cui bono?* manche Beobachter, daß die Juden die Französische Revolution verursacht haben mußten.

Zweitens: Als Napoleon Bonaparte im Februar 1807 eine Gruppe von prominenten französischen Juden in Paris zusammenrief, um sich ihrer Loyalität und ihres Gehorsams zu versichern, taufte er diese Versammlung – ohne besonderen Anlaß – den »Großen Sanhedrin«. Auf diese Weise kam der Name eines jüdischen Gerichtshofes im Altertum, der seither nicht mehr existiert hatte, wieder in Gebrauch. Damit hatte Napoleon, ohne es zu wissen, eine bedeutungsschwangere Tat begangen. Diesen Begriff nämlich sollten die Feinde Napoleons und der Juden über die folgenden hundert Jahre als Bestätigung für die Existenz einer jüdische Geheimregierung werten. Für manche Kreise läuteten wegen dieser unwichtigen, eigentlich nur administrativen Maßnahme die Alarmglocken. Sie diente ihnen als Hinweis auf einen engen Zusammenhang zwischen den Juden und der Französischen Revolution. Die Vorstellung von einem geheimen Rat sollte zu einem späteren Zeitpunkt des Jahrhunderts ein zentrales Moment der Fälschung unter dem Namen *Die Protokolle der Weisen von Zion* werden.

Es ist erwähnenswert, daß es Entscheidungen der Französischen Nationalversammlung und Napoleons – und nicht etwa der Juden selbst – waren, die die Grundlage lieferten für die Vorstellung von den Juden als einer fest organisierten, hierarchischen Gemeinschaft, die über die Christenheit Macht zu gewinnen trachtete. Sie begründeten das künftige Deutungsmuster, als die Juden immer wieder in einen Wirbel von Verdächtigungen gerieten, zu denen sie selbst keinerlei Anlaß gegeben hatten.

Die dritte bedeutsame, die Juden betreffende Entwicklung betraf ihre Verbindung zu Geheimgesellschaften. Der erste nachweisbare Vorwurf in dieser Richtung geht auf das Jahr 1806 zurück und hat mit niemand Geringerem als Augustin de Barruel zu tun. Dem Anschein nach hat ein Offizier der italienischen Armee namens J. B. Simonini – wahrscheinlich war es aber die französische Geheimpolizei – de Barruel aus Florenz einen Brief voll des Lobes für sein Werk geschrieben, darin aber auch behauptet, daß hinter der von de Barruel so ausführlich dokumentierten Verschwörung »die judaische Sekte« stehe: Die Französische Revolution sei auf eine Verschwörung von *Philosophes*, Freimaurern, Illuminaten und anderen mehr im Auftrag der Juden zurückzuführen. Der Brief sprach von jüdischen Plänen zur Enteignung der Christen, zum Verbot des christlichen Glaubens, zur Versklavung der Christen und der schließlichen Bildung einer jüdischen Weltherrschaft.[70]

De Barruel akzeptierte und unterschrieb diese Gedanken, um sie dann weiterzuentwickeln, indem er eine allgegenwärtige Organisation mit Verzweigungen bis in die kleinsten Dörfer Westeuropas heraufbeschwor, die einem Rat verantwortlich waren, der zuletzt unter jüdischer Kontrolle stand. De Barruel arbeitete die Logistik dieses unsichtbaren Reiches im Detail aus (einschließlich der Verwendung von Geheimkodes und Staffettenläufern). Angeblich hat er auch ein maßgebliches Werk über die Verschwörung der Juden verfaßt, dann aber beschlossen, das Manuskript nicht zu veröffentlichen, aus Furcht, daß er sonst ein allgemeines Massaker an den Juden auslösen würde. Statt dessen ließ er den Sicherheitskräften und der Kirche diskrete Warnungen zukommen. Trotz aller eventuellen Zurück-

haltung wurde de Barruels Überzeugung von einer jüdischen
Verschwörung aber öffentlich bekannt. Und weil es sich um die
Überzeugung des Verfassers der *Mémoires pour servir á l'histoire
du Jacobinisme* handelte, hatte sie eine große Wirkung. Binnen
weniger Jahre wurde die Vorstellung von den Juden als den eigentlichen Verschwörern der Revolution und als den Herren
eines unsichtbaren Reiches von vielen Autoren übernommen.
So machte beispielsweise die Ligue Antisémite in Frankreich
(gegründet 1889) seine Behauptung, daß die Juden mittels der
Revolution die Macht im Land an sich gerissen hätten, zu ihrer
Kernthese.

Mit dem Vorwurf, daß die Juden die Geheimgesellschaften
manipulierten, tat de Barruel einen Schritt, der dann viele bedeutende Verzweigungen erfuhr. Der maßgebliche Gedanken-
sprung bestand in der Festlegung, daß die Juden keineswegs
erst in messianischer Zeit, sondern in der unmittelbaren Gegenwart nach der Weltherrschaft strebten. Dazu kam noch folgendes: Obwohl de Barruel lange, beeindruckende Durch-
leuchtungen der *Philosophes*, der Freimaurer und der Illuminaten
vorgenommen hatte, stattete er doch die Juden mit größerer
Macht aus als all diese Gruppen und suggerierte auf diese
Weise, daß die Juden, und nicht etwa die andern, die gefährlichsten Verschwörer seien. Indem er die Juden mit der Französischen Revolution in Zusammenhang brachte, stellte de
Barruel sie ins Zentrum der Verschwörungspolitik des 19. Jahrhunderts. Somit ebnete er den Weg für die antisemitische
Ideologie der 1870er Jahre. Dadurch, daß de Barruel die Juden
auf immer und ewig mit den Freimaurern auf einen Nenner
brachte, verknüpfte er die beiden Gruppen ferner fest in der
Fantasienwelt des Verschwörungsdenkens, und damit schuf er
die Voraussetzung für ihre schließliche Ineinssetzung.

De Barruel hat viel dazu beigetragen, daß die Juden, die vorher an den Rändern des öffentlichen Lebens angesiedelt waren,
zum primären Objekt europäischer Verschwörungsphobie
wurden. Von diesem Zeitpunkt an wurden sie zunehmend beschuldigt, die zentralen Geschehnisse in Europa zu steuern. Poliakov sieht de Barruels Vorwürfe gegen die Juden als eine
mögliche »Primärquelle« der *Protokolle der Weisen von Zion*.[71]

Norman Cohn mißt seinen Ansichten eine noch umfassendere Bedeutung bei: »Die moderne Form des Mythos von der jüdischen Weltverschwörung kann zurückverfolgt werden ... auf den Abbé Barruel.«[72]

Die Rolle de Barruels für Zunahme und Steigerung des Verschwörungsdenkens kann schwerlich überbewertet werden. Da er nicht weniger brillant als exzentrisch war, hat er für die Verschwörungstheorie genauso viel geleistet wie Adam Smith für die Wirtschaftswissenschaften und Carl von Clausewitz für die Militärstrategie. Denn er hat eine bunt zusammengewürfelte Menge von Ideen transformiert zu einem systematischen, streng durchdachten Themenkomplex – selbst wenn es sich (wie im Fall de Barruels) um einen gänzlich fiktiven Komplex handelt. Und was noch viel bemerkenswerter ist: Dieser böse Mensch und seine üblen Gedanken haben viel zum Entstehen der Mythen von den Geheimgesellschaften und des Antisemitismus beigesteuert; denn er hat sie zu den mächtigen Kräften geformt, die mehr als ein Jahrhundert nach seinem Tode Europa und die übrige Welt zutiefst verwunden sollten. Es ist keine Übertreibung festzustellen, daß seine Ideen das Fundament der Ansichten mitbegründet haben, die schließlich in den Regimen der Sowjets und der Nationalsozialisten kulminieren sollten.

V

Blütezeit: 1815–1945

Die 130 Jahre vom Wiener Kongreß bis zum Ende des Zweiten Weltkrieges markieren die Kernzeit der historischen Erfahrung des Verschwörungsdenkens. Im Verlauf dieser Epoche ging der paranoide Stil von der Spekulation zur politischen Praxis, von der Angst zur Aktion über. In den 1940er Jahren hat er bei einigen besonders bedeutsamen und furchtbaren Ereignissen in der historischen Erfahrung des Menschen eine zentrale Rolle gewonnen.

Das 19. Jahrhundert: Reifung

> Es gibt in Europa nur eine Macht, und die heißt Rothschild.
> *Diktum aus der Mitte des 19. Jahrhunderts*[1]

> Heute regieren Freimaurerei und Marxismus die Welt.
> *Charles Coughlin*[2]

Obwohl die Periode von 1815 bis 1914 als eine Zeit der Skepsis über den Wert von Regierungsumstürzen und des Ehrenkodes (»Gentlemen lesen keine Briefe, die an andere gerichtet sind«)[3] in Erinnerung geblieben ist, war sie in Wirklichkeit eine Zeit, in der das Verschwörungsdenken beträchtlich zunahm. Es fanden drei wesentliche Entwicklungen statt: Der Mythos von den Geheimgesellschaften führte zum Entstehen zahlreicher Geheimbünde, er bildete sich zu einer Verschwörungstheorie über den anglo-amerikanischen Imperialismus aus, und die antijüdischen Ideen wandelten sich zum konspirativen Antisemitismus. Während dieser Zeitspanne gab es außerdem Entwicklungen, die eine komplementäre Verwendung des Verschwörungsdenkens durch Rechte und Linke offenbarten. Im übrigen entwickelte sich das Verschwörungsdenken in den Vereinigten Staaten in ganz eigenständigen, bedeutsamen Formen.

Die Flut von Verschwörungstheorien über die Französische Revolution war für die Rechte und für die Linke von sehr unterschiedlicher Bedeutung. Die Rechte akzeptierte das Verschwörungsdenken so, wie es sich selbst präsentierte: als eine Beschreibung der schlimmen Taten von Geheimbünden. Sie fürchtete die Templer, Freimaurer, Illuminaten und deren Ableger. Die Linke machte sich diese furchterregenden Schreckgespenste dann zu eigen und stellte sie auf den Kopf: Wenn die Reaktionäre fest an die Existenz von mächtigen Geheimgesellschaften der Linken glaubten, warum sollten die Fortschrittlichen sie dann leugnen? Sie gaben dem Mythos von den Geheimgesellschaften einen positiven Dreh. In einer merkwürdigen Umkehrung übernahm die Linke zunächst die fieberhaften Übertreibungen der Rechten und wandelte deren Teufel dann zu Heldengestalten um, die dem Staat und der Kirche mutig Widerstand boten, das Licht aufgeklärten Wissens am Leuchten hielten und den Weg zur Revolution bahnten.

Da die Linke im Angesicht mächtiger Staaten um ihre eigenen Grenzen wußte, war sie nicht wenig beeindruckt von einer Gruppe wie den Templern, der es nicht nur gelang, ihre Geheimnisse über fast fünf Jahrhunderte zu bewahren, sondern während dieses langen Zeitraums sogar ihre antimonarchischen Empfindungen wachzuhalten verstanden hatte. In einem kühnen Schritt machte die Linke diese mythischen Gruppen dann zur Inspiration für eigene Unternehmungen. So wie angeblich die Jakobiner heimlich die gesamte Französische Revolution ausgeheckt hatten, schmiedeten nun ihre Nachfolger Verschwörungen, um die reaktionären russischen und deutschen Staaten zu zerstören. Revolutionäre wie Filippo Buonarroti stürzten sich auf den Tempelritter-Freimaurer-Illuminaten-Prototyp von Verschwörungsfantasien und nutzten ihn als Vorbild für ihre realen eigenen Organisationen. Auf diese Weise

machte die Linke sich daran, es den Geheimbünden gleichzu-
tun, die nur in den Köpfen rechter Paranoiker existierten.

Mit dem Zustandekommen von Netzwerken geheimer Organisationen wurde die Fantasie Wirklichkeit. Während die
Geheimbünde von Templern, Freimaurern und Illuminaten
imaginär blieben, nahmen reale politische Bewegungen konspirative Züge an. Als Geheimgesellschaften über nationale
Grenzen hinweg zusammenzuarbeiten versuchten, wurden die
tiefsten Ängste der Verschwörungstheoretiker bestätigt. Die
Verschwörungstheoretiker lebten nicht mehr in Wolken-
kuckucksheim; die Befürchtungen, die einst nur das Werk
ihrer Einbildung darstellten, waren wahr geworden. Die Linke
war freundlicherweise ihrem Drehbuch gefolgt. Die Angst der
Rechten vor Geheimbünden war zu einer sich selbst erfüllen-
den Prophezeiung geworden. Die Obsessionen erwiesen sich
als selbstbestätigend. Das Leben imitierte die Kunst. J. M. Roberts hat diese subtile Entwicklung folgendermaßen erläutert:
»Obwohl im westlichen Europa zwischen 1750 und 1830 eine
große Anzahl von Geheimgesellschaften existierte und bestrebt
war, die Ereignisse zu beeinflussen, liegt ihre wesentliche Bedeutung doch in dem, was die Menschen von ihr glaubten. Das
spielte stets eine größere Rolle als das, was sie wirklich unternahmen. Ihre Mitgliederzahl und ihre praktische Wirkungs-
fähigkeit entsprachen in keiner Weise der Macht des Mythos.«[4]

Wie um den Kreis zu schließen, schienen dann Polizeibe-
richte über real existierende Geheimgesellschaften sowie Geständnisse rückwirkend alle Ängste vor den Freimaurern und
den Illuminaten zu bestätigen. Wenn solche Ängste im 19. Jahrhundert nun aber begründet waren, warum dann nicht auch
während des 18. Jahrhunderts? Der Kreis schloß sich noch
enger, als Verschwörer, angeregt von den sensationellen Programmen, die sie bei de Barruel und seinesgleichen entdeckten, verkündeten, ihre Ziele seien denen der – imaginären –
Geheimgesellschaften ganz ähnlich. So gab beispielsweise ein
abgefallenes Mitglied der Carbonari bekannt, die Absichten
seiner Gruppe seien voll und ganz mit denen der Illuminaten
identisch: Es ginge um die globale Vernichtung von Religion
und Staat.

Die real existierenden Geheimgesellschaften umfassen drei Hauptkategorien: Sozialisten, Nationalisten und Anarchisten. Die konspirative Linke entstand mit François (»Gracchus«) Babeuf (1760–1797), der 1796 die »Verschwörung der Gleichen« organisierte, einen Versuch, die Französische Revolution in Richtung eines radikalen Egalitarismus zu steuern. Von Babeuf angeregt, prägte Louis Auguste Blanqui (1805–1881) dann den Ausdruck »Diktatur des Proletariats« und widmete sein Leben dem Ziel, sie durch konspirative Mittel zu verwirklichen. Zu diesem Zweck verfaßte er Bücher, ging er ins Gefängnis, floh er ins Exil und kämpfte er gegen Regierungen.

In Rußland gründeten dreißig Radikale die konspirative Gruppe »Der Volkswille« (*Narodnaja Volja*) mit dem Ziel, das zaristische Regime zu Fall zu bringen. Das gelang ihnen zwar nicht; doch sie ermordeten immerhin Alexander II. »Es war die erste politische Terrororganisation der Geschichte und das Vorbild für alle späteren Organisationen dieser Art in Rußland und anderswo.«[5] Die Gruppe »Der Volkswille« hatte bleibende Bedeutung. Sie gründete ihre Vorgehensweise darauf, daß Intellektuelle definierten, was das »Volk« braucht, weil sie es besser wissen als das Volk selbst. Damit schufen sie eine neue Grundlage konspirativer Gewalt wie auch die Methoden, auf die später Lenin sich stützte, um den bolschewistischen Putsch vorzubereiten.

Nationalistische Geheimorganisationen schossen während des 19. Jahrhunderts in ganz Europa aus dem Boden. Sie wurden getrieben vom starken Bewußtsein der Ungerechtigkeit, das eine Regierung aus dem Ausland oder von einer ethnischen Minderheit begleitet. Da diese Gruppen mit dem Sturz einer einengenden Ordnung assoziiert wurden, erfüllten sie das Verschwörertum mit einer romantischen Qualität. Pierre Joseph Briot (1771–1827) nutzte seine freimaurerischen Erfahrungen bei den Carbonari – der düsteren italienischen Widerstandsbewegung gegen Napoleon, die vor 1810 begann und später das Rückgrat der italienischen Nationalbewegung bilden sollte. Ihre Einstellung hat Giuseppe Mazzini (1805–1872), der Gründer von *Giovane Italia*, folgendermaßen zusammengefaßt: »Es gibt nichts Heiligeres auf der Welt als die Pflicht eines Verschwörers, der zum Rächer der Menschheit und zum Apostel der unveränderlichen Gesetze der Natur wird.« Es war dieser Glaube, den die zwei jungen Bosnier übernahmen, diese Formulierung, die ihnen innerlich Kraft verlieh, als sie sich zum Mord an Erzherzog Ferdinand verschwörten.[6]

Der herausragende nationalistische Verschwörer war ein Italiener, Filippo Buonarroti, der über große Teile Europas Geheimorganisationen aufbaute. Sein Wirken ist in der konspirativen Tätigkeit fast eines halben Jahrhunderts unübersehbar. Es begann mit der Französischen Revolution (er nahm an Babeufs »Verschwörung der Gleichen« teil) und dauerte weit über seinen Tod hinaus. Obwohl Buonarroti seine Ziele nur zu einem ganz geringen Teil zu realisieren vermochte, wurde er zum Buhmann politischer Paranoiker. Er hat, mehr als alle andern, dafür gesorgt, »das Schreckgespenst der universellen Verschwörung Wirklichkeit werden zu lassen«.[7]

Solche konspirativen Gruppen schufen eine spannungsgeladene Atmosphäre. In der Wissenschaft herrscht Uneinigkeit, wann genau sie den Höhepunkt erreichte. Ein Historiker betrachtet die Restaurationszeit als »den Augenblick, als der Geheimbundmythos seinen Höhepunkt erreichte« und sieht »den Gipfel ihrer Macht« zwischen 1815 und 1848.[8] Ein anderer Historiker bemerkt, daß »die Geheimbundmanie ... gegen Ende des 19. Jahrhunderts durchgängiger war als 30 oder 40 Jahre zuvor«.[9] Letztere Einschätzung ist wahrscheinlich eher korrekt, schon allein deshalb, weil die Anzahl der real existierenden Verschwörungen zum Ende des Jahrhunderts hin stieg. Betrachten wir nur einmal die Attentate: Verschwörer fanden heraus, daß der Mord an führenden Politikern eine sehr wirksame Tat war und führten ihn im 19. Jahrhundert mit wachsender Häufigkeit aus. Gemäß einer Aufstellung hat es während der 76 Jahre vor 1867 lediglich 19 politische Morde gegeben. Während der folgenden 46 Jahre fanden dagegen 69 politische Morde statt.[10] Das entspricht einer sechsfachen Steigerung.

Bis zur Mitte des 19. Jahrhunderts blieb die Angst vor einer Weltverschwörung weitgehend auf Geheimorganisationen begrenzt. Dann aber traten zwei Ableger in Erscheinung, welche die Ängste vor Geheimbunden schließlich verdrängen sollten: Antiimperialismus und Antisemitismus. Was mit einer ausschließlichen Fokussierung auf Freimaurer und andere nichtöffentliche Gruppen anfing, umfaßte am Ende auch öffentliche Institutionen. Mit diesem Wandel trat nicht nur die Linke als vollgültiger Partner in die Verschwörungsmentalität ein; er ergriff später auch die Rechte. (Man denke nur an die Milizionäre in den Vereinigten Staaten von heute.) Seltsamerweise konzentrierten sich diese Ängste von Regierungen beinahe gänzlich auf Großbritannien und seinen Tochterstaat, die Vereinigten Staaten; andere Staaten tauchten in diesem Zusammenhang kaum auf.

Diese Form von Verschwörungsmentalität überträgt die klandestine Natur der Geheimgesellschaft auf den Staat: Die neuen Bruderschaften (einschließlich festem Händedruck und dem Versprechen des Schweigens bis zum Tod) heißen M15 und CIA. Man stellte sich manchmal vor, daß Geheimorganisationen die Herrschaft über große demokratische Mächte übernehmen. In diesem Sinne haben die Deutschen Woodrow Wilsons »Vierzehn Punkte« – ein Grundkonzept, das er 1918 bei den Verhandlungen nach dem Ersten Weltkrieg anbot – als »freimaurerisches Friedensprogramm« empfunden.[11] Oder man hielt die Freimaurer für den »Generalstab des Marxismus«.[12] Wie nicht anders bei Führern von Geheimorganisationen zu erwarten, treffen die führenden anglo-amerikanischen Politiker untereinander eigennützige Absprachen. Während des Zweiten Weltkriegs »waren viele Inder ernsthaft der Meinung, daß zunächst die Unterstützung und später die Kriegsteilnahme der USA von Churchill dadurch erreicht wurde, weil er Präsident Roosevelt bestochen hatte«.[13] Russen hegen den Verdacht, daß George Bush 1989 mit Michail Gorbatschow einen Kuhhandel geschlossen hat: Schaff du die Herrschaft des Kommunismus ab, dann können die Kommunisten sich am Staatseigentum schadlos halten und somit persönlichen Reichtum sichern. Zwei Jahre später hat Bush persönlich vom Golfkrieg profitiert: »Es hat sich herausgestellt, daß zwei große Unternehmen sich im Besitz der Söhne von Präsident Bush und seines Außenministers James Baker befinden... Bush wurde mit einer

Tonne Gold belohnt, die er [von seiner Reise nach Kuwait im
Jahr 1993] mit nach Haus nahm. Dieses Gold gehört ihm persönlich.«[14]

MISSTRAUEN GEGEN ANGLO-AMERIKANER Zu der französischen Rivalität mit Großbritannien, die bis auf den Hun-
dertjährigen Krieg (1339–1453) zurückgeht, gehört auch der
Reflex, für die unterschiedlichsten Probleme London verantwortlich zu machen. Der französische Ausdruck vom »perfiden
Albion« faßt das Mißtrauen gegenüber einem hinterhältigen,
falschen, verschwörerischen Britannien zusammen. Mit der
Französischen Revolution erreichte diese Antipathie die genaue
Dichte von Verschwörungstheorien: Führende französische Politiker aller Seiten und Richtungen fanden es nützlich, England
die Schuld für ihre eigenen Schwierigkeiten zu geben. Während man in königlichen Kreisen darüber murrte, daß die
Revolution durch englische Geldzuwendungen angeheizt
werde, entwickelten Maximilien de Robespierre und andere
Revolutionäre eine elaborierte Verschwörungstheorie (die Napoleon später perfektionierte): Zur Sicherung seines Weltreichs
mußte London seine Rivalen auf dem europäischen Festland
von den Meeren fernhalten. Das aber erreichte London dadurch, daß es diesen seinen Rivalen im eigenen Land durch das
Anzetteln von Aufruhr Probleme bereitete. Der Regierung
wurde aufgrund dieser verschwörerischen Deutung von
Schwierigkeiten die angenehme Möglichkeit eröffnet, jeg-
lichen Dissens als Verhalten im Sinne und im Auftrag Großbritanniens zu brandmarken.

Diese Verschwörungstheorien der 1790er Jahre hatten lange
Bestand. Sie hielten sich während der imperialistischen Riva-
litäten im 19. Jahrhundert und blieben sogar in der Zeit des bri-
tisch-französischen Bündnisses in beiden Weltkriegen virulent.
Paris hielt selbst 1954 noch irakische Aktionen gegen Syrien für
ein hinterhältiges Bemühen seitens London, seine Einfluß-
sphäre zu erweitern. Ein Jahrzehnt später griff Charles de
Gaulle aus dem gleichen Geiste heraus zu einem gelinden verschwörerischen Vorwand, um die britischen Bemühungen um
einen Beitritt zum Gemeinsamen Markt zu verhindern.

Mit der Zeit weiteten sich die Ängste vor dem perfiden Albion auf andere Länder einschließlich Rußland und die Vereinigten Staaten aus. In Deutschland wiederholte eine Reihe der herausragendsten Geistesgrößen den Vorwurf, daß London in Europa Konflikte verursache, um daraus Profit zu schlagen und seinem Ziel einer Weltherrschaft einen Schritt näher zu kommen. Selbst eine Persönlichkeit wie der Philosoph Immanuel Kant (1724–1804) hat die Verschwörungstheorie Robespierres gefördert und England als habgierige, aggressive Macht bezeichnet, die unter Einsatz fast unbegrenzter Mittel seine Ziele von Landeroberung und Selbstbereicherung zu erreichen trachte. Der Ökonom Friedrich List (1789–1846), ein Befürworter von protektionistischen Lehren, betrachtete den britischen Liberalismus als ein Werkzeug Englands, um finanzielle Kontrolle über seine Konkurrenten zu gewinnen – eine These, die in Deutschland später zum Gemeinplatz werden sollte. Der Historiker und Publizist Heinrich von Treitschke (1834–1896) sah England als Parasiten an, der um des eigenen Profits willen Kriege verursachte.

Obwohl die Deutschen vor 1820 ähnliche Angst und ähnliches Mißtrauen gegenüber den Vereinigten Staaten entwickelt hatten, kam ein diesbezügliches Verschwörungsdenken erst ein Jahrhundert später im Gefolge des Ersten Weltkriegs auf.[15] In Deutschland erkannten sowohl die Rechte wie die Linke hinter den Kulissen die furchtgebietende Macht und Einflußnahme des »Finanzkapitals« auf die Politik der Vereinigten Staaten. Woodrow Wilson trat nur zu dem Zweck in den Krieg ein, um ein paar Bankern der Wall Street Darlehensrückzahlungen zu sichern. Die Kommunistische Partei erachtete Wilsons Friedensplan für eine Verschwörung, um auf Kosten Deutschlands die Wirtschaft der Siegermächte zu stärken, während der Dawes-Plan des Jahres 1924 (der die deutschen Reparationszahlungen reduzierte) als Verschwörung mit dem Ziel einer dauerhaften Versklavung Deutschlands angeprangert wurde. Der Völkerbund war bloß ein raffiniertes Mittel, um den deutschen Nationalismus bedeutungslos zu machen.

LENINISMUS Der Verdacht, daß reiche Teile der Gesellschaft
den Staat dazu benutzen, ihre eigenen egoistischen Ziele voranzutreiben, ist nichts Neues. Um einen Satz von Thomas
Morus (1478–1535) zu zitieren: »Ich sehe überall eine gewisse
Verschwörung reicher Männer am Werk, die im Namen und
unter dem Vorwand [von Interessen] des Gemeinwesens den
eigenen Vorteil suchen.« Um 1900 wurde dieser Verdacht jedoch zur Grundlage einer neuartigen und am Ende mächtigen
Verschwörungsideologie.

Den Kern des leninistischen Gedankenguts bildet eine Verschwörungstheorie: Finanziers und Fabrikanten tun sich zusammen, um ihnen gar nicht zustehende Reichtümer an sich
zu ziehen, indem sie die Löhne der Arbeiter niedrig halten und
die Regierung unter ihre Kontrolle bringen. Hier ist der zweite
Punkt von besonderem Interesse. In kapitalistischen Ländern
vertritt der Staat angeblich Wirtschaftsinteressen. Er fördert sie,
indem er die Arbeiterklasse unterdrückt, den Unternehmen
versteckte Subventionen zukommen läßt, Lücken im Gesetz
schafft, die Kartelle ermöglichen und den Firmen Steuergelder
zuschleust. Solche Dienstbarkeit des Staates gegenüber der
Wirtschaft betrifft auch die Außenpolitik. Es ist insbesondere der kapitalistische Bedarf an billigen Rohstoffen und
Arbeitskräften – Hand in Hand mit dem Wunsch nach einer
monopolistischen Beherrschung des Marktes –, die imperialistische Staaten zu Expansionskriegen antreibt. In einer Untersuchung aus dem Jahr 1902, die von bleibender Bedeutung
ist, vertritt der linke Ökonom John Atkinson Hobson (1858–
1940) folgenden Standpunkt: Während der Imperialismus für
Großbritannien als Ganzes wenig sinnvoll ist, nutzt er in
großem Maße »einige Teilinteressen, welche die Herrschaft der
nationalen Ressourcen usurpieren und sie für private Gewinne
einsetzen«. Dazu kommt es, weil »einige gut organisierte Wirtschaftsinteressen in der Lage sind, über das schwache, diffuse
Interesse der Gemeinschaft die Oberhand zu gewinnen«. Hobson argumentiert so: In Übereinstimmung mit den Interessen
der Wirtschaft »ist die Außenpolitik Großbritanniens in der
Neuzeit primär ein Kampf um gewinnbringende Investitions-
märkte gewesen« – Gleiches gilt für alle imperialistischen Staa-

ten. Hobson kommt zu dem Schluß, daß Finanziers auch auf der europäischen Bühne die Diplomatie unter europäischen Staaten steuern.[16]

Hobsons Werke übten einen starken Einfluß auf Wladimir Iljitsch Lenin (1870–1924) und über ihn auf die europäische Linke sowie auf die sowjetische Staatspropaganda aus. (Liegt hier vielleicht eine besonders raffinierte Form des britischen Imperialismus vor?) Lenin beschreibt den Imperialismus in seinem gleichnamigen Werk (1916) als ein System, durch das kapitalistische Staaten im Auftrag monopolistischer Kombinate zum Zweck der Welteroberung expandieren. Dank seines Erfolges »plündern« zehn Prozent der Weltbevölkerung per Abschneiden von Wertpapiercoupons »die ganze Welt«. Das Entscheidende ist, daß es die »Monopolkapitalisten« sind, die die Außenpolitik ihrer Länder und Regierungen steuern, indem sie »die Ära des Finanzkapitals und der Monopole einführen und so den Kampf um Vorherrschaft allgemein machen«.[17]

Damit werden einige der ältesten Regierungshandlungen von der Linken zu Verschwörungen umgedeutet. Krieg entsteht nicht aus dem Ehrgeiz von Monarchen oder aus dem Konflikt von Nationen, sondern aufgrund kapitalistischer Habgier. Der jahrhundertelange europäische Drang nach geographischer Expansion wird zu einer Verschwörung von Investoren. Davon ausgehend, daß die Fabrikanten betrügerische Absprachen pflegen, landete die Linke schließlich bei der Vorstellung, daß alle europäischen Staaten in Verschwörungen verwickelt sind. Anders gesagt: Da fehlten nur mehr wenige Schritte, um von der Theorie einer Verschwörung der Geheimorganisationen zu einer Staatenverschwörung zu gelangen. Hobson und Lenin fügten der verschwörerischen Vorstellungswelt eine neue Dimension hinzu. Sie ließen die Enge eines Geheimbundes oder einer religiösen Minderheit mit ihren Träumen von Macht hinter sich, um jetzt die mächtigsten Staaten der Welt einzubeziehen. Seit etwa 1900 glaubt man von Verschwörern, daß sie bereits an der Macht sind.

Diese Veränderung hat einige bedeutsame Aspekte. Sie mußte der Ausdehnung des Verschwörungsdenkens von der Rechten (die fast sämtliche Regierungen dominierte) auf die

Linke (die in Opposition zu diesen Regierungen stand) vorausgehen. Sie erhöhte aber auf zweierlei Weise auch die Angst vor Verschwörungen. Erstens hat sich die Regierung Ihrer Majestät nun um mehr zu sorgen als um eine Gruppe zwielichtiger Ränkeschmiede. Die Freimaurerlogen sind eher insofern lästig, als sie kapitalistische Treffpunkte zum Ausarbeiten von Regierungsstrategien bedeuten, als daß sie besorgniserregende Brutstätten von Dissidententum und Revolution wären. Zweitens bekam das Verschwörungsdenken bei der Linken einen ideologischen Kontext, mit dem Ergebnis erhöhter Angst vor Verschwörungen. »Während es irgendwie komisch und altmodisch klang, wenn auf rechter Seite von ›angelsächsischer‹ Weltherrschaft gesprochen wurde, hat die Linke dem Thema mit dem Begriff des Imperialismus eine moderne Note gegeben.«[18]

Seit die Arbeiter in den demokratischen Industrieländern in jüngerer Zeit wohlhabend geworden sind, hat die auf Klassenunterschieden aufgebaute Analyse des Marxismus-Leninismus zunehmend an Überzeugungskraft verloren. Um das Grundkonzept einer wirtschaftlich motivierten Verschwörung zu retten, hat die Linke alte Lehren berichtigen müssen. Von den neugefaßten Versionen ist die *dependencia*-Theorie am überzeugendsten, in der Denker wie André Gunder Frank und Immanuel Wallerstein an Stelle der Klassen geographische Unterschiede setzen. Sie skizzieren eine systematische Anstrengung seitens der Industriestaaten, die Ökonomie schwächerer Länder unter ihre Kontrolle zu bekommen, und argumentieren, daß der Reichtum des Westens sich der Ausbeutung armer Länder verdankt.[19] Eine andere Form der aktualisierten Lehre, die Theorie des organisierten Kapitalismus, sieht eine in Kartellen organisierte Wirtschaftsordnung, die hochkonzentriert ist und durch staatliche Intervention geschützt wird.[20] Auch sie hält an der Vorstellung eines wirtschaftlichen Komplotts fest.

Im Zusammenhang mit nicht-sozialistischen Verschwörern hatte Großbritannien von Anfang an eine Sonderstellung, und zwar auf Grund des gewachsenen französischen Argwohns, der durch Robespierres These von britischer Sabotage und die leninistischen Theorien von einem Wirtschaftskomplott verschärft wurde. Als das vom Zweiten Weltkrieg geschwächte Großbritannien schließlich für all diese Verdächtigungen einfach zu unbedeutend geworden war, hat sich die Verschwörungstheorie der Linken mit Leichtigkeit auf die Vereinigten Staaten verlegt.

In ähnlicher Weise hat das antijüdische Vorurteil im Laufe der Zeit Veränderungen durchgemacht. Obwohl sie über mehr als zwei Jahrtausende zurückreicht, also viel älter ist als die Angst vor Geheimgesellschaften, ist die antisemitische Verschwörungstheorie erst vor rund hundert Jahren entstanden. Sie hat zwei Hauptformen gebildet: die rechts- und die linksradikale.

BEI DEN RECHTEN Der Emanzipationsprozeß, der ernsthaft mit der Französischen Revolution einsetzte, zog sich über Jahrzehnte hin. Die Juden genossen erst in den 1860er Jahren im größten Teil Europas die rechtliche Gleichstellung (und selbst dann nicht im russischen Zarenreich und in Teilen des Balkans). Die gesellschaftliche Integration von Juden war gewöhnlich nicht ein Resultat des Volkswillens, sondern durch einen Erlaß von oben herbeigeführt worden und ruhte daher auf schwachen Fundamenten. Die Emanzipation selbst löste keine Unruhen aus. Als die Juden dann jedoch in beträchtlicher Zahl die Ghettos verließen und sich in den Mainstream europäischen Lebens hineinbegaben, legten sie den jahrhundertealten Ruf von Armut und Rückständigkeit rasch ab, und als sie Reichtum erwarben und eine unverhältnismäßig prominente Rolle im öffentlichen Leben übernahmen, wurden sie zum Brennpunkt der paranoiden Fantasie. Mochten die Juden auch die besonderen Merkmale verlieren, die ihnen dank der Jahrhunderte des Lebens im Ghetto eine so auffällige Verschiedenartigkeit verliehen hatte, so erregten sie nun auf Grund ihrer Erfolge in neuzeitlichen Berufen auf andere Weise von neuem Auffallen.

Manche Christen – zumeist von der politischen Rechten – beobachteten diese Integration mit Sorge, weil sie sie als einen Schritt auf dem Wege zu jüdischer Herrschaft sahen. Als Reaktion lebten die alten christlichen Ängste vor dem jüdischen

Messianismus wieder auf, der nun auf eine neue Art glaubwürdig schien. Die bislang isolierten und schwachen Juden wurden als Kandidaten für Weltherrschaft erstmals glaubhaft. Als solche sah man sie anfangs noch in Verbindung mit einer Geheimgesellschaft und da vor allem mit der Freimaurerei. Es dauerte jedoch gar nicht lange, bis die Juden als Verschwörer für sich allein oder aber als Manipulierer von andern wie den Freimaurern, Imperialisten oder Totalitaristen betrachtet wurden.

Um 1870 trat eine antisemitische Verschwörungsliteratur in Erscheinung. »Auf dem jüdischen Friedhof von Prag« war von Hermann Goedsche geschrieben und 1868 unter Pseudonym veröffentlicht worden – ein fiktiver Bericht über eine in jedem Jahrhundert stattfindende Versammlung der zwölf Stämme Israels, in dem ausführlich Pläne zur Übernahme der Weltherrschaft geschildert werden.[21] Obwohl diese Erzählung in unverfrorener Weise frei erfunden ist, galt sie acht Jahre später bereits als Tatsachenbericht, der mit jedem erneuten Nacherzählen nur noch unheimlicher wurde. Mit der Zeit liefen die vielen Sprechfiguren des ursprünglichen Texts in einer Person, dem Hauptrabbiner zusammen. Seine angebliche Vorlage, »Die Rede des Rabbis«, wurde zu einer Hauptstütze des antisemitischen Schrifttums.

Diese Themen kristallisierten sich in den *Protokollen der Weisen von Zion*, eine umfangreiche Broschüre, die um die Jahrhundertwende erschien. »Das merkwürdigste Buch der Welt« hat ein Autor es genannt.[22] Die *Protokolle der Weisen von Zion* erheben den Anspruch, die authentische Transkription des 1. Zionistischen Weltkongresses zu sein, der im August 1897 von Theodor Herzl in Basel einberufen wurde. Diese Mitschrift soll von einem zaristischen Spion angefertigt worden sein, der an den Sitzungen teilnahm. In Wahrheit sind *Die Protokolle der Weisen von Zion* jedoch eine Fälschung. Das läßt sich an vielen Details von der Geschichte des Manuskripts bis zum Aufbau des Texts und den vielen inneren Widersprüchen erkennen. Es ist eine Gemeinschaftsarbeit von vielen, die in Paris zur Zeit der Dreyfus-Affäre (1894–1899) geschrieben wurde – mit hoher Wahrscheinlichkeit gegen Ende dieses Zeitraums. Der Text wurde aus so unterschiedlichen Quellen wie dem obskuren

Roman Goedsches und einer liberalen französischen politischen Satire zusammengesetzt.[23] *Die Protokolle der Weisen von Zion* sind wahrscheinlich im Auftrag von Piotr Iwanowitsch Rachkowsky, dem Pariser Chef des russischen Geheimdienstes Ochrana entstanden.[24] Anscheinend ging es ihm bei dieser Schrift nicht darum, die öffentliche Meinung zu beeinflussen, sondern Zar Nikolaus II. zu beweisen, daß die russischen Liberalen Werkzeuge der Juden waren.

Im Verlauf der Behandlung verschiedener Themen – die Abscheulichkeit des Liberalismus; wie Juden die Macht erobern und was sie mit ihr anfangen werden – treten die Pläne der jüdischen Führer für die Weltherrschaft langsam in den Vordergrund. Es sind komplizierte, langfristige Pläne. Die jüdische Führung prahlt, sie sei »unbesiegbar«, und erläutert ihr Ziel, eine »Über-Regierung« zusammenzustellen, die »alle Völker der Erde bezwingen« wird, um schließlich »Souveränität über die ganze Welt« zu erlangen.[25]

Die Publikationsgeschichte der *Protokolle der Weisen von Zion* liegt im dunkeln. Anscheinend sind sie aber erstmals in mehreren Folgen zwischen dem 26. August und dem 7. September 1903 in der Petersburger Zeitung *Znamya* im Druck erschienen. In Buchform kamen sie zwei Jahre danach heraus, als Anhang der dritten Auflage des Buches *Das Große im Kleinen, der Antichrist als nahe politische Möglichkeit*[26] von Professor Sergej A. Nilus aus Moskau, der hier von seiner Bekehrung zum Orthodoxen Christentum berichtete. Obwohl die Fälschung zuerst auf großes Interesse stieß (der Metropolit von Moskau ließ sie in allen Kirchen verlesen), geriet sie dann halb in Vergessenheit, da sie Bedürfnisse ansprach, die von breiteren Kreisen noch nicht empfunden wurden. Die Empfänglichkeit für die Botschaft der *Protokolle der Weisen von Zion* über das Übel des Liberalismus und den jüdischen Drang nach Weltherrschaft kam erst mit den Erschütterungen des Ersten Weltkriegs und der Russischen Revolution.

Die Bedeutung der *Protokolle der Weisen von Zion* liegt darin, daß sie es den Antisemiten ermöglichten, über ihre traditionellen Zirkel hinauszugehen und ein großes internationales Publikum zu gewinnen. Dieser Prozeß hält bis in unsere Tage an.[27]

Wo immer die Fälschung erschienen ist, hat sie das öffentliche
Leben vergiftet. Sie war »ein Selbstläufer, ein Entwurf, der von
einer Verschwörung zur nächsten wanderte«.[28] Ein Schlüssel
für den weitreichenden Erfolg des Buches war seine Unbe-
stimmtheit – Namen, Daten oder konkrete Fakten werden
kaum genannt. Die angebliche jüdische Autorenschaft fördert
seine Überzeugungskraft ebenfalls. Die Aufnahme von Widersprüchen – die Juden nutzen alle verfügbaren Mittel und
Werkzeuge, um voranzukommen, darunter Kapitalismus und
Kommunismus, Philosemitismus und Antisemitismus, Demokratie und Tyrannei – gestattete es den *Protokollen*, alle anzusprechen: Reiche wie Arme, Rechte und Linke, Christen und
Muslime, Amerikaner ebenso wie Japaner.

So wie die *Protokolle der Weisen von Zion* heben alle Schriften
des antisemitischen Verschwörungsdenkens immer wieder bestimmte Themen hervor, insbesondere die Allgegenwart, das
Ausmaß, die Organisation und den Beinahe-Erfolg der jüdischen Verschwörertätigkeit.

– Juden sind unentwegte Ränkeschmiede. Die Antisemiten
stellen sich eine kosmische Auseinandersetzung vor, in der Juden immer und allerorten im verborgenen Drängen nach
Macht engagiert sind. Heinrich Himmler sah seine SS-Truppen
eine Schlacht kämpfen, die mit den Ursprüngen menschlichen
Lebens auf der Erde begann. Der erstaunliche Titel des Traktats
Der Bolschewismus von Moses bis Lenin[29], das ein früher Mentor
Hitlers geschrieben hat, fängt diese Vorstellung einer Kontinuität ein: Moses war Kommunist, Lenin Jude. Ein anderer
Buchtitel nimmt Bezug auf ein »zweitausendjähriges System
der Verschwörung«.[30] Ein kanadischer Verfasser behauptet ganz
unbekümmert: »Der langfristige Plan zu der endgültigen Un-
terwerfung Spaniens setzte, wie auch in bezug auf andere Länder, kurz nach dem Tode Christi ein.«[31] Die Verfolgung der
Juden in Ägypten und Persien erklärt sich aus der Verschwörung zur Einsetzung eines »jüdischen Cäsars«. In jüngster Zeit
wurde dem irischen Nationalisten Eamon de Valera nachgesagt,
ein portugiesischer Jude zu sein, so wie auch behauptet worden
ist, daß Juden die irische Nationalbewegung finanziert hätten.
Albert Einsteins Relativitätstheorie lief auf eine jüdische Wis-

senschaft hinaus und bedeutete eine Ausweitung der Schlacht in Bereiche jenseits des Planeten Erde.

– Die Juden sind überall. Weishaupt und Cagliostro waren Juden. Ein russischer Antisemit behauptet, Hitler, Eichmann, Goebbels, Hess und Streicher seien ausnahmslos Juden; nur Göring sei keiner. Franco, Churchill und Roosevelt waren ebenfalls Juden.[32] Amerikanische Antisemiten der 30er Jahre beteuerten, 40 Prozent der amerikanischen Bevölkerung seien jüdisch – die korrekte Zahl betrug ungefähr ein Zehntel davon – und Franklin Delano Roosevelt (richtiger Name: Rosenfelt) samt allen Mitgliedern seines Kabinetts seien Juden, ganz zu schweigen vom gesamten Supreme Court, von General Mac Arthur sowie der Führungsspitze der Post, der Polizei und sogar der Boy Scouts. Es war ein kurioser Nachhall dessen, als dreißig Jahre später die sowjetische Presse verkündete, in den Vereinigten Staaten seien 20 bis 25 Millionen Zionisten beheimatet, die 70 Prozent der Rechtsanwälte, 60 Prozent der Physiker und 43 Prozent der Industriellen im Lande stellten; außerdem besaßen Zionisten weltweit 80 Prozent der Nachrichtenagenturen.[33] Die Nazis investierten immense Anstrengungen in das Unterfangen, die jüdische Herkunft aller wichtigen Persönlichkeiten in der Sowjetunion inklusive ihrer Helfer bis hinunter zur Schreibkraft nachzuweisen. Kurzum: Wer einem Antisemiten widerspricht – das gilt selbst für antisemitische Gesinnungsgenossen –, wird als Jude bezeichnet.

– Hinter allen Institutionen stecken Juden. Sämtliche anderen Geheimgesellschaften einschließlich Tempelritter, Freimaurer und Illuminaten wurden von Juden gegründet. Henry Ford diagnostizierte eine jüdische Beherrschung der »heidnischen Fassade-Organisationen«, die die Finanzwelt managen. Die Juden haben das Christentum begründet und haben dessen Institutionen inklusive Papsttum noch immer im Griff.

– Die Juden gehorchen einem Zentralgremium, dem schemenhaften Rat der »Weisen«. Diese kollektive Instanz hat in allen Epochen eine strenge Kontrolle über alle Juden ausgeübt. Sie hat sich innerhalb von zwei Jahrtausenden unterschiedlich manifestiert: in der Antike im Sanhedrin, in den Rabbis des Mittelalters, während des 19. Jahrhunderts in der Alliance Israé-

lite Universelle und im 20. Jahrhundert in mehreren Formen
(im World Zionist Congress, im American Jewish Joint Distri-
bution Committee und im American Israel Public Affairs
Committee). Die Alliance Israélite Universelle – ein Wohltätigkeitsverein mit Sitz in Paris, der sich harmlosen karitativen
Aufgaben widmet – trägt einen Namen, der Verschwörungstheoretikern wie eine Bestätigung ihrer Alpträume erscheint.
Mit Blick auf die Zukunft glauben manche antisemitische Verschwörungsdenker, daß die Juden ihren eigenen König zum
Weltherrscher zu krönen hoffen.

   – Juden stehen unmittelbar vor dem Erfolg. Antisemiten
verweisen auf jüdische (oder ehemals jüdische) Figuren der
vergangenen zwei Jahrhunderte, die die Stellung des Christentums schwächten oder Juden Vollmacht einräumten. Die
Rothschilds nutzten ihren finanziellen Einfluß auf die Regierungen, um sie zum Krieg gegeneinander zu bewegen. Karl
Marx begründete eine atheistische Ideologie und Bewegung.[34]
Benjamin Disraeli disponierte die Ressourcen des britischen
Weltreichs. Theodor Herzl rief den Zionismus, ein Programm
des jüdischen Nationalismus, ins Leben. Leo Trotzki verhalf
dem Bolschewismus an die Macht. Die Psychoanalyse Sig-
mund Freuds bestätigt den Irrationalismus. Und Henry Kissin-
ger stellte Israel die Ressourcen der Vereinigten Staaten zur
Verfügung.

   Oft bleibt als einziges Bollwerk gegen die jüdische Vorherrschaft nur das eigene Land. In den 1930er Jahren befanden französische Antisemiten, daß einzig Frankreich noch gegen *le péril
juif* hart blieb. In den 1960er Jahren räumten sowjetische Antisemiten den Juden bereits die Macht über die westliche Welt
ein, so daß die Sowjetunion fast als einziger Staat übrigblieb,
um eine jüdische Weltherrschaft zu verhindern. Eine dreibän-
dige japanische Fälschung, die 1993 stark beworben wurde,
trug den Titel *Greift euch Japan, den letzten Feind: Die jüdischen
Protokolle zur Beherrschung der Welt.*[35]

BEI DEN LINKEN Obwohl der Antisemitismus ein zentraleres
Element der Botschaft der Rechten ist, war er im 19. Jahrhundert unter Fortschrittlern doch in starkem Maße präsent. Mili-

tante Atheisten folgten dem Beispiel Voltaires, als sie den Juden vorwarfen, das Christentum hervorgebracht zu haben. Gebildete schreckten vor der Art und Weise zurück, wie orthodoxe Juden leben und aussehen. Die liberalen Nationalisten sorgten sich, daß die Juden bloß eine partielle Loyalität gegenüber der Nation empfanden. Ex-Juden (wie Karl Marx) übernahmen den Antisemitismus als ein Mittel, um ihre eigene Assimilation zu fördern. Doch wichtiger als all diese Motive war die häufige Neigung von Sozialisten, Juden als Teil der herrschenden Klasse zu betrachten und sie damit unter die zu bekämpfenden Ausbeuter zu reihen. Als Juden zu Finanziers, Großkaufleuten und Industriekapitänen wurden, kennzeichnete die Linke sie als Zwischenhändler, Verkäufer oder sonstige wirtschaftliche »Parasiten«, die kapitalistische Neuerungen einführten und die Hochfinanz unter ihrer Kontrolle hatten.

Aus dem einen oder anderen dieser Gründe offenbarte praktisch jede bedeutende Gestalt der frühen Geschichte des Sozialismus – Friedrich Engels, Charles Fourier, Ferdinand Lassalle, Marx und Joseph Proudhon – eine starke Antipathie gegen Juden. Diese Einstellung flößte der Linken eine Voreingenommenheit gegen Juden ein, die dann in der Sowjetunion voll zum Tragen kommen sollte.

In diesem Zusammenhang spielten Amschel Meyer Rothschild (1743–1812) und seine Nachkommen eine übergroße Rolle. Der alte Rothschild gründete in Frankfurt ein Geldinstitut, das seine fünf talentierten Söhne weiterführten und ausweiteten – in Wien, Neapel, Paris und London. Die Fähigkeit der Rothschilds, grenzüberschreitend tätig zu werden, selbst wenn sie sich dazu mit sich befeindenden Regierungen verbündeten, machte sie – in Verbindung mit der Entwicklung einer modernen Industriewirtschaft plus ihrem ungewöhnlich hohen Ansehen und ihrem außerordentlichen und sichtbaren Reichtum – zum Archetyp jüdischer Macht, die Staatsgrenzen offenbar mühelos überwand. Der Erfolg der Familie beschwor das Schreckgespenst des jüdischen Willens herauf, ganz Europa, vielleicht sogar die gesamte Welt zu beherrschen. Es trug ihnen auch die Kritik von Revolutionären ein, die sie als Kollaborateure von reaktionären Kräften darstellten. Die meisten großen Privatvermögen des späten 19. Jahrhunderts (wie die von Rockefeller, Carnegie und Harriman) werden auf die Rothschilds zurückverfolgt. (Die immensen Vermögensbildungen des 20. Jahrhunderts jedoch seltsamerweise mitnichten: Möglicherweise sind Bill Gates und Warren Buffet noch zu neue Erscheinungen, um in die Verschwörungstheorie einverleibt zu werden.)

Die bedeutsamste Folge dieser linken Verschwörung könnte den Vorwurf betreffen, daß die Brüder Rothschild Kriege anstifteten, um beiden Kriegsparteien Waffen zu verkaufen und Anleihen anzudienen und auf diese Weise aus dem Elend anderer Menschen Profit zu schlagen. Die Verleumdung kam erstmals mit Bezug auf die Schlacht von Waterloo im Jahr 1815 auf. Sie breitete sich unter den Linken rasch aus. J. A. Hobson stellte 1902 die Behauptung auf: Falls »das Haus Rothschild mitsamt seinen Verbindungen sich [dem Krieg] entgegenstellen würde«, so könnte kein europäischer Staat es wagen, sich ihnen zu widersetzen[36], weil er damit, so wollte Hobson suggerieren, sonst zu erkennen gäbe, daß ihm Krieg lieber sei als Friede.

Mit der Zeit griffen diese Vorwürfe der Kriegstreiberei auch auf die Rechte über, so daß die Rothschilds schließlich für Extremisten aller Richtungen zu Buhmännern wurden. Die gegen sie erhobenen Beschuldigungen wurden auf die Juden allgemein übertragen. Während des Burenkriegs (1899–1902) waren in England viele Kommentare zu hören, die die Schuld an diesem Krieg dem »imperialistischen Judaismus« gaben. Im Ersten Weltkrieg fand diese Deutung dann Aufnahme bei den Rechten. (Hitler machte sie dann zu einem zentralen Argument seiner Propaganda.) Der Gedanke, daß die Juden von beiden Seiten einer kriegerischen Auseinandersetzung Nutzen zogen, tauchte prominent während des irakisch-iranischen Krieges von 1980 bis 1988 wieder auf, als eine alljüdische zentrale Führung bezichtigt wurde, »den Krieg absichtlich verlängert zu haben«.[37] Die Nation of Islam behauptet heute, daß Juden »anscheinend in allen Konflikten als Lieferanten von einer oder *von beiden* Seiten in Erscheinung treten«.[38]

Diese neue Form des Hasses auf die Juden enthielt Gefahrenmomente, die noch größer waren als die der früheren Versionen. Wenn man den Juden, die nun emanzipiert und zumindest teilweise assimiliert sind, eine solch immense Macht zutrauen kann, dann stellen sie in den Augen von Paranoiden eine noch viel größere Bedrohung dar. Und so wie Lenin unter dem Einfluß der Linken stand, die das gegen die Geheimgesellschaften gerichtete Verschwörungsdenken in den Antiimperialismus verwandelt hatte, so war Hitler in seiner Einstellung vom antisemitischen Verschwörungsdenken inspiriert. Der Aufstieg solcher Ideologien brachte den Großbrand näher. Doch bevor wir uns dem blutigen Höhepunkt des Verschwörungsdenkens während der Weltkriege des 20. Jahrhunderts zuwenden, machen wir einen Umweg in die Vereinigten Staaten, zu dem begünstigten Land, das von diesen Entwicklungen am weitesten entfernt liegt und in dem es eigentlich keine Geschichte des Verschwörungsdenkens geben dürfte. Es gibt sie aber doch.

Nach Meinung des bedeutenden Historikers David Brion Davis sind Amerikaner »seltsam besessen« von Verschwörungen.[39] Solche Besessenheit galt, wie er bemerkt, Angstvorstellungen von »französischen Illuminaten, föderalistischen Oligarchen, Freimaurern, von der Macht des Kapitals, der katholischen Kirche und der Slave Power, von ausländischen Anarchisten, Wall-Street-Bankern, Bolschewisten, internationalistischen Juden, Faschisten, Kommunisten und von der Black Power«.[40] Wie an dieser Liste zu erkennen ist, zeigen die Vereinigten Staaten ein verkleinertes Spiegelbild der europäischen Phänomene (die Angst vor den Illuminaten, Freimaurern, Katholiken und Bolschewisten) wie auch Eigenentwicklungen (Verschwörungsangst vor Slave Power und vor Black Power). Generell war es allerdings so, daß die Amerikaner sich diesbezüglich allmählich von europäischen Einflüssen lösten. Nach Inhalten und Institutionen unterschieden sich ihre Verschwörungstheorien zunehmend von den in Europa umgehenden Ängsten. Es ist jedoch bemerkenswert, daß sich in einer verhältnismäßig unhierarchisch gegliederten, auf individuelle Meinungs- und Handlungsfreiheit setzenden Gesellschaft mit (zumindest bis zum New Deal) einer minimalen und zersplitterten Regierung

überhaupt die gleichen Formen und Themen von Verschwörungsangst einnisten konnten. Wie ist es dazu gekommen?

Im Zeitalter der Aufklärung hegten die amerikanischen
Siedler einen eigenständigen Argwohn gegen Verschwörungen seitens auswärtiger Mächte. Bernard Bailyn, ein führender Kenner dieser Epoche, merkt an, daß »die Befürchtung
von Verschwörungen gegen die verfassungsmäßigen Behörden in das politische Grundgefüge eingelassen war«[41], und
diese Auffassung wird durch umfangreiches Beweismaterial
gestützt. Aus solchen Befürchtungen sind die Hexenprozesse
von Salem (1692) sowie die Franzosen- und Indianerkriege
der Jahre 1755–1763 hervorgegangen. »Nach 1763 war für die
Kolonisten«, schreibt Bailyn, der erdrückende Beweis einer
Verschwörung gegeben, »und es war vor allem dieses, was sie
schließlich zur Revolution antrieb«.[42] Den Stamp Act des Jahres 1765, durch den nahezu alle Arten von Urkunden wie
auch Zeitungen, Spielkarten und ähnliches besteuert wurden,
deuteten die amerikanischen Kolonisten als eine britische
Verschwörung mit dem Ziel, sie unter Direktverwaltung
zu stellen. Wieso? Weil aus dem Ressentiment gegen diese
Steuer die Überzeugung erwuchs, daß die britische Regierung es bewußt darauf absehe, einen Aufstand zu provozieren
– er würde ihnen den Anlaß liefern, die Kolonien militärisch
zu unterwerfen.

Mit der gleichen Logik sahen viele Kolonialisten hinter dem
Massaker von Boston (1770) einen Plan, »den verborgenen und
schrecklichen Plan eines imperialen Despotismus«.[43] Die Amerikaner wurden sogar von Ängsten verfolgt, daß die britische
Regierung die Kolonialisten zu Sklaven degradieren wollte.
Laut Samuel Seabury behaupteten die Führer der Unabhängig-
keitsbewegung »immer und immer wieder«, daß die Engländer
einen regulären Plan mit diesem Ziel ausgearbeitet hätten.[44]
Dieser Alptraum gehörte zu den Faktoren, die die Siedler von
der Absicht König Georgs III. überzeugten, ihre rechtlichen
Freiheiten zu untergraben und ihre Ökonomie an die Wirtschaft Englands zu binden. Zur Verhütung dieses gar nicht existierenden Komplotts zogen sie in den Krieg. Während des
Unabhängigkeitskrieges machten sie für die gestörten Bezie-

hungen maßgebliche britische Politiker persönlich verantwortlich. Die Engländer erwiderten diese Empfindungen. Um
einen Historiker zu zitieren: »Für Minister [in London] erwies
der Verdacht einer Verschwörung sich genau so verlockend,
wie er es für die [königlichen] Beamten in Amerika gewesen
war.«[45]

In der Frühphase der amerikanischen Eigenständigkeit und
vor dem Bürgerkrieg war die Annahme einer Verschwörung
fast durchgängig verbreitet und »erzeugte einen antisubversi-
ven Diskurs, der den Geist der neuen Republik mitprägte«.[46]
In seiner Abschiedsrede von 1796 warnte George Washington
vor »dem Unheil ausländischer Intrige«.[47] Präsident John
Adams rief seine Landsleute zur Wachsamkeit auf gegenüber
»den feindseligen Vorhaben und heimtückischen Anschlägen«,
die vom Ausland herkämen.[48] Deshalb ergriff er im Jahre 1798
Gegenmaßnahmen, indem er den Alien Act, den Alien Enemies Act und den Sedition Act verabschiedete. Laut Alexander
Hamilton ging Adams davon aus, daß »jeder Bürger, der sein
Feind ist, mit der einen oder anderen dieser ausländischen
Mächte im Bunde steht«, die vorgeblich die Vereinigten Staa-
ten gefährdeten.[49]

Die Angst vor Slave Power – der angebliche Plan der Konfö-
derierten, die Regierungsmacht in Washington an sich zu
reißen und die freie, selbstgewählte Arbeit zu verbieten – war
ein bedeutsamer Beweggrund für die Bereitschaft der Nordstaatler zum Krieg gegen den Süden. Umgekehrt kam unter
den Weißen der Südstaaten die Verschwörungstheorie auf, daß
die Nordstaatler die Sklaven zum Aufstand und zum Mord an
ihren Herren anstachelten. Solch wechselseitige Ängste förder-
ten den Ausbruch des Bürgerkrieges.

Die Amerikaner hatten im frühen 19. Jahrhundert, vor den
Europäern, politische Institutionen zur Bekämpfung von ver-
meintlich konspirativen Bedrohungen geschaffen. Ein besonders eigentümliches Beispiel dafür ist die von 1827 bis 1836
einflußreiche Antifreimaurer-Partei, die einzig und allein zum
Zweck einer Bekämpfung der Freimaurer ins Leben gerufen
wurde. Den Anlaß zu ihrer Gründung lieferten das verdächtige
Verschwinden und die mutmaßliche Ermordung des abtrünni-

gen Freimaurers William Morgan im September 1826. Auf der
Basis der vorgefundenen Ideen von Robison und de Barruel
sowie unter weidlicher Ausschlachtung angeblicher Verbrechen, die in den Logen stattgefunden haben sollten, traten sie
mit dem Anspruch auf, eine Verschwörung zum Sturz der bestehenden Ordnung und zum Errichten einer freimaurerischen
Monarchie aufzudecken. Sie sorgten sich auch wegen eines
»Freimaurerwegs zu einem Freimaurerhimmel sowie wegen
blutiger Massaker an und Vernichtung von allen, die sich nicht
zur Unterstützung dieses Monarchen verpflichten«.[50] Ein
Geistlicher nannte die Freimaurerei 1832 »die finsterste und
undurchsichtigste Verschwörung, die in dieser bösen Welt je
gegen den wahren Gott gebildet wurde«.[51] Die Partei errang
eine Reihe von Wahlerfolgen, ganz besonders im Jahre 1832
(als sie in New England ein Viertel der Wählerstimmen auf sich
vereinte). Ihre Verschwörungstheorien – z. B. daß die Freimaurer in Boston ein ausreichend großes Waffenlager zur Aus-
rüstung einer 2000-Mann-starken Armee zusammengetragen
hätten, das bei einer amtlichen Untersuchung dann bloß aus 43
Schwertern und 34 Spucknäpfen bestand – waren allerdings so
eklatant bodenlos, daß die Partei mit der Zeit ihren Halt in der
Bevölkerung verlor.

Die American Party – gemeinhin *Know-Nothings* genannt –
bildete sich in der Jahrhundertmitte als Reaktion auf eine ver-
mehrte katholische Einwanderung in die Vereinigten Staaten
aus einer schwer definierbaren Sammlung von Geheimgesellschaften. Ursprünglich waren die Know-Nothings ein echter
Geheimbund mit Initiationsriten und geheimen Losungswor-
ten, der darauf Wert legte, daß über den Kreis seiner Mitglieder
hinaus niemand von seiner Existenz wissen sollte (daher der
Name). Als Partei trat er mit einem antikatholischen Programm
auf. Sie entwickelte sich rasch zu einer beachtlichen Kraft im
Lande, aus der in den Wahlen des Jahres 1854 in sieben Bundesstaaten Gouverneure bzw. Mitglieder der gesetzgebenden Versammlung oder beides hervorgingen, um dann aber genauso
schnell wieder zu verschwinden. Ihr Untergang bedeutete allerdings nicht das Ende der antikatholischen Regungen. Die
American Protective Association, die an ihrem Höhepunkt

zweieinhalb Millionen Anhänger zählte, vertrat, wie auch der Ku-Klux-Klan und andere Organisationen mehr, hinsichtlich der Katholiken schreckliche Verschwörungstheorien.

Wenn aber ein Plus an bürgerlichen Freiheiten und ein Minus an ererbten Privilegien bei den Amerikanern nicht das Verschwörungsdenken eindämmten, so hielten sie zumindest europäische Inhalte fern. Das mag daran liegen, daß die amerikanische Identität sich nicht an der gemeinsamen Herkunft orientiert (die Juden ausschließt), sondern an gemeinsamen Idealen (die Juden einbezieht). In einem Lande mit so vielen Ethnien wie den Vereinigten Staaten wird im übrigen natürlich keine einzige zum Mittelpunkt. Die Amerikaner entwickelten statt dessen einheimische Verschwörungstheorien, in denen sich die ständige Sorge vor einer Verletzung ihrer demokratischen Ideale ausdrückt. Den größten Schrecken löst der Gedanke an elitäre Macht aus, die Angst, daß eine kleine, nicht demokratisch gewählte Minderheit – wie die Slave Power, die Money Power oder die Mormonen –, die unamerikanische Interessen repräsentiert, sich der Bundesregierungsgewalt bemächtigt und sie gegen die Bevölkerung wendet. Diese Neigung verrät zwei deutlich erkennbare Elemente amerikanischen Verschwörungsdenkens: den Populismus und die Angst vor einer zentralen Weltregierung. Die populistische (oder nativistische) Tradition sieht das Großunternehmertum, eine übermächtige Zentralregierung und eine zu starke Gewerkschaft als Träger einer Verschwörung. Der herausragendste Populist war wahrscheinlich William Jennings Bryan (1860–1925). Er gab der Wall Street und dem europäischen Kapital die Schuld an den Nöten von Bauern und Bergarbeitern, und mit seiner Kampagne gegen die Money Power gelang ihm 1896 fast der Sprung ins Weiße Haus. Als bedeutende Populisten sind ferner vor allem der Politiker Huey Long (1893–1935) aus Louisiana, Pater Charles Coughlin und Patrick Buchanan zu nennen.

Die den Weltzentralismus betreffende Phobie entstand aus dem Bewußtsein einer amerikanischen Sonderstellung: Es geht uns hier so gut, daß andere bestimmt versuchen werden, uns unser Glück zu stehlen. Die globale Bedeutsamkeit des Landes

bedeutet, daß seine Gegner entsprechend schlecht und böse
sein müssen. »Der Auftrag des Feindes galt, wie der von Amerika selbst, einem universalen Ziel.«[52] Es ist eben diese Verschwörungsangst, die zu der ständigen Sorge führt, daß irgendeine Gruppe von Ausländern mit Hilfe von verräterischen
Amerikanern ein Komplott zur Übernahme der US-Regierung schmiedet. Es ist ein Thema, das in allem amerikanischen
Verschwörungsdenken mitschwingt. In den 1790er Jahren gab
es die Beunruhigung wegen der bayerischen Illuminaten. Die
Know-Nothings machten sich Sorgen wegen des Papstes. Die
Angst vor der Roten Gefahr in den Jahren 1919/20 und während des McCarthyismus betrafen die Sowjetunion. Heute gilt
die Angst den Vereinten Nationen. In der Zeit der Weltkriege
hat diese Grundeinstellung den Amerikanern dann allerdings
kaum geholfen, sich auf die Bedrohungen zu konzentrieren,
die mit real existierenden Verschwörern in Rußland und in
Deutschland gegeben waren.

Die Weltkriege: An der Macht

> Andere Jahrhunderte haben sich
> nur auf dilettantische Weise mit
> Verschwörung abgegeben. Es ist
> unserem Jahrhundert vorbehalten
> geblieben, Verschwörung als Denk-
> system und Methode des Handelns
> zu etablieren.
>
> *Serge Moscovici*[53]

Die auf 1914 folgenden dreißig Jahre erlebten den Höhepunkt
der Ängste und des Einflusses von Verschwörungsdenken.
Nach dem Ersten Weltkrieg waren die großen europäischen
Mächte, allen voran Deutschland, verwüstet. Zur gleichen Zeit
löste die Revolution in Rußland weithin Beunruhigung aus.
Diese beiden Katastrophen und seine weitreichenden Folgen
an Leid und Entwurzelung schufen eine Lebenswelt der Ent-
behrungen und Sorgen, die Weltverschwörungstheorien auf
einzigartige Weise begünstigten. Bis dahin waren die antisemi-

tischen und die gegen Geheimbünde gerichteten Denktraditionen wenig mehr als Treibhausgewächse gewesen. In Verbindung mit den größten totalitären Bewegungen der Neuzeit, dem Kommunismus und dem Faschismus, nahmen sie nun eine Entwicklung, die das Verschwörungsdenken zum Gipfel seiner Bedeutung führte und ein Ausmaß von Zerstörung bewirkte, das in der Geschichte der Menschheit ohnegleichen ist. In vielen der zahlreichen Tragödien dieser Periode, deren jede Millionen von Menschen das Leben kostete, hat die Verschwörungsmentalität eine führende Rolle gespielt: bei der vorgeplanten Hungersnot der Jahre 1932–1934 in der Sowjetunion, im sowjetischen Schreckensregime der Jahre 1937/38, im Holocaust und an der Ostfront des Zweiten Weltkrieges.

Nach dem Ersten Weltkrieg nahm die Schuldzuweisung an die Juden dramatisch zu. Schon während des Krieges selbst waren verschiedene Verschwörungstheorien in Erscheinung getreten. Das unvergleichliche Desaster des Stellungskriegs in den Schützengräben verlangte in der ganzen westlichen Welt, doch vor allem in Deutschland, nach einer Erklärung. Wie war es möglich gewesen, daß diese hochzivilisierten Länder über Jahre so brutal Krieg gegeneinander führten? Die Antisemiten wußten die Antwort. Als sich in Deutschland die Niederlage abzeichnete, stellte die Rechte die Behauptung auf, daß der militärische Konflikt allen Parteien schadete, mit Ausnahme der Juden, denen man nun vorwarf, den Krieg provoziert, von ihm profitiert, ihn verlängert und dafür gesorgt zu haben, daß ihn Deutschland verlor. Die Juden mußten an einer solch großen Katastrophe aktiv beteiligt gewesen sein, weil niemand sonst die dafür nötige Schläue und Skrupellosigkeit besessen hätte. Erstaunlicherweise fanden viele Europäer diese Erklärung überzeugend.

Die Revolution und der Bürgerkrieg in Rußland machten alles noch schlimmer, weil die aufgescheuchte Rechte die neue, bolschewistische Regierung als großen Schritt auf dem Weg zu einer jüdischen Vorherrschaft in der Welt darstellte. Nicht nur, daß dieser Mythos fast die gesamte kommunistische Elite als Juden identifizierte – was keineswegs zutraf. Er funk-

tionierte auch, weil er vor dem Hintergrund der zunehmend
aufgeregteren Atmosphäre der letzten Tage der Romanow-Dy-
nastie ins Spiel kam (die heftigen Stellungnahmen von Raspu-
tin; der Zar liest die *Protokolle der Weisen von Zion*; die Zarin legt
in der letzten Residenz der Romanows überall ihren Lieblings-
zauber, das Hakenkreuz, aus). Dann werden die Juden beschuldigt, den Zaren und seine Familie ermordet zu haben. Diese
Umstände helfen erklären, warum die weißrussische, d. h. die
antisowjetische Armee von 1918 bis 1920 im südlichen Rußland über hunderttausend Juden massakrierte – es ist wahrscheinlich die größte an Juden verübte Mordaktion vor dem
Holocaust der Nazis.

Diese Anschuldigungen wurden von den Weißrussen –
primär durch die Verbreitung der *Protokolle der Weisen von
Zion* – dann einem internationalen Publikum vorgetragen. In
einem verzweifelten Versuch, die übrige Welt für die Teilnahme an ihrem Kampf gegen das bolschewistische Regime zu
gewinnen, nutzten russische Emigranten die Fälschung, um
Druck auf die Westeuropäer auszuüben: Diese Sache betrifft
Euch selbst, so betonten sie, weil die jüdische Verschwörung
Euer Land überrollen wird, wenn Ihr nicht rasch handelt. Ihr
Bericht war mit genauen Details zu einzelnen jüdischen Bankern (insbesondere zu Jacob Schiff in New York) gespickt und
nannte die Summen, die sie bereitstellen, um die Revolution
zu schüren. Wichtigster Emissär der Weißrussen war der Bal-
tendeutsche Alfred Rosenberg, der die bolschewistische Machtergreifung als »russisch-jüdische Revolution« deutete und behauptete, daß Juden und Freimaurer nun »an der Spitze und
hinter den Kulissen der Weltpolitik stehen«.[54] Diese antibolschewistische Kampagne war dermaßen erfolgreich, daß »man
nur selten auf eine antisemitische Quelle aus der Zeit nach 1917
stößt, die nicht in der Schuld der weißrussischen Analyse der
Revolution steht«.[55]

Der Mythos vom »Judaeo-Bolschewismus« fand in der
Außenwelt Anklang und breitete sich aus. So behaupteten beispielsweise amerikanische Faschisten: »Der Kommunismus ist
das Weltjudentum in Aktion.«[56] Der englische Antisemit
Henry Hamilton Beamish erklärte Anfang der zwanziger Jahre

rundheraus: »Bolschewismus war gleich Judaismus.«[57] Als der spätere König Feisal (1906–1975) dreizehnjährig 1919 als Repräsentant Saudi-Arabiens Europa bereiste, hat er offenbar gehört, der Bolschewismus sei eine jüdische Verschwörung. Viele Jahrzehnte später hat Feisal noch immer daran festgehalten, daß der »Zionismus die Mutter des Kommunismus ist... Das Ganze ist Teil eines großen Komplotts, einer riesigen Verschwörung. Der Kommunismus ist eine zionistische Hervorbringung zur Verwirklichung der Ziele des Zionismus.«[58]

Die tiefgreifendsten Folgen hatte die Gleichsetzung von Judaismus und Bolschewismus allerdings in Deutschland, wo sie den ansonsten äußerst spekulativen Aussagen der Nazis über jüdische Bestrebungen eine anscheinend glaubwürdige Grundlage bot. Rußland schien den aktuellen Fall einer konkreten Verschwörung zu liefern. Hitler bezeichnete den Kommunismus bereits in den frühen zwanziger Jahren als eine jüdische Weltverschwörung. Hierin sieht Richard Pipes sogar Hitlers Hauptrechtfertigung für seinen Völkermord an den Juden und zieht den Schluß, der Holocaust sei »eine der vielen unerwarteten und unbeabsichtigten Folgen der Russischen Revolution«.[59]

In dem Jahrzehnt nach dem Ersten Weltkrieg haben die dem antisemitischen Verschwörungsdenken zugrundeliegenden Vorstellungen weite Verbreitung gefunden, weil sie von einer Reihe deutscher Organisationen propagiert wurden (so von dem Alldeutschen Verband, dem Deutschvölkischen Schutz- und Trutzbund, der Nationalsozialistischen Deutschen Arbeiterpartei, dem Reichshammerverband und dem Verband gegen Überhebung des Judentums)[60], aber auch von einer Reihe internationaler Bestseller wie Henry Fords *International Jew* (von dem binnen weniger Jahre eine halbe Million Exemplare verkauft wurden) und Friedrich Wichtls vielgelesenen Haßtiraden.

Von ihnen war mit Abstand am wichtigsten die deutsche Ausgabe der *Protokolle der Weisen von Zion*. Es war ihre erste Publikation in der westlichen Welt. Sie erschien in Deutschland im Januar 1920 als Teil eines umfangreicheren antisemitischen Traktats.[61] Der Text hatte anfangs nur eine begrenzte Wirkung.

Die Fälschung fand erst Anklang und wurde dann zum Bestseller, als die Londoner *Times* das Buch im Mai respektvoll rezensierte, seinen »unheimlich prophetischen Ton« hervorhob und zu einer unparteiischen Überprüfung seiner Beschuldigungen aufrief.[62] Es war diese Beglaubigung durch die *Times,* die die antisemitische Verschwörungstheorie übrigens europaweit legitimierte.[63] Die Hohenzollern trugen zum Bestreiten der Druckkosten bei, und Kaiser Wilhelm II. ließ seinen Gästen bei Tisch laut aus dem Buch vorlesen. Es wurde von Henry Ford empfohlen, womit er nicht einfach nur neue Reklame für das Buch machte und seinen Wirkungsradius steigerte, sondern ganz allgemein die antisemitische Verschwörungstheorie in den USA zu Ehren brachte. Alfred Rosenbergs weitverbreitete Untersuchung zu den *Protokollen der Weisen von Zion*[64] gab der Fälschung gewaltigen Auftrieb. Selbst Winston Churchill sprang für kurze Zeit auf den fahrenden Zug auf, indem er die Juden für die Russische Revolution verantwortlich machte. Eine Studie des Jahres 1926 kam zu dem Schluß, daß »kein anderes Werk der modernen Literatur auch nur annähernd die Auflage der *Protokolle der Weisen von Zion* erreicht hat«.[65]

Obwohl die Entlarvung des Buches als Fälschung in den Jahren 1920/21 seine Anziehungskraft minderte – sowohl die *Times* als auch Ford widerriefen ihr früheres Votum –, behielt das Buch seine Wirkung unter den Rechten, die sich gegen Logik und Beweise immun zeigten. Infolgedessen fanden Hitler und die nationalsozialistische Bewegung, die zunächst Bedenken gehegt hatten, den Mut, die *Protokolle der Weisen von Zion* zu billigen und zu einem zentralen Bestandteil ihrer Ideologie zu machen. Sie wurden (ab August 1921) in den Reden des Führers propagiert und in den Schulunterricht übernommen. Mitten im Zweiten Weltkrieg hat Hitlers Propagandaminister Joseph Goebbels die Aussagen der Fälschung unterschrieben: »Die zionistischen *Protokolle* sind heute so modern, wie an dem Tage, an dem sie zum ersten Mal publiziert wurden.«[66] Den Nazis diente das Buch, in Norman Cohns Worten, als »Rechtfertigung des Genozids«.

Die kumulative Wirkung dieser und der vielen anderen,

vorausgegangenen Bücher lag darin, daß der Antisemitismus zum festen Bestandteil der politischen Landschaft wurde und damit eine Empfänglichkeit für antisemitische Behauptungen begründete. Die Vorstellungen von einer »jüdischen Gefahr«, von der »jüdischen Finanzmacht« und der »jüdischen Presse« waren so geläufig und axiomatisch geworden, daß die Antisemiten die Erfahrung machten, daß sie sie nur behaupten und wiederholen mußten, ohne sie beweisen zu müssen. Der Antisemitismus war, wenngleich noch immer anrüchig, zum allgemein eingeführten Gedankengut geworden, das fast jedermann zugänglich war. Auf Grund dieser Entwicklung gelang es den Antisemiten in mehreren Ländern, die Emanzipation der Juden partiell wieder rückgängig zu machen, und vielerorts hatten die Juden unter vermehrten Einschränkungen zu leiden.

Mit der Russischen Revolution veränderte sich die Stellung der Verschwörungstheorien im öffentlichen Leben. Mit der Machtergreifung der Bolschewiken wurde Verschwörungsdenken erstmals zum ideologischen Fundament eines mächtigen Staates. Die Verschwörungsmentalität durchdrang die ganze politische Kultur der Sowjetunion. Lenin führte den Gedanken ein, daß jeder, der nicht der Kommunistischen Partei beitrat bzw. ihren Weisungen blind folgte, ein »Konterrevolutionär« war, der die Feinde des Sowjetstaats unterstützte. Unter Stalin wurde solche Paranoia sowohl in ihrer anti-imperialistischen wie in ihrer antisemitischen Variante institutionalisiert. Nie wieder durfte man die ausgefallenen Ideen einer Randgruppe ignorieren; nun bestand immer Gefahr, daß sie an die Macht kommen und diese Ideen zur Grundlage der Staatspolitik machen würden. Der Aufstieg von Herrschern wie Adolf Hitler, Mao Tse-tung und Ayatollah Khomeini, ganz zu schweigen von ihren vielen Epigonen von Japan bis Ägypten, Italien und Argentinien bestätigten diese Gefahr immer wieder von neuem.

ANTIIMPERIALISMUS Als Lenin an die Macht kam, behauptete er, daß ausländische Mächte Komplotte schmiedeten mit dem Ziel, die Sowjetunion zu Fall zu bringen, obwohl nicht

eine einzige den ernsthaften Versuch dazu unternommen hatte;
denn wenn sie es versucht hätten, so wäre es ihnen gelungen.
(Die Landung der Alliierten in Murmansk, die lange Zeit als
Beweis für die Anstrengungen des Westens zum Sturz seines
Regimes verwendet wurden, erfolgte mit Lenins Billigung,
wie jüngst die sowjetischen Archive enthüllten.) Trotz der
freundlichen Umwelt wetterte Lenin ständig gegen »Kapitalisten« und »Imperialisten«. Während des ganzen russischen Bürgerkrieges (vom Oktober 1917 bis zum November 1920) bezeichnete er die Weiße Armee als Werkzeug ausländischer
Mächte, und er bezichtigte insbesondere eine Einheit, Instrument »anglo-französischer Börsenmakler«[67] zu sein. Den Aufstand der Garnison in Kronstadt Anfang 1921 schrieb er einem
französischen Komplott zu.

Josef W. Stalin (1878–1953) hatte die Welt seit langem durch
die Brille des Verschwörungstheoretikers gesehen. In der zweiten Hälfte des Jahres 1932 erreichten seine Verschwörungsängste jedoch eine neue Dimension, als er in seinem Bemühen
um eine totale Kontrolle über die UdSSR einige Rückschläge
erlitt und sich als Opfer einer massiven antisowjetischen Verschwörung zu verstehen begann. Weil er unfähig war zu akzeptieren, daß an ihm wegen tatsächlicher Fehler Kritik geübt
wurde, betrachtete er seine Kritiker als Verschwörer, die es darauf abgesehen hatten, ihn zu ermorden, die Wirtschaft zu ruinieren, das Regime zu Fall zu bringen und die Revolution
rückgängig zu machen. Bei manchen dieser feindseligen Elemente nahm er an, daß sie im eigenen Interesse handelten, aber
bei vielen sah er eine Verbindung zu kapitalistischen Mächten.
Diese schilderte er als dermaßen besorgt, daß ein Erfolg des
sowjetischen Experiments ihr eigenes System untergraben
könnte. Sie ergriffen deshalb verzweifelte Maßnahmen, um die
UdSSR zu zerschlagen. Er beschwor eine »Einkreisung durch
kapitalistische Mächte«, deren Zahl sich von Fall zu Fall änderte, zu denen jedoch immer England und Deutschland
gehörten (seltener auch die polnische, französische, amerikanische oder japanische Regierung). Mit einem vagen Nachhall
von Hobson sprach er von der »englischen Bourgeoisie« als seinem ultimativen Gegner.

Statt die Revolution militärisch anzugreifen und einen Versuch zu wiederholen, der früher gescheitert war, so argumentierte Stalin, versuchten die Feinde des Staates nun, von innen zu bohren. Sie schleusten Agenten ins Land, die Mörder, Abweichler, Provokateure und Saboteure rekrutierten. Stalin interpretierte alle Widerwärtigkeiten – Mißgeschicke der Industrieproduktion, Brände, Seuchen in der Landwirtschaft, sogar minderwertige Arbeitsqualität – als vom Ausland gesteuerte Sabotageakte, und für diese Fehler hatten viele Russen mit ihrem Leben zu zahlen. Stalin hatte ausgesprochenes Talent zum Drehbuchautor: Er bezichtigte Ärzte, den Patienten Syphilis zu injizieren, und Handwerker, im Muster von Teetassen Hakenkreuze zu verstecken. Er fand heraus, daß berühmte Ausländer wie T.E. Lawrence und Raymond Poincaré einer »Industriellenpartei« angehörten, die auf den Umsturz der Sowjetregierung hinarbeitete. Er deckte unter den ihm nächststehenden Menschen Verschwörungen auf. Keiner war seines Lebens sicher, die meisten sind, einer nach dem andern, mit den Jahren verschwunden. Der Volkskommissar für Außenpolitik, Wjatscheslaw Molotow, ein sklavisch treuer Jasager, mußte ein Agent des amerikanischen Imperialismus sein, wie Nikita Chruschtschow einmal erklärte: »Als Molotow in den Vereinigten Staaten weilte, reiste er von Washington nach New York mit der Eisenbahn. Wenn Molotow im Zug reiste, räsonierte Stalin, müsse er in einem Privatsalon reisen. Wenn er aber einen Privatsalon hätte, ergebe sich die Frage: Woher bekäme er dafür das Geld? Also mußte Molotow sich an die Amerikaner verkauft haben.«[68]

Verschwörungstheorien waren auch im Ausland dienlich. Als die sowjetischen Streitkräfte 1940 die baltischen Staaten besetzten, geschah dies mit dem Ziel, dort den Intrigen ein Ende zu machen, »mit denen England und Frankreich Zwietracht zwischen Deutschland und die UdSSR zu säen versuchten«.[69] Nach dem Krieg sehnte Stalin Spannungen mit den USA, dem neuen Feind seiner Verschwörungsängste, herbei. Es gibt Experten, die glauben, daß Stalin die Sowjetbevölkerung in seinen letzten Tagen auf einen Krieg mit dem Westen vorbereitete.

ANTISEMITISMUS Moskau legte ebenfalls einen ausgeprägten Antisemitismus an den Tag, der, mit der partiellen Ausnahme von drei Perioden, über die ganze sowjetische Ära andauerte. Die erste Ausnahme bildete die Zeit unmittelbar nach der bolschewistischen Revolution, als der neue Staat das gesamte zaristische Erbe und damit natürlich auch den Antisemitismus ablehnte (»Antisemitismus«, so pflegte Lenin oft zu sagen, »bedeutet Konterrevolution«)[70] und dabei soweit ging, Antisemitismus zur kriminellen Tat zu erklären. Zweitens erlaubte Stalin während der dunklen Zeit des Zweiten Weltkriegs eine Abmilderung der Verfolgungen, um nicht seine amerikanischen Verbündeten zu verärgern. Drittens unterstützte Stalin 1947 zehn Monate lang die Gründung des Staates Israel und trug dazu bei, einen arabischen Angriff auf Israel abzuwehren, weil er Israel als eine nützliche Keule gegen den britischen Imperialismus und seine arabischen Agenten betrachtete. »Der westliche Imperialismus war« der *Prawda* zufolge »für den arabischen Einmarsch in Palästina verantwortlich«.[71] Diese Einstellung Stalins währte zumindest partiell bis Ende 1952. Stalin unterstützte Israel trotz dessen jüdischer und zionistischer Eigenart; die rein außenpolitische Entscheidung brachte den Juden in der Sowjetunion keinerlei Verbesserung der Lebensumstände.

Mit Ausnahme dieser kurzen Zwischenphasen lebten die sowjetischen Juden in einer ihnen unerbittlich feindseligen Umgebung. Als Stalin während der dreißiger Jahre den russischen Nationalismus wiederbelebte, schloß das die alte antijüdische Dimension ein. Der Staat unterdrückte die jüdische Kultur. Die große Säuberungsaktion von 1937/38, der so viele Parteimitglieder zum Opfer fielen, bekam mit einer ungewöhnlich harten Attacke gegen einen Juden, Leo »Judas« Trotzki, eine entschieden antijüdische Richtung. Die Heirat seiner Tochter Swetlana mit einem Juden erregte Stalins Argwohn, die Zionisten könnten sich dazu verschwören, seine Familie zu infiltrieren. Während des knapp zwei Jahre dauernden Nichtangriffspakts mit Deutschland nahm das antisemitische Verschwörungsdenken vehement zu, bis zu dem Punkt, daß die Nazis in sowjetischen Medien zu ihrem Kampf gegen die jüdische Religion beglückwünscht wurden.

In den ersten Nachkriegsjahren übernahm Tito die frühere
Rolle Trotzkis (und wurde dafür als Marionette der Juden be-
schimpft, bevor er in dieser Eigenschaft wiederum durch die
Zionisten ersetzt wurde). Die Sowjetpropaganda sprach oft von
einem Zusammenhang zwischen Trotzkismus und Zionismus,
nur um zu unterstreichen, wie ernst die Gefahr war, die letzterer darstellte. Von 1948 bis zu seinem Tod fünf Jahre später »war
Stalin zunehmend auf die Juden fixiert und folgte auf seine
Weise dem Weg, den sein ehemaliger Verbündeter Hitler gegangen war«.[72] Er befürchtete, die Zionisten wollten ihm, angefangen mit der Krim, Teile der Sowjetunion entreißen. Der
große Schauprozeß der antizionistischen Kampagne fand in der
Tschechoslowakei statt, wo 1951/52 Stalin persönlich den An-
klagetext gegen Rudolf Slánský und weitere elf kommunistische tschechoslowakische Politiker jüdischer Herkunft schrieb.
Sie wurden der Spionage und Sabotage im Auftrag vieler
Gruppen, voran die »Zionisten«, beschuldigt. In einer Wieder-
aufnahme nazistischer Wendungen wurden die Zionisten in
dem Prozeß manchmal als bloß »die treuesten Kettenhunde«
des amerikanischen Imperialismus, bei anderen Gelegenheiten
als ein Übel von welterschütternder Größe charakterisiert. Insgesamt bewirkte dieses stark herausgestellte Ereignis das Wie-
deraufleben der antisemitischen Verschwörungstheorie, nachdem sie mit den Nazis scheinbar ihr Ende gefunden hatte.

Stalins letzte Verschwörungstheorie, die durch seinen Tod
vorzeitig abgebrochen wurde (und deshalb als einzige von ihm
nicht bis zum mörderischen Abschluß durchgefochten wurde),
richtete sich gegen die Juden. Im »Ärztekomplott«, das im Januar 1953 publik gemacht wurde, ließ Stalin die größtenteils
jüdischen Ärzte, die die sowjetische Führung betreuten, des
Mordes an zwei prominenten Personen und der geheimen Absprache mit den Westmächten und mit Israel in Hinblick auf
den Mord an vier weiteren Personen beschuldigen. Von diesem
Augenblick an breiteten sich für die letzten sechs Lebenswo-
chen Stalins »Geschichten von den treulosen jüdischen Ärzten
und ihren jüdischen und russischen Komplizen in allen Schich-
ten der sowjetischen Gesellschaft aus«.[73] Wenn Stalin länger gelebt hätte, wären wahrscheinlich alle russischen Juden nach Si-

birien verbannt worden, wo nur wenige die Mißhandlungen und die Kälte überstanden hätten. Wieder einmal hatte eine hysterische Verschwörungsangst eingesetzt, doch diesmal machte Stalins Tod Anfang März ihr ein vorzeitiges Ende. Die Kampagne war offenbar in der Absicht lanciert worden, die russische Bevölkerung auf Kosten der Juden aufzumuntern. Denn nachdem sie ihren tödlichen Tribut gefordert hätte, »würden die im höchsten Maße geknechteten Russen froh sein, daß sie keine Juden waren«.[74]

Bei einer kritischen Beurteilung von Stalins Antisemitismus treten zwei Aspekte hervor. Obwohl er fast zum Völkermord führte, unterschied er sich vom Antisemitismus Hitlers, insofern er nicht als ideologische Stütze des Regimes diente, sondern je nach Umständen an- oder abgestellt werden konnte. Zweitens beruhte er, bis zum »Ärztekomplott«, eher auf einem Vorurteil gegen die Juden als auf einer antisemitischen Verschwörungstheorie.

In Deutschland führte die Kombination von militärischer Niederlage und extremer Inflation nach dem Ersten Weltkrieg zu einer Stimmung von akuter Verzweiflung. Die wirklich gegebene Gefahr einer kommunistischen Machtübernahme machte die weitverbreiteten Verschwörungsängste dann nahezu generell. Damit gewannen altgewordene Ideen eine beunruhigend neue Bedeutung, und bislang rein theoretische Vorstellungen wurden umsetzbar.

Die antisemitische Verschwörungstheorie bildete ein Kernstück des Nationalsozialismus und lieferte Adolf Hitler (1889–1945) ein entscheidendes Mittel, um an die Macht zu kommen. Die Nazis steuerten mehrere neue Eigenelemente zu den bereits eingeführten Themen bei. Erstens verknüpften sie die antisemitische Verschwörungstheorie mit einem Rassismus: Die Juden gewinnen Macht, indem sie eine Vermischung der Rassen fördern, die zum sittlichen und physischen Verfall führt, und damit die reine arische Herrenrasse schwächen.

Zweitens haben die Deutschen ein einzigartiges Motiv für den Antisemitismus, nämlich die *völkische* Nostalgie für Wagners heidnische Heldenzeit von Siegfried, Tristan und den Nibelungen. Diese wunderbare Zeit fand ihr Ende, als die Juden den Deutschen eine Variante ihrer eigenen Religion, die kraftlose Weltanschauung des sogenannten Christentums aufzwangen. Als deutsche Redner (Hitler eingeschlossen) eine Sehnsucht nach der Zeit vor dem Christentum entwickelten, weitete sich die Vorstellung von der jüdischen Verschwörung aus, so daß sie schließlich auch Jesus, die Kirchenväter und die Päpste umfaßte. Der herausragende Weltkriegsgeneral Erich Ludendorff sah im Christentum lediglich eine Propaganda für jüdische Welthegemonie.[75] Seine Frau Mathilde deutete den Satz »Dein Reich komme« im Vaterunser als eine Erklärung »jüdischer Weltherrschaft« im messianischen Zeitalter.[76] Die Ludendorffs und die Nazipartei führten solche Trends zum Gipfel, als sie Schritte unternahmen, um das Christentum durch ihre eigene Religion, den Antisemitismus, zu ersetzen. Derartige Vorstellungen wurden selbst von ausländischen Gefolgsleuten übernommen. »Diese Sache mit dem Christentum ist nichts weiter als Propaganda«, ließ ein amerikanischer Naziführer verlauten. »Meine Religion ist der Nationalsozialismus.«[77]

Drittens impften die Nazis das Verschwörungsdenken dem gesamten Leben Deutschlands ein. In der Verwaltung kam es zu einer »Institutionalisierung des Verschwörungsmythos«[78] mit einer Fülle von Behörden, Ämtern, Dienststellen und sonstigen bürokratischen Einrichtungen, die sich mit allem und jedem befaßten – von Neuausgaben antisemitischer »Klassiker« über das Planen von Boykotts bis zum Aufbau einer Todesmaschinerie. Im Kulturbereich wurden die Verschwörungstheorien, wo immer möglich, in die Kernsubstanz eingeschmolzen; so beispielsweise in Philosophie und Geschichtswissenschaft. Wo das nicht möglich war, wurde gegen die jüdischen Pendants die Nazikunst, die arische Mathematik oder der deutsche Sport auf den Schild gehoben. Indem die Nazis das antisemitische Verschwörungsdenken zur Staats- und Regierungssache machten, verliehen sie ihm eine bis dahin unvorstellbare Präsenz und Autorität.

Viertens ließ Hitler den apologetischen, defensiven Ton der früheren Antisemiten fallen. Vor ihm hatten sich selbst die haßerfülltesten Autoren verpflichtet gefühlt, von Zeit zu Zeit

etwas Positives über die Juden zu sagen. Sie zögerten, die An-
standsregeln zu überschreiten und ihre Gefolgschaft zu verlieren. Für dergleichen Bedenken oder Freundlichkeiten hatte
Hitler nichts übrig. Er haßte die Juden aufs äußerste und in jeder Hinsicht.

Fünftens hatten die antisemitischen Traktate früherer Jahrzehnte die Juden zwar mit allen nur erdenklichen Verleumdungen überhäuft, aber nie klar und unmißverständlich zur Ermordung von Juden aufgerufen. Dieses Moment wurde erst in
den zwanziger Jahren von den Nazis und ihren Verbündeten
eingeführt. Mit der Behauptung, die jüdische Verschwörung
ziele nicht nur auf die Eroberung der Weltmacht, sondern auf
»die Vernichtung der nordischen Völker«[79], rechtfertigten sie
ihre eigene entsprechende Reaktion. Das eigentümlichste Element der Nazibewegung bestand also darin, Vorurteil und
Angst ins Morden zu wenden. Ihre höchste schöpferische Lei-
stung bleibt die »Endlösung«.

Hitlers Ideen übten nicht nur in Europa, sondern auch in Japan, im Nahen Osten sowie in Nord- und Südamerika eine
tiefe Wirkung auf die Rechte aus. So hatte beispielsweise die
antisemitische Verschwörungstheorie in den Vereinigten Staaten bis dahin nur wenig Anziehungskraft gezeigt. Nun aber kamen kleine »Führer« und machten es ihrem großen deutschen
Vorbild genau nach. Während der Zeit der Weltwirtschaftskrise bildeten sich Hunderte rechtsradikaler Gruppen wie der
German-American Bund, Pater Coughlins Christian Front und
William Pelleys Silver Shirts. Diese Nazi-Sympathisanten schoben die Schuld für den Börsenkrach von 1929 und die anschlie-
ßende Wirtschaftskrise auf die »internationalen Finanzleute«,
das heißt auf die Juden. Charles Lindbergh warf den Engländern und den Juden vor, in geheimer Absprache mit der Regierung Roosevelt Amerika in den Krieg gegen Deutschland getrieben zu haben. Nazi-Anhänger betonten, der Krieg sei das
Werk von jüdischen »Kriegstreibern« und insbesondere von
»internationalen jüdischen Bankern«.[80] Es gab Plakate mit der
Aufschrift: »Juden haben diesen Krieg verursacht. Dafür sollen
sie uns zahlen.«[81]

Obwohl die Angst vor der Freimaurerei kein vergleichbar

dramatisches Ansteigen wie der Antisemitismus erlebte, war auch sie seit 1914 gewachsen. Bereits ein Jahr nach Kriegsende erklärten Deutsche beispielsweise ihre schlimme Lage im Krieg als Folge einer freimaurerischen Verschwörung, insofern sie den Freimaurern Schuld an der Ermordung von Erzherzog Franz Ferdinand gaben. Solche Vorstellungen wurden dann durch einige machtvolle Bücher angeheizt. Friedrich Wichtls *Weltfreimaurerei – Weltrevolution – Weltrepublik*[82] – »das mit Abstand bekannteste und einflußreichste Werk, das einen antifreimaurerischen Verschwörungsmythos propagiert«[83] – kam 1919 heraus und fand eine »erstaunliche Verbreitung«. Im gleichen Jahr erschien auch Karl Heises umfangreiche Haßschrift *Die Entente – Freimaurerei und Weltkrieg*.[84] Erich Ludendorffs *Vernichtung der Freimaurerei durch Enthüllung ihrer Geheimnisse*[85] wurde einige Jahren später publiziert. Das Buch erreichte hohe Auflagen und rief eine kleine Bibliothek von Reaktionen hervor.

Die Nazis versteiften sich auf die Mythen von geheimbündlerischen Verschwörungen. Die Freimaurer wurden, nach den Juden, die zweite Gruppe, die Verfolgungen erleiden sollte.[86] Trotzdem, sie galten als sekundäre Gefahr. In Hitlers öffentlichen Erklärungen traten sie hauptsächlich als ein Werkzeug der jüdischen Weltverschwörung in Erscheinung. »Die semitischen Freimaurer waren die Hauptschüler zum [Ersten] Weltkrieg. Das Judentum hat seine beste Waffe in der geheimen versteckten Freimaurerei.«[87] Die verbalen Attacken begannen noch vor 1933. Die gegen die Freimaurer angesetzten Einheiten des Sicherheitsdienstes waren so aktiv, daß die Parteizeitung im August 1935 »das Ende der Freimaurerei in Deutschland« melden konnte.[88] Ehemalige Freimaurer wurden von den Sicherheitsdiensten weiterhin genau beobachtet, um zu verhüten, daß sie verantwortliche Stellungen bekamen. Ausländische Freimaurer wurden in den Reden der Nazis und in den Medien häufig erwähnt. Im Jahre 1937 druckte eine Zeitung die unglaubwürdige Nachricht, daß amerikanische Freimaurer den regierungstreuen Einheiten in Spanien 18 Bomberflugzeuge gestiftet hatten. (Sie nutzte die angebliche Spende dann zur Rechtfertigung deutscher Unterstützung für die faschistischen Aufständi-

schen.) Nach Beginn des Weltkrieges machten die Nazis sich
daran, die Logen im »Großdeutschen Reich« zu zerstören.
Freimaurerquellen berichten, daß allein in Deutschland zwischen 76000 und 80000 Mitglieder ermordet wurden; andere
Quellen geben allerdings niedrigere Zahlen an. Wie Nazi-Pla-
nungen zur Besatzung Großbritannien zeigen, sollte außer den
jüdischen Organisationen auch den Freimaurerlogen vorrangig
eine »besondere Aufmerksamkeit« gelten.[89]

Was die »imperialistischen« Mächte betrifft, so machten die
Nazis jahrhundertealte Verschwörungstheorien gegen Großbritannien und die USA zur Basis politischen Handelns. Es war
ein Echo alter Mythen, wenn Hitler und seine Handlanger gegen das perfide Albion wetterten, das britische Weltreich als
Krake bezeichneten und behaupteten, daß die Vereinigten
Staaten infolge einer Verschwörung amerikanischer Kapitalisten in den Ersten Weltkrieg eingetreten seien. Was die aktuelle
Politik anging, so besaß Berlin die Unverfrorenheit, den Angelsachsen ein Streben nach »Weltherrschaft« vorzuwerfen und
die US-Regierung als Werkzeug des »Finanzkapitals« zu kennzeichnen. Im Jahre 1944 sah Goebbels sich durch das Ende des
Kriegsglücks der Nazis veranlaßt, auf zwanzig Jahre alte Themen zurückzugreifen und seine Landsleute vor Plänen der nach
Weltmacht greifenden Amerikaner zur Versklavung der Deutschen zu warnen.

Wie in der Vergangenheit entwarfen die Deutschen engste,
ruchlose Verbindungen zwischen den liberalen Demokratien
und jüdischer Macht. Winston Churchill und Franklin D.
Roosevelt waren entweder Diener jüdischer Interessen, oder
sie wurden zu Juden gemacht. Wirklichen Juden wie den
Rothschilds, Bernard Baruch und Felix Frankfurter wurde
großer Ehrgeiz und enorme Macht zugeschrieben. Von solchen
Einzelpersonen abgesehen, wurden ganze Länder symbolisch
jüdisch: »Onkel Sam ist in Onkel Shylock verwandelt worden.«[90] Der Zusammenhang von Angelsachsen und Juden
wurde ein Hauptthema deutscher Propaganda. »Wie eine Krake,
ein vielarmiges Ozeanungeheuer streckt dieses Land seine
Arme in alle Richtungen, greift es nach Inseln, Ländern und
Völkern und erstickt sie in seiner Umarmung. Hinter diesem

Ungeheuer aber erscheint das groteske Gesicht des Ewigen Juden, der in ihm nur einen Wegbereiter der Erfüllung seiner alten, nie aufgegebenen Pläne einer Weltherrschaft sieht.«[91] Und selbstverständlich waren es die Juden, die am Eintritt der Amerikaner in den Zweiten Weltkrieg schuld waren – ein Thema, das übrigens in Amerika selbst, unter den Rechten, starken Widerhall fand.

Gegenüber den Geheimgesellschaften handelte Hitler inkonsequent, als er an der Macht war. In *Mein Kampf* und über viele Jahre setzte er den Kommunismus als jüdisches Welthegemoniestreben herab, doch 1939 unterzeichnete er mit Moskau einen Freundschaftsvertrag. In seinen antibritischen und antiamerikanischen Verschwörungstheorien zeigte er sich beständiger, obwohl er auch hier gelegentlich Bereitschaft zu einer Politik der Koexistenz verriet. In diesem Punkt konnte Hitler sich Inkonsequenz leisten. So wie Stalin den Antisemitismus aufgriff oder fallenließ, wie es ihm paßte, änderte Hitler seine Politik gegenüber nichtjüdischen Feinden, insofern er mit ihnen nach realpolitischen Erfordernissen handelte.

Das operative Verschwörungsdenken erreichte seinen Höhepunkt im Zeitraum 1933–1945, als zwei von ihren Phobien und Haßvorstellungen durchdrungene Führer die Weltordnung herausforderten. Die Beziehungen zwischen den beiden mächtigsten und ehrgeizigsten konspirationistischen Machthabern der Geschichte verliefen im unberechenbaren Wechsel von vorsichtiger Zusammenarbeit und unversöhnlicher Feindschaft. Es begann mit einem Schwall von Beleidigungen, der von einer stillen Kooperation begleitet wurde. So erleichterte Stalin beispielsweise 1933 Hitlers Machtergreifung, indem er der Kommunistischen Partei Deutschlands verbot, ein Bündnis mit den Sozialdemokraten einzugehen. Im April 1936 kam es bereits zu einem deutsch-sowjetischen Wirtschaftsabkommen. Anschließend arbeitete Stalin sehr bemüht auf eine politische Verständigung mit Hitler hin. »Wir müssen mit einer so großen Macht wie dem nationalsozialistischen Deutschland eine Verständigung erzielen«, hat er nach Aussage eines Beraters gesagt.[92] Anfang 1938 nahm Stalin diplomatische Kontakte zu

Hitler auf und leistete ihm weitere Gefälligkeiten, indem er sich aus der Krise um die Tschechoslowakei völlig heraushielt und das Scheitern der republikanischen Truppen Spaniens duldete. Im August 1939 unterzeichneten beide Seiten ihren berüchtigten Nichtangriffspakt, und während der folgenden 22 Monate behinderte keiner den anderen am Einmarsch in und an der Eroberung von größeren Gebieten. Im Gegenteil, im September 1939 besiegelten sie ihr Bündnis mit der Unterzeichnung des Deutsch-Sowjetischen Grenz- und Freundschaftsvertrages und im Februar 1940 mit einem Handelsabkommen.

Trotz der großen Vorteile eines Burgfriedens mit Moskau in einer Zeit, da Deutschland zu einer militärischen Niederzwingung Englands außerstande war, hat Hitler sein Übereinkommen mit Stalin gebrochen und im Juni 1941 die Sowjetunion angegriffen. Mit diesem, von deutschen Militärstrategen zu Recht gefürchteten Zweifrontenkrieg beging Hitler einen Fehler, der in der Kriegsgeschichte beispiellos ist.[93] Hätte sich angesichts der ungezügelten Verschwörungsängste Hitlers und Stalins ein Zusammenstoß überhaupt vermeiden lassen? Letztendlich war der Krieg zwischen beiden unvermeidlich. Die Frage war nur, wann und unter welchen Umständen er begonnen wurde.

Es war dann so, daß der Überraschungsangriff den größten und maßgeblich entscheidenden Kriegsschauplatz des Zweiten Weltkriegs, nämlich die Ostfront, nach sich zog, und er führte auch zum größten und verheerendsten Schlachtfeld in der Geschichte der Menschheit. Der Zusammenstoß dieser zwei totalitären Machthaber, die beide von Verschwörungstheorien geleitet wurden und gigantische moderne Armeen ins Feld schickten, entwickelte sich zu einem unvergleichlichen Gesinnungskrieg, in dem Befehlshaber wie Soldaten keine Gnade kannten. Zu Beginn nahmen an der militärischen Konfrontation zwischen Nazis und Sowjets etwa acht Millionen Kämpfer teil; auf ihrem Höhepunkt erreichte ihre Zahl 15 Millionen. Die Schlacht von Kursk, an der (im Juli 1943) zwei Millionen Soldaten und 6000 Panzer beteiligt waren, ist die umfangreichste militärische Einzeloperation der Geschichte. Allein in Le-

ningrad fanden 1,5 Millionen Einwohner und Soldaten den
Tod. Bei Kriegsende hatte die Ostfront auf deutscher Seite ge-
schätzte drei Millionen und auf sowjetischer Seite 27 Millionen
(davon ein Drittel Soldaten und zwei Drittel Zivilisten) Menschenleben gekostet.

Diese Zahlen, die schon die ganze Absurdität des Krieges
spiegeln, verraten noch nichts von dem planmäßigen Terror,
den die beiden Verschwörungstheoretiker den gegenseitigen
Heeren und Völkern aufzwangen. Die NS-Befehlshaber gaben
ihren Streitkräften Anweisung zur Ausrottung der slawischen
und jüdischen Feinde. Damit lieferten sie einen Anlaß und die
Rechtfertigung für die entsetzlichsten Massengreuel, die je in
einem Krieg verübt worden sind. Und diese Greuel ereigneten
sich nicht als Verirrungen in der Hitze des Gefechts, sondern
sie erfolgten in systematischer Ausweitung des Führerwillens.
Darauf reagierten die Sowjetstreitkräfte ihrerseits mit einer für
die Deutschen überraschenden Entschlossenheit und hem-
mungsloser Grausamkeit. Die Zahl der Kriegstoten liegt übrigens wesentlich niedriger als die Zahl der Opfer, die außerhalb
der Schlachtfelder durch Regierungsmaßnahmen umgebracht
wurden. Die niedrigste Schätzung für die Gesamtzahl der Sta-
linschen Opfer (ohne Kriegsverluste) für den Zeitraum von
1929 bis 1953 liegt zwischen 19,5 und 22 Millionen Menschen,
von denen nicht weniger als ein Drittel zum Tode verurteilt
wurden oder ihr Leben verloren.[94] Die höchste Schätzung
stammt von R. J. Rummel, demzufolge insgesamt 62 Millionen Sowjetbürger von der eigenen Regierung umgebracht
wurden.[95]

Die Parallele zwischen den beiden größten Mördern der
Weltgeschichte ist kein Zufall. Stalin und Hitler »waren beide
Verschwörungstheoretiker, die schließlich in den Massen-
morden den einzigen Weg sahen, die Bedrohung durch imaginäre Komplotte auszuschalten«.[96] Und so organisierten sie
denn auch die größten Tötungsmachinerien aller Zeiten. Sie
hatten auch sonst viele Gemeinsamkeiten, die auch den Weg
zum Hitler-Stalin-Pakt des Jahres 1939 ebneten. Gemeinsam
war ihnen, außer Haß und Brutalität, auch eine Phobie vor
Weltverschwörungen sowie eine Neigung, selbst Verschwö-

rungen einzugehen. »Sie waren beide von Feindbildern besessen. Beide verhielten sich terroristisch und wandten in ihren Gefängnissen Folter an. In beiden Regimen stand der Staatsterrorismus in Verbindung mit einer internationalen Verschwörungstheorie: in Hitlers Fall mit der Idee einer antiarischen Verschwörung der Juden und bei Stalin mit der Idee eines antisowjetischen Komplotts.«[97]

Haben sie selbst an die Verschwörungstheorien geglaubt, in die sie die Außenwelt zwangen? Nein, sagt Dmitri Volkogonov. Er ist der Überzeugung, daß Stalin sie bloß zweckorientiert benutzte. Als Beweis führt er die Anklage auf »antisowjetische Verschwörung« (1941) gegen hohe Generäle an, die Stalin mit dem Vermerk durchstrich »keinen solchen Unsinn« und durch die Beschuldigung ersetzte, daß sie »Feigheit bewiesen, einen Mangel an Autorität und Tüchtigkeit gezeigt und den Verfall der Befehlsgewalt geduldet« hätten.[98] Ja, erklären dagegen Christopher Andrew und Oleg Gordievsky, es gebe »kaum Zweifel« daran, daß Stalin »an seine eigene Verschwörungstheorie glaubte. Das gilt, auf die eine oder andere Weise, auch für den größten Teil der Parteihierarchie. Dazu war sie auf Grund ihrer Ideologie sogar verpflichtet.«[99] Andere Experten sind sich da weniger sicher. Nora Levin gesteht: »Was Stalin persönlich von dieser vorgeblichen Bedrohung tatsächlich glaubte und inwieweit er sie schlau für innenpolitische Ziele benutzte, läßt sich schwer einschätzen. Jedenfalls haben viele Beobachter seine wachsende Paranoia und Besessenheit hinsichtlich seiner persönlichen wie auch der staatlichen Sicherheit bemerkt, die 1953 mit dem sogenannten Ärzte-Komplott einen absonderlichen Höhepunkt erreichte.«[100]

Hat Hitler an eine jüdische Verschwörung geglaubt? Nein, erklärt Walter Laqueur: »Hitler, Goebbels, Göring und ihresgleichen hielten die Juden für rassisch minderwertig und haben sie gehaßt und verachtet; doch an ein gigantisches Komplott haben sie nie geglaubt... Man war eher der Ansicht, daß die *Protokolle der Weisen von Zion* und die übrigen Verschwörungstheorien nicht für bare Münze genommen werden sollten.«[101] Im Gegensatz dazu erkennt Ron Rosenbaum hier eine vielschichtige geistige Entwicklung. Es fängt an mit einer scheinbar zynischen, berechnenden Überlegung, wichtig sei nicht zu glauben, sondern daß es so *aussieht, als ob man glaubt* – daß das Vortäuschen von Glauben mehr zählt als die Aufrichtigkeit der Überzeugung. Falls es sich aber anfänglich um Berechnung handelt, so ist das folgende ein »bemerkenswerter Prozeß«, durch den der Schauspieler/Betrüger mitgerissen wird, an den eigenen Betrug glaubt – von sich selbst besessen wird.[102]

Norman Cohn prüft das widersprüchliche Beweismaterial und kommt zu dem Schluß:

> Es ist manchmal behauptet worden, daß Hitler einfach nur ein Super-Machiavelli war, ein Mensch ohne Überzeugungen oder Loyalitäten, ein totaler Zyniker, für den der ganze Zweck und der einzige Wert des Lebens in Macht und noch mehr Macht bestand. Einen solchen Hitler hat es sicherlich gegeben – doch der andere Hitler, der Getriebene, der besessen war von Fantasien über die jüdische Weltverschwörung, war genauso real. Man würde nur gern wissen, inwieweit der Fast-Verrückte sogar noch im berechnenden Opportunisten aktiv präsent war.[103]

Verallgemeinernd läßt sich mit Wahrscheinlichkeit annehmen, daß Stalin und Hitler im wesentlichen, aber nicht in allen Einzelheiten an die Verschwörungstheorien glaubten, nach denen sie politisch handelten und unter deren entsetzlichen Konsequenzen die Welt zu leiden hatte. Menschen sind komplizierte Wesen, bei denen sich eigennützige Beweggründe leicht mit tiefsitzenden Meinungen und Überzeugungen verbinden, und diese beiden Ungeheuer waren gewiß imstande, unterschiedlich motivierte Ziele und Absichten miteinander zu vereinen.

Welcher der beiden Staaten hat mehr dazu beigetragen, das Verschwörungsdenken über die Welt zu verbreiten: die Sowjetunion oder das Dritte Reich? Ohne jeden Zweifel die Sowjetunion; und sie hat beide Varianten gefördert, die antisemitische und die gegen Geheimgesellschaften gewandte Verschwörungstheorie. Das Verschwörungsdenken der Nazis war ein zentraler Bestandteil ihrer Ideologie, in seiner Rhetorik gehässiger und in der Praxis skrupelloser als das sowjetische Pendant, doch die Naziherrschaft dauerte nur wenige Jahre und war am Ende gründlich diskreditiert. Im Unterschied dazu hat die Sowjetunion drei Generationen überdauert und nicht die gleiche Schande und Ächtung erlitten. Der Staat Lenins genießt selbst nach seinem Zusammenbruch den erheblich besseren Ruf.

In den vielen Tragödien dieses besonders tragischen Jahrhunderts hat also das Verschwörungsdenken eine bedeutende Rolle gespielt.

VI

Wanderung an die Peripherie: Nach 1945

Mit der wichtigen Ausnahme der Sowjetunion und anderer totalitärer Staaten verlor das Verschwörungsdenken nach 1945 seine zentrale Bedeutung im politischen Leben Europas und Amerikas, und mit dem sowjetischen Zusammenbruch (1989–1991) ging sein Einfluß weiter zurück. Schwächung bedeutet jedoch nicht, daß es verschwunden wäre. Es ist vielmehr so, daß der menschliche Drang, sich Verschwörungen auszudenken, hauptsächlich an zwei Schauplätzen Zuflucht fand: an den Rändern des politischen Lebens der westlichen Welt und an den geographischen Rändern westlicher Staaten.

Die totalitäre Linke

> Wir glaubten, daß alle westlichen
> Länder uns haßten und unseren
> Niedergang wünschten.
> *Pavel Sudoplatow, Stalins verantwort-*
> *licher Offizier für Sondereinsätze*[1]

Die Grundprämisse sowjetischen Verschwörungsdenkens – daß die Kapitalisten durch ihren Einfluß auf die Regierungen Englands und der Vereinigten Staaten die größte Bedrohung menschlichen Wohlergehens darstellen – wurde auch zum ideologischen Fundament der vielen anderen kommunistischen Staaten, die nach dem Zweiten Weltkrieg entstanden.

Obwohl die Sowjetunion von ihrer Gründung bis zum Niedergang das Verschwörungsdenken aktiv förderte, fanden mit der Zeit Veränderungen statt: Der Antisemitismus nahm zu, Zynismus ersetzte Überzeugung, und seit den späten vierziger Jahren rückten ein wenig andere Verschwörer ins Blickfeld. An die Stelle der einheimischen Juden trat Israel, und die Rolle Londons wurde von Washington übernommen.

ANTISEMITISMUS Der Tod Stalins im Jahre 1953 (der nicht durch eine Verschwörung seiner Ärzte, wohl aber – es sei vermerkt – möglicherweise durch seine engsten Mitarbeiter ins Jenseits befördert wurde) führte zu einem gewissen Nachlassen antisemitischen Verschwörungsdenkens. Auf die staatliche Politik wirkten dessen Zwangsvorstellungen jedoch noch jahrzehntelang nach, bis in die achtziger Jahre und in die Anfangszeit Gorbatschows. Unter Nikita Chruschtschow wurden Verschwörungstheorien über die weltweiten Bestrebungen des Zionismus (und seiner heimischen Werkzeuge) alltäglich. Gleichzeitig wurden, auch wenn es dazu in einem gewissen Widerspruch steht, die Juden und Israel zunehmend als Werkzeuge der Westmächte und in diesem Sinne sogar als Existenzbedrohung für das sowjetische Volk dargestellt. Die sowjetische Regierung untermauerte solche Beschuldigungen mit Fälschungen, Gerüchten und sonstigen Formen von Desinformation.

Auf Grund der Geschehnisse im Nahen Osten wandelte diese eher allgemeine Phobie sich zu konkreter Feindschaft. Die Sowjets hatten seit 1955 massiv in die Regime von Gamal Abdel Nasser und anderen arabischen Führern investiert, so daß der erstaunliche militärische Triumph Israels über Ägypten, Syrien und Jordanien im Juni 1967 den Kreml zu Wutausbrüchen gegen den Zionismus veranlaßte. Im Unterschied zu den frühen Marxisten-Leninisten, die den jüdischen Nationalismus für zu unwichtig hielten, um sich auch nur in einem Artikel über ihn auszulassen (in den zahlreichen Schriften von Lenins *Gesammelten Werken* wird er lediglich fünfzehnmal erwähnt), rückte der Zionismus vom August 1967 an ins Zentrum sowjetischer Propagandatätigkeit. Der Ton dieser Kampagne wird durch ein maßgebliches Dokument der Anfangsphase vorgegeben: »Hinter den Kulissen der internationalen Bühne ist ein weitgespanntes Netz von zionistischen Organisationen mit einem gemeinsamen Zentrum, einem koordinierten Programm und mit Geldern wirksam, die die Mittel der ›Cosa Nostra‹-Mafia bei weitem übersteigen.«[2]

Die sowjetischen Medien interpretierten – und lieferten damit rückwirkend seine Rechtfertigung – den russischen Antisemitismus der Zeit vor 1917 als eine Art Klassenkampf gegen die »barbarische Ausbeutung durch die jüdische Bourgeoisie«. Sie begannen auch mit dem Nachdruck antisemitischer Schriften aus der Zarenzeit, wobei sie in der Regel, aber nicht durchweg, den kosmetischen Eingriff vornahmen, das Wort »Jude« durch »Zionist« zu ersetzen. Der KGB hatte in einem Säuberungsprozeß des Frühjahrs 1953 alle als Juden bekannten Mitglieder aus seinen Reihen entfernt und holte sie nie wieder zurück. Wie hätte er das auch tun können, da er den Zionismus dann als ein, wenn nicht als *das* Hauptinstrument der ideologischen Subversion betrachtete?

In mancher Hinsicht ähnelte die Art, wie die Sowjets den Antisemitismus politisch einsetzten, seiner Rolle in NS-Deutschland.[3] Hier wie dort entstand zu diesem Thema ein Berg an Literatur: Nun kam alle zwei Monate ein diesbezügliches Buch heraus. Eine ganze Reihe von Personen erwarben sich einen Ruf als antisemitische Experten, darunter Wladimir Begun, Juri Iwanow, Lew Korneyew, A.Z. Romanenko und Jewgeni Jewsejew. Es gab auch inhaltliche Übereinstimmungen: Jüdische Wirtschaftsinteressen dominieren einen zionistischen Apparat, der weltweit finanzielle, politische und kulturelle Institutionen beherrscht. Die politische Instrumentalisierung des Antisemitismus erinnerte ebenfalls an diejenige der Nazis: In beiden Staaten wurden Dissidenten, westliche Mächte und sonstige Gegner als »jüdisch« klassifiziert. In der Sowjetunion wurde eine Theorie entwickelt, derzufolge der Judaismus den Genozid an und die Versklavung von Nichtjuden bedingt – womit die Zionisten de facto zu Verbündeten der Nazis gemacht wurden. Das erklärt auch, wieso den Juden vorgeworfen werden konnte, mit dem Dritten Reich kooperiert zu haben. (In Wahrheit war es natürlich Stalin, der mit Hitler paktiert hatte.)

Solche Anschuldigungen nahmen mit der Zeit zu. Zu Stalins Lebzeiten und bis zum Jahr 1967 wurde Israel normalerweise nur als eine Schachbrettfigur der Großmächte gesehen. Leonid Breschnew erklärte sogar noch wenige Wochen nach dem Sechstagekrieg vom Juni 1967 gegenüber arabischen Führern: »Der Faktor, der Israel zu dieser Aggression antrieb, war der amerikanische, deutsche und britische Imperialismus. Dazu bedarf es keines Beweises.«[4] Israel wuchs dann später aber so stark, daß es als die treibende Kraft hinter den Großmächten betrachtet wurde: »Zionistische Agenten« hätten, so hieß es, »ausländische Geheimdienste infiltriert« und über sie die Politik der Vereinigten Staaten und Englands beeinflußt.[5] Bereits 1963 setzte ein wichtiges Buch den Judaismus dem Faschismus gleich und postulierte die jüdische Bereitschaft, durch solche schlimmen Mittel wie Massenmord Welthegemonie zu erlangen.[6] Es hieß, daß die Ölkonzerne und der militärisch-industrielle Bereich in den Vereinigten Staaten von Zionisten beherrscht würden. Watergate wurde vom KGB als zionistische Verschwörung zur Vereitelung der Entspannungspolitik interpretiert.

ANTIIMPERIALISMUS Mit dem Niedergang der britischen Weltmacht nach dem Zweiten Weltkrieg ging ein großer Teil des bisher gegen England gerichteten antiimperialistischen Mißtrauens auf die Amerikaner über. Für diese Übertragung gibt es sogar ein ganz genaues historisches Datum: der 21. Februar 1947. An diesem Tag begab sich der Botschaftsrat der britischen Botschaft in Washington ins amerikanische Außenministerium, wo er zwei ähnliche Noten der Regierung Seiner Majestät überreichte – die eine Griechenland, die andere die Türkei betreffend. Beide übermittelten einen identischen dringenden Appell: Falls die US-Regierung nicht von England die Verteidigung der beiden Länder übernähme, würden sie bald durch sowjetisch gestützte Streitkräfte erobert werden. In einer der maßgeblichen außenpolitischen Entscheidungen der amerikanischen Geschichte hat Präsident Harry Truman diese Verantwortung sofort übernommen. Im nachhinein markiert der kurze Gang jenes Wintertages vor einem halben Jahrhundert zum amerikanischen Außenministerium eine Stabübergabe

und den Beginn des Auftretens der Vereinigten Staaten als der
führenden Macht des Westens.

Ein Nebeneffekt bestand in der Veränderung der Rolle, die
Amerika in den Fantasien der Verschwörungstheoretiker
spielte: Wenn sie in den zweihundert Jahren vor 1947 auf London fixiert waren, so sind sie es seither auf Washington. In vielen Fällen sind die Themen unverändert geblieben, so daß nur
der Name des Landes ausgetauscht wurde. Ihre vielen gemeinsamen Merkmale – die Sprache, das politische System, die
Rechtstradition, Industrialisierung, Reichtum, politische Sta-
bilität, Großmachtstatus und eine Orientierung hin zum Meer –
machten es leicht, die angeblichen Eigenschaften von einer
»angelsächsischen« Macht auf die andere zu übertragen. Und in
der Tat, der Schub der Vereinigten Staaten in die ruchlose
Rolle Großbritanniens ging so reibungslos vonstatten, daß der
Rollenwechsel die Aura des Selbstverständlichen und Unver-
meidlichen hatte. Er war jedoch keineswegs vorherbestimmt.
In einem Kernaspekt nämlich hatten die zwei Staaten eine
höchst unterschiedliche Vorgeschichte: London hatte bis vor
kurzem über das größte Reich der Geschichte geherrscht,
während Washington stets – mit wesentlichen Ausnahmen nur
in der Zeit um 1900 – eine entschieden antiimperialistische Politik verfolgt hatte. Für Verschwörungstheoretiker sind solche
Feinheiten allerdings kaum von Bedeutung.

Die Sowjets lieferten das Modell, und andere kommunistische
Bewegungen und Regime folgten ihm nach. Sie alle – es gibt
praktisch keine Ausnahme – haben den paranoiden Stil zum
Wesensmerkmal ihrer Botschaft gemacht. Im Korea von Kim,
in Maos China, im Kambodscha von Pol Pot, im Albanien
von Enver Hodscha und im Kuba Castros sind nicht nur Einzelpersonen im Zentrum der Macht, sondern das ganze Regierungssystem selbst ist durch eine übermäßige Angst vor Verschwörungen geprägt. Alle haben den Antiimperialismus
nachgeplappert, fast alle haben sich dann dem Antisemitismus
angeschlossen. An vorderster Front des antisemitischen Verschwörungsdenkens stand, wie zu erwarten, Ostdeutschland
mit manchen alten Erznazis in hohen Positionen, doch selbst

die weit entfernten Regime in Vietnam und China stimmten
pflichtschuldig in die furchterregenden Analysen des Zionismus ein. Die Vorhut der Arbeiter trug Haßfantasien im Hinblick auf die Juden in viele Regionen hinein, wo sie zuvor unbekannt gewesen waren.

Der Antiimperialismus spielte jedoch eine zentralere Rolle,
weil die sowjetische Ideologie von der Prämisse des Kampfes
gegen die kapitalistischen Bestrebungen um Oberherrschaft
über die Welt ausgeht. Wo immer marxistisch-leninistische
Regime an die Macht kamen, folgte bald eine Abart der stalinistischen Paranoia. So berichtet beispielsweise ein ehemaliger
Angehöriger des Sicherheitsministeriums, daß in der Tschechoslowakei der frühen 1950er Jahre allerorten potentielle
»Staatsfeinde« erblickt wurden: »Jeder mit nur der geringsten
Verbindung zum Westen«, inklusive frühere Mitglieder von
Pfadfindern, Rotary Club, Heilsarmee, CVJM und Kirchen,
galt als »möglicher Spion«.[7] Den höchsten Grad der Hysterie
brachte die chinesische Kulturrevolution: Die bloßen Kenntnisse einer Fremdsprache oder eine Reise ins Ausland wurden
schon als Beweis für Spionage gewertet.

Obwohl die tödlichen Folgen mit Stalins Tod zurückgingen,
ließ das Verschwörungsdenken an sich keineswegs nach; im
Gegenteil, es weitete sich aus, genauso wie die Zahl der kommunistischen oder prosowjetischen Regime. Auf dem Höhepunkt der sowjetischen Macht und ihres Einflußbereichs, in
den siebziger Jahren, besaß die antiimperialistische Verschwörungstheorie eine außerordentliche Weltpräsenz. Lenins verschwörungstheoretische Werke waren zu heiligen Schriften
geworden für Hunderte von Millionen – Chinesen, Russen,
Deutsche, Vietnamesen, Polen, Kubaner, Jemeniten und viele
andere mehr –, deren politische Führer in ihren Taktiken
seinem Vorbild folgten. Die siebziger Jahre erlebten auch
die größten poststalinistischen Aderlässe, von denen viele
mit Verschwörungsängsten zusammenhingen: Das gilt für
die Kulturrevolution in China, den Völkermord der Roten
Khmer in Kambodscha, den pakistanischen Angriff auf Benga-
len und für die von Derg programmierten Hungersnöte in
Äthiopien.

Dann machten leninistische Staaten eine Serie von harten Rückschlägen und Richtungswechseln durch. Nach Maos Tod wurde der Totalitarismus in China von einer milderen Form eines marktorientierten Autoritarismus abgelöst. Um 1985 erfuhr das Verschwörungsdenken einen erheblichen Niedergang, als in der Sowjetunion Gorbatschow an die Macht kam und eine Politik der *Glasnost*, das heißt der Offenheit, einführte. Die fixe Idee von imperialistischen Feinden gehörte zu den ersten Dingen, die von seiner Regierung geopfert wurden. Einige leninistische Regime verloren (wie in Nicaragua) die Macht. Dann kam das *Annus Mirabilis* 1989, in dem der sowjetische Block und damit praktisch auch die Macht von der Bildfläche verschwand, die das Verschwörungsdenken historisch über den längsten Zeitraum und mit dem größten Einfluß gefördert hatte. Der sowjetische Zusammenbruch Ende 1991 verringerte in hohem Maß die Macht des politisch tätigen Verschwörungsdenkens und wurde für die Geschicke dieser Mentalität ein bedeutsamer Wendepunkt. Damit ging eine riesige organisierte Kampagne mit unbewiesenen antiisraelischen und antiamerikanischen Behauptungen so gut wie zu Ende. In Kuba und Nordkorea hielten sowjetische Gefolgsleute zwar noch an der Macht fest, doch sind ihre Verschwörungsideologien von der gleichen Gewichtigkeit wie ihre Volkswirtschaften.

An die politischen Ränder

> Unsere wunderbare Rasse steht am Rande der totalen Ausrottung.
> *Die schwedische Neonazi-Zeitschrift Storm*[8]

Weltverschwörungstheorien hatten mit dem Jahr 1945 ihre operative Bedeutung im westlichen Europa und in Nordamerika verloren. Die »Wanderung des Neides an die Randzonen« (James H. Hutson)[9] drängte sie im Westen im wesentlichen an die Ränder des politischen Lebens. Dennoch hat sich das Verschwörungsdenken in einem breiten Spektrum von geringeren Erscheinungsformen gehalten.

Nach einer dreißig Jahre währenden außergewöhnlichen Karriere auf schwindelerregenden Höhen der Macht brach die
Mentalität, die hinter allem Geschehen das Wirken einer verborgenen Hand sah, in Westeuropa nach dem Zweiten Weltkrieg zusammen. Sie verlor ihre Geltung im ehrbaren Diskurs, in den führenden Medien und in den Korridoren der
Macht. Hitler und Stalin hatten gezeigt, was für ein horrender
Preis für ein zügelloses Umsichgreifen von Verschwörungstheorien zu zahlen war. Die Schrecken, die sie der eigenen Bevölkerung und auswärtigen Völkern angetan hatten, machten
dem zweihundertjährigen Anwachsen des Verschwörungsdenkens ein Ende. Dieser Wandel wurde durch die Vernichtung
des NS-Staats und von vielen seiner Verbündeten konsolidiert.

Unter amerikanischer Schirmherrschaft bildeten sich in
Westeuropa demokratische und liberale Institutionen, die Bestand hatten und gegen ein operatives Verschwörungsdenken
gefeit waren. Selbstverständlich machten Millionen von Nazi-
sympathisanten und sowjetischen Mitläufern nicht über Nacht
einen Sinneswandel durch. Sie erkannten jedoch, daß eine
große Mehrheit ihrer Mitbürger sich vom Verschwörungsdenken abkehrte und daß die öffentliche Stimmung ihre Ängste
und Beschuldigungen nicht mehr akzeptierte. Das antisemitische Verschwörungsdenken war in der Nachkriegszeit so ver-
rufen, daß ein auf diesem Gebiet führender Historiker 1968
feststellen konnte: »Heute werden die Juden nicht mehr beschuldigt, ein ständiges Komplott gegen die Menschheit zu
schmieden, Revolutionen und historische Katastrophen herbeizuführen. Ihnen werden keine übernatürlichen Fähigkeiten
mehr zugeschrieben. Jede individuelle Zurschaustellung eines
fanatischen oder ›paranoiden‹ Antisemitismus ... wird von der
öffentlichen Meinung als Monstrosität oder Psychose abge-
tan.«[10] Solcher Wandel war allerdings zu »schön, um lange wahr
zu sein«.[11] Mit den Jahren erlebte das Verschwörungsdenken
ein Comeback. Wenn, drei Jahrzehnte später, rechtsradikale
Politiker wie Jean-Marie Le Pen in Frankreich und Jörg Haider
in Österreich ein Sechstel der Wählerstimmen gewinnen und
in einigen Gemeinden sogar Ämter übernehmen, klingen Po-
liakovs Überlegungen seltsam naiv. Der amerikanische Wissen-

schaftler Richard Levy sieht klarer und nimmt ein Andauern des Hasses auf die Juden wahr: »Der Antisemitismus ist heute nicht einfach nur ein historisches Relikt, eine Besessenheit wahnsinniger Einzelpersonen oder Gruppen, sondern eine sich wandelnde Ideologie, die auf einer langen Vergangenheit und darauf basiert, daß ihr noch politische Funktionen zukommen. Er wird nicht bequemerweise einfach verschwinden.«[12]

Mit dem Antisemitismus kommt auch der unvermeidliche Antiimperialismus, der nunmehr gegen die Vereinigten Staaten gerichtet ist. Deutsche Rechte nehmen die dominante Position der populären amerikanischen Kultur wahr und sehen darin eine bewußte Bestrebung, den deutschen Volkscharakter auszubleichen. Ihre Gegenüber auf der Linken verweisen auf das internationale Finanzsystem als Beweis dafür, daß die Amerikaner von den Nazis das Streben nach Oberherrschaft in der Welt übernommen haben. Auf beiden Seiten gab es den Verdacht eines amerikanischen Komplotts, Deutschland bei einer nuklearen Konfrontation mit der Sowjetunion zum bevorzugten Schlachtfeld zu machen.

Heute zählt in Westeuropa die muslimische Einwanderung zu den vorrangigen gesellschaftlichen Problemen, und die antiafrikanische und die antiasiatische Einstellung, die aus Beunruhigung über diese Entwicklung entstanden, sind zu einem bedeutsamen politischen Faktor geworden. Es gibt verantwortungsbewußte Beobachter, die es sogar für wahrscheinlich halten, daß große Länder wie Frankreich eine muslimische Orientierung erfahren.[13] Dennoch behält das antisemitische Verschwörungsdenken seine alte Bedeutung: »Es mag ja sein, daß die faschistischen Gruppen für ihre einwanderungsfeindliche Rhetorik neue Zielscheiben gefunden haben, doch die Zielrichtung ihrer Verschwörungstheorien haben sie bisher nicht dementsprechend angeglichen.«[14] Um Anhänger anzulocken, redet die Rechte über augenblickliche Probleme, aber die zum harten Kern gehörenden Mitglieder bleiben weiterhin auf Juden fixiert. Die öffentliche Botschaft richtet sich auf die Probleme, die mit der Einwanderung von Muslimen zu tun haben; wenn die Führungskreise auf ihren Sitzungen unter sich sind, sind sie aber besessen vom Gedanken an die Juden, mehr

als von demjenigen an Pakistanis, Türken oder Algeriern. Die
antisemitische Verschwörungstheorie scheint dazu bestimmt,
unter den Extremisten unterschiedlichster Gesinnungen ein
bestimmendes Thema zu bleiben, auch wenn sie für ihre konkreten, täglichen Obliegenheiten noch so irrelevant ist.

Von Zeit zu Zeit macht sie sich auch im Mainstream be-
merkbar. Ein Abgeordneter des französischen Front National
sprach in einer Rede im Europäischen Parlament davon, daß
die Juden die Russische Revolution durchgeführt hätten und
nun versuchten, in Frankreich an die Macht zu kommen. Der
italienische Arbeitsminister gab die Schuld am Fall der Lira der
»New Yorker jüdischen Lobby«.[15] Der belgische Außenminister
rief allen in Erinnerung, daß auch die geheimbundfeindliche
Tradition in spurenhafter Form weiterlebt: Er machte für die
europäischen Finanznöte »eine Art von Komplott« verantwortlich, das von angelsächsischen »Institutionen und Persönlichkeiten ausgeführt wird, denen ein geteiltes Europa lieber ist, das
zu einer zweitrangigen ökonomischen Bedeutung verurteilt
ist«.[16] Der operative Einfluß solcher Gedanken bleibt allerdings
gering. Die politische Gemeinschaft ist vom Verschwörungsdenken nicht ernsthaft bedroht. Es gibt heute in Westeuropa
keine Regierungen, die sich in ihrem Handeln von Vorstellungen des Verschwörungsdenkens leiten lassen. Die Mitte ist
stabil.

Von den Ländern Osteuropas läßt sich Gleiches nicht behaupten, weil Völker, denen Verschwörungsdenken einge-
trichtert wurde, ihre Vorurteile dann so leicht nicht aufgeben.
Der Weg, der Serbien in den 1990er Jahren in Armut und
Grauen führte, war von einem durchgängigen, auf die Freimaurer fixierten Verschwörungsdenken begleitet. Für diese
wirre Geisteshaltung war die Aussage eines griechisch-orthodoxen Priesters über Tito charakteristisch, jenen Diktator, der
in Jugoslawien alle Logen geschlossen hatte: »Wissen Sie, Tito
war Freimaurer, genauso wie der Papst und alle römisch-katho-
lischen Bischöfe. Nach der Ermordung Mahatma Gandhis
wurde Tito zum Oberhaupt der Freimaurer ... Wir wissen,
daß Tito heimlich im Vatikan begraben worden ist.«[17]

Als mit *Glasnost* in Rußland die Kontrolle der persönlichen

Rede und der Medien gelockert wurde, kam es zu einem spektakulären Ansteigen rechten Verschwörungsdenkens. Das antifreimaurerische Gedankengebäude, das russische Exilanten in der Zwischenkriegszeit mit elaborierten Theorien von einer freimaurerischen Finanzierung der Revolution von 1917 errichtet hatten, kam zu neuer Geltung. Jetzt diente es allerdings auch einer Erklärung der Gegenrevolution von 1989. Neue Gruppen (wie Pamjat), Publikationen (*Nash sowremennik*) und Politiker (Wladimir Schirinowski) machten dem sowjetischen Drumherumreden über Zionisten und Kapitalisten ein Ende. Sie griffen das Verschwörungsdenken auf, das die Weißrussen sieben Jahrzehnte vorher entwickelt hatten, und richteten es direkt auf Juden und Westeuropäer. Der Sowjetstaat hatte die Juden jahrzehntelang als antisowjetisch diffamiert. Auf diesem Antagonismus baute nun die Rechte auf, indem sie ihn jedoch umkehrte und die Juden jetzt als die Träger der kommunistischen Plage darstellte. Der Jude wurde zur Verkörperung des Bösen, der sich unter dem Mantel eines Freimaurers, Liberalen oder Kommunisten versteckt, aber letztendlich stets ein spezifisch jüdisches Programm der Machtergreifung verfolgt.[18] Um diese Ideen glaubhaft zu machen, wurde nahezu jede wichtige Gestalt der neueren russischen Geschichte (inklusive Aleksandr Kerenskij, Solschenizyn und Gorbatschow) mit einer jüdischen oder freimaurerischen Verbindung ausgestattet.

Und schon bald trat eine Reihe von neuen Theorien in Erscheinung, die unterstellten, daß die *Perestroika* (die wirtschaftliche und politische Umstrukturierung der Sowjetunion) ein westliches Komplott zur Schwächung von Rußland darstellte. Gorbatschow war ein Agent des Westens, und Jelzin erhielt von westlichen Wirtschaftskreisen Geld mit dem Auftrag, den Rubel zugrundezurichten (damit ehemals sowjetische Staatsunternehmen billig zu erwerben wären). Die politische Entwicklung wurde durch diese und andere abstruse Ängste behindert: »Das Aufblühen von Verschwörungstheorien in Rußland zeigt das ganze Ausmaß der psychologischen Verwerfung im Lande. Das Herumgeistern von solchen Gedanken macht es einer demokratischen Politik schwer, Wurzeln zu schlagen, und läßt es wahrscheinlich werden, daß eine immer größere Anzahl von

Russen nach ›ernsthaften Maßnahmen‹ zur Wiederherstellung der Ordnung und zur Beschneidung von Reformen ruft, die vom Westen gefördert werden.«[19]

Wie in Erfüllung dieser Vorhersage von 1992 kam 1996 der Kommunist Gennadi Schuganow bei den Präsidentschaftswahlen mit einer auf Verschwörungsdenken basierenden Kampagne auf den zweiten Platz. Schuganow war zur Zeit Gorbatschows ins Zentralkomitee gekommen und unternahm von dieser Position her alles ihm nur Mögliche, um das alte System zu bewahren. Als Rußland sich von der sowjetischen Ära erholte, propagierte er J. A. Hobsons bekannte Verschwörungstheorie, der er nun allerdings wahrhaft immense Dimensionen gab: Seit dem großen Schisma von 1054 – als die griechisch-orthodoxe Kirche sich von Rom trennte – hatte der Westen auf Veranlassung der Juden, die sein Kapital und seine Entscheidungsfindungen kontrollierten, Rußland schwach und arm zu halten getrachtet, um auf diese Weise dessen wirtschaftliche Ressourcen auszubeuten. Aus dieser Habgier erklärt sich der Widerstand des Westens im 19. Jahrhundert gegen das russische Reich und seine antisowjetische Politik im 20. Jahrhundert: »Von Epoche zu Epoche hat der Westen wie ein unersättlicher Moloch oder ein riesiger Strudel wertvolle Rohstoffe und billige koloniale Arbeitskraft, neue Territorien und Einflußzonen, Waren, Geld, Ideen und Intelligenz in seinen Schoß abgesogen.«[20] Irgendwie gelingt es Schuganow sogar, für das Scheitern des sowjetischen Experimentes die Juden verantwortlich zu machen: Im Gegensatz zu Patrioten wie dem Genossen Stalin, Marschall Schukow und dem legendären Stachanov suchten die Juden, die Revolution zu exportieren, und brachten damit die Sowjetunion zu Fall. Diese Denkweise findet, zumindest in abgeschwächter Form, bei Russen ein starkes Echo. Eine Meinungsumfrage des Jahres 1996 brachte das Resultat, daß über 60 Prozent der Befragten der Aussage zustimmten, daß »der Westen mit seinen ökonomischen Ratschlägen das Ziel verfolgt, Rußland zu schwächen«.[21]

Das Verschwörungsdenken setzte sich im russischen Leben so tief fest, daß es sogar von Antikommunisten übernommen wurde. Der KGB-Agent Anatoli Golizin, der sich 1961 in den

Westen absetzte, hat von einem Strategiespiel berichtet, das im
Mai 1959 auf einer Konferenz in Moskau entwickelt wurde.
Der KGB hatte ein Programm »strategischer Desinformation«
erarbeitet, das den Anschein von Schwäche erwecken sollte,
damit der Westen sich in Selbstsicherheit wiegte, um damit das
langersehnte sowjetische Ziel globaler Herrschaft zu erreichen.[22] In seinem 1984 erschienenen Buch hat Golizin die
These vertreten, daß Moskau ganz bewußt die Illusion weckte,
eine Reihe von Problemen zu haben – den Disput mit Jugoslawien, Albanien und China; die Unabhängigkeit Rumäniens;
den Prager Frühling; die polnische Gewerkschaftsbewegung
Solidarność; die Machtkämpfe innerhalb kommunistischer
Parteien; die Entstalinisierung; die Wirtschaftsschwäche und
die Dissidentenbewegung. All diese Phänomene seien in
Wahrheit, so behauptete er, nur von Moskau gesteuerte Komplotte gewesen. So sei beispielsweise der berühmte Dissident
Andrej Sacharow »nach wie vor ein treuer Diener des Regimes,
dessen Aufgabe jetzt die eines leitenden Desinformations-
Sprachrohrs der Sowjetstrategen ist«.[23] In der Sowjetunion fanden diese sensationellen Behauptungen keine Beachtung. Sie
hatten jedoch einige Auswirkungen auf das Denken rechter
Kreise in den Vereinigten Staaten, obwohl Golizin selbst nach
dem Zusammenbruch der Sowjetunion an ihnen festhielt und
am Ende seine Zuhörerschaft weitgehend verlor.[24]

Mit andern Worten: Es haben viele Russen freiwillig eben
jenes Verschwörungsdenken weitergeführt, das ihnen für so
lange Zeit aufgezwungen worden war. Das sollte nicht all-
zusehr überraschen. Denn die ehemalige Sowjetunion ist das
einzige Land, wo die Regierung Verschwörungstheorien propagierte und über drei Generationen auf der Grundlage der Ta-
gesereignisse endlos wiederholte. Andere Völker – insbesondere die Deutschen während der 12 Jahre unter Hitler und die
Chinesen während der 27 Jahre dauernden Ära Maos – haben
ein vergleichbares Eintauchen erlebt; doch kein Volk so lange
wie die Menschen in der Sowjetunion. Solche Hinterlassen-
schaft trägt wahrscheinlich zu den Schwierigkeiten bei, die 300
Millionen Bewohner der früheren Sowjetunion damit haben,
das Verschwörungsdenken hinter sich zu lassen.

Und wie steht es mit den Vereinigten Staaten, einem Land mit seinen, wenngleich häufigen, so doch andersartigen Verschwörungstheorien, das die Ausnahme zu bilden scheint, welche die Regel bestätigt? Nach dem Zweiten Weltkrieg hat das amerikanische Verschwörungsdenken sich in zwei bedeutsamen Aspekten verändert: Die Rechte betrachtete in immer größerem Maße Washington als ein Problem, und amerikanische Vorstellungen gewannen weltweit Einfluß.

WASHINGTON ALS TEIL DER VERSCHWÖRUNG Die lebhafte Angst vor einer sowjetischen Unterwanderung, die die Amerikaner einst beunruhigte, ist nach 1970 praktisch verschwunden und machte einer Angst vor der sowjetischen Militärmacht Platz. Heute, nach diesem Wandel, fällt es schwer, sich die frühere Angst vorzustellen. Doch die Angst vor einer Unterwanderung war keineswegs töricht, weil der Leninismus tatsächlich ein breites Spektrum von Amerikanern in hohen Positionen (Kernphysiker, Beamte des Außenministeriums und Künstler) in seinen Bann zog, die sich ab den dreißiger Jahren beinahe ungestraft in Untergrundzellen organisierten und an Spionage für Moskau und anderen Verschwörungsformen beteiligten. Die gelegentliche Aufdeckung dieses Netzes (in berühmten Spionagefällen wie bei Alger Hiss und den Rosenbergs) führte in den fünfziger Jahren zur Blüte von zwei komplementären Verschwörungstheorien, die eine Kommunisten in den USA, die andere Moskaus Agenten und Düpierte im Land betreffend.

Im Jahr 1938, als in Europa der Totalitarismus seinen Höhepunkt erreichte, begründete das Repräsentantenhaus das Committee on Un-American Activities, um »die Verbreitung subversiver und antiamerikanischer Propaganda in den Vereinigten Staaten« zu untersuchen.[25] Die entsprechende Besorgnis wurde jedoch erst mit dem Kalten Krieg zu einer Angelegenheit von nationaler Tragweite. Senator Joseph McCarthy (ein Republikaner aus Wisconsin) lieferte deren berühmteste Verlautbarung 1951 in einer Rede im Senat, in der er die Fragen selbst stellte und beantwortete:

Wie können wir uns unsere aktuelle Lage erklären, es sei denn, wir glauben, daß hochrangige Personen in dieser Regierung zusammenarbeiten, um uns der Katastrophe zu überantworten? Sie kann bloß das Resultat einer großen Verschwörung sein, einer Verschwörung von solch immensen Ausmaßen, daß sie alle vorherigen Projekte dieser Art in der Geschichte der Menschheit in den Schatten stellt. Eine Verschwörung von solch finsterer Schmach, daß, wenn sie schließlich aufgedeckt sein wird, ihre Prinzipien für immer den Fluch aller ehrlichen Menschen verdienen werden.[26]

Mit großem Tamtam und der bei Verschwörungstheoretikern üblichen Verachtung für Beweise und Verfahrensfragen ging McCarthy dann daran, seine Beherrschung des Permanent Investigations Subcommittee zu nutzen, um amerikanische Kommunisten in der Regierung, im Showbusiness, im höheren Bildungswesen und sonstigen führenden Stellungen zu entlarven. Einige der Verdächtigen waren tatsächlich Kommunisten, viele waren es jedoch eben nicht. Die sensationellen Anschuldigungen und die unkontrollierten Methoden McCarthys stellen wahrscheinlich das deutlichste Beispiel von Verschwörungsdenken dar, das den Mainstream amerikanischer Politik bestimmt hat. Doch nur drei Jahre später war seine Kampagne bereits vorbei. Sie war an ihrer eigenen Zweckbestimmtheit zugrunde gegangen: Es war gerade die Größe der Anschuldigungen, die sie zugleich unhaltbar machte; denn er mußte sie mit Beweisen untermauern und war dazu außerstande.

Im Gefolge dieses Fehlschlages gewann eine alternative Verschwörungstheorie an Boden. Sie befaßte sich vorrangig nicht mit den »schäbigen Leuten, die die amtlichen Funktionen des kommunistischen Parteiapparats wahrnehmen«, sondern mit »wohlmeinenden Personen (in der Parents Teachers Association und ähnlichen Organisationen), denen das Gehirn mit kommunistischen Ideen gewaschen worden war«.[27] Diese Verschwörungstheorie zielte auf den Council on Foreign Relations (CFR), einen New Yorker Klub ab, der Amerikaner mit ernsthaftem Interesse für Außenpolitik zusammenbringt. Die Verschwörungstheoretiker brauchten nur einen Blick auf seine Mitgliedsliste zu werfen, um zu entdecken, daß viele Klub-

mitglieder höchste Positionen in den Regierungen von demokratischen wie republikanischen Präsidenten und zahlreiche
sonstige hohe Stellungen in der amerikanischen Gesellschaft
bekleidet hatten bzw. bekleideten.

Die Rechte sieht eine Hierarchie, wo keine existiert, und sie
unterstellt einem Freiwilligenverein eine Führung mit strikten
Regeln, wenn sie auf den CFR als die »unsichtbare Regierung«
zeigt, die die Vereinigten Staaten in Wahrheit lenkt. Mit welchem Ziel nutzt der CFR aber nun seine immense Macht? Verschwörungstheoretiker halten es für seine Absicht, »die Amerikaner dahin zu bringen, daß ihnen die Einrichtung einer
Weltregierung als etwas so Natürliches und typisch Amerikanisches vorkommt wie Baseball und Apple Pie«.[28] Das aber hat
noch weitere, gefährliche Implikationen, nämlich »die Um-
wandlung Amerikas in einen sozialistischen Staat« und die stalinistischen Ziele eines »Kollektivismus und einer Unterwer-
fung der menschlichen Rasse«.[29] Einige führende Mitglieder
dieser unsichtbaren Regierung »wissen ganz genau, was sie da
tun«, wenn sie Amerika unter die Knute des Kremls bringen
wollen.[30] Doch die große Mehrheit – und das gilt insbesondere
für etliche antikommunistische Mitglieder des CFR – begreift
überhaupt nicht, daß sie die Interessen des Kreml voran-
bringt.[31] Wieder andere Personen, die an einer einheitlichen
Weltregierung keinen Geschmack finden, werden einfach zuge-
wählt: »Es braucht bloß ein leises Wort von seiten der richtigen
Person, um die Zukunft irgendeiner x-beliebigen Aktienge-
sellschaft, die mit einer substantiellen Schuld belastet ist, zu-
nichtezumachen.«[32] In solcher Machtfülle wird auch der
Grund dafür gesehen, daß die überregionalen Medien nie Kritik am CFR bringen.

Während die Mitgliedschaft im CFR »eine Voraussetzung
für die Präsidentschaftskandidatur geworden ist«,[33] hat die
Macht des CFR sogar den US-Präsidenten zu einer bloßen
Galionsfigur herabgewürdigt. Im Fall von Dwight Eisenhower
fand die John Birch Society heraus, daß zur Belohnung dafür,
daß er sich »von den kommunistischen Bossen lenken ließ und
von ihnen Anweisungen entgegennahm ..., er auf jedem
Schritt seines [beruflichen] Weges durch kommunistischen

Druck« vorankam. Alles in allem war er »der am meisten opportunistische und der skrupelloseste Politiker, den Amerika je
zu einem hohen Amt erhoben hat«, und er spielte eine
führende Rolle in »landesverräterischen Entwicklungen«.[34]
Nach Meinung eines rechtsgerichteten Priesters war John F.
Kennedy »mehr oder weniger ein Opfer seines Amtes im Weißen Haus. Er hatte viele Feinde, und seine Telefonleitungen
wurden ständig abgehört.«[35]

Die Angst vor dem Kommunismus wurde von zwei weiteren Entwicklungen begleitet: der zunehmenden Bedeutung
der Bundesregierung und der Juden in Amerika. Die stetige
und massive Steigerung des Zuständigkeitsbereichs der Regierung von Franklin D. Roosevelts New Deal in den dreißiger
Jahren bis zur Wahl von Ronald Reagan im Jahre 1980 rief eine
Reaktion der Rechten hervor. Für die Rechte war Washington
ein Quell des Bösen. Als Washington höhere Steuern einführte, die Macht der Bundesstaaten schwächte, bürgerrecht-
lichen Vorschriften Geltung verschaffte und das Recht auf den
Besitz von Schußwaffen stärker einschränkte, heizten diese Regierungsmaßnahmen das Verschwörungsdenken in so hohem
Maße an, daß in manchen Kreisen die Befürchtung aufkam,
die Bundesregierung überwache das Denken der US-Bürger:
»Da werden ganz bestimmte heimtückische und raffinierte
Methoden angewandt, um das Vertrauen des Bürgers zu gewinnen und in seine Denkprozesse und Einstellungen einzugrei-
fen, mit dem Ziel, diese zu verändern.«[36]

Die Libertären – ein Kreis, der gemeinhin nicht mit einem
Verschwörungsdenken assoziiert wird – betrachten die Rolle,
die Amerika in der Welt spielt, auch eher argwöhnisch. Die
Bürokraten in Washington haben, so behaupten sie, feindselige
Beziehungen mit ausländischen Staaten geschürt, die mit den
Vereinigten Staaten sonst auf friedliche Weise koexistieren
würden: beispielsweise den Kalten Krieg mit der Sowjetunion
und mit der Volksrepublik China oder den heißen Krieg mit
Nazi-Deutschland und dem Irak. Und warum? Die außenpoli-
tischen Abenteuer boten eine Möglichkeit, die Macht der
Bürokraten zur Besteuerung und Meinungskontrolle der Bür-
ger wie zur Minderung der Bedeutung der Bundesstaaten zu

stärken. In den Augen mancher libertären Wortführer macht diese auf Selbstverherrlichung zielende Verschwörung Washington zur größten Gefahr für die Welt. Der führende Vertreter solchen libertären Denkens kommt zu dem Schluß: »Betrachtet man die Geschichte des 20. Jahrhunderts als Ganzes, so steht die Regierung der Vereinigten Staaten, was Kriegführung, Interventionen und Imperialismus betrifft, an vorderster Stelle ... [Im Unterschied dazu] fanden die Sowjets sehr wohl zu einer von hohen Prinzipien geleiteten Außenpolitik, die von den Libertären als die einzig richtige betrachtet wird.«[37] Das Mißtrauen hält in der Zeit nach dem Ende des Kaltes Krieges an. Als Reaktion auf Vorstellungen zu einer globalen Führungsrolle der USA hat das libertäre CATO Institute erklärt: Diese Idee mag »freundlich und gutwillig erscheinen, doch die heutigen Befürworter einer solchen globalen Führung avisieren für die Vereinigten Staaten eine Rolle, die einer globalen Hegemonie gleichkommt«.[38]

Der Antisemitismus gewann an Kraft, als die Juden während der dreißiger Jahren im politischen Leben Amerikas – sowohl sichtbar als auch hinter den Kulissen – eine neue Bedeutung gewannen. Sie nahm dann im weiteren Verlauf so stark zu, daß der Senat in den neunziger Jahren (wenn man die Frauen einschließt) einen *minyan* hatte. Es gibt kaum einen Posten im Kabinett, den nicht zu irgendeinem Zeitpunkt ein Jude innegehabt hat. Die Wahlkampfzuwendungen für amerikanische Präsidentschaftskandidaten setzen sich angeblich zur Hälfte aus jüdischen Spenden zusammen. Das American Israel Public Affairs Committee hat sich den Ruf erworben, »die wahrscheinlich effektivste Pressuregroup in Washington« zu sein.[39] Auf diese Entwicklungen reagierte die extreme Rechte, indem sie die Bundesregierung als ZOG (oder Zoglandia) bezeichnete – ZOG ist ein Akronym für Zionist Occupied Government. Die in Oregon beheimatete bewaffnete Miliz Posse Comitatus erklärte 1985 in einer charakteristischen Verlautbarung: »Unsere Nation steht jetzt völlig unter der Kontrolle der internationalen, unsichtbaren Regierung des Weltjudentums.«[40] Sie sorgte sich ebenfalls – ein Nachhall von Hitler –, daß die Juden diese Machtposition zur Ausrottung der arischen Rasse benützen.

Mit einem Wort, der alte Verdacht der Rechten, daß die US-Regierung von unsichtbaren Kräften beherrscht wird, ist während der 1930er Jahre primär dank dreier Entwicklungen gestiegen: der Angst vor einem kommunistischen Umsturz, der erheblichen Machterweiterungen der Bundesregierung und des Eintritts der Juden in das öffentliche Leben Amerikas. Diese Trends haben, so sieht man es, in den fünfziger Jahren ihre Vollendung erfahren: in den berühmten Spionagefällen jener Zeit, durch einen republikanischen Präsidenten, der den New Deal anerkannte, und durch die völlige Akzeptanz der Juden im amerikanischen öffentlichen Leben.

EINFLUSS AUF ANDERE LÄNDER In den Vereinigten Staaten werden von den Verschwörungstheorien Unzufriedene ergriffen und Sensible angestachelt, denen beiden zwar die Macht zum Handeln fehlt, die jedoch beide das Verschwörungsdenken in anderen Kreisen, insbesondere außerhalb Amerikas, entfachen und bestärken. Ihre Ideen und Begriffe strömen gleichgesinnten Radikalen entgegen in Europa, Japan, Südafrika und anderswo. Das englische Akronym ZOG ist ein internationaler Terminus geworden und zum Beispiel in Schweden und in der Schweiz zu hören. Selbst ideologische Gegner übernehmen amerikanische Ideen: Eine sowjetische Verschwörungstheorie, daß die Freimaurer, die Trilateral Commission und der Bilderberg Club (eine weitere elitäre Institution in den USA) souveränen Staaten Befehle geben, kam direkt von der extremen amerikanischen Rechten.

Das amerikanische Verschwörungsdenken verbreitet sich vor allem über drei Kanäle: politische Organisationen, Publikationen und Internet. Amerikanische Institutionen haben damit begonnen, ein internationales Netz aufzubauen. Lyndon LaRouche hat aktive Vorposten in Lateinamerika und in Australien. Louis Farrakhan unternimmt nicht bloß staatsbesuchsartige Auslandsreisen. Er steht auch Ablegern seiner Organisation in Kanada, Westindien, Großbritannien und Ghana vor. Der bekannte Antisemit Masami Uno leitet den japanischen Zweig der Liberty Lobby. Die Milizen von Montana halten Kontakt mit australischen Partnergruppen.

In den Vereinigten Staaten herrscht die weltweit größte Meinungsfreiheit – eine Studie über das Vorkommen von Zensur in der Welt bezeichnet sie als »extrem liberal«[41] –, so daß Ideen, die wegen ihrer gewaltsamen, anstößigen Aspekte anderswo verboten sind, in Amerika Verleger finden. Diese Praxis trifft insbesondere für neonazistisches Material zu, das in vielen Ländern verboten ist, in den Vereinigten Staaten jedoch völlig unzensiert bleibt. Das neonazistische Schrifttum, das in jüngster Zeit in Deutschland verbreitet wurde, kommt zumeist aus dem Gary Laucks Verlag in Lincoln, Nebraska oder anderen amerikanischen Quellen. Daß Lauck wegen Aktivitäten, die in den USA völlig legal sind, in Deutschland im März 1995 zu einer Gefängnisstrafe verurteilt wurde, liefert eine Bestätigung für den außergewöhnlichen Status der im First Amendment garantierten Freiheiten und ein Indiz für die Sorge, die von seiten ausländischer Staaten über die Rolle Amerikas bei der Ausweitung von Verschwörungsdenken herrscht. Amerikanisches Schrifttum wird dann oft im Ausland übersetzt und gedruckt, wo es manchmal mehr Wirkung zeigt als in den Staaten. Das Geschmiere, das Gary Allen für die John Birch Society verfaßte und das in Amerika auf einen kleinen Kreis beschränkt blieb, fand in Japan dank Kinji Yajimas fast wörtlicher Übersetzung eine riesige Leserschaft. Lyndon LaRouches absurde Vorstellungen, daß die westlichen Mächte den Nahen Osten in Kleinstaaten aufteilen, fanden in höheren Regierungskreisen des Iran beträchtliche Aufmerksamkeit.

Schließlich übernehmen Amerikaner im Internet eine zweifache Rolle. Der größte Teil der entsprechenden Texte im System entsteht in den Vereinigten Staaten und wird dann über die ganze Welt verbreitet. Andererseits macht das World Wide Web es möglich, daß Menschen in Ländern, wo Zensur ausgeübt wird, ihre Botschaften auf dem Umweg über die Vereinigten Staaten herausbringen. Ernst Zündel, der wegen der Verbreitung seiner verschwörerischen Schriften, die den Holocaust leugnen, in Kanada eine Gefängnisstrafe absitzen mußte, richtete eine »Zündelsite« in den Vereinigten Staaten ein, wo er – außer Reichweite für die kanadischen Behörden – seine Ideen auf Englisch und Deutsch über Internet verbreitete.[42]

Zündel hat es sogar verstanden, sich als eine Symbolgestalt der Meinungsfreiheit darzustellen. Damit seine Botschaft nicht unterdrückt werden kann, unterhalten mindestens zwei Universitäten Mirrorsites, d. h. Computer, die die gleiche Information speichern wie das Original-Zündelsite.

Die internationale Ausstrahlung des amerikanischen Verschwörungsdenkens steht im Zusammenhang der internationalen Wirkung amerikanischer Populärkultur. Frühere Großmächte hatten eine weitreichende geistige, künstlerische und religiöse Ausstrahlung (man denke nur an Griechenland, China, den Iran oder Frankreich). Doch keiner dieser Großmächte hat einen so unmittelbaren Einfluß auf die breiten Bevölkerungsschichten erreicht wie die USA heute. Seine Anfänge liegen bei den Filmen und Songs der zwanziger Jahre; heute zählen dazu auch Fast Food, modische Tänze, Kleidungsstil, Rock Videos, Computerspiele und vieles anderes mehr – inklusive Verschwörungstheorien.[43]

Es gibt – ironischer- und traurigerweise – schließlich noch eine Gruppe, die gelegentlich zum Verschwörungsdenken Zuflucht nimmt: die Juden, die selbst in solch monumentalem Ausmaß Opfer vieler Verschwörungstheorien geworden sind. Es ist selten, daß sie diesem Laster verfallen, doch es gibt Ausnahmen, die hauptsächlich in religiös orthodoxen Randgruppen zu finden sind.

Was Geheimbünde angeht, so äußern zwei amerikanische Rabbiner Verschwörungsängste. Da ist zum einen Meir Kahane, der Gründer der Jewish Defense League (eine Gruppe von Schlägertypen in den Vereinigten Staaten) und von Kach (eine politische, quasi-faschistische Partei in Israel). Er hat den klassischen antisemitischen Mythos auf den Kopf gestellt: Die Juden sind nicht die Urheber solch korrumpierender, moderner Ideen wie Kapitalismus und Demokratie, sondern deren Opfer. Er bezeichnet sie als heidnische Vorstellungen, die die moralische Substanz der Juden aushöhlen und am Ende den Untergang der Religion herbeiführen. Das findet die Zustimmung von Marvin Antelman, der eine elaboriertere These anbietet: Hinter dem Aufbrechen des (orthodoxen) Judentums in einen

konservativen und einen reformierten Zweig stehen letztendlich die Illuminaten. Er betrachtet die Spaltung als einen eklatanten Versuch, »das Judentum zu untergraben« und damit
»Juden und Judaismus zu vernichten«. Antelman verfolgt den
Einfluß der Illuminaten auf so einflußreiche Persönlichkeiten
wie den Möchtergern-Messias Jacob Frank (ca. 1726–1791)
und den geistigen Führer der jüdischen Emanzipation Moses
Mendelssohn (1729–1786) zurück. Er zieht eine direkte Verbindungslinie von den Illuminaten zu den Kommunisten und
folgert: »Die gleiche radikale Clique, die der Welt den Sozialismus und den Kommunismus beschert hat, wünscht die Zerstörung der jüdischen Religion und ihres Volkes.«[44]

Was noch bemerkenswerter ist: Manche Juden erkennen
darin eine jüdische Verschwörung! Einige *haredi* (ultra-ortho-
doxe) Gruppen halten den Zionismus für ein Komplott des Satans. Da sie glauben, daß nur der Messias das Land Israel wie-
dererstehen lassen kann, verstehen sie den Zionismus als eine
konspirative menschliche Bemühung, dem göttlichen Willen
zuvorzukommen und ihn zu pervertieren. Diese Ansicht veranlaßt antizionistische Gruppen wie Satmar, Toldot Aharon,
Yerushalayim und Natorei Karta dazu, die Israelis mit den Nazis und mit dem KGB (oder, in einer anderen Version, mit den
christlichen Missionaren) zu vergleichen – sie alle hätten
nachweislich das Ziel verfolgt, den Judaismus zum Erlöschen
zu bringen. Das ist, für Juden, eine seltsame Form antisemitischen Verschwörungsdenkens.

Hin zu dir, du nichtwestliche Welt

> Es ist das Merkmal einer unsiche-
> ren Kultur, sich auf Gerüchte zu
> verlassen und in den Augen von
> jedermann eine Verschwörung zu
> erkennen.
>
> *Fouad Ajami*[45]

Seit 1945 ist das Verschwörungsdenken außerhalb der westlichen Welt auf fruchtbaren Boden gefallen. Das ist einigermaßen überraschend, denn die Einbildung von Weltverschwörungen ist keineswegs eine universale menschliche Eigenart. Diese Mentalität ist vielmehr unter ganz speziellen Umständen in Westeuropa entstanden. Es gibt keine Region der Welt, wo sie unabhängig für sich entwickelt wurde, doch vielerorts fand man sie verlockend genug, um sie zumindest in großen Teilen aus Europa zu importieren.

Das entspricht einer allgemeinen Beobachtung: Es gibt, sowohl im Bereich der Artefakte wie bei Ideen, nur weniges, das mehr als einmal entdeckt wird. Genauso wie Kupfer, Schießpulver, die moderne Medizin und der PC haben sich auch Konzeptionen wie der Monotheismus, die romantische Liebe, das Symphonieorchester, die repräsentative Demokratie und das Verschwörungsdenken vom ursprünglichen Herkunftsort aus in andere Teile der Welt verbreitet. Bei ihnen allen gibt es Elemente, die notwendige Voraussetzungen ihrer Entstehung sind: Ein Symphonieorchester erfordert Geigen und Flöten, und das Verschwörungsdenken braucht, unter anderem, seine Rothschilds und Rockefellers. Allem Anschein nach – dieses Gebiet ist wissenschaftlich bisher nicht erforscht worden – haben Verschwörungstheorien erstmals im 19. Jahrhundert – in einer Zeit, als sie stark im Schwange waren – außerhalb der westlichen Welt Verbreitung gefunden. Das Verschwörungsdenken hat eine besondere Gemeinsamkeit mit dem Nationalismus und Kommunismus: Alle drei Vorstellungen haben ihren Ursprung in Westeuropa, wo sie große Tragödien verursacht haben, und sind dann in ihrem Herkunftsgebiet verkümmert, während sie gleichzeitig in anderen Regionen wieder zu großer Form aufliefen. Die Verschwörungstradition wurde natürlich nicht überall in gleichem Maße aufgenommen. Besonders kräftig hat sie beispielsweise auf den Philippinen, im Iran und auf Haiti floriert.

Die Tatsache, daß die übrige Welt ihre Verschwörungstheorien aus dem Westen bezieht, hat zwei generelle Konsequenzen. Es bedeutet, zum einen, daß der Verschwörungstheoretiker außerhalb der westlichen Welt die Schreckgespenster des Westens auch als die seinen annimmt und auf diese Weise dazu tendiert, seine Sorge nicht auf die eigenen Feinde zu konzentrieren. Die nichtwestliche Welt nimmt sich selbst nicht ernst: Die Chinesen haben keine Angst vor einer japanischen Welthegemonie, die Japaner haben keine Angst vor chinesischen Geheimbünden, die Muslime fürchten sich nicht vor den hinduistischen Ältesten, die Hindus nicht vor einem Pakistanismus. Der westliche Einfluß macht Völker in aller Welt nicht nur zu Sklaven europäischer Ängste, sondern verleiht dem nichtwestlichen Verschwörungsdenken besondere Wirklichkeitsferne. Die angeblichen Feinde sind nämlich unbekannte Fremde, die weit entfernt leben.

Zweitens macht die Tatsache der Übernahme aus dem Westen das Verschwörungsdenken in der übrigen Welt zu einem sekundären Phänomen. Die Verschwörungstheoretiker der ganzen Welt haben ein gemeinsames Erbe, das sich den Kreuzzügen, der Aufklärung, der Französischen Revolution und den zwei Weltkriegen verdankt. Premierminister Tojo und Ayatollah Khomeini haben vielleicht nie von Robespierre und noch weniger von de Barruel gehört, beziehen jedoch einen großen Teil ihrer Gedanken inklusive des konspirationistischen Doppelthemas von den Hauptströmungen des europäischen Denkens. Interessanterweise wurden der Antisemitismus und der Antikommunismus dort zuerst durch die Linke weiter verbreitet – und nicht durch christliche Missionare, Russen oder Nazis. Sind diese Denktraditionen erst einmal in nichtwestlichen Länder angenommen, so verlieren sie ihre Assoziation mit der Linken oder der Rechten.

Angesichts des Schadens, den das Verschwörungsdenken in der nichtwestlichen Welt anrichtet, könnte ein dortiger Verschwörungstheoretiker den Schluß ziehen, daß die Westler diese Ansicht in der bewußten Absicht weitergegeben haben, ihre Konkurrenten zu behindern – und so sieht es natürlich auch so mancher. »Die wirkliche Verschwörung liegt in der Erfindung der Komplotttheorie«, schreibt der Pressesekretär König Husseins von Jordanien.[46] Eine türkische Zeitung erklärt, daß »in verdächtigen, dunklen Räumen Theorien über Komplotte und Verschwörungen entworfen werden, um Verwirrung zu stiften«.[47]

Das antisemitische Verschwörungsdenken ist heute wesentlich virulenter außerhalb als innerhalb seines Ursprungsgebiets. Man beachte nur die jüngste Wirkungsgeschichte der meistgedruckten antisemitischen Schrift, der *Protokolle der Weisen von Zion*, die im Westen weitgehend aus dem Blickfeld verschwunden sind, während sie in anderen Teilen der Welt zu einer bedeutsamen Informationsquelle wurden. Sie sind in vielen nichtwestlichen Sprachen inklusive Persisch und Chinesisch verlegt worden, sind in Brasilien, Indien und Australien erschienen und in Japan und im Libanon zum Bestseller geworden. Im Arabischen ist eine größere Anzahl verschiedener Übersetzungen und Ausgaben der Fälschung als in jeder anderen Sprache veröffentlicht worden. In einer Reihe von islamischen Staaten, einschließlich Saudi-Arabien und Iran, wird sie durch hohe Regierungsstellen gefördert.

Ein kurzer Überblick über die Entwicklung antisemitischen Verschwörungsdenkens in einigen ausgewählten Ländern läßt seine aktuelle Geltung erkennen. Die weltweite Ausdehnung des Antisemitismus begann im Nahen Osten, der Europa am nächsten liegt und die einzige nichtwestliche Region darstellt, wo die Juden politisch aktiv sind. Das dortige Verschwörungsdenken geht auf die zwanziger Jahre zurück, als das Zusammenwirken der Balfour-Erklärung und einer arabischen Ausgabe der *Protokolle der Weisen von Zion* sowohl die Angst vor den Juden als auch, zu ihrer Kanalisierung, eine Verschwörungstheorie hervorriefen. Über das Thema der Verschwörungstheorien im Nahen Osten habe ich ein eigenes Werk verfaßt, das zur Hälfte von den Juden und von Israel handelt und sich um ein

Verständnis dieses Phänomens und eine Abschätzung seiner Konsequenzen bemüht.[48] An dieser Stelle geht es nur um die Frage, wie gewisse europäische Themen manchmal bis in kleinste Details immer wieder im Nahen Osten auftauchen.

Augustin de Barruel erhielt 1806 einen Brief, vorgeblich von einem italienischen Offizier namens J.B. Simonini, der ihm mitteilte, daß achthundert Geistliche in Italien, darunter Bischöfe und Kardinäle, eigentlich Juden waren.[49] Diese alte Ente wirkt in der Presse des Nahen Ostens bis heute nach. Die englischsprachige *Syrian Times* aus Damaskus meldete am 14. Mai 1994, daß »in den Vereinigten Staaten 30 Prozent der protestantischen Bischöfe ursprünglich Juden waren, die den Judaismus nicht aufgegeben haben«.

Der jüdische, deutsche Außenminister Walther Rathenau tat 1909 den berühmt gewordenen Ausspruch: »Die wirtschaftlichen Geschicke des Kontinents werden von dreihundert Männern gelenkt, von denen jeder jeden kennt.«[50] Es ist eine Bemerkung, die bis heute gelegentlich – oft mit einer Wendung ins Antisemitische – im Westen[51] wie im Nahen Osten wieder auftaucht. So hat beispielsweise Gamal Abdel Nasser einmal behauptet: »Die Geschicke des europäischen Kontinents werden von dreihundert Zionisten gelenkt, von denen jeder jeden kennt.«[52]

Der wissenschaftlich gebildete Verschwörungstheoretiker Nesta Webster schrieb 1924, Antisemitismus sei »eine von den Juden geprägte Fehlbenennung zu dem Zweck, einen falschen Eindruck zu erwecken«, weil dieser Begriff sich fälschlicherweise auf die Araber und die Juden beziehe und die Sache dadurch verwirre.[53] Fast ein halbes Jahrhundert später hat ein sudanesischer Wissenschaftler auf ganz ähnliche Weise argumentiert, daß Zionisten »den Begriff ›Antisemitismus‹ mit der Bedeutung von ›antijüdisch‹ geprägt hätten, um ihr Ansehen zu verbessern«.[54]

Adolf Hitler behauptete, daß »99 Prozent der Presse in England in jüdischen Händen liegt«.[55] Ähnlich bezeichnete der iranische Präsident Ayatollah Khomeini Zionisten als »die Rädelsführer der Weltmedien« und verkündete, das »Netz der Weltpropaganda« werde von Zionisten gesteuert.[56]

Das Bild vom Judentum als einer Krake mit internationaler Reichweite entwickelte sich in Europa und wurde dann im Nahen Osten übernommen, wo es heute überall in Erscheinung tritt, von der politischen Karikatur bis zum Schutzumschlag der *Protokolle der Weisen von Zion*. Eine französische Ausgabe der dreißiger Jahre zeigt eine Krake rittlings auf dem Globus. Dasselbe Motiv ist auf dem Schutzumschlag einer Kairoer Ausgabe der siebziger Jahre zu sehen.

Wie die Beispiele zeigen, haben die Araber und Iraner einige der extremsten Elemente europäischen antisemitischen Verschwörungsdenkens übernommen. Sie haben dort eine große, dankbare Leserschaft gefunden. Was im Westen auf Haßzirkel und andere kleine Gruppen beschränkt bleibt, ist dort Thema der Ansprachen von Staatspräsidenten, der überregionalen Medien, professoraler Studien und großer Predigten.

In der islamischen Welt bewegt Einfluß sich gewöhnlich vom Nahen Osten in andere Regionen weiter. Diese allgemeine Regel gilt auch für antisemitische Vorstellungen, die von Ägypten und vom Iran bis zu Ländern wie Malaysien gedrungen sind, das sich zu einer kleinen Brutstätte antisemitischen Verschwörungsdenkens entwickelt hat. Die dortige Regierung hat die Tendenz, kulturelle Werke zu verbieten, denen eine allzu große Sympathie für die Juden zugeschrieben wird. So wurde es dem New York Symphony Orchestra untersagt, Blochs *Shlomo* aufzuführen, und der Film *Schindlers Liste* durfte nicht vorgeführt werden. Dagegen lebt Henry Fords seit langem vergessener Traktat *The International Jew* dort weiter fort, während Premierminister Mahathir Mohamad behauptet, daß »Juden und Zionisten« alles daransetzen, ihn aus seinem Amt zu entfernen und Malaysien zu destabilisieren.[57] Für die Kritik, die gegen ihn in der chinesisch-sprachigen Presse erhoben wird, macht er im übrigen auch eine jüdische Beherrschung der Medien verantwortlich. Die Entwicklung hat einen Punkt erreicht, wo der Antisemitismus in der islamischen Welt fast endemisch geworden ist.

Der Antisemitismus ist über die islamische Welt hinaus bis zu Ländern vorgedrungen, die gar keine signifikante Berührung mit den Juden haben. So hat beispielsweise in Thailand

König Rama VI., der von 1910–1925 regierte, auf die Kenntnisse aus seiner achtjährigen Erziehung in England zurückgegriffen, um das Buch *The Jews of the East* zu verfassen, in dem er die chinesische Minderheit seines Landes nach dem Muster der Vorwürfe gegen die Juden in Europa angriff. Etwa zur gleichen Zeit entstand unter chinesischen Intellektuellen eine »Verachtung für die Juden, ja, sogar Haß auf sie, der über Jahrzehnte lebendig blieb«.[58]

Bei all dem handelt es sich jedoch um eher unbedeutende Formen antijüdischer Regungen, die insgesamt nicht von Verschwörungstheorien geprägt sind. Echter Antisemitismus existiert außerhalb der westlichen und islamischen Welt nur in Japan, wo seit den 1920er Jahren eine Fixierung auf *yudayaka* oder »die jüdische Gefahr« besteht. Zweimal – in der Zeit des Zweiten Weltkrieges und ab Mitte der achtziger Jahre – sind dort die Juden für alle Kreise, denen der Liberalismus verhaßt war, zu Repräsentanten des Liberalismus geworden. Die *Protokolle der Weisen von Zion* erreichten Japan im Gefolge des Ersten Weltkriegs. Ihre Thesen wurden zum offiziellen Dogma, als das Bündnis mit Nazi-Deutschland an Bedeutung gewann. In der Bevölkerung fanden sie zum Teil deshalb Gehör, weil ihr Gedankengut starke Ähnlichkeiten mit den antichristlichen japanischen Polemiken einer früheren Zeit aufwies. Ein hysterischer Ultranationalismus und das deutsch-japanische Bündnis brachten den *Protokollen der Weisen von Zion* dann noch viel mehr Leser.

Als der Antisemitismus sich in Japan zum »Glauben an eine jüdische Weltverschwörung zur Vernichtung Japans« steigerte[59], wurde der Angriff auf China (1937) zum Teil als Krieg gegen diese jüdische Verschwörung gerechtfertigt, während die militärische Auseinandersetzung mit den Vereinigten Staaten als Kampf gegen die dortige jüdische »Vorherrschaft« dargestellt wurde.[60] Im Jahre 1941 stellte ein japanischer Autor die Behauptung auf: »Der Grad, in dem Staaten einen demokratischen Charakter wahren, ist genau der Grad, in dem sie der jüdischen Diktatur unterworfen sind.«[61] Zu einem späteren Zeitpunkt des Krieges nahm der Antisemitismus solche Formen an, daß die italienische Kapitulation vor den Alliierten von führenden Zeitungen als jüdisches Komplott gedeutet wurde, und es gab sogar Stimmen, die die historische Expedition von Commodore Perry nun als jüdische Invasion Japans ansahen.[62] Im weiteren Sinne wurden die Juden als die Drahtzieher hinter Stalin, Tschiang Kai-schek, Roosevelt und Churchill sowie allgemein der christlichen Religion betrachtet. Die Japaner beließen es nicht bei einer Wiederholung von Themen, die sie aus dem Westen übernommen hatten. Sie brachten eigene Vorstellungen zum Ausdruck. So hat beispielsweise der Schriftsteller Masao Masuda die Juden als die Doppelgänger der Japaner dargestellt:

Es gibt kein Land, das eine so tiefgehende Beziehung zu den Juden hat wie Japan. Die Beziehung läßt sich bis in uralte Zeiten zurückverfolgen ... Was heute unter dem Namen Judaismus bekannt ist, ist in Wirklichkeit eine falsche Religion, die von jüdischen Priestern geformt wurde, die den satanischen Gott Jaweh im Gewand des sumerischen Sonnengotts und anderer Götter verkleideten ... Was als jüdische Kultur gilt, hat sich auf teuflische Weise als eine Verfälschung der Kultur der japanischen Sonnengöttin entwikkelt.[63]

Die Verschwörungstheorien über die Juden nahmen nach dem Krieg ab, rückten dann aber Jahrzehnte später wieder in den Vordergrund, als sie – insbesondere in dem Buch *The Japanese and the Jews* aus dem Jahre 1971 – dazu benutzt wurden, um die japanische Identität zu definieren und den Ängsten die Vereinigten Staaten betreffend Ausdruck zu verleihen. In gravierender Form lebte der Antisemitismus Mitte der 80er Jahre wieder auf. Zwei Bücher von Masami Uno, beide 1981 erschienen, wiesen die Schuld an der wirtschaftlichen Rezession Japans den Juden zu, die praktisch sämtliche amerikanischen Unternehmen leiten, und er prophezeite eine jüdische Tyrannei vom Dritten Tempel in Jerusalem über die Welt.[64] Er behauptete außerdem, daß die Einführung des demokratischen Zweiparteiensystems in Japan Teil eines jüdischen Komplotts zur Vernichtung des Landes war. Von den Büchern wurden über eine Million Exemplare verkauft.

Unos Erfolg machte das antisemitische Verschwörungsden-

ken gesellschaftlich akzeptabel. Daraufhin erschien eine Flut
von noch überspannteren Titeln. Der Judaismus verursachte
alle Übel der westlichen Zivilisation einschließlich Kolonialis-
mus und Nazismus. Es waren die Juden, und nicht etwa die
US-Regierung, die Japan im Zweiten Weltkrieg besiegt hatten. Die Vereinigten Staaten werden von einer mächtigen jüdischen »Schattenregierung« geführt, die 1990/91 die Kuwait-
Krise heraufbeschwor. »Jüdisches Kapital« verursachte 1992 die
tiefe Baisse an der Börse von Tokio. Es war Bestandteil einer
generellen Strategie zur Schwächung japanischer Unternehmen mit dem Ziel, ihren Aufkauf durch Ausländer zu erleichtern. Das japanische Finanzministerium steht unter jüdischer
Kontrolle, die sich in den jüdischen »Zeichen« auf japanischen
Geldscheinen dokumentiert. Ein Autor verfolgt die jüdische
Verschwörung gegen Japan bis auf die Nara-Epoche (710–784
n.Chr.) zurück. Die antisemitischen Verschwörungstheorien
wurden dermaßen populär und verkaufsträchtig, daß Buch-
handlungen »jüdische Ecken« einrichteten, um mit der Fülle
der einschlägigen Titel fertigzuwerden.

Neben dem Antisemitismus floriert in der nichtwestlichen
Welt auch der Antiimperialismus. Das sowjetische Hetzen gegen London und Washington tat weithin Wirkung, nicht nur in
Ländern unter einem marxistisch-leninistischen Regime, sondern es gewann auch eine beachtliche Zahl von Proselyten unter Intellektuellen, Künstlern und anderen entfremdeten Westlichen. Sie begleiteten den sowjetischen Trommelschlag mit
der ihnen eigenen Beredtsamkeit. Daraus resultierte dann eine
beeindruckende Ausweitung imperialistischer Phobien rund
um den Erdball.

Die Südamerikaner standen lange Zeit im Bann eines anti-
imperialistischen Verschwörungsdenkens, welches in hohem
Maße durch die Zunftmentalität – es gibt nur einen begrenzten
Reichtum in der Welt – und eine Reihe von enttäuschenden
Erfahrungen während des 20. Jahrhunderts bedingt war. Dem
Yankee-Imperialismus wurde weithin der Vorwurf gemacht,
ihnen den Wohlstand gestohlen zu haben, der bis zum Beginn
des Ersten Weltkriegs zum Greifen nahe schien. Man sah zwi-

schen der Heimtücke der USA und dem Scheitern Lateiname-
rikas einen unmittelbaren Zusammenhang: Ersteres kam deshalb voran, weil letzteres zurückfiel. Es gab tatsächlich die
Meinung, der Erfolg, mit dem die USA den lateinamerikanischen Reichtum entwendeten, sei »der Hauptgrund und wahrscheinlich der einzige Grund für den nordamerikanischen
Reichtum und die südamerikanische Armut«.[65]
     Dieser Verdacht von US-Komplotten hat in Lateinamerika
etliche erstaunliche Früchte gezeitigt. Anschuldigungen wegen
einer CIA-Verbindung wurden nicht einfach bloß herumer-
zählt, sondern von breiten Kreisen auch tatsächlich ernstgenommen. Ein marxistischer Schriftsteller in Peru hat ein ganzes
Buch darauf verwandt zu beweisen, daß die Bewegung Leuch-
tender Pfad in seinem Lande mitnichten eine linke Randgruppe ist, sondern eine von der CIA unterstützte Unternehmung darstellt, die die gesellschaftliche Basis der peruanischen
Linken zu zerstören und das Land zu schwächen sucht.[66] In
Mexiko brachten die Titelseiten der Zeitungen 1980 wochenlang Schlagzeilen, daß die seit zwanzig Jahren schlimmste
Dürre im Lande nicht etwa Folge von ungünstigen Witte-
rungsverhältnissen, sondern darauf zurückzuführen sei, daß
amerikanische Fluzeuge Hurrikane von Mexiko ablenkten.
Warum sie das tun? Eine Antwort lautete: Die Aktion sei Teil
einer Kampagne, Touristen zum Urlaub in Florida zu bewegen.
Als der von 1976 bis 1982 amtierende, äußerst korrupte mexi-
kanische Staatspräsident José López Portillo, von der nordamerikanischen Presse als einer der reichsten Männer der Welt
bezeichnet wurde, bezichtigte er die CIA, diese »gemeine, ehr-
abschneiderische Lüge« in die Welt gesetzt zu haben, und kommentierte: »Zu dem Zweck wurde sie doch erfunden, nicht
wahr?«[67]
     Solche Denkweise herrschte jahrzehntelang bei Linken wie
Rechten vor, dementsprechende Sprüche wurden als Graffiti
auf Mauern geschmiert, als Thesen ernsthaft in literarischen Sa-
lons diskutiert und nur selten in Frage gestellt. Seit das rasche
Vordringen von Demokratie und Kapitalismus den Südameri-
kanern mehr Wohlstand und ein erhöhtes Bewußtsein der eigenen Möglichkeiten beschert hat, haben sich jedoch beacht-

liche Veränderungen ergeben. Mittlerweile sind sie weniger geneigt, anderen die Schuld zu geben, und bereit, mehr Eigenverantwortung zu übernehmen. Das Verschwörungsdenken hat nachgelassen.

Im Gegensatz dazu ist Haiti bis heute im Sumpf des alten Verschwörungsdenkens steckengeblieben. Als der amerikanische Botschafter Ende 1993 in seiner Botschaft die Verfilmung des Steinbeck-Romans *Von Mäusen und Menschen* zeigte, geschah dies aus dem einfachen Grund, daß die Filmrollen vorhanden waren. Doch in dem mit Abstand ärmsten, unvergleichlich despotisch regierten Land der westlichen Hemisphäre wird nichts einfach als Tatsache akzeptiert. Das Publikum deutete die Handlung des Films – der geistig beschränkte Landarbeiter Lennie tötet versehentlich eine junge Frau und wird dann von seinem Freund George getötet, der ihn damit vor dem Zorn eines aufgebrachten Pöbels bewahrt – als eine Allegorie. Daraufhin kamen Fragen auf, inwiefern es sich da um eine Allegorie handele: »Wollte die amerikanische Botschaft damit zu verstehen geben, daß Haitis Präsident Jean-Bertrand Aristide ungeschickt gehandelt hatte und im wörtlichen oder metaphorischen Sinn getötet werden müßte? Oder sollte Lennie das mögliche Schicksal von Oberstleutnant Michel François verkörpern – des mächtigen Polizeichefs, der an der Verhinderung von Aristides Rückkehr mitwirkt? Und wer war dieser George eigentlich? Oder sollte das alles etwa eine geheime Botschaft enthalten, die ihnen völlig entgangen war?« Wie ein UNO-Beamter kommentierte: »Keiner wollte glauben, daß es eben bloß ein Film war, der zur Unterhaltung gezeigt wurde.« Solch eine Überinterpretation, solches Mißtrauen ist typisch für Haiti: »Es ist dieser Hang, Bedeutungsebenen zu suchen, wo überhaupt keine intendiert sind, der dazu beigetragen hat, die Haitianer so zu spalten, daß sie sich nicht miteinander verständigen können.«[68] Im Unterschied zu den meisten andern Ländern, wo angeblich die Juden und die Imperialisten Verschwörungen eingehen, betreffen die haitianischen Verschwörungstheorien den Vatikan und die Vereinigten Staaten. Ungewöhnlich ist auch der kleine Radius haitianischer Ängste: Er umfaßt nicht den Globus, sondern nur Haiti selbst.

Auf den Philippinen gibt es kaum etwas, das der Regierung der Vereinigten Staaten – der Kolonialmacht von 1898 bis 1946 – nicht zur Last gelegt werden könnte und gelegt wird. Angeblich hat ein Geheimabkommen der USA mit der auf den Philippinen lange dominierenden Nacionalista-Partei die Unabhängigkeitserklärung durch die Nationalversammlung verhindert. Es waren Entscheidungen, die in Washington getroffen wurden, welche in den Präsidentschaftswahlen von 1953 zum Sieg von Ramon Magsaysay über Elpidio Quirino führten. Es war ein Beschluß der US-Regierung, die den Rücktritt von Ferdinand Marcos veranlaßte – nachdem seine Ehefrau Imelda die »spezielle Freundin« des amerikanischen Botschafters zu einer Party im Präsidentenpalast eingeladen hatte. Ein Autor faßt die Situation so zusammen:

> Es ist vielen Amerikanern wahrscheinlich nie in den Sinn gekommen, daß die Vereinigten Staaten eine Invasion auf den Philippinen erwägen könnten. Man braucht aber nur einen Armvoll der mehr als dreißig Tageszeitungen Manilas zu überfliegen, um zu erkennen, daß Verschwörungen, in die die Vereinigten Staaten verwickelt sind, in der politischen Kultur dieser Stadt zu den Hauptthemen zählen ... [Die Paranoia] ist zum Teil Manifestation einer kolonialen Mentalität, der die Filipinos machtlos und die Amerikaner überlebensgroß erscheinen läßt.[69]

In dem so lange von Großbritannien beherrschten Indien ist die Angst vor einer Verschwörung des Westens noch immer groß. Typisch ist die Sorge eines früheren Parlamentspräsidenten von Uttar Pradesh wegen »einer internationalen Verschwörung zur Erzeugung von Instabilität in Indien«, und zwar dadurch, daß Geldmittel verschiedenen religiösen Fundamentalistengruppen zugeleitet werden, die das Land nach Kasten und Volkszugehörigkeit aufteilen wollen und somit »die Fundamente des säkularen Indien erschüttern«.[70]

Die muslimische Welt und das Christentum haben sich ein Jahrtausend lang feindlich gegenübergestanden. Für Muslime hat »Imperialist« daher einen ganz ähnlichen Klang wie »Kreuzritter« – was den heutigen Beziehungen zwischen den Mächten einen altmodischen Touch gibt. Das tiefe Bewußtsein

dieser Rivalität hat nicht nur ein Band der Gemeinsamkeit mit
der Sowjetunion begründet, sondern läßt auch vermuten, daß
sich in der Ära nach dem Kalten Krieg nicht allzuviel ändern
wird: Fundamentalistische Muslime und Autokraten wie Saddam Hussein und Moamar Gaddhaffi zeigen solches Ausmaß
an Verschwörungsängsten hinsichtlich der Vereinigten Staaten
und Großbritanniens, daß es die Entwicklung einer vernünftigen politischen Strategie schwerwiegend behindert.

Dagegen sind Ängste vor westlichen Verschwörungen in Japan und in China nur wenig in Erscheinung getreten. Die Japaner der Meiji-Epoche haben wahrscheinlich den raschesten
Wandel der Lebensverhältnisse bewältigen müssen, den je ein
Volk durchgemacht hat. Nachdem sie von 1638 bis in die
1850er Jahre Ausländer total von ihrem Lande ferngehalten hatten, mußten sie plötzlich – und das ausgerechnet im späten
19. Jahrhundert, in der Hochzeit des europäischen Imperialismus – mit einem Ansturm westlicher Einflüsse zurechtkom-
men. Doch die Japaner taten genau das Richtige. Ganz im
Sinne ihres Leitspruchs *fukoku-kyohei*, »reiches Land – starke
Armee«, unterzogen Politiker wie Intellektuelle sich einer
langwierigen, erfolgreichen Bemühung zu verstehen, was schief-
gelaufen war, um es dann anschließend zu berichtigen. Ausgenommen die Zeit zwischen den Weltkriegen, hatten die
Japaner keine antiimperialistischen Verschwörungstheorien
nötig. Es gibt allerdings eine nicht unbedeutende Minderheit
von Japanern, die Spannungen in den Handelsbeziehungen
mit den Vereinigten Staaten im Lichte amerikanischer Schwä-
chungsbestrebungen als Mittel einer Beherrschung Japans betrachten.

Die gleiche, generelle Indifferenz läßt sich für China feststellen. Dort wird, wie Mary Wright bemerkt, »die ausländische
Gefahr stets als Symptom eines Versäumnisses auf seiten des
chinesischen Staates betrachtet, dessen Eigenfunktion in der
Bewahrung einer universellen Harmonie liegt, und nie als die
Ursache des innenpolitischen Versagens. Bis weit ins 20. Jahrhundert hinein hat in China kein einziger Konservativer bei aller Fremdenfeindlichkeit je versucht, die Verantwortung für
interne Katastrophen Ausländern in die Schuhe zu schieben.«[71]

Mit der großen Ausnahme der Kulturrevolution gilt das, grob-
gesprochen, auch für die Verschwörungstheorien der kommunistischen Zeit. Mao Tse-tung war wesentlich mehr wegen lo-
kaler als wegen weltumfassender Verschwörungen besorgt. Als
beispielsweise der Große-Sprung-Nach-Vorn mit einer wirtschaftlichen Katastrophe endete, sah er die Ursache der Schwierigkeiten bei Konterrevolutionären, ohne sie jedoch mit ausländischen Staaten in Verbindung zu bringen. Es kam gelegentlich
vor, daß er Ängste vor britischen, russischen und japanischen
Verschwörungen weckte. Amerikanische Komplotte wurden
ganz selten beschworen. Gegen Lebensende schlug Maos
Feindseligkeit gegen die Sowjetunion so tiefe Wurzeln, daß er
die USA um Hilfe gegen die Sowjets anging. Nach seinem Tod
hat es nur eine sporadische Zufluchtnahme zu eher vagen Verschwörungstheorien gegeben – dabei handelte es sich mehr um
eine Methode, die Bevölkerung unter Kontrolle zu halten, als
um ernsthafte Versuche zur Identifizierung von Feinden.

Während der letzten fünfzig Jahre hat sich nach Wirkungsgrad
und Umfang eine dramatische, wenngleich ungleichmäßige
Verlagerung des Verschwörungsdenkens ereignet. Eine Kraft,
die zuvor fast die ganze Welt dominierte, hat in den Machtzen-
tren des Westens ihren Halt verloren. Die Verschwörungstheoretiker sprechen mit lauter Stimme, sind jedoch außerstande, die
politische Linie zu ändern. In anderen Teilen der Welt, insbesondere im Nahen Osten, hat die Politik sich dagegen gründlich in Verschwörungstheorien verfangen.

VII

Zwei Traditionen
des Verschwörungsdenkens

Die Verschwörungstheorien richten sich hauptsächlich gegen vier Menschengruppen: Juden (rund 15 Millionen), Freimaurer (5 Millionen), Briten (60 Millionen) und Amerikaner (260 Millionen). Insgesamt machen diese vier Gruppen etwa 6 Prozent der Weltbevölkerung aus, d. h. 94 Prozent der Menschheit werden selten als Verschwörer betrachtet. Doch warum ausgerechnet diese speziellen vier Gruppen? Es sind eingebildete Verbindungslinien zwischen diesen Gruppen und ihren besonderen Charakteristika, die eine Erklärung dafür liefern, warum sie in solch übersteigerten Ängsten als Sündenböcke fungieren.

Geheime Absprachen

> Bereits im Ersten Weltkrieg erfolgte eine Reaktivierung des Verschwörungsmythos. Im Verlauf der weiteren Entwicklung wurden die beiden historischen Vorläufer, der Mythos von einer Freimaurer-Verschwörung und der Mythos von einer jüdischen Weltverschwörung, ideologisch zusammengefaßt.
> *Armin Pfahl-Traughber*[1]

Die antisemitische und die antigeheimbündlerische Tradition waren zunächst separate, unterschiedliche Weltanschauungen. Mit der Zeit kam es zu wachsender Akzeptanz und Übernahme von gegenseitigen Vorstellungen, die durch diesen Prozeß eine

Verstärkung erfuhren, welche den Juden ebenso wie den »Eingeweihten« schadete.

In jeder dieser zwei »Anti«-Traditionen gibt es eine kleine Minderheit, die die andere Seite für völlig verkehrt hält. Einige Antisemiten lehnen Geheimgesellschaften als Vehikel der jüdischen Verschwörung ab. Henry Ford bedauerte – es mochte mit seiner Mitgliedschaft bei einer Loge zusammenhängen –, daß Freimaurer und Illuminaten für Komplotte verantwortlich gemacht wurden, die in Wahrheit von Juden ausgebrütet worden seien. Umgekehrt tun manche Feinde von Geheimgesellschaften die Juden als Lockvögel, eventuell Düpierte ab und halten den Antisemitismus für eine Ablenkung von der tatsächlichen Gefahr. Auf der Linken charakterisiert die leninistische Theorie (wenngleich nicht die sowjetische Realität) das Vorurteil gegen Juden als eine Ablenkung zu dem Zweck, die Massen davon abzuhalten, den Klassenfeind als ihren wahren Gegner zu erkennen. Auf der Rechten vertraten Senator Joseph McCarthy und Robert Welch, der Gründer der John Birch Society, einen radikalen Antikommunismus, der von jeglichem Antisemitismus frei war. Die Schuld für den Antisemitismus innerhalb der John Birch Society gab Welch *agents provocateurs*, die im Auftrag seiner Verschwörungsfeinde, der »Eingeweihten«, tätig waren.[2] Einige Schriften der Birch Society stellen den Antisemitismus sogar als ein Komplott dar, mit dem die Geheimgesellschaften den Verdacht von sich selbst abwenden. »Die Antisemiten haben unwillentlich der Verschwörung in die Hände gespielt«, schreibt Gary Allen von der Zeitschrift *American Opinion*, indem »sie die ganze Verschwörung als eine jüdische Verschwörung darzustellen versuchten«.[3] Mit der gleichen Wendung hatte William Guy Carr schon früher betont, daß der Antisemitismus »unwissentlich direkt den Illuminaten in die Hände spielte«.[4]

Die Sache wird noch verworrener dadurch, daß eine merkwürdige, nur intern vertriebene Literatur die *Protokolle der Weisen von Zion* als echt akzeptiert, sie nun allerdings nicht den Juden, sondern den Illuminaten zuschreibt. Den Anfang machte Nesta Webster. Sie stellte »erstaunliche« Ähnlichkeiten zwischen den Schriften der Illuminaten und den *Protokollen der Weisen von*

Zion fest, dokumentierte diese Parallelen über acht Seiten und zog den Schluß, daß sie »eine klare Verbindung zwischen den *Protokollen* und den früheren Geheimgesellschaften, die für die Weltrevolution arbeiteten, wie zwischen den *Protokollen* und dem Bolschewismus beweisen«.[5] Carr ging noch weiter: Sergej Nilus, der die *Protokolle der Weisen von Zion* erstmals in einem Buch publiziert hatte, »spielte direkt in die Hände der konspirativen Illuminaten«, weil er sie statt den Illuminaten den Juden zugeschrieb. Die *Protokolle der Weisen von Zion* stimmen, so schreibt er, »wenn der Ausdruck ›Weisen von Zion‹ durch ›Illuminaten‹ ersetzt wird«.[6] Diese Vorstellung lebt fort. So hat erst kürzlich ein früherer Agent des Nachrichtendienstes der US-Marine erklärt, daß die *Protokolle der Weisen von Zion* »in der Absicht geschrieben wurden, die Menschen irrezuführen. Zum richtigen Verständnis... muß jede Erwähnung der ›Juden‹ durch das Wort ›Illuminaten‹ und das Wort ›goyim‹ durch das Wort ›Viehzeug‹ ersetzt werden.«[7]

Solche Versuche, zu der anderen Verschwörungstradition auf Distanz zu gehen, sind allerdings einigermaßen selten, und sie bleiben gewöhnlich ohne Erfolg. Der John Birch Society haben alle entsprechenden Anstrengungen nicht genutzt. Sie konnte sich dem Sirenengesang des Antisemitismus trotzdem nicht verschließen. Es sind mehrere Faktoren, die das Reinheitsstreben zunichtemachen und die beiden Einstellungen zusammenführen: ihre parallele Geschichte, wechselseitige Beeinflussung, gemeinsame Überzeugungen und die sich deckenden Beschuldigten.

DIE PARALLELE GESCHICHTE Die Verschwörungstraditionen haben sich über Jahrhunderte auf ähnliche Weise entwickelt. Das Fundament des Hasses wurde in der Zeit der Kreuzzüge geschaffen – 1096 gegen die Juden, 1375 gegen die Geheimgesellschaften. Mit der Aufklärung kamen die Weltverschwörungstheorien. Die Französische Revolution weckte ein beispielloses Bedürfnis nach jener Art von Deutung, wie sie die Geheimbünde bieten, und die wirtschaftlichen und gesellschaftlichen Neuerungen des 19. Jahrhunderts gaben dem Antisemitismus einen ganz ähnlichen Auftrieb. Beide Traditionen waren in den 1890er Jahren voll ausgebildet und fanden damals ihre klassische Darlegung, die merkwürdigerweise in beiden Fällen von Russen stammten: Als das Pariser Büro der Ochrana die *Protokolle der Weisen von Zion* fälschte, verfaßte Lenin seine Theorien über den »Monopolkapitalismus«.

Beide Textgruppen mußten jedoch zwei Jahrzehnte warten, bis äußere Umstände – der Erste Weltkrieg und die Russische Revolution – einen Anfall von Verschwörungsdenken auslösten, aufgrund dessen sie zu ideologischen Werkzeugen mächtiger Staaten wurden. Hitler und Stalin führten die jeweilige Verschwörungsmentalität zu ihrer logischen Konsequenz: Der eine brachte Millionen von Juden um, der andere Millionen von Ukrainern, Kulaken (freie Bauern, die für Regimegegner gehalten wurden) und »Saboteure«. Die beiden brachten fast tausend Jahre alte Haßempfindungen auf den Höhepunkt, als sie sich während des Zweiten Weltkrieges an der Ostfront die größten und grauenvollsten Massenschlachten der Geschichte lieferten. Der Krieg markierte einen einzigartigen, qualvollen historischen Augenblick – den Zeitpunkt, als das Weltverschwörungsdenken ganz nahe daran war, die Welt zu beherrschen. Nach 1945 verlor der Antisemitismus im Westen an Boden, und als in den achtziger Jahren die Sowjetunion implodierte, nahmen beide Traditionen weiter ab. Gegenwärtig haben beide ihre größte Bedeutung außerhalb der westlichen Welt, und da vor allem im Nahen Osten.

Beide Traditionen des Verschwörungsdenkens haben im Laufe der Zeit Adaptationen erlebt. Sie haben die Grundausrichtung bewahrt, während sie die für die Bewahrung eines breiten Anreizes notwendigen Änderungen erfuhren. So haben die antijüdischen Ängste bei der jüdischen Religion angefangen, sind dann auf die jüdische »Rasse« und anschließend auf den jüdischen Staat umgewechselt. Anfangs betraf die Feindschaft gegen Geheimgesellschaften die Templer, dann ging sie auf die Freimaurer, die Illuminaten und die angelsächsischen Regierungen über.

Dabei handelt es sich jedoch nur um Anpassungen an die wechselnden Umstände. In Sprache, Geist und Substanz haben

die beiden Traditionen des Verschwörungsdenkens sich durch
Zeit und Raum nur wenig verändert. Immer und immer wieder tauchen die Grundthemen auf. Im Frankreich des 18. Jahrhunderts hielten sich Ängste wegen eines Komplotts zur Aus-
hungerung des Landes jahrzehntelang fast unverändert, als
Menschen aller Gesellschaftsschichten Provokationen (eine un-
terbrochene Getreideversorgung), die dafür verantwortlichen
Missetäter (Männer in Machtpositionen und ihr Gefolge) und
die öffentlichen Anklagen (die Entlarvung der Schurken) ähnlich wahrnahmen. Steven Kaplan kommt zu dem Schluß: »Die
Handelnden, die Ausdrucksformen und die Inhalte der Episo-
den weisen von Mal zu Mal eine erstaunliche Ähnlichkeit auf.
Es ist beinahe so, als ob die Franzosen irgendwie gezwungen
wären, die Welt auf diese Weise zu sehen. Das Wiederkehren
des gleichen Wahrnehmungs- und Deutungsmusters in jeder
neuen Krisenerfahrung legt die Vermutung nahe, daß die
Überzeugung, die Hungersnot sei Folge eines Komplotts, ein
Strukturmoment der kollektiven Mentalität war.«[8] Auf ähnliche Weise hat in den Vereinigten Staaten die Vorstellung vom
Großen Feind Amerikas – der bayerische Illuminatenbund,
Wall Street, der internationale Kommunismus – vom Ende des
18. Jahrhunderts bis in die heutige Zeit gleichbleibende Elemente. Laut David Brion Davis zeigt die amerikanische Geschichte »in der bildlichen Vorstellung von Subversion eine
Kontinuität, die keinerlei notwendigen Bezug auf irgendeinen
bestimmten Feind trägt«. Zu den immer wiederkehrenden Bil-
dern gehören u. a. das Trojanische Pferd, der Spaltkeil, der Plan
zur Zerstörung der Freiheit, die Namensliste von angeblich
treuen Führern, die als Werkzeuge einer feindlichen Macht
entlarvt worden sind.[9] Bei den Antisemiten zeigen sich ebenfalls viele Gemeinsamkeiten, wie Robert Wistrich feststellt:
»Wir erkennen über alle kulturellen und politischen Kluften
hinweg eine erstaunlich ähnliche Verschwörungstheorie be-
züglich Geschichte, Gesellschaft und Politik, die ein geschlos-
senes System von Glaubens- und heilspolitischen Vorstellungen
bildet, dessen eschatologische Stoßkraft stets gegen die Juden
gerichtet ist.«[10]

Diese Kontinuität liefert ein beiden Traditionen gemeinsames und sie verbindendes wichtiges Element.«Immer wieder«, schreibt Norman Cohn, »stößt man auf die gleiche unheimliche apokalyptische Atmosphäre, auf Andeutungen von irgendeiner großen, endgültigen Schlacht, in der die Heerschar von Dämonen vernichtet, die Welt aus dem Würgegriff der Krake befreit, ein neues Zeitalter entstehen wird«.[11] Die Verschwörungsmentalität, ergänzt Serge Moscovici, »ist wie ein Kleidungsstück, das immer aus dem gleichen Stoff und nach dem gleichen Schnittmuster gefertigt ist«. Er verweist auf die »hoffnungslose Monotonie« des Verschwörungsdenkens quer durch die Zeiten. »Die ganze Welt schöpft aus den gleichen archaischen Tiefen.«[12]

DIE WECHSELSEITIGE BEEINFLUSSUNG Angesichts ihrer starken Parallelentwicklung können die häufigen wechselseitigen Einwirkungen gar nicht überraschen. Augustin de Barruel hat seine Vorstellungen von den Geheimgesellschaften auf die Juden übertragen. Im frühen antisemitischen Schrifttum treten höchst auffällig die Freimaurer in Erscheinung. Lenin lieferte den Präzedenzfall für Hitler. Die *Protokolle der Weisen von Zion* begründeten eine neue Betrachtungsweise für Geheimgesellschaften.

Die zwei Geistesrichtungen haben aber auch spezifische Merkmale gemeinsam, von denen vier von besonderem Gewicht sind: eine anormal starke Feindseligkeit, eine Verachtung logischen Denkens, die Neigung, die meisten Verschwörer als selbst ›Angeführte‹ zu sehen und die tendenzielle Annahme, ihre Machtergreifung stehe unmittelbar bevor. Zunächst aber ist festzuhalten, daß beide Richtungen, die Antisemiten wie die von Geheimbundphobien Besessenen, die Furcht hegen, daß eine scheinbar gutwillige Gruppe bösartige Pläne für eine Welthegemonie verfolgt. Jede Richtung betont, daß sie die Grundursache der meisten Weltprobleme gefunden hat, und bei beiden erwächst das Mißtrauen eher aus einem abstrakten Haß als aus persönlicher Erfahrung oder aus gewöhnlichen Abneigungen. Beide verfolgen die beargwöhnten Ambitionen bis auf ferne Epochen zurück und stellen sich als entscheidende Instanzen Geheimgremien vor (die Weisen von Zion, den Weltrat der Freimaurer). Beide überschätzen die Macht der Verschwörer auf ähnliche Weise. So kommt es dann auch dazu, daß Juden wie Amerikaner beschuldigt werden, Erdbeben zu verursachen.

Solch anormale feindselige Haltungen können zu anormalen Handlungen führen. Verschwörungstheoretiker hoffen letzten Endes alle darauf, die Juden zu isolieren und zu verfolgen, soweit, daß sie ihnen nicht gestatten, ihrer Situation durch Bekehrung zu entkommen. Die unausrottbar böse Natur der jüdischen Identität hat sogar gegen den guten Willen des einzelnen Juden Bestand. Die Rassengesetze der Nazis erfaßten den einzelnen nach Maßgabe des Prozentsatzes seiner jüdischen Abstammung und klassifizierten ihn (im Unterschied zu seiner heutigen Zuordnung aufgrund der Religion) nur auf dieser Basis. Obwohl moderate Formen von Geheimbundphobie Freimaurer und Eingeweihte bloß als irregeführte Individuen ansehen, die nach reuiger Einsicht wieder inmitten einer gewöhnlichen Menschheit willkommen geheißen werden können, klassifiziert die unverwässerte Version Verschwörer nach antisemitischer Façon und entläßt sie nie wieder aus dieser Typisierung. Sie bleiben mit ihren Kindern und Kindeskindern für immer als Parasiten und Volksfeinde abgestempelt. Das war das Schicksal von Klassenfeinden in den von Stalin und Mao begründeten Systemen und im Kambodscha Pol Pots. Kurzum, die Ängste, die Logik, die Gegner und die Problemlösungen beider Traditionen sind einander ausgesprochen ähnlich.

Zweitens mißachten beide Traditionen die Regeln logischen Denkens. Zeit und Raum sind kaum von Belang: Da werden Juden unbekümmert in Gegenden angesiedelt, wo sie überhaupt nicht wohnen, und Freimaurer wie Illuminaten für Verschwörungen haftbar gemacht, die sich ereignet haben, lange bevor diese zwei Bünde überhaupt existierten. Beide Traditionen setzen sich über widersprechende Tatsachen hinweg. Wieso konnten eigentlich, wenn das jüdische Volk so mächtig ist, so viele Juden bei Pogromen und dann im Holocaust ermordet werden? Welche nach der Weltherrschaft greifende Macht würde denn zulassen, daß ein Drittel ihres Volkes ermordet wird? Es waren die Jakobiner, welche die Freimaure-

rei 1792 gesetzlich verboten haben – wie hätte da eine gemeinsame, jakobinisch-freimaurerische Verschwörung die Französische Revolution hervorrufen können? Und mit dem Verbot
der Logen haben die Bolschewiken die Vorstellung von einem
Freimaurerkomplott hinter der Russischen Revolution zu einer
wirklich ausgefallenen Idee gemacht.

Drittens betrachten beide die Mehrheit der Mitglieder als
die betrogenen Dummen: Die meisten Juden sind Opfer der
jüdischen Verschwörung. Gleiches gilt für die Geheimbünde,
für Freimaurer (»die überwältigende Mehrheit der Freimaurer
hat keine Ahnung, worum es in ihrer Organisation wirklich
geht«) wie für Illuminaten (»viele hervorragende Bürger...
sind himmlisch ahnungslos, daß sie der Sache des Satans dienen«).[13] Briten und Amerikaner sind die Opfer von Finanzin-
teressen: Die Rechte wirft ihnen vor, eine neue Weltordnung
zu etablieren; die Linke, eine weltweite ökonomische Vorherrschaft zu betreiben.

Schließlich sind beide Typen von Verschwörungstheoretikern
überzeugt, daß ihr Hauptfeind bereits an die Macht gekommen
ist. Antisemiten interpretieren die Französische und die Russische Revolution ebenso wie die Gründung des Staates Israel
und die Zusammensetzung der amerikanischen Regierung als
jüdische Erfolgsgeschichten. Und während die Gegner der Geheimgesellschaften verschiedene verschwörerische Kräfte hinter den Kulissen am Werke sehen – die Illuminaten hinter der
Französischen und die Kapitalisten hinter der Russischen Revolution, britische und amerikanische Interessen hinter Israel, und
die Money Power im Begriff, in Washington die Regierungsmacht zu übernehmen –, stimmen sie in dem wesentlichen
Punkt überein: daß die Verschwörung von Erfolg gekrönt ist.

Die Mentalität, die hinter beiden Verschwörungstheorien
steht, ist sich so ähnlich, daß Menschen, die die Gültigkeit
der einen akzeptieren, für gewöhnlich auch an die andere glauben. Noch ärger: Sie sehen Juden und Freimaurer als Komplizen. Außerdem sind sie davon überzeugt, daß die Juden sich
entweder mit »imperialistischen« oder mit totalitären Staaten
zusammentun.

DIE FREIMAURER Freimaurer und Juden bilden die dauer-
hafteste und bedeutsamste Verbindung. Da beiden die Geg-
nerschaft zur Kirche und das Streben nach Weltherrschaft
nachgesagt wird, verschmelzen sie in der Vorstellung des Verschwörungsdenkens zu einer Einheit.[14] Die Juden sind normalerweise zahlenmäßig zu klein, um für sich allein herrschen
zu können, deshalb brauchen sie Mittelsmänner, die ihnen als
Werkzeuge dienen, und die finden sie vor allem in den Freimaurern.

Obwohl der erste historisch bekannte Fall eines Juden, der
Logenmitglied wurde, 1712 in London eintrat, gab es in den
folgenden Jahrzehnten nur wenige jüdische Freimaurer – bis
Juden scharenweise beitraten, um auf diese Weise gesellschaftliches Ansehen zu gewinnen und ihr Netzwerk aufzubauen.
Britische und französische Logen nahmen jüdische Mitglieder
in der Regel sehr viel bereitwilliger auf als Logen in Deutschland.

Soweit die Tatsachen. Ein Mönch in Aachen hatte jedoch
bereits 1778 – unter Mißachtung der historischen Chronologie – erklärt, daß die Juden, die den Heiland kreuzigten, Freimaurer gewesen seien und Pilatus und Herodes die Leiter einer
freimaurerischen Loge.[15] Rückblickend wird im allgemeinen
das Jahr 1782 als das Datum betrachtet, an dem die Juden sich
der Freimaurerei bemächtigten, weil damals zwei Ereignisse
stattfanden: Die Freimaurer hielten ihre Wilhelmsbader Tagung ab, ein in hohem Maße publik gemachtes Treffen, wo sie
den Anspruch auf Herkunft von den Templern aufgaben; und
die Illuminaten verlegten ihren Hauptsitz nach Frankfurt, wo
natürlich der Rothschild-Clan zuhause war, auf dessen finanzielle Zuwendungen sie sich künftig stützten. Der Jesuit de Barruel behauptete, das Freimaurertum sei von Juden gegründet
worden – eine Vorstellung, die dann später Gemeingut wurde.
Einige Amerikaner der Antifreimaurerpartei betrachteten die
Freimaurerei als ein »System des Bösen, das sich in drei Begriffen zusammenfassen läßt – Judaismus, Heidentum und Göt-
zendienst«![16]

Der größte Teil der entsprechenden Beschuldigungen geht
zurück auf 1848. Die prominente Rolle von Juden in den epo-

chemachenden Ereignissen dieses Jahres veranlaßte einen anonymen deutschen Flugschriftenverfasser dazu, die 1848er Revolutionen in Europa Juden und Freimaurern (vielleicht auch noch den Protestanten) zuzuschreiben. Auf Grund des ausgesprochen antisemitischen Tons der Freimaurerei in Deutschland fanden diese wie weitere deutsche Vorwürfe allerdings bis in die Zeit nach dem Ersten Weltkrieg kein Gehör. Solche Schriften, die Juden und Freimaurer assoziierten, fanden erst ein Publikum, als sie ins Französische übersetzt wurden.[17] In Frankreich legten sie dann sogar den Grundstein für eine umfangreiche eigene Literatur über die Freimaurerei als jüdischer Verschwörung mit dem Ziel, die Oberherrschaft über die Welt zu erringen. Daraufhin setzte ein unerbittlicher Trommelwirbel ein. Im Jahr 1852 zog Benjamin Disraeli auf seine exzentrische, doch wirksame Art und Weise eine Verbindungslinie zwischen Juden und Geheimbünden:

> Zur Zerstörung des semitischen Prinzips, zur Ausrottung der jüdischen Religion, ob in der mosaischen oder in der christlichen Form, werden die naturgegebene Gleichheit der Menschen und die Aufhebung des Eigentums von den Geheimgesellschaften propagiert, die Interimsregierungen bilden, und an der Spitze von ihnen allen sind Männer der jüdischen Rasse zu finden. Das Volk Gottes arbeitet zusammen mit Atheisten; die geschicktesten Anhäufer von Besitztümern verbünden sich mit Kommunisten; die besondere und auserwählte Rasse reicht dem Abschaum der Menschheit und den unteren Kasten Europas die Hand![18]

Ein antisemitisches Buch aus dem Jahre 1869 erachtete die Freimaurerei für »ein tollkühnes Unterfangen des Judaismus, einen künstlichen Judaismus zu dem Zweck, fremde Menschen – und vor allem Christen – für die jüdische Rasse zu rekrutieren«. Die Freimaurerei, so hieß es da, benütze christlich geprägte Rangordnungen und Symbole, um harmlose Christen zu täuschen und um ihre wahren Absichten besser kaschieren zu können. Ihre Logen sind ein »unentbehrlicher Ersatz für die Synagoge«.[19]

Dieses Thema entwickelte sich zu einer wahren Obsession. Ein französischer Priester behauptete im Jahre 1880, die Juden seien kaum in die Freimaurerei eingetreten, da hätten sie bereits deren Führung übernommen, weil Juden »einen natürlichen Instinkt zum Herrschen haben«.[20] Der erste internationale antisemitische Kongreß in Dresden (1882) gab ein Manifest heraus, das auf eine jüdische Übernahme der Freimaurerei Bezug nahm. Den Feinheiten solcher Herrschaftsweise wurden anschließend ganze Bücher gewidmet, in denen verschiedene Verbindungen zwischen beiden entdeckt wurden. Eine Annahme war weitverbreitet: daß die Alliance Israélite Universelle – ein jüdischer Wohltätigkeitsverein – die Leitung der Freimaurer übernommen hätte. Von den 1880er Jahren an waren die einflußreichen Abhandlungen Edouard Drumonts, des sogenannten Papstes des Antisemitismus, gespickt mit Hinweisen auf die »jüdische Freimaurerei«. Ein französischer Erzbischof erklärte 1893, daß »an der Freimaurerei von Anfang bis Ende grundsätzlich alles jüdisch, ausschließlich jüdisch, durch und durch jüdisch ist«.[21] Dem Historiker Jacob Katz zufolge war es zu dem Zeitpunkt für antisemitische französische Schriftsteller »unmöglich« geworden, nicht auch die Freimaurer anzugreifen.[22]

Die Dreyfus-Affäre der Jahre 1894–1899 strich die jüdisch-freimaurerische Assoziation noch stärker heraus. In dem Paris jener Zeit fälschte auch die zaristische Geheimpolizei die *Protokolle* mit ihren vielen Hinweisen auf Freimaurerei. Die erste Ausgabe dieses Dokuments (1901) erschien sogar mit dem Titel *Die Protokolle der Tagung der Weltvereinigung der Freimaurer und der Weisen von Zion.* Der russische Ausdruck *Zhidomasonstvo* («Judemaurerei«) kodifizierte sozusagen diese angebliche Verbindung, und die Zarin Alexandra vermerkte 1918 in ihrem Tagebuch: Der Zar »liest uns die Protokolle der Freimaurer vor«.[23] In der Annahme der Echtheit der *Protokolle der Weisen von Zion* zog Nesta Webster den Schluß, daß »*es sich bei ihnen um das überarbeitete Programm der illuminierten Freimaurerei handelt, das von einer jüdischen Loge des Ordens formuliert wurde*«.[24]

Nach dem Ersten Weltkrieg erlangte in Deutschland die Idee einer geheimen jüdisch-freimaurerischen Zusammenarbeit immer größere Bedeutung. Es gab viele Deutsche, die der

Meinung waren, daß die Niederlage die Folge nicht etwa eines
militärischen Scheiterns, sondern Folge eines heimtückischen
Dolchstoßes von Juden, Freimaurern, Sozialisten, Bolschewiken und anderen mehr war – d. h. sie gaben allen die Schuld,
nur nicht den damaligen deutschen Führungskreisen. In diesem Kontext erwies sich der Gedanke einer Union von Juden
und Freimaurern als ungemein überzeugend. Am Tage der Ab-
dankung Kaiser Wilhelms II. verbreitete eine Zeitung, daß der
Krieg von 1914 durch die internationalen Juden, die internationale Freimaurerei und die internationale Plutokratie begonnen
und dann mit einem präzisen Ziel geführt worden sei: der Vernichtung des Deutschen Reiches.[25] Friedrich Wichtl argumentierte in einem vielgelesenen Buch, daß die Freimaurer, und
unter ihnen besonders die Juden, den Krieg und die Russische
Revolution angezettelt hätten.[26] Eine kurz vorher erschienene
Neubearbeitung der *Protokolle der Weisen von Zion* ging noch
einen Schritt weiter, indem sie die Schuld an dem Krieg allein
den Juden gab; die Freimaurer wurden zu Helfershelfern der
Juden erklärt. (Die deutsche Übersetzung der *Protokolle der
Weisen von Zion* hat den mittlerweile zwanzig Jahre alten russischen Text in vielen Punkten verändert. Sie berücksichtigte die
jüngsten Geschehnisse und gab den Freimaurern eine wesentlich prominentere Rolle.) Erich Ludendorff, der General, der
zum Antisemiten geworden war, behauptete, daß Nichtjuden,
die sich den Freimaurern anschlössen, zu »künstlichen Juden«
gemacht würden.[27]

Die Nazi-Propaganda akzeptierte den Gedanken einer solchen Fusion, wetterte unüberhörbar dagegen und gab die Parole aus, die Freimaurerei sei ein jüdischer Ableger. In einer
wahren Flut von Büchern und Schriften wurden ihre gemeinsamen Aktivitäten gegen die Monarchie und ihr Verrat an
Deutschland während des Krieges hervorgehoben. Die Nazis
machten sich die angebliche Verbindung zunutze, um Mitte
1935 alle Freimaurerlogen in Deutschland zu schließen. Zu
diesem Zeitpunkt, erklärt Katz, gab es bereits »eine beinah totale Ineinssetzung« von Juden und Freimaurern.[28] Es ist bis
heute so, daß viele Europäer und Amerikaner annehmen, daß
die Freimaurer und die Juden irgendwie miteinander verbun-

den sind. Die sowjetische Propaganda ging so weit, die Freimaurer als Anbeter des Davidsterns darzustellen.

DIE IMPERIALISTEN Seit dem 18. Jahrhundert haben Verschwörungstheoretiker endlos darüber spekuliert, daß die Juden zusammen mit einer fremden – meistens der britischen – Regierung konspirierten. Friedrich II. von Preußen (1712 bis 1786) war der Auffassung, daß die Juden entscheidend Anteil daran hatten, der Macht des britischen Königs Grenzen zu setzen, und daß sie anschließend gemeinsam mit Briten korrupte und kriegerische Unternehmungen betrieben hätten, um ihren beiderseitigen Einfluß über ganz Europa auszudehnen.[29] Die Schlüsselrolle für den Sieg der Engländer über Napoleon hatten Juden. Die Untergrabung des deutschen Handwerks durch die britische Industrie im späten 19. Jahrhunderts nährte die Überzeugung, daß der Wirtschaftsliberalismus ein jüdisch-britischer Streich war. Die *Protokolle der Weisen von Zion* sehen »Verwandtschaft zwischen Engländern und Juden«.[30] Ein französischer Autor nennt London die Stadt, wo »die Könige Israels sitzen«, und schildert die jüdischen Bankiers als die wahren Machthaber im britischen Impire.[31] Der Burenkrieg bestätigte die verbreitete Auffassung, daß das britische Militär und jüdisches Kapital eng verbündet waren. Für diesen Krieg gab Lenin »die größte Verantwortung« Cecil Rhodes[32]; andere assoziierten ihn mit jüdischen Bankiers. Diese Gedanken fanden auch in den Vereinigten Staaten Widerhall. Präsident Grover Cleveland wurde von einem Gegner als »der Agent jüdischer Bankiers und britischen Goldes« bezeichnet.[33] Eine der ersten Ausgaben der *Protokolle der Weisen von Zion* in Rußland schildert den Zionismus als stets »freundlich gegenüber der englischen Außenpolitik«.[34]

Diese Ideen fanden neue Beachtung nach dem Trauma des Ersten Weltkriegs, und die Balfour-Erklärung (1917) durch die Londoner Regierung, die »die Gründung einer nationalen Heimat für das jüdische Volk in Palästina« forderte, trug nicht gerade dazu bei, die Ausbreitung solcher Gedanken zu mindern. Der Kulturphilosoph Oswald Spengler sah Engländer und Juden zur Schwächung Deutschlands an einem Strang ziehen. Einflußreiche antisemitische Texte stellten König George V. als den obersten Herrscher der Juden dar und behaupteten, Engländer und Juden hätten gemeinsam den Ersten Weltkrieg geplant, um ihr Weltherrschaftskomplott voranzutreiben. In seinem *Dearborn Independent* taufte Henry Ford London vor dem Ersten Weltkrieg die »Hauptstadt« der Juden.[35] Der Nazi-Propagandaminister Joseph Goebbels bezeichnete die Briten als »die Juden unter den Ariern«. Heinrich Himmler behauptete eine noch engere Verbindung, wenn er die Briten als Nachkommen der Juden schilderte. Im Milieu des Verschwörungsdenkens leben solche Ideen heute weiter: Lyndon LaRouche stellt ein britisch-jüdisches Bündnis ins Zentrum seiner Verschwörungstheorien. Der Ku-Klux-Klan fördert solche Vorstellungen ebenfalls.

Es herrschte – insbesondere nach dem Ersten Weltkrieg – manchmal die Vorstellung, daß andere Staaten mit Großbritannien und den Juden gemeinsame Sache machten. Die *Chicago Tribune* des Obersten McCormick gruppierte Juden, Angelsachsen und Kommunisten als Betreiber eines gemeinsamen Komplotts. Viele Briten hielten Juden und Deutsche für Verbündete. Während des Zweiten Weltkriegs ritten deutsche Schlagwörter auf einem angeblichen Pakt zwischen den westlichen Demokratien allgemein und dem Weltjudentum herum. Ludendorff hegte die Ansicht, eine jüdische Geheimregierung kooperiere mit London und Paris, sofern sie die Regierungen dort nicht gar beherrsche. Er sah auch hinter der Russischen Revolution eine jüdische Geheimregierung. Die französische Ausgabe der *Protokolle der Weisen von Zion* von 1935 enthält ein Vorwort, in dem die Regierungen in Berlin, London und Washington von einer Verbindung mit den Juden profitieren.

Als die Vereinigten Staaten 1947 Englands traditionelle Rolle zur Wahrung des internationalen Status quo übernahmen, erbten sie damit auch die Rolle des angeblichen jüdischen Verbündeten. Daß diese Rollenübertragung zeitlich fast mit der Gründung des Staates Israel zusammenfiel, machte die Bedeutung und das Geheimnis des engen Bandes zwischen den USA und Israel für die Verschwörungstheoretiker nur noch größer. Sie sahen da solch enge Bande, daß die Vereinigten Staaten sie zu Schmähungen ähnlich denen veranlaßte, die zuvor den Juden vorbehalten waren. Die Ineinssetzung begann jedoch schon zu Beginn des 20. Jahrhunderts. Ein deutscher Autor hat bereits 1906 erklärt, daß »man die Juden heute in gewissem Sinne als die Vertreter des Amerikanismus bei uns kennzeichnen kann«. Nur wenige Jahre später nannte der bekannte deutsche Gelehrte Werner Sombart die Vereinigten Staaten kurz und bündig »einen Judenstaat«.[36] Der französische Philosoph André Glucksmann glaubt, daß der Antiamerikanismus die Wesensmerkmale des klassischen Antisemitismus mit seinen Vorstellungen von einer unsichtbaren Macht und von unkontrollierbaren zerstörerischen Kräften annimmt. »Die Vorwürfe sind die gleichen… Anders sind nur die Worte.«[37] Paul Hollander, der sich mit Studien über Einstellungen zu den Vereinigten Staaten einen Namen gemacht hat, stellt fest, daß »der Antiamerikanismus in hohem Maße eine Umlegung von Haß gegen Israel auf die Vereinigten Staaten darstellt, insofern die beiden Länder als enge Verbünde miteinander identifiziert werden«.[38] Der Kolumnist Richard Grenier geht sogar so weit zu behaupten, daß »alles Schlechte heute nicht mehr die Schuld der Juden, sondern der Amerikaner ist«.[39] Dan Diner kommt zu dem Schluß, daß der »Antiamerikanismus in seiner Struktur dem Antisemitismus ähnelt«.[40]

Das Bild von der raffgierigen Krake, die den Erdball umgreift und mit ihren Fangarmen alle guten Dinge aufsaugt, bietet einen visuellen Beweis für die Austauschbarkeit von Juden und imperialistischen Staaten. Es war dann Friedrich Schiller (1759–1805), der dieses Bild als erster heraufbeschworen und auf Großbritannien bezogen hat. Die Krakenmetaphorik ist dann im Laufe der Zeit für die beiden gemeinsam vorgehenden Seiten verwandt worden. Ein amerikanischer Traktat des Jahres 1894 zeigt ein zehnarmiges Krakenwesen mit dem Beinamen »Rothschild« von England herübergreifen.[41] Die Metapher kann allerdings auch nur für die Juden gelten. So sprach die sowjetische Propaganda etwa von der »Spionagekrake des Zionismus«, und die extreme britische Rechte nannte den Zionismus ein Riesenreich, dessen »Fangarme« die ganze Welt bedrohen.

TOTALITÄRE BEWEGUNGEN Wie in Vorausschau zukünftiger wilder Übertreibungen schrieb Zar Nikolaus II. im Jahre 1905, 90 Prozent der Revolutionäre in Rußland seien Juden. Es war eine Übertreibung, die in den nachfolgenden Jahrzehnten viel zitiert und beschworen wurde[42], weil in der Russischen Revolution Menschen jüdischer Herkunft[43] eine unverhältnismäßig wichtige Rolle spielten. Im übrigen war der Kommunismus größtenteils ein von Juden oder Ex-Juden formuliertes Programm – insbesondere von Karl »Mordechai« Marx, dann von Otto Bauer und Rosa Luxemburg in Deutschland, von Bela Kun in Ungarn und von Leo Trotzki, Pavel Axelrod und Grigori Sinowjew in Rußland.[44] Von diesen Personen ausgehend haben die Antisemiten verallgemeinert, um ein verführerisches, aber unzutreffendes Gesetz aufzustellen: Juden sind von Natur aus Bolschewiken. Selbst eine so große Persönlichkeit wie Winston Churchill hat in einem bestimmten historischen Moment angenommen, daß ein solcher Zusammenhang zwischen Juden und Kommunisten real gegeben sei:

> Diese Bewegung ist unter den Juden nichts Neues. Von den Tagen des Spartakus-Weishaupt bis zu den Zeiten von Karl Marx und weiter zu Trotzki (Rußland), Rosa Luxemburg (Deutschland) und Emma Goldman (USA) hat diese weltweite Verschwörung zum Umsturz der Zivilisation und zur Umformung der Gesellschaft auf der Grundlage einer arretierten Entwicklung und neidischer Boshaftigkeit und einer unmöglichen Gleichstellung ständig zugenommen. Sie ist während des 19. Jahrhunderts die Triebfeder aller subversiven Bewegungen gewesen.[45]

Für die verkehrte Logik des Verschwörungsdenkens sind Feinde in Wirklichkeit Freunde. Daß sechs Millionen Juden durch Nazimörder ihr Leben verloren, gilt Verschwörungstheoretikern nicht als Beweis für die absolute Polarität dieser beiden Gruppen, sondern für eine Verbindung zwischen ihnen. Die Behauptung, daß die Zionisten mit den Nazis Hand in Hand arbeiteten, um während der 1930er Jahre Juden nach Palästina zu bringen, ist auf seiten der Linken zum Ansatzpunkt einer eigenen Literatur geworden; so sollen insbesondere jüdische Finanziers Hitlers Aufstieg zur Macht unterstützt haben.

Für diese These macht Lenni Brenner sich wissenschaftlich stark[46], Jim Allen verleiht ihr literarischen Ausdruck[47], und die Sowjetunion nahm diese verderbliche Theorie in ihre offizielle Ideologie auf. Neo-Nazis gehen noch einen Schritt weiter und behaupten, daß die Juden im Holocaust durch Zionisten umgebracht wurden. LaRouche verdreht die Sprache bis zu dem Punkt, daß er postuliert, Juden seien überhaupt die einzigen Nazis gewesen.

Wer hat das Sagen? So sehr Verschwörungstheoretiker auch glauben, daß die Juden sich mit anderen Kräften zusammentun, lehnen sie hier doch die Vorstellung eines ausgeglichenen Kräfteverhältnisses und beiderseitigen Vorteils als naiv ab. Irgend jemand muß die Verantwortung haben. Aber wer? Sind die Juden die Drahtzieher und die Geheimbünde die Marionetten? Oder ist es umgekehrt? Dergleichen Fragen machen vielen Verschwörungstheoretikern zu schaffen. Ein einflußreicher Antisemit hat 1880 festgestellt, daß einerseits »die Juden alles inspirieren und alles steuern«, daß andererseits aber auch die Freimaurerei »alles inspiriert und alles steuert«, und er gestand, daß da »ein Dilemma« besteht. Denn »es ist entweder die Freimaurerei, die sich des Juden bemächtigt hat, die ihn ausbeutet und vor sich herschiebt, oder aber es ist der Jude, der die Freimaurerei im Griff und sie zu seinem Sprungbrett und zum Werkzeug seiner Absichten gemacht hat«.[48]

Das quälende Dilemma ist ein Jahrhundert später noch immer ungelöst, nur daß die entscheidende Frage jetzt das Band zwischen den USA und Israel betrifft: Hat das American Israel Public Affairs Committee in Washington das Sagen, oder ist der jüdische Staat gegründet worden, um die Interessen des Imperialismus im Nahen Osten zu fördern? Laut einer These schützen die Imperialisten Israel; laut einer anderen steuern die Zionisten Amerika. Im einen Moment ist die Beziehung zwischen den USA und Israel enger, als die Fakten erkennen lassen; dann werden die zwei Länder wiederum als Gegner betrachtet. Im allgemeinen ist es so, daß Amerikaner eher für die Idee eines zionistischen Komplotts empfänglich sind[49], während Muslime im Nahen Osten eher zur Annahme der imperialistischen These neigen.[50] Selbst Wissenschaftler bekennen, in dieser

Frage keine Klarheit zu haben. Yasumasa Kuroda von der Universität von Hawaii erklärt, »daß es gelegentlich schwierig gewesen ist zu wissen, welches der beiden Länder da manipuliert wird«.[51] Die entsprechenden Verschwörungstheorien sind so weit verbreitet, daß der frühere US-Außenminister Dean Rusk sich verpflichtet fühlte, sie in seinen *Memoiren* zurückzuweisen: »Daß Israel kein amerikanischer Satellit ist, ist eine Sache, die viele Araber leider übersehen. Doch das Gegenteil ist ebenso wahr: Die Vereinigten Staaten sind kein Satellit von Israel, und das ist ein Punkt, den manchmal die Amerikaner übersehen.«[52]

Andere Verschwörungstheoretiker wissen allerdings ganz genau, wer wen benutzt. Überzeugte Antisemiten sehen alle Geheimbünde – Freimaurer, Illuminaten, Kommunisten, die britische und die amerikanische Regierung, sogar die Jesuiten – als jüdische Gründungen. Nach ihrer Auffassung sind die Juden aufgrund ihrer uralten Wurzeln, der festen Bindungen untereinander und ihrer religiösen Erwartungen in allen Gemeinschaftsunternehmen notwendigerweise die führenden Partner. Und während es plausibel erscheint, daß Juden in Geheimgesellschaften hohe Positionen einnehmen, stellt sich die Frage, wie letztere denn jüdische Institutionen infiltrieren könnten? Man hat schließlich nie etwas davon gehört, daß Christen den Rat der Weisen von Zion infiltriert hätten.

Gruppen, die sich wegen Geheimgesellschaften sorgen, halten eher ausländische Regierungen für die geheimen Drahtzieher. Sie stellen es sich meistens so vor, daß Washington in Jerusalem das Sagen hat. Es gibt aber auch die Meinung, daß diese Rolle der britischen Regierung zukommt. Lyndon LaRouche und seine Anhänger sehen es so, daß London nicht bloß die Juden, sondern auch ihre muslimischen Vettern unter seiner Kontrolle hat. Nach Meinung LaRouches hat London »in der Zeit nach dem Zweiten Weltkrieg seine Herrschaft [dadurch] aufrechterhalten, daß es sowohl »die zionistischen Expansionskulte« wie »den islamisch geprägten und radikal arabischen Terrorismus« unterstützte.[53]

Wenn wir uns von den Einzelheiten lösen und das Verschwörungsdenken eines Vierteljahrtausends als Ganzes betrachten, lassen sich zwei Trends erkennen. Erstens: Die beiden

Angstkomplexe, die zunächst gänzlich voneinander getrennt entstanden, haben sich allmählich und, wenngleich in unregelmäßigen Schüben, immer weiter vermengt. Die antisemitischen und die antigeheimbündlerischen Phobien haben als separate Phänomene mit unterschiedlichen Anreizen begonnen und sind sich dann mit der Zeit immer ähnlicher geworden. Die Zeit unmittelbar nach dem Ersten Weltkrieg – diese schreckliche Periode der Krise des Westens und der großen Weiterentwicklungen des Verschwörungsdenkens – markiert den historischen Augenblick, in dem die beiden Traditionen wahrscheinlich mehr miteinander verschmolzen, als eigenständig waren. Die alten, partiellen Deutungen genügten nicht mehr. Radikale Bedrohungen weckten das Bedürfnis nach einer Meta-Verschwörungstheorie, die den Mythos des Antisemitismus und den Geheimbundmythos zusammenführte. Damals ging alles durcheinander. Lenin und König George von England wurden gleichzeitig als Freimaurer und als Juden gebrandmarkt. (Selbstverständlich waren beide keines von beiden.) Die neue bolschewistische Regierung verstand die Besetzung Palästinas durch die Briten im Dezember 1917 – genau einen Monat, nachdem die Bolschewiken an die Macht gekommen waren! – als unmittelbar gegen sich gerichtete Drohung. Als Hitler an die Macht kam, deutete er beinah alle Geschehnisse im antisemitischen Sinne, um dann zudem eine antigeheimbündlerische Sichtweise zu übernehmen. Dagegen war Stalin ein überzeugter Antiimperialist, der am Ende seines Lebens (mit dem Ärztekomplott) dann zu einem massiven Angriff gegen die Juden bereit war.

Zweitens scheint die antisemitische Überlieferung zu Lasten der antigeheimbündlerischen Ausrichtung an Bedeutung gewonnen zu haben. Das antisemitische Verschwörungsdenken entstand später, ist aber dauerhafter. Die Juden besitzen einen Zusammenhalt und eine Ernsthaftigkeit, an denen es den Geheimgesellschaften und sogar Regierungen mangelt. Außerdem setzen die Juden sich zur Wehr, indem sie sich organisieren, politische Lobbys bilden, ganzseitige Anzeigen in Zeitungen schalten –, und das gibt ihnen eine Authentizität und eine Realität, die den Geheimbünden fehlt.

Die antisemitische Variante ist inzwischen tatsächlich so vorherrschend, daß das Thema der Geheimgesellschaften aus dem Blickfeld der Öffentlichkeit verschwindet. Die Welt weiß sehr wohl von den Ansichten der Nation of Islam-Bewegung über die Juden – daß sie den amerikanischen Kongreß, Hollywood, die Universitäten und die Ärzteschaft dominieren –, doch wissen nur wenige davon, daß die Nation of Islam-Theologie eine noch stärkere Betonung auf die Freimaurer legt (die angeblich die gesamte weiße Rasse unter ihrer Kontrolle haben). In ganz ähnlicher Weise ist Pat Robertson massiv wegen des unterschwelligen Antisemitismus in seinem *The New World Order* kritisiert worden, doch scheint niemand bemerkt zu haben oder darüber besorgt zu sein, daß ebendieses Buch seitenweise völlig unmißverständlich die wildesten Phobien gegenüber den Freimaurern und dem Council on Foreign Relations enthält. Es gibt inzwischen Politologen, die soweit gehen, die Angst vor Geheimbünden abzutun als eine »alte Verschwörungstheorie, die der internationalen Theorie vom Judentum« vorausging[54], womit sie implizieren, daß sie heute nicht mehr existiert.

Diese Blindheit führt zu einem seltsamen Irrtum, zu der Annahme nämlich, daß im Verschwörungsdenken alle Hinweise die Juden betreffen. Da Dennis King sich des antisemitischen Verschwörungsdenkens sehr bewußt ist und für die die Geheimbünde betreffende Variante kein Interesse aufbringt, versteigt er sich in seiner Studie über Lyndon LaRouche zu der These, daß alle Passagen über die Engländer als die letztlichen Verschwörer in Wahrheit »verschlüsselte« Hinweise auf die Juden darstellen.[55] Doch es handelt sich tatsächlich um Aussagen über die Briten. Kenneth Stern schreibt in seiner Untersuchung über die amerikanische Milizbewegung, daß ihre »Anführer sorgsam darauf achten, von ›internationalen Bankern‹ oder der ›Federal Reserve‹ oder der ›Trilateral Commission‹ oder ›den Ostküsteneliten‹ zu sprechen, daß es sich dabei jedoch um Kodewörter handele, die von der Führung mit Bedacht gewählt worden seien, um Menschen für ihre Bewegung zu gewinnen, ohne sie mit offenem Antisemitismus anzusprechen«. Stern behauptet ferner, daß die Milizbewegung an eine jüdische Ver-

schwörung glaubt, »obwohl manche dafür einen anderen Ausdruck verwenden und die Juden nie erwähnen«.[56] Beide Autoren machen den Fehler anzunehmen, daß die heutige Rechte
ihren Antisemitismus mit Euphemismen kaschieren zu müssen
glaubt. Es hat, in der Tat, einmal eine Zeit gegeben, in der Euphemismen wie »internationale Banker« notwendig waren. In
dem gänzlich ungehemmten geistigen Klima unserer Tage ist
das allerdings nicht mehr der Fall.

In dieser Hinsicht bietet Michael Lind einen besonders in-
teressanten Fall von Verworrenheit. Als Lind feststellte, daß
führende Konservative (William F. Buckley, Jr., Norman Pod-
horetz) das Verschwörungsdenken Pat Robertsons (in seinem
Buch *The New World Order*) nicht hinreichend verurteilten,
kehrte er nicht nur seinen früheren konservativen Lehrern den
Rücken, sondern ging mit dem Konservativismus als einer geistigen Bewegung insgesamt hart ins Gericht. Dabei schenkte er
dem Werk Robertsons besondere Aufmerksamkeit. Er widmete einer Analyse seiner Quellen und seiner Konsequenzen
nicht weniger als drei Zeitschriftenaufsätze und ein ganzes
Buchkapitel. In seiner Blindheit für Verschwörungstheorien
gegen Geheimgesellschaften hat Lind jedoch trotz seiner genauen Untersuchungen zu Robertson das Buch *The New World
Order* gründlich mißverstanden, wenn er es als dezidierten Angriff auf die Juden interpretiert. Lind macht drei Fehler. Er
deutet Behauptungen, die gegen Geheimgesellschaften gerichtet sind, als antijüdische Aussagen, und das verleitet ihn dazu,
Robertsons Warnungen vor der neuen Weltordnung als einen
Schritt auf dem Wege zur »Legitimierung der paranoiden Weltsicht der ZOG-Gegner« mißzuverstehen.[57] Lind verwirft oder
ignoriert Robertsons zahlreiche wohlwollende, ja sogar lo-
bende Erwähnungen der Juden und Israels.[58] Was aber das
Allermerkwürdigste ist: Lind zerrt bei Robertson Juden an
Stellen in den Text hinein, wo sie schlicht und einfach gar
nicht vorkommen. So fügt er beispielsweise bei Zitaten aus
Robertsons Schriften in eckigen Klammern Bezüge auf Juden
ein.[59]

Als Robertson sich zu Linds Vorwürfen des Antisemitismus
öffentlich äußern mußte, wirkte er bei seiner eindeutigen Ab-

lehnung des Antisemitismus ehrlich verblüfft: »Ich bedauere zutiefst, daß ein Mitglied der jüdischen Gemeinschaft meint, die Darstellung internationaler Banker und der Ausdruck ›europäische Banker‹ in meinem Buch bezöge sich auf Juden ... Ich habe niemals bewußt sogenannte Kodewörter verwendet, um jüdische Geschäftsinteressen darzustellen. Ich verurteile alle und distanziere mich in schärfster Form von allen, die Kodewörter zur Tarnung von Antisemitismus benutzen.«[60] Robertsons Entschuldigung ist glaubhaft; denn er kommt auf Juden immer nur beiläufig zu sprechen. Zudem dokumentiert Lind selbst, daß Robertson den Antisemitismus von Quellen herausschneidet, an die er sich ansonsten sehr genau hält. Gewiß, es gibt in *The New World Order* Erwähnungen von Juden und insbesondere von der Familie Rothschild, die jedoch immer nur im Rahmen des Mythos von Geheimgesellschaften auftauchen und nie als Kodewort in einem Kontext von Judenhaß. Im übrigen sei darauf hingewiesen, daß sogar Juden mit einer ablehnenden Haltung gegenüber Geheimgesellschaften auf die Rothschilds als Verschwörer zeigen. James Perloff merkt an, er sei selbst »teilweise russisch-jüdischer Abstammung«, was ihn jedoch nicht davon abhält, die üblichen konspirativen Klischeevorwürfe gegen die Familie Rothschild zu erheben.[61]

Kontinuitäten

> Das Ersetzen des Begriffs vom »internationalen Judentum« durch den Mythos vom »Weltzionismus« ... war einfach nur das Umfüllen von altem antisemitischen Wein in neue antizionistische Flaschen!
> *Robert Wistrich* [62]

Es ist einigermaßen bemerkenswert, daß die antisemitische und die geheimbundfeindliche Überlieferung sich miteinander fast verschmolzen haben, weil sie während ihrer langen Geschichte in wichtigen Punkten voneinander abwichen.

Erstens ist der antisemitische Mythos einheitlich: Er betrifft eine kleine, sich eigentlich nie verändernde Menschengruppe. Die antisemitischen Verschwörungsdenker sehen über alle Epochen hinweg eine feste jüdische Verschwörung am Werk, die mit Herodes begann und bis in die Gegenwart hinein andauert. Unterschiede zwischen den Juden werten die Antisemiten als bloß oberflächliche Merkmale; sie betrachten die Juden allesamt als ein und derselben zentralen Behörde verantwortlich. »*In unseren Diensten*«, so heißt es prahlend in den *Protokollen der Weisen von Zion*, »*stehen Personen aller Überzeugungen, aller Lehrmeinungen, restaurative Monarchisten, Demagogen, Sozialisten, Kommunisten und utopische Träumer aller Art.*«[63] Im Unterschied dazu sind Geheimbundphobien gegen alle möglichen Gruppierungen gerichtet: gegen religiöse und antireligiöse (Jesuiten und Illuminaten), gemäßigte und extremistische (Freimaurer und Jakobiner), Kapitalisten und Sozialisten (Waffenhändler und Agenten der Kommunistischen Partei), Großmächte und zwielichtige Individuen (die britische Regierung und Hexen), Reiche und Arme (die Mitglieder der Trilateral Commission und katholische Einwanderer in den USA), Gebildete und Ungebildete (die *Philosophes* und die Mafia). Außerdem sind manche des Verschwörertums beschuldigte Geheimbundmitglieder am Leben (die Mitglieder des Council on Foreign Relations), andere sind bereits vor Jahrhunderten verschwunden (die Templer), wieder andere haben nie existiert (Rosenkreuzer).

Und genauso, wie die Juden vieles gemeinsam haben, zeigen auch die Antisemiten viele Gemeinsamkeiten. Dagegen sind die Gegner der Geheimgesellschaften so unterschiedlich wie die Objekte ihrer Angst. Die Gruppen, die mit den Templern beschäftigt sind, sehen die Welt auf eine völlig andere Weise als Gruppen, die sich vor der US-Regierung ängstigen. Die Antisemiten arbeiten sehr viel besser zusammen als die Feinde der Geheimgesellschaften. Die geheimbundfeindlichen Verschwörungstheoretiker sind sich noch nicht einmal darüber einig, ob die Geheimgesellschaften unter einer Decke stecken oder sich gegenseitig bekämpfen. Die Vertreter der Kooperationsthese sind der Meinung, daß die Geschichte der letzten zwei Jahrhunderte von einem zentralen Geheimbund gelenkt wurde. Für Nesta Webster war »die Russische Revolution . . . eine *di-*

rekte Fortsetzung der Französischen Revolution«.[64] Pat Robertson
sieht es ähnlich: »Das satanische Gemetzel, das die Illuminaten
in Frankreich verursachten, war der eindeutige Vorläufer der
Blutbäder und aufeinanderfolgenden Parteisäuberungen, von
denen die Sowjetunion durch die Kommunisten heimgesucht
wurde.«[65] Es gibt hingegen andere Stimmen, die davon ausgehen, daß die Geheimgesellschaften sich gegenseitig an die Gur-
gel gehen, und in diesem Konflikt die treibende Kraft der Geschichte erkennen wollen. Eine Figur in Ishmael Reeds Roman
stellt es so dar: »Hinter allen militärischen und kulturellen
Kriegen steht ein Kampf der Geheimbünde.«[66] Die Vorstellung
von einem Konflikt der Freimaurer untereinander wird vielerorts als äußerst verlockend empfunden. Es gibt Freimaurer-
feinde, die sogar soweit gehen, die Weltkriege aus dem Wider-
streit der deutschen und russischen Freimaurer zu erklären.
Wieder andere beschreiben die Geschichte der Neuzeit als
»Krieg zwischen englischen und französischen Freimaurern«.[67]
Zweitens: Während der Antisemitismus das ernsthafte, ko-
härente Gebäude jüdischen Denkens spiegelt — mit der Folge,
daß dessen Politik in ihrer ganzen Giftigkeit, Bosheit und Ge-
fährlichkeit fast immer fokussiert ist[68] —, reicht die Palette des
geheimbundfeindlichen Verschwörungsdenkens vom Mörderischen bis zum Komischen. In manchen Fällen kommt es zu
einem Mythos »okkulter Verschwörung«, der ans Wunder
grenzt, so daß eine alte Überlieferung wahllos einer anderen
übergestülpt werden kann. Da vermischen sich Elemente ägyp-
tischer, iranischer und indischer Mysterienreligionen, aus der
Kabbala, von den Pythagoreern, der Gnosis, aus Astrologie und
Alchemie mit Druidengeschichten zu einem undurchsichtigen, nebulösen Ganzen. Und solch eine Aura von »anything
goes« lockt dann Mystiker, Scharlatane und Sensationshungrige
an.
In anderen Fällen gewinnen Leichtsinn und Humor die
Oberhand, etwa so, wie es in einem ironischen Leitartikel der
New York Times aus dem Jahre 1894 angedeutet wird:

Die Hauptzerstörungskraft der modernen Welt ist die Leidenschaft
des Briefmarkensammelns ... Der Briefmarkensammler ist unendlich mehr zu fürchten als alle anderen Arten von politischen oder
religiösen Fanatikern ... Das Hauptlebensziel des Briefmarken-
sammlers besteht darin, die politische Weltkarte zu verändern ...,
auf allen nur erdenklichen Wegen die Auflösung von Königreichen
und Republiken zu betreiben und die Gründung neuer Staaten zu
fördern ... Diese Sammler haben Vaterlandsliebe und Moral völlig
der Befriedigung ihrer alles dominierenden Leidenschaft unterge-
ordnet. Da sie in vollkommener Einmütigkeit handeln, vermögen
sie mit Sicherheit mehr zu erreichen als die Freimaurer, die Jesuiten
und alle Geheimbünde Europas zusammen.[69]

Als einhundert Jahre später der Sowjetblock zerfiel, brachte die
Zeitschrift The *American Philatelist* einen Artikel, der wie ein
Echo auf obigen Text klang: Weltpolitische Veränderungen
sind dem Briefmarkensammeln dienlich, also müssen Briefmarkensammler die Ursache politischer Unruhen sein. »Warum
sollte Westeuropa sich gerade in dem Moment vereinigen,
wenn Osteuropa sich teilt? Wer profitiert von dem ganzen Än-
derungsprozeß? Niemand außer Briefmarkensammlern.«[70] Nabokov hat mit *Fahles Feuer* eine hochliterarische Parodie auf das
Verschwörungsdenken geschrieben. Dieser Roman enthält ein
abscheuliches Gedicht von tausend Versen über die Banalitäten
des Lebens von Spießern mittleren Alters in den verschlafenen
Städten, dem Nabokov einen pseudowissenschaftlichen Apparat anhängt (Vorwort, Kommentar, Register), der das Gedicht
als abenteuerliche Geschichte vom untergegangenen Königreich Zembla interpretiert.[71] Der – humoristisch so genannte –
National Insecurity Council (»eine Clique von spitzbübischen
Journalisten mit Hauptsitz irgendwo an der Westküste«) veröffentlichte *It's a Conspiracy! The Shocking Truth About America's
Favorite Conspiracy Theories!*[72] Die darin gesammelten Lieblings-
verschwörungstheorien umfassen alles von Henry Fords Verbindungen zu den Nazis bis zum Mythos, daß der Tod von
Elvis Presley ein Schwindel ist. Der Humorist Calvin Trillin
macht sich lustig über die Mitbürger, die glauben, daß die
Straßenschilder im US-Staat Indiana Bestandteil einer Verschwörung sind.[73] In einem forsch-fröhlichen Taschenbuch für

junge Leser zeigt eine Comic-Serie, wie Noam Chomsky seine Verschwörungstheorien erklärt.[74]

Die geheimbundfeindliche Verschwörungstradition bietet stellvertretend Nervenkitzel und pikanten Spaß ohne Gefahren etwa in der Art der *manga*, der gewaltsamen oder sexuellen Comics, die seriöse japanische Geschäftsleute in den Pendelzügen lesen. Der Templermythos zum Beipiel

> ist nicht und war nie eine böse, destruktive Fantasie, wie die *Protokolle der Weisen von Zion* oder die alte Hexenhysterie es waren. Er hat sich als exzentrischer, aber harmloser theosophischer Traum erwiesen, der zwar manchmal von Scharlatanen zum Schaden Leichtgläubiger ausgenutzt, aber nie dazu verwendet wurde, um schlimme Ziele zu verfolgen ... Es hat dem Templertum nie an dem Unterton von bizarren Theaterspielen gefehlt, und in solchem Mangel an ›Ernsthaftigkeit‹ liegt ein Teil seines verrückten Charmes.[75]

In solcher Form können Geheimbundphobien also eine harmlose, fröhliche Verrücktheit darstellen – etwas, was der Antisemitismus nie und nimmer sein kann.

Die Fokussierung auf Juden, Geheimbünde und Angelsachsen hat zur Folge, daß 94 Prozent der Menschheit unbeachtet bleiben. Unter ihnen sind besonders bemerkenswert drei Großmächte, die zwischen 1618 und 1991 Europa zu dominieren suchten, die extreme Linke und extreme Rechte, die Universalreligionen und die gesamte nichtwestliche Welt.

EUROPÄISCHE GROSSMÄCHTE Vom Dreißigjährigen Krieg (1618) bis – 250 Jahre später – zum deutsch-französischen Krieg von 1870 haben französische Staatsmänner wie Kardinal Richelieu, Ludwig XIV., Napoleon I. und Napoleon III. immer wieder versucht, Frankreich zur europäischen Hegemonialmacht zu machen. Im Zuge dieser Bemühungen lösten sie – man könnte es so nennen – die ersten zwei Weltkriege aus, nämlich den Spanischen Erbfolgekrieg (1702–1713) und die Napoleonischen Kriege (1792–1815). Die weitere französische Geschichte verläuft irgendwie parallel zur Geschichte Großbritanniens. Im

19. Jahrhundert haben diese zwei Staaten die größten Welt-
reiche aufgebaut, beide wurden durch die Weltkriege des
20. Jahrhunderts arg in Mitleidenschaft gezogen, und nach
1945 haben beide, entkolonisiert, Nuklearwaffenlager errichtet
und das Prestige genossen, daß der Status eines permanenten
Mitglieds im Weltsicherheitsrat der Vereinten Nationen verleiht. Frankreich besitzt eher mehr Reichtum und militärische
Macht als Großbritannien und verfolgt eine wesentlich unab-
hängigere Außenpolitik. Trotzdem genießt Frankreich bei den
Verschwörungstheoretikern ein niedriges bis gar nicht vorhan-
denes Profil.

Von Bismarck bis Hitler, von 1870 bis 1945, haben die Deutschen die Weltordnung in Frage gestellt und damit den Ersten
und den Zweiten Welkrieg herbeigeführt. Dennoch gibt es
kaum eine Verschwörungstheorie, die das Streben der Hohenzollern nach einem »Platz an der Sonne«, den Kampf der
Großunternehmen im Ruhrgebiet um Marktanteile, den Kul-
turimperialismus in Mitteleuropa und, noch weniger, den Griff
der Nazis nach Weltherrschaft zum Thema hat. Was es an seltenen antiteutonischen Verschwörungstheorien gibt, sieht die
Deutschen im Verbund mit Juden oder Anglo-Amerikanern.
So hat sich die deutschfeindliche Nesta Webster zum Beispiel eine deutsche Verschwörung als grundlegender und wahr-
scheinlicher vorgestellt als eine jüdische oder amerikanische
Verschwörung, dabei jedoch die Deutschen immer nur in einer
Geheimabsprache mit den beiden anderen gesehen. Sie hat –
im Verlaufe eines einzigen Buches! – geschwankt zwischen
einer Allianz von »preußischem Militarismus und internationaler Finanzwelt«, einem Bündnis von »deutschem Imperialismus
und jüdischer Intrige« und einer Verschwörung von »deutschem Atheismus und jüdischer Feindschaft gegen das Christentum«.[76]

Rußland wird, geographisch gesehen, allgemein als größtes
Land der Welt akzeptiert, als ob das eine vorgegebene Tatsache
und nicht etwa das Ergebnis jahrhundertelanger territorialer
Expansion wäre. Oder man argumentiert, falls diese Größe kri-
tisch hinterfragt wird, mit der Notwendigkeit von Verteidi-
gungsstrategien, so als ob die Invasionen von Mongolen Napo-

leons und Hitlers Bedürfnis nach vorgelagerten Schutzzonen erklärten. (Wenn dem wirklich so wäre, würde Belgien Rußland an Größe übertreffen.) Und in der postsowjetischen Ära haben russische Absichten, die Oberherrschaft über das »nahe Ausland« – die übrigen Republiken der früheren Sowjetunion – zu gewinnen, kaum internationale Beunruhigung und keinerlei Verschwörungstheorien ausgelöst.

LENINISMUS UND NATIONALSOZIALISMUS Die kommunistische und die nationalsozialistische Bewegung stellen die beiden größten Weltverschwörungen der Menschheitsgeschichte dar. Lenin betrachtete »unsere Revolution« nicht als eine Sache, die lediglich auf Rußland beschränkt war, sondern als »ein Vorspiel der weltweiten sozialistischen Revolution, als ein Schritt in ihre Richtung«.[77] Er sah die Ereignisse von 1917 nicht als die »Russische Revolution« an, sondern, wie ein Historiker schrieb, als »Beginn der weltweiten Revolution, die zufällig in Rußland ihren Anfang genommen hat ... Lenin war primär ein Internationalist, ein Weltrevolutionär, ... [der] bereit gewesen wäre, diese Revolution in jedem Land anzuführen, wo sich die Möglichkeit bot.«[78] Er hat eine wahre Weltverschwörung im Auge gehabt. Und Stalin genauso. Die sowjetische Propagandamaschinerie verlieh seinem Traum von einer »all-europäischen Union sozialistischer Sowjetrepubliken« Ausdruck, aus der sich dann, wie es ein Dichter nannte, »die eine sowjetische Nation« entwickeln sollte. Die Sowjetunion hat später nach diesen Vorstellungen gehandelt, als sie sich in so weit entfernten Ländern wie Kuba, Angola und Vietnam einmischte. Hitler hatte, wie er wiederholt bewies, ebenfalls eine Weltherrschaft im Sinn. So hat er beispielsweise anläßlich seiner Kriegserklärung an die Vereinigten Staaten von dem »historischen Kampf« gesprochen, der »nicht nur für die Geschichte Deutschlands, sondern die des ganzen Europas, ja für die Weltgeschichte entscheidend« sein würde.[79]

Von Verschwörungstheoretikern werden diese Entwicklungen kaum wahrgenommen. Ganz im Gegenteil, diese so Allwissenden tun Hinweise auf diese globalen Ambitionen als lächerlich ab: Winston Churchill stieß in den 1930er Jahren auf große Verachtung, wenn er von den »Kanonenstiefeln« sprach, und Ronald Reagan erging es in den 1980er Jahren nicht anders, als er ein einziges Mal von dem »Reich des Bösen« sprach. Beide totalitäre Bewegungen mögen sich auf quasi-geheime Strukturen gestützt und offenkundige Pläne zur Welthegemonie verfolgt haben und erregten trotzdem weniger Aufmerksamkeit als Reiche, die in einer Anwandlung von Geistesabwesenheit zusammengefügt wurden (Großbritannien), kaum wirklich existierten (die USA) oder reine Fantasiegebilde waren (im Falle der Juden).

Seltsamerweise hat die politische Rechte die Tendenz, die totalitären Staaten nicht als autonome Mächte für sich, sondern als Werkzeuge von jüdischen oder kapitalistischen Verschwörern zu betrachten. Antisemiten wie Henry Ford glauben, daß »die sogenannte ›Diktatur des Proletariats‹ im Grunde und de facto die Diktatur der Juden bedeutet«.[80] Auf ähnliche Weise vertreten von Geheimbundphobien geprägte Gruppen wie die John Birch Society die Ansicht, daß »der sogenannte ›Kommunismus‹ nicht von Moskau oder Peking aus, sondern vom Nebenzweig einer größeren Verschwörung gesteuert wird, die von New York, London und Paris gelenkt wird. Die angeblichen leninistischen Machthaber sind nur ›gedungene kommunistische Schlägertypen‹«.[81] Der amerikanische Konservative Dan Smoot sieht Israel und die Sowjetunion darin vereint, »ein gemeinsames Ziel zu verfolgen …, [nämlich] alle arabischen Länder von den Vereinigten Staaten zu isolieren und sie in den sowjetischen Einflußbereich zu drängen«.[82] Anders gesagt: Das Sowjetreich ist nur bedrohlich, wenn es mit den furchterregenden Juden oder Angelsachsen assoziiert wird.

Selbst Stalin vermochte eine NS-Verschwörung, die ihm ins Gesicht sprang, nicht zu erkennen. Als Millionen deutscher Soldaten an seinen Grenzen aufmarschierten, fand er Gründe, um diese äußerst reale Gefahr wegzuerklären. (Für eine Untersuchung dieser Fehlwahrnehmung s. Anhang B.) Es war jedoch noch absurder, wie beide totalitären Bewegungen betonten, hinter der anderen Seite stünden die Juden. Die Nazis erfanden »den jüdischen Bolschewismus« und geißelten die Sowjetunion als Werkzeug des internationalen Judentums. Später (nach dem arabisch-israelischen Krieg von 1967) revanchierte der Kreml sich mit dem gräuslichen Schreckgespenst des »jüdischem Nationalsozialismus«, der als schlimmste Form von Nationalsozialismus gedacht war. Diese widersprüchlichen, aber durchaus kompatiblen Behauptungen bewirkten eine weitere Verschmelzung der zwei Formen des Verschwörungsdenkens.

DIE UNIVERSALRELIGIONEN Universalreligionen – und vor allem die militanten unter ihnen – müßten logischerweise mehr Mißtrauen wecken als eine exklusive Religion wie der Judaismus. Die buddhistische und die hinduistische Religion, die beide Hunderte von Millionen Mitglieder zählen, müßten eigentlich doch wahrscheinlichere Verschwörer sein als die jüdische Religion, deren Gläubige nur einen Bruchteil dessen ausmachen. Das ist jedoch nicht der Fall, weil Buddhisten und Hindus (im Unterschied zu den Juden) nicht in direkter Nachbarschaft mit den Europäern lebten und auch nicht die Speerspitze der modernen Zeit symbolisierten.

Es ist bemerkenswert, wie wenig Aufmerksamkeit in diesem Zusammenhang die Protestanten heute dem Katholizismus zuwenden, in Anbetracht der Religionskriege vergangener Jahrhunderte, der zentralisierten Struktur dieser Kirche und der Hunderte von Millionen Katholiken. Gewiß, es gibt auch heute noch einen fanatischen Antikatholizismus, doch er ist auf winzige Kreise begrenzt, ihm fehlt jeder Anreiz für breite Massen. Der Amerikaner Alberto Rivera, der sich betrügerisch als ehemaliger Jesuit ausgibt, publiziert Schriften, die die Jesuiten beschuldigen, hinter dem *Kommunistischen Manifest*, der Russischen Revolution und Hitler zu stehen, und er stellt in einem seiner Pamphlete die Behauptung auf, daß ein Computer in der Vatikanstadt die Namen aller lebenden Protestanten speichert und damit die Voraussetzung für eine neue Inquisition liefert.[83] Außerdem charakterisiert er die ökumenische Bewegung als ein Mittel zu dem Zweck, den Protestantismus auszudörren. Sein Mitarbeiter Jack Chick unterstellt Washington böse Absichten: »Ich kann mir vorstellen, daß Amerika ein Konkordat mit dem Vatikan abschließt. Und wenn das geschieht, werden wir in Lkws in alle Richtungen abtransportiert. Man wird uns einsperren . . . irgendwo in Alaska, in psychiatrischen Kliniken. Die Katholiken werden uns auffressen.«[84] Die Publikationen Louis Farrakhans bezeichnen den Papst weltweit als Chef des organisierten Verbrechens. Doch die Fremdheit dieser Themen ist schon ein Indiz ihres Mangels an Reiz und ihrer Bedeutungslosigkeit. Ängste vor protestantischen Verschwörungen treten sogar noch weniger in Erscheinung. Die Zeugen Jehovas werden allerdings gelegentlich als ein jüdischer Ableger und als Teil einer jüdischen Verschwörung gesehen.

Es ist eine Bestätigung dafür, daß katholische und protestantische Verschwörungstheoretiker eigentlich keine Angst voreinander haben, daß sie sich gegenseitig mit den Juden assoziieren. Die Christian Front von Pater Coughlin versuchte, die protestantische Bewegung 1938 mit der Behauptung schlechtzumachen, daß »hinter [Martin Luther] die Juden standen«.[85] Im gleichen Sinne verkündete William Guy Carr, daß »[Jean] Calvin eigentlich Cohen hieß« und daß die Bewegung des Genfer Reformators in Wahrheit ein jüdisches Komplott zur Spaltung der Christenheit war.[86] Um die gleiche Zeit erhob ein Mitglied der Vereinigung Daughters of the American Revolution die noch irrwitzigere Beschuldigung, daß »Papst Pius ein Jude ist, das sage ich Ihnen. Er hat mit den Juden 5 Mio. Dollar zusammen aufgebracht, um Hitler zu stoppen. Glauben Sie vielleicht, der Papst sei vom Kardinalskollegium gewählt worden? Unsinn. Der Papst hat die Stelle durch die internationalen jüdischen Bankiers gekriegt. Sie haben den Vatikan mit einer Hypothek von 15 Mio. Dollar in der Hand!«[87] Seltsamerweise ist die Wahrheit dieses Vorwurfs im Kern sogar von katholischen Verschwörungsdenkern anerkannt worden. Pater Coughlin gab zu: »Die ersten 33 Päpste waren Juden. Unter den letzten zehn [Päpsten] waren drei überwiegend jüdisch.«[88]

Der Islam hat als Verschwörer einen etwas höheren Rang, was nicht überrascht angesichts der langen Geschichte von christlich-muslimischen Feindseligkeiten, dem aggressiven Ruf des Islam und der extremen politischen Unbeständigkeit des Nahen Ostens. Von dort befürchtet der Westen jedoch weniger eine muslimische Verschwörung als zwei andere Formen von

Gefahr: den *jihad* (heiliger Krieg) und die Bevölkerungsentwicklung. Aber *jihad* meint nicht Verschwörung, sondern Krieg bis zum Äußersten. In diesem Sinne schreiben etwa zwei britische Autoren: »Der Islam ist wieder auf dem Marsch. Das könnte sich für den Westen als ebenso fürchterlich und wirtschaftlich möglicherweise genauso zerstörerisch erweisen, wie es das phlegmatische Sowjetreich je gewesen ist.«[89] Jim Rogers von der Columbia University geht noch weiter und sieht den Islam als ein größeres Problem als Moskau: »Die Menschen im Westen glauben, daß die moderne Geschichte aus fünfzig Jahren Kaltem Krieg besteht. Das war ein interessanter, ein wichtiger Kampf, aber er ist nur ein Nebenschauplatz im Vergleich mit dem Konflikt, der seit 1300 Jahren zwischen dem Islam und dem Christentum herrscht.«[90]

Die demographische Besorgnis hat ebenfalls keine Spuren im Verschwörungsdenken hinterlassen. Die Muslime zählen fast eine Milliarde Menschen. Ihre demographische Wachstumsrate ist enorm hoch. Es sind Millionen Muslime nach Westeuropa und Nordamerika ausgewandert, wo ihre Zahl − im Gegensatz zu der kleinen, abnehmenden jüdischen Bevölkerung − stark zunimmt. In dieser Entwicklung sehen nicht wenige Europäer das größte soziale Problem und sogar eine Gefahr, daß ihr Land seine historische Identität verliert und muslimisch wird.[91] Außer der National Front in England halten noch viele andere rechte Gruppen den Islam für »einen Todfeind der weißen Rasse«.[92] Solche Empfindungen haben einen norwegischen Politologen zu der Vorhersage veranlaßt: »Da die Angst vor dem Islam den Kommunismus mehr und mehr als größte Bedrohung für die westliche Kultur ersetzt, werden antiislamische Verschwörungstheorien immer elaborierter und attraktiver.«[93] Aber die Muslime haben nur geringe Chancen, zum Erzverschwörer zu avancieren. Wer kann ihnen denn die Schuld für die Französische Revolution in die Schuhe schieben? Und beim Kapitalismus wäre es sogar noch schwieriger. Während also die Muslime immer zahlreicher und bedeutender werden, erscheinen sie in Verschwörungstheorien als Anhängsel der Juden und Geheimbünde, statt an ihre Stelle zu treten. Die seit langem bestehende Faszination der Europäer für die zwei letztgenannten wird sich vermutlich noch lange behaupten.

Als Bestätigung dafür läßt sich die politische Karriere von Wladimir Schirinowski anführen, dem ungehobelten, aber für kurze Zeit erfolgreichen Führer der fälschlicherweise sogenannten Liberalen Demokratischen Partei in Rußland. Er hielt sich an eine konventionelle Verschwörungstheorie, um den sowjetischen Zusammenbruch von 1991 zu erklären (die Amerikaner stifteten die nichtrussischen Republiken zur Revolte an, weil ihnen das billiger und ungefährlicher schien als eine militärische Auseinandersetzung mit der Sowjetunion). Über Rußlands künftige Feinde entwickelte er dann aber eine viel originellere Theorie, die schon deshalb Erwähnung verdient, weil sie mit Juden, Geheimgesellschaften oder Imperialisten wenig zu tun hat: »Heute kommt die Gefahr für Rußland aus dem Süden. Aus Afghanistan, das Tadschikistan bereits angreift; aus Teheran, das eine panislamische Eroberung großer Gebiete plant; aus Ankara, wo seit langem Pläne für einen großtürkischen Staat bereit liegen.«[94] Schirinowski hat seine Außenpolitik und einen Großteil seiner politischen Karriere auf die Bekanntmachung eines muslimischen Plans zur »Zerschlagung von Rußland«[95] aufgebaut und vertritt die Ansicht, daß Rußland dem mit einem militärischen Präventivschlag zuvorkommen müsse. Ein Kenner bezweifelt, daß Schirinowski diese Auffassung aus persönlicher Überzeugung vortrug, und hält opportunistische Motive für ausschlaggebend: Schirinowski »ist ein Mann ohne eigene Überzeugungen. Er will unbedingt russischer Präsident werden und meint, daß ihm eine fanatisch antiislamische Position in der Außenpolitik nützen würde, an die Macht zu kommen.«[96] Falls das so stimmt, hat Schirinowski einen Fehler gemacht; denn die russische Öffentlichkeit hat auf die Vorstellung einer muslimischen Gefahr kaum angesprochen, und mit seiner politischen Laufbahn ist es bergab gegangen.

DIE NICHTWESTLICHE WELT Von ganz seltenen Ausnahmen abgesehen, traut man der restlichen Welt weder die nötigen Mittel noch die Fantasie für einen Angriff auf Europa oder auf

Nordamerika zu. Japan und China erregten die Angst vor der »Gelben Gefahr«, die 1895 von Kaiser Wilhelm II. erfunden wurde, aber nur Befürchtungen von Einwandererhorden aus Ostasien, nicht aber Angst vor einer Verschwörung von innen hervorrief. Die Vorstellung von einer »Japan Inc.« – einer hierarchischen japanischen Organisation mit dem Ziel einer Unterminierung der industriellen Basis des Westens – enthält zwar die Andeutung einer Verschwörung, doch fehlen ihr dazu westliche Agenten und Hintergangene. Außerdem scheint dieses Schreckgespenst bei der anhaltenden Rezession Japans seine Schlagkraft verloren zu haben. Im übrigen tauchen ganze Völkerkreise – darunter die indischen, die afrikanischen und die lateinamerikanischen – in Verschwörungstheorien überhaupt nicht auf. Und wenn einmal eine nichtwestliche Gruppe in Erscheinung tritt, so immer nur in Verbindung mit den Juden oder mit einer Geheimgesellschaft. So haben etwa die Nazis Hunderte von Millionen Chinesen als bloße Hilfsorgane von jüdischen Bemühungen zur Stärkung der Roten Armee betrachtet. Ein japanischer Autor erklärt, wie Taiwan und Südafrika dadurch zu Verschwörern werden, daß sie im Verbund mit Israel über eine ökonomische Dominanz, den Waffenhandel und den Besitz von Atomwaffen nach einer globalen Hegemonialstellung trachten. So können also, in der Regel, die verbleibenden 94 Prozent der Menschheit nur dadurch zum ernstzunehmenden Verschwörer werden, daß sie mit einer Gruppe aus den sechs Prozent – vorzugsweise mit den Juden – in Verbindung gebracht werden.

Warum sind die Verschwörer immer nur Juden, Israelis, Freimaurer, Briten und Amerikaner? Es könnte mit zwei herausragenden Merkmalen zu tun haben, die ihnen gemeinsam sind: Modernität und Idealismus.

MODERNITÄT Zu Beginn des 19. Jahrhunderts symbolisierten die Juden – sie waren städtisch, weltmännisch und liberal – die moderne Zeit. So beschrieb beispielsweise ein deutscher Militär in einem Brief vom Juli 1818 die industrielle Revolution »als jüdisches Unheil«.[97] Im späteren 19. Jahrhundert charakterisierten Reaktionäre das liberale Programm der Demokratie, die Herrschaft des Rechts, die Redefreiheit und sogar die allgemeine Schulpflicht als die »Judaisierung« Europas. Die Verwerfungen des Kapitalismus (»Geld ist der wahre Herr von allem«) wurden einfach auf Juden geschoben. Die berühmten Vertreter des Antisemitismus befaßten sich ständig mit diesem Thema. Solche Koryphäen wie der Komponist Richard Wagner und der Historiker Heinrich von Treitschke brachten Judentum mit Modernität in Verbindung. Der einflußreiche lutherische Geistliche Adolf Stoecker stellte die Juden als die Antriebskraft der Veränderungen vor, die er fürchtete und verachtete. Die Position, für die er berühmt wurde, ist in der These zusammengefaßt, alle Schwierigkeiten der Deutschen kämen von den Juden.[98] Der Aktivist Wilhelm Marr, der den Ausdruck *Antisemitismus* geprägt hat, drückte auf melodramatische Weise das gleiche Gefühl aus: *Es könne sich kein siegreicher Führer alter und neuerer Zeiten eines größeren geistigen oder kulturhistorischen Erfolges rühmen als der geringste Schacherjude, der mit seinem Karren an der Straßenecke steht und Bandwaren verkauft.* Ja, ohne dafür auch nur eine Lanze brechen zu müssen, sei das Judentum – das über Jahrhunderte politisch verfolgt wurde – heute der gesellschaftspolitische Diktator Deutschlands.[99]

Ähnliche Gedanken wurden auch außerhalb Deutschlands geäußert. In Großbritannien bezeichnete der angesehene Romancier G. K. Chesterton die Juden als Agenten einer »bedauerlichen Modernität«.[100] In den Vereinigten Staaten verbreitete Ernest Elmhurst (sein wahrer Name: Hermann Fleischkopf) die These: »Die Demokratie ist jüdisch. Die Demokratie ist nichts weiter als das politische System der internationalistischen jüdischen Banker. Baruch, Brandeis, Rabbi Wise, Lehman, Frankfurter – alle miteinander Juden und alle sind für die Demokratie. Ein Beweis dafür, daß die Demokratie jüdisch ist.«[101] Es ist eine Rolle, die den Juden noch immer zugeschrieben wird (der führende russische Kommunist Gennadi Schuganow macht sie für die industrielle Revolution verantwortlich), doch trifft die Schuldzuweisung heute immer häufiger den Staat Israel. Er ist die einzige reife Demokratie des Nahen Ostens, und die Bevölkerung hat ein Pro-Kopf-Einkommen, das dem Großbritanniens vergleichbar ist – zwei Fakten, die jene wüsten Formen des Antizionismus anfeuern, der den Juden aber auch für alle Folgen der modernen Welt die Schuld gibt.

Das merkwürdige Phänomen eines Antisemitismus ohne Juden macht anschaulich, in wie hohem Maße die Juden als Symbol und Sündenbock herhalten müssen. Es ist nämlich so, daß kraß antisemitische Flugschriften oft aus Gebieten kommen, wo überhaupt keine Juden leben – das gilt etwa für bestimmte ländliche Regionen Frankreichs und für mehrere arabische Länder. Der einflußreiche Antisemit Léon Meurin schrieb seine wichtigsten Werke, während er als Erzbischof auf der abgelegenen Insel Mauritius im Indischen Ozean amtierte. Der russische Mönch Iliodor gab in seinem Kloster antisemitische Zeitungen heraus, obwohl er, wie er selbst zugab, persönlich nie einem Juden begegnet war – dasselbe war bei fast allen russischen Antisemiten in der Zeit vor 1917 der Fall. Die US-Staaten Idaho und Montana, die jüngst zu Brutstätten des Antisemitismus in den Vereinigten Staaten geworden sind, haben den niedrigsten jüdischen Bevölkerungsanteil im ganzen Land. Spanien hat eine große Zahl von Antisemiten hervorgebracht, obwohl in diesem Land über vier Jahrhunderte keine als Juden bekannten Personen gelebt hatten. Doch die Bedeutung und Verwendung des Begriffs »jüdisch« in seiner reinsten Form als Synonym für die Moderne existiert in Japan, einem Land ohne ansässige jüdische Gemeinde, das in diesem Jahrhundert zweimal eine breite, offen antisemitische Kampagne betrieben hat.

Wie die Juden zählen auch die Freimaurer eher zu den erfolgreichsten Mitgliedern der Gesellschaft. Haßerfüllten Gegnern des modernen Lebens gelten sie als dessen plausible Hauptbetreiber. Amerikanische Antifreimaurer sind zu der Überzeugung gekommen, daß »die Freimaurerei Strömungen verkörpert, die ihr Land bis zur Unkenntlichkeit veränderten … Als Institution, die der Entwicklung der Industriegesellschaft förderlich war, hat die Freimaurerei verständlicherweise bei den Menschen Argwohn erregt, die mit dem neuen System noch nicht ihren Frieden geschlossen hatten.«[102] In einem sehr viel größeren Ausmaß wird diese Rolle England und den Vereinigten Staaten zugedacht. Beide Länder waren, jedes zu seiner

Zeit, der mächtigste Staat der Welt und Symbol kapitalistischen Reichtums. Beide Staaten haben, über die Symbolfunktion hinaus, einen eminent destruktiven Einfluß auf die Gesellschaft in Ländern rund um den Erdball ausgeübt. Es ist für die Bürger der höchstentwickelten Staaten manchmal schwer zu begreifen, welch tiefgreifende Auswirkungen ihre Modernität bei anderen Völkern hervorruft. Durch ihre Exporte von Industriegütern werden in aller Welt bisherige Produktionstechniken obsolet und gehen heimische Produzenten bankrott, ihr kultureller Export führt fremde, höchst unwillkommene Werte ein und ihre politischen Ideale entzweien die Bevölkerung.

Aus diesen Gründen verkörpern Juden, Freimaurer und Angelsachsen in ganz besonderer Weise die Errungenschaften und die Hoffnungen modernen Lebens. Folglich haben ihre Handlungen auch eine merkwürdige Faszination für diejenigen Menschen, die wegen politischer Ideologien, wirtschaftlicher Verwerfungen und kultureller Wandlungen in Verzweiflung geraten. Wie könnten da – andersherum betrachtet – Muslime, Indianer und Afrikaner als Verschwörer glaubwürdig sein? Schließlich sind sie die Nachzügler und nicht die Initiatoren des modernen Lebens.

IDEALISMUS Paradoxerweise wird ein Volk oder ein Staat mit hohen Idealen ein besonderes Ziel des Verschwörungsdenkens. Der profunde Einfluß der Juden auf die Weltgeschichte kam nicht durch Armeen zustande, sondern durch ein System von moralischen Prinzipien, die über das Christentum und den Islam – die beiden Tochterreligionen des Judaismus – die Anhängerschaft der halben Weltbevölkerung fand. In ihrer Fixierung auf das Böse wollen die Verschwörungstheoretiker solch einen weitgehenden Einfluß unbedingt als Griff nach der Macht sehen.

Es entspricht dieser Sichtweise, daß sie einen Staat, der auf Ideen und nicht auf Blutsverwandtschaft gegründet ist, als Verschwörungstäter ansieht. Je ernsthafter ein Land einem Ideal folgt, desto mehr erregt er die Aufmerksamkeit von Verschwörungstheoretikern. Aus diesem Grunde scheinen die Vereinigten Staaten, das revolutionäre Frankreich und Israel als Ver-

schwörer plausibler als die Sowjetunion, Nazi-Deutschland,
Pakistan oder die islamische Republik Iran. Letztere werden so
wenig mit Moral assoziiert, daß ihre Mißerfolge nur geringes
Interesse wecken. England paßt nicht wirklich in die Kategorie
der auf Ideen gegründeten Staaten hinein, ist aber aufgrund seiner langen Entwicklung hin auf eine verfaßte Demokratie ge-
wissermaßen Ehrenmitglied dieses kleinen Klubs.

Unter den Ländern mit einer offenen demokratischen Gesellschaft stechen die Vereinigten Staaten wegen ihrer Ambitionen, Erfolge, Langlebigkeit und Geltung hervor. Diese
Merkmale machen sie umgekehrt aber auch zum schlimmsten
Feind des Verschwörungstheoretikers. Den USA werden die
aufregendsten bösen Handlungsweisen zugeschrieben. Gerade
weil Amerika die leuchtende Stadt ist – ein Vorbild für den
Rest der Welt –, wird der Gedanke, daß die US-Regierung an
einem besonders haarsträubenden Komplott beteiligt ist, für
Verschwörungstheoretiker um so verlockender. Der Idealismus, der dem amerikanischen Experiment wesensmäßig eig-
net, hat seine Kehrseite in paranoiden Fantasien über die US-
Regierung. So wie der Antisemitismus ein Zerrspiegel der
Leistungen von Juden ist, könnten Amerikaner eine perverse
Genugtuung daran finden, daß ihre Regierung als die
schlimmste aller Geheimgesellschaften angesehen wird.

VIII

Rechte Spinner,
linke Kultursnobs

Am 27. Februar 1933, nur wenige Wochen nach Hitlers
Machtergreifung, brach im Reichstag in Berlin ein Brand
aus, der das Gebäude zum Teil zerstörte. Bei den anschließen-
den Nachforschungen kam die Brandursache ans Licht. Die
Sachlage war einfach. Es gab nur einen Täter. Ein junger
Holländer, der einmal der kommunistischen Partei Hollands
angehört hatte, hatte ganz allein Feuer gelegt in der Hoffnung,
damit einen Volksaufstand gegen das Naziregime auszulösen.[1]
Doch die Regierungen der beiden führenden totalitären Staaten bemächtigten sich dieses Ereignisses, das keinerlei verschwörerischen Hintergrund besaß, und erfanden je eine Verschwörungstheorie, die eigenen Zwecken diente. Die Nazis
stellten den Brand als Teil einer massiven kommunistischen
Verschwörung dar und verwendeten ihn als Vorwand, um
deutsche Kommunisten zu verhaften und deren Partei zu zerstören. Die Sowjets wiederum brachten die Geschichte heraus[2], daß der Brandstifter in Wahrheit ein Mitglied der hollän-
dischen faschistischen Partei sei, der das Feuer auf Anweisung
der Nazis gelegt hatte. Aus heutiger Sicht, sechs Jahrzehnte später, ist folgendes bemerkenswert: Während die These der Nazis
seit langem völlig diskreditiert ist, hat sich die sowjetische
Falschinformation gehalten und wird in der Populärkultur[3] wie
in achtbaren Werken[4] weitergetragen. In ähnlicher Weise ist die
Behauptung der Rechten über die Finanzierung der Russischen
Revolution durch jüdisches Kapital verschwunden, während
die noch groteskere Unterstellung von linker Seite, daß die Juden Hitlers Aufstieg finanziell unterstützt hätten, nach wie vor
im Schwange ist.

Diese Beobachtungen exemplifizieren zwei häufige Muster: Es gibt bei der Rechten wie bei der Linken ein tiefsitzendes Verschwörungsdenken. Die gängige Meinung aber gibt viel öfter der Rechten Schuld als der Linken. In diesem Kapitel werden wir uns den Ursachen für diese Muster zuwenden und ihre Konsequenzen einschätzen.

Die Extreme konvergieren

> Ansichten, die seit langem von der extremen Rechten und der extremen Linken geteilt wurden ...
> haben in den letzten Jahren in einer seltsamen geistigen Annäherung zusammengefunden. Sie haben sich verschmolzen und die Hauptströmungen der amerikanischen Politik und Popkultur durchdrungen. Man könnte hier von einer Fusionsparanoia sprechen.
>
> *Michael Kelly*[5]

Rechte und Linke sind in ähnlichen Formen dem Verschwörungsdenken verpflichtet, weil sie vieles miteinander gemeinsam haben – eine Haßstimmung, einen Hang zur Gewalt, einen Argwohn, der das Verschwörungsdenken fördert –, aber kaum etwas mit der politischen Mitte. Verschwörungsdenken – eher eine Mentalität als ein spezifisches politisches Programm – kann allen politischen Positionen oder Ideologien dienstbar sein. Es bietet sich als Mittel für jedes Ziel an, solange es nur extremistisch ist. »Fusionsparanoia« ist kein neues Phänomen. Sie hat es einzelnen Menschen seit langem erleichtert, zum Gedankenaustausch und gelegentlich auch zur aktiven Mitarbeit von einem zum andern Extrem zu wechseln. (Der rechtsextreme Antisemit Wilhelm Marr hatte als Linker angefangen. Viele deutsche Kommunisten traten nach 1933 der Nazipartei bei.)

Zur Übernahme von Verschwörungstheorien zwischen links und rechts bedarf es nur minimaler Änderungen. Sie kann einfach darin bestehen, einen Feind durch einen anderen zu erset-

zen. Damit ändert sich die ideologische Richtung, doch die
Mentalität bleibt die gleiche. Man ersetze die Popanze der
Rechten (die Illuminaten, die Familie Rothschild, Trotzki)
durch die Popanze der Linken (Jesuiten, die Rothschilds, Disraeli) und wird erkennen: Das Verschwörungsdenken ist dop-
pelköpfig. Es ist politisch beweglich, es ist für alle Programme
brauchbar. Ja, wie das Beispiel der Rothschilds zeigt, stimmen
rechte und linke Verschwörungstheorien sogar in einigen Ein-
zelpunkten überein. Der Antisemitismus an den beiden Extremen ist sich so ähnlich, daß ein sachkundiger Beobachter
»einen monolithischen Konsens« feststellt, »der eine Unterscheidung von rechts und links schwierig oder gar unmöglich
macht«.[6] Wie um diesen Punkt zu beweisen, hat Gennadi
Schuganow, der kommunistische Präsidentschaftskandidat der
Wahlen vom Juli 1996, in seinem Buch, *Beyond the Horizon*[7],
von den Nazis nicht nur Gedanken übernommen, sondern sogar Adolf Hitlers *Mein Kampf* plagiiert. Die amerikanischen
Rechten und Linken sind in fast allen Punkten anderer Meinung – außer wenn es die jüdische Gefahr betrifft. Da sie sich
in diesem Punkt über so vieles einig sind, loben sie am Ende
einer des anderen Schriften und schreiben sogar voneinander
ab.

Linke und Rechte sind auch im Hinblick auf Geheimbünde
in einigen Punkten gleicher Meinung. So sehen beispielsweise
beide Washington unter der Kontrolle von internationalen Fi-
nanzinteressen. Rechte Milizen haben linke Ideen aus den 60er
Jahren über eine Verschwörung der US-Regierung adoptiert.
Die Militia of Montana klingt der Weather Underground oder
der Symbionese Liberation Front unheimlich ähnlich, wenn sie
gegen die FBI als »faschistische Institution« wettert. Auch bei
der Finanzierung ihrer Aktivitäten stützen die Milizen sich auf
die Taktik der Linken: Sie rauben Banken aus, fälschen Bank-
noten und stellen ungedeckte Schecks aus. Wenn einer von
ihnen zu einer Gefängnisstrafe verurteilt wird, macht er Bemerkungen wie: »Ich bin einfach bloß ein weiterer Unschuldi-
ger, der sich in der Tyrannei des Justizsystems verfangen hat.
Alle Macht dem Volk. Hoch die Revolution.«[8]

Weiße und schwarze Rassisten stimmen ebenfalls in vielem

überein. In dem Sklavenimport aus Afrika haben nach beider Auffassung die Juden eine zentrale Rolle gespielt. Die weißen Rassisten betrachten ihn als ein Komplott zur Schwächung der weißen Rasse, die schwarzen Rassisten als ein Komplott, um alle Schwarzen umzubringen in »der größten kriminellen Aktion, die je gegen eine ganze Rasse unternommen wurde«.[9] Die beiden rassistischen Gruppen stimmen darin überein, daß es den jüdischen Holocaust nie gegeben hat; daß die Federal Reserve Board sich im Besitz jüdischer Familien befindet, wodurch es ihnen möglich ist, sich jährlich Milliarden von Dollar anzueignen und daß ihnen das Bundesfinanzamt als Kassierungsagentur dient. Auch in der Frage der Geheimbünde sind die Rassisten einer Meinung. Unmittelbar nach dem Krieg gegen den Irak, Anfang 1991, gab die Nation of Islam Befürchtungen Ausdruck, daß Präsident Bush eine militärische Konfrontation im Nahen Osten heraufbeschworen hatte, um die Aufhebung der amerikanischen Verfassung rechtfertigen zu können. Nachdem er damit eine »fast absolute, uneingeschränkte diktatorische Macht« gewonnen hätte, würde er – so wurde gemutmaßt – über 21 Millionen Schwarze zusammentreiben und abtransportieren in »Sammellager oder Umsiedlungslager«.[10] Die Verfechter einer Überlegenheit der weißen Rasse äußerten die gleiche Sorge, allerdings in eigener Sache: Die US-Regierung habe Pläne ausgearbeitet, um nach dem Vorbild der Nazis Konzentrationslager einzurichten, »als erste werden christliche Fundamentalisten eingeliefert... So wie beim letzten Mal die Juden.«[11]

Solche Übereinstimmung hilft zur Erklärung eines unberechenbaren Musters aus Feindschaft und Allianz. Das Musterbeispiel liefert das Verhältnis zwischen Sowjets und Nazis mit seiner Mixtur aus gegenseitiger öffentlicher Verabscheuung und stiller Kooperation, an die sich die Abfolge von öffentlicher Freundschaft, Verrat und barbarischem Krieg anschloß. Im kleineren Rahmen verbünden sich weiße und schwarze Rassisten in Amerika manchmal in taktischen Allianzen zur Bekämpfung von Verschwörungen. Der Führer der amerikanischen Nazipartei, George Lincoln, begrüßte Elijah Muhammad als »den Adolf Hitler des schwarzen Mannes«.[12] Farrakhan steht seit 1984 in Kontakt mit Elementen der Rechten, die die These einer Überlegenheit der weißen Rasse vertreten. Der kalifornische Ku-Klux-Klan-Führer Thomas Metzger hat Informationen mit der Nation of Islam ausgetauscht und sie möglicherweise auch finanziell unterstützt. Er unterstütze die Nation of Islam, so gab er im Oktober 1985 bekannt, weil »Amerika wie ein verwester Kadaver ist. Von der Leiche leben die Juden, Parasiten, die sie sind. Das hat Farrakhan begriffen.«[13] Farrakhan tat sich mit Lyndon LaRouche zusammen, um gegen die gemeinsame Nemesis zu kämpfen, die Anti-Defamation League of B'nai B'rith und gegen »die geheime Regierung«, der sie angeblich angehört.

Bei den Rechten ist der Antisemitismus unumgänglich, so sehr, daß selbst Gruppen, die an dieser Ideologie eigentlich gar kein Interesse haben (wie die John Birch Society), Anhänger des Antisemitismus anziehen. Der Antisemitismus ist der Weltanschauung der Rechten immanent. Angriffe gegen Freimaurer und Washington sind dagegen ein möglicher, doch nicht unbedingt notwendiger Aspekt. Umgekehrt bedarf die Linke unbedingt einer Verschwörungstheorie über Banker und Waffenhändler; um die Juden kann sie, muß sie sich aber nicht scheren. Es entspricht diesen Unterschieden, daß die Rechte den Juden eine stärkere Aufmerksamkeit widmet, wenn sie an die Macht kommt. Die Linke legt dann einen stärkeren politischen Akzent auf den Antiimperalismus.

Der Unterschied ist häufig nur eine Frage des Akzents. Die Verschwörerkategorien betreffend sind die Rechte und die Linke der gleichen Meinung, Auffassungsunterschiede gibt es lediglich in der Frage, welche Verschwörer letztendlich die Verantwortung tragen. So neigt beispielsweise die Rechte dazu, den Imperialismus als ein Werkzeug der Juden zu betrachten, und die Linke sieht es umgekehrt, wie sich am Beispiel Israels erkennen läßt.

Die Rechte stellt Israel als Teil eines jüdischen Weltkomplotts dar. Mitte der zwanziger Jahre erklärte Adolf Hitler, daß die Zionisten gar nicht daran denken, »in Palästina einen jüdischen Staat aufzubauen, um ihn etwa zu bewohnen, sondern sie wünschen nur eine mit eigenen Hoheitsrechten ausge-

stattete, dem Zugriff anderer Staaten entzogene Organisations-
zentrale ihrer internationalen Weltbegaunerei«.[14] In ihrer zur
Zeit geläufigen Version versteht diese Anschauung Israel als die
Macht, die der amerikanischen Regierung Anweisungen gibt.
Im Gegensatz dazu betrachtet die Linke den Zionismus als
Tarnadresse für ehrgeizige imperialistische Pläne. Ein sowjetisches Dokument aus der Ukraine hat den Zionismus bereits zu
so einem frühen Zeitpunkt wie den Juli 1919 als »einen der Ableger der imperialistischen Konterrevolution« bezeichnet.[15]
Diese Einstellung sieht Israel heute als Werkzeug des Westens
mit dem Ziel, das Öl des Nahen Ostens oder den arabischen
Nationalismus oder den Islam unter seine Kontrolle zu bekommen.

Im Brennpunkt: Die Rechte

> Verschwörungen entwickeln sich –
> oft genug, aber nicht immer in der
> beabsichtigten Richtung. Und
> dann verläuft die Geschichte im
> Zick, wenn man eine Zackbewe-
> gung erwartet hätte.
>
> *Todd Gitlin*[16]

Die in dieser Studie angeführten Belege bezeugen, daß die
Linke das Verschwörungsdenken in den letzten zweihundert
Jahren nicht minder förderte als die Rechte. Lenin stand sei-
nem rechten Gegenüber Rachkowski in nichts nach. Stalins
Verschwörungstheorien forderten mehr Todesopfer als die von
Hitler. Überall auf der Welt gibt es für eine rechte Ver-
schwörungstheorie eine Entsprechung auf der Linken. Für
Tojo in Japan gibt es Mao in China. Für Khomeini in Iran steht
Abdel Nasser in Ägypten. In Frankreich steht Le Pen von der
Rechten auf der Linken Marchais gegenüber, in Rußland
einem Schirinowski ein Schuganow.
  So sieht die Wirklichkeit aus. In der allgemeinen Wahrneh-
mung aber wird Verschwörungsdenken vorwiegend bei den
Rechten registriert. Journalisten und Wissenschaftler sehen

weltweit faschistische Bewegungen, die ihren Höhepunkt mit den Nazis erreichen, und in den Vereinigten Staaten beachten sie solche Organisationen wie den Ku-Klux-Klan, die John Birch Society und die Milizenbewegung. Deren Entsprechungen auf der linken Seite nehmen sie jedoch kaum wahr. So schreibt Richard Levy, ein hochangesehener Antisemitismus-Forscher: »Der Antisemitismus im Sinne einer Bewegung hat seine Heimat auf der rechten Seite des politischen Spektrums gefunden, unter christlichen Konservativen, extremen Nationalisten und zu Gewalttätigkeit neigenden Reaktionären. Radikaldemokraten und Sozialisten mögen zwar viele antijüdische Vorurteile hegen und aussprechen, doch sie sind nur selten Antisemiten geworden.«[17] Walter Laqueur bemerkt in seiner Studie über die russischen Reaktionäre: »Ein fester Glaube an [die tatsächliche Existenz von] imaginäre[n] Verschwörungen ... ist ein wesentliches Element der geistigen Verfassung der extremen Rechten« im ganzen 20. Jahrhundert gewesen.[18] Michael Lerner, Verfasser eines Buches über linken Antisemitismus, erklärt: »Die Hauptgefahr für das jüdische Volk ist weder jetzt noch zu irgendeiner Zeit auf der Seite der Linken zu sehen. Die größte Bedrohung kommt immer von rechts.« Seiner Meinung nach »reflektieren und inhalieren die Linken den tiefen Antisemitismus der Umwelt«.[19] Es ist also, anders formuliert, nicht ihre Schuld, wenn sie diesen Haß schüren. In einem Buch über den Antisemitismus der europäischen Rechten wird behauptet, daß das Verschwörungsdenken nur für die Rechten geistig von zentraler Bedeutung ist.[20]

Gleiches gilt für die Angst vor Geheimbünden, die von der Wissenschaft unter Linken kaum wahrgenommen wird. Man nehme nur Amerika als Beispiel. In seinem berühmten Essay aus dem Jahr 1964 »The Paranoid Style in American Politics« hat Richard Hofstadter einen Abriß des Verschwörungsdenkens geliefert, der diese pathologische Mentalität einzig auf der konservativen Seite feststellte. Das Problem, so behauptet er, »ist besonders offensichtlich bei der extremen Rechten ..., vor allem in der Goldwater Bewegung«[21], und alle Beispiele, die er anführt – auch die aus dem 18. Jahrhundert – kommen tatsächlich aus dem rechten Umfeld. Bei ihrer ausgezeichneten Studie zur »Politik der Unvernunft« zeigen Seymour Martin Lipset und Earl Raab im Untertitel eine ausschließliche Beschäftigung mit dem »Rechtsextremismus in Amerika« an.[22] In seinem Abriß über »Verschwörungstheorien und Paranoia in der amerikanischen Politik« befindet George Johnson, daß nur die »rechtsgerichtete Politik« einem Verschwörungsdenken förderlich ist.[23] Und über die hier genannten Werke hinaus ist praktisch der gesamte Komplex wissenschaftlicher Arbeiten über amerikanische Verschwörungstheorien deren rechtsextremen Manifestationen gewidmet. Sofern, wie im Fall von Lyndon LaRouche, bei der Klassifizierung eines Verschwörungstheoretikers Zweifel bestehen, spielen die Wissenschaftler seine linken Aspekte herunter und heben stärker seine Rolle für die Entstehung eines »neuen amerikanischen Faschismus« hervor.[24]

Wie läßt es sich erklären, daß diese Phänomene bei den Rechten überbetont werden, während der Linken ein Passierschein ausgestellt wird? Die Diskrepanz ist eine Folge mehrerer Umstände. Das Verschwörungsdenken der Linken hat überzeugendere Argumente, und diese Argumente werden von geistig anspruchsvolleren Wortführern vorgetragen. Auf der Seite der Linken tauchte das Verschwörungsdenken später auf und brach – in der Wende von 1989–1991, verglichen mit 1945 – weniger abrupt zusammen. Außerdem sind die Forscher selbst meist liberal und daher wohlwollender gegenüber der Linken.

   – Die Linke hat bessere Referenzen. Mit ganz wenigen Ausnahmen[25] setzen die Verschwörungstheoretiker der Rechten sich zusammen aus Skinheads, Neonazis und anderen Rowdys, die sich über die Juden auf gemeine, verwerfliche Weise auslassen und abnorme Ansichten über Geheimbünde von sich geben. Den meisten von ihnen fehlt die nötige Qualifikation. Viele haben einen niedrigen Bildungsstand und gehören zu den unteren Berufsgruppen. Diesem Profil entsprechen sogar die Führer: Hitler war ein gescheiterter Kunstmaler, Farrakhan wäre gern Night-Club-Entertainer geworden, »Mark of Michigan« (eine führende Stimme des Verschwörungsdenkens in Radioprogrammen auf Kurzwelle und Leiter der sogenannten United States Militia at Large) arbeitet als Hausmeister. Dennoch lassen solche Individuen sich in bombastischen Reden über Geschichte, Theologie, Finanzen und andere komplexe Themenbereiche aus, von denen sie wenig verstehen. Auch die Rechten mit gewichtigerem Bildungsnachweis (ein Chemiker, ein Priester) verfügen nur selten über Direktwissen zu den von ihnen ausgesuchten Themen. Die meisten wohnen an abgelegenen Orten und stehen kaum in Verbindung mit wichtigen Institutionen. Rechtsgerichtete Autoren zitieren allen Ernstes als Quelle den *National Enquirer*[26], ein Massenblatt, das in Lebensmittelläden ausliegt, und andere Organe, die keinen Anspruch auf Genauigkeit erheben. Es kann vorkommen, daß sie Geheiminformationen aus der Numerik, aus alten Dokumenten und selbst aus gebrauchten Bürogeräten beziehen.[27]

Im Gegensatz dazu rühmen sich prominente Linke tadelloser Bildungsdiplome und manchmal auch unmittelbarer Erfahrung. Das verleiht ihnen ein Prestige und eine Glaubwürdigkeit, die für ihre rechten Gegenüber unerreichbar sind. Daß Pierre Salinger Pressechef von zwei US-Präsidenten – Kennedy und Johnson – und dann ein Chefauslandskorrespondent bei ABC-News war, der für seine Berichterstattung sämtliche Spitzenauszeichnungen des amerikanischen Fernsehens erhielt, gab seinen Verschwörungstheorien Gewicht (daß die US-Regierung Saddam Hussein in eine Falle lockte[28] oder der TWA-Flug 800 von einer Rakete abgeschossen wurde). Gary Sick brachte es bis zum Kapitän der US-Navy, gehörte im Weißen Haus dem Stab des Nationalen Sicherheitsrates an, arbeitete in der Ford Foundation, leitete eine Abteilung der Human Rights Watch und war Forschungsdozent an der Columbia University – all das war der Grund, warum die unbewiesenen Behauptungen, mit denen er die Rechtmäßigkeit der Wahl Ronald Reagans bestritt, als ein schwerwiegendes Problem der amerikanischen Politik ernstgenommen wurden.

Noam Chomsky legt eine Verschwörungstheorie vor, die der US-Regierung an praktisch sämtlichen Mißständen der Welt schuld gibt, darunter Umweltverschmutzung, Militarismus, wirtschaftliche Armut, geistige Entfremdung und die Drogenkatastrophe. Die US-Regierung manipuliert die Presse (um die potentiell revolutionäre Arbeiterschaft abzulenken), an den Universitäten fördert sie den Postmodernismus (um unter Nichteingeweihten für Verwirrung zu sorgen), und sie unterstützt den Profisport (um die Aufmerksamkeit von ernsten Themen abzulenken). Hinter der US-Regierung stehen die gigantischen Großunternehmen, insbesondere die finstere Rüstungs- und Waffenindustrie, die dafür verantwortlich sind, daß die Öffentlichkeit mit der Mär vom Kalten Krieg irregeführt wird. Diese Flut von wahnwitzigen Gedanken ist aber nicht dem Hirn irgendeines ungebildeten Fantasten entsprungen, sie kommt vielmehr von einem maßgeblichen Gelehrten, dessen Arbeiten die Linguistik revolutioniert haben. Die *New York Times* bezeichnet Chomsky als »den möglicherweise bedeutendsten lebenden Intellektuellen«. Sein Biograph charakterisiert ihn sogar als »eine der bedeutendsten Persönlichkeiten unseres Jahrhunderts«.[29] Es sind die unbestreitbaren wissenschaftlichen Leistungen Chomskys, die seinen politischen Schriften eine hohe Glaubwürdigkeit verleihen. Und eine Reihe weiterer linker Verschwörungstheoretiker besitzen auf Grund ihrer Biographie eine nicht geringere Reputation, so etwa Ramsey Clark als ehemaliger US-Attorney General und der jüngst verstorbene Allen Ginsberg, der zu den berühmtesten Lyrikern Amerikas zählt.

– Die Präsentation der Linken spricht intellektuell an. Das Schrifttum der Rechten ist in der Regel vulgär. Die Texte sind schlecht aufgebaut, enthalten sachliche Irrtümer so wie Rechtschreib- und Grammatikfehler und strotzen vor großgeschriebenen Wörtern, fettgedruckten Ausdrücken und Ausrufezeichen. Die Schriften erscheinen in unbekannten Verlagen in obskuren Winkeln. Eine Flugschrift hatte als lebende Kolumne »★★★★TOP SECRET★★★★« auf sämtlichen Seiten, was ihr die Anmutung eines Anfängerelaborats gab. Im Gegensatz dazu liefern die Verschwörungstheoretiker der Linken intellektuell anspruchsvolle und elegant formulierte Gedankengänge, die das Imprimatur von renommierten Verlagen tragen. Ein rechter antisemitischer Verschwörungsdenker produziert primitive Traktate, die eine kleine Auflage haben; sein linkes Gegenüber, ein Schriftsteller wie Gore Vidal, schreibt Bestseller. Die Rechte vertreibt selbstgemachte Videos; die Linke hat Oliver

Stone, der in Hollywood Spielfilme herstellt, die hohe Aus-
zeichnungen gewinnen.

   – Die Schriften der Rechten sind inhaltlich lächerlich. Ihre
Texte enthalten sowohl offenkundige Widersprüche wie sachliche Fehler. Selbst ein so gebildeter Mensch wie Pat Robertson
(der Sohn eines US-Senators, ein Absolvent der Harvard Law
School) liefert ein in sich unstimmiges Bild von der neuen
Weltordnung, von ihren letztendlichen Sponsoren und deren
Motiven. Die Rechte wiederholt unentwegt alte, längst diskre-
ditierte antisemitische Sprüche, und ihre Geheimbundphobien
sind viel zu verschroben, als daß ein intelligenter, ausgewoge-
ner Mensch sie ernst nehmen könnte. In den fünfziger Jahren
hat die National Federation of Christian Laymen das Fluor als
»Teufelsgift« gebrandmarkt und dessen Zugabe im Trinkwasser
(als vorbeugende Maßnahme gegen Zahnverfall) gegeißelt »als
eines der gräßlichsten Komplotte, die je gegen die menschliche
Rasse verübt worden sind«.[30] In den sechziger Jahren hat die
Christian Crusade die Beatles als Komplott zur Behinderung
der geistigen Entwicklung der Jugend bezeichnet. In den siebziger Jahren reagierte die Liberty Lobby mit Entsetzen auf die
Einführung des metrischen Systems, das sie als eine Art ausländische Unterwanderung Amerikas betrachtete. In den achtziger Jahren verstanden manche fundamentalistische Christen die
Streifenmarkierung des allgemeinen Warenkodes (auf Nah-
rungsmitteln und anderen Produkten) als – im wörtlichen Sinn
des Begriffs – satanisch.[31] In den neunziger Jahren fanden »pa-
triotische« Kreise auf der Rückseite einer Kix-Frühstücks-
flocken-Schachtel Hinweise für eine unmittelbar bevorstehende
ausländische Invasion und ängstigten sich, daß Reformhäu-
ser Tarnunternehmen der gefährlichen New-Age-Bewegung
seien.

   Diese Befürchtungen und Ängste sind dermaßen grotesk,
daß sogar normalerweise puritanisch strenge Regierungsbeamte sich berechtigt fühlen, darüber zu spotten. Der Chef der
Antiterror-Abteilung des FBI, John P. O'Neill, hat erklärt, wie
seine Agenten auf Amerikaner reagieren, die sich wegen einer
Invasion Amerikas unter Führung der Vereinten Nationen auf-
regen: »Wir setzen uns mit ihnen zusammen auf die Veranda

und trinken mit ihnen gemeinsam Eistee aus Mason-Gläsern und versuchen ihnen klarzumachen, daß sie zuerst das FBI anrufen und uns den ersten Gegenschlag überlassen sollen, wenn sie belgische Fallschirmjäger mit blauen Helmen (d. h. mit UN-Helmen) auf dem Kopf vom Himmel herunterkommen sehen.«[32] Der würdevolle UN-Generalsekretär Boutros-Ghali ist auf diese Befürchtungen nach seiner Rückkehr aus dem Sommerurlaub im September 1996 in satirischer Weise eingegangen: »Es ist einfach großartig, daß die Ferien vorbei sind. Um die Wahrheit zu sagen: Ich langweile mich in den Ferien. Es ist viel lustiger, hier [in New York] zu arbeiten, Reformen zu verhindern, in meinen schwarzen Hubschraubern zu fliegen und eine Weltsteuer einzuführen.«[33]

– Die Linke ist überzeugend. Man vergleiche nur einmal nationalsozialistische und kommunistische Schriften. Erstere entstammen einem Mischmasch aus Pseudowissenschaft und Fanatismus, sind gehässig und in einer ganz offenkundigen Weise inhaltlich falsch. Letztere haben sich aus einer Tradition hochstehender politischer Theorie entwickelt, die an die edelsten menschlichen Regungen appelliert. Erstere gerät mit unklaren, unausgedachten Plänen ins Stolpern, während letztere mit angenehm strömenden Gedanken und wohlartikuliert daherkommt. Erstere besteht auf gänzlich unrealistischen Verknüpfungen, letztere deutet eine unbestreitbare Realität um. Der Faschismus lehnt die Kultur des Westens ab, der Leninismus gibt vor, sie zu verbessern. Die Rechte trägt ihren Haß unverhohlen zur Schau und macht sich ein Vergnügen daraus, die feine Gesellschaft zu schockieren; ihre Ideologie besteht vor allem darin, die Gewalt zu verherrlichen und sich etwas auf Blutlinien, extremen Nationalismus und religiösen Triumphalismus zugutezuhalten. Die Linke bietet streng durchdachte ökonomische Analysen und präsentiert eine idealistische Vision. Erstere zeigt eine vor Bosheit verzerrte Fratze, die zweite bietet ein freundliches Lächeln und eine Hoffnung. Es hat der historischen Erfahrung des Leninismus in der Praxis bedurft, um zu verstehen, daß er genauso mörderisch und zerstörerisch war wie der Nationalsozialismus.

Man beachte folgende Parallele: Auf der Seite der Rechten

verbreitet Louis Farrakhan eine absonderliche, nicht überzeugende These, die größtenteils aus der Überzeugung der Nation of Islam herrührt, daß die Schwarzen die ursprünglichen Menschen sind und daß die weiße Rasse entstand, als ein böser schwarzer Wissenschaftler namens Yacub sie zu dem Zweck erschuf, die Schwarzen nachdrücklich zu lehren, daß sie zur wahren Religion, dem Islam, zurückkehren mußten. Farrakhan spricht von einem schwarzen Holocaust, der hundertmal größer gewesen sein soll als der jüdische Holocaust. Auf seiten der Linken offeriert die afrozentrische Schule eine raffinierte Variante der gleichen allgemeinen These und behauptet, daß die antiken Kulturen von Ägypten, Griechenland und Palästina in Wahrheit von einer schwarzen Bevölkerung getragen worden seien und die Weißen diese Juwele mittels einer Verschwörung für sich usurpiert hätten. Jesus war ein »afrikanischer Revolutionär«, und das Christentum haben die Weißen von den Ägyptern »gestohlen«. Diese afrozentristischen Ideen sind zwar nach wie vor umstritten, sie rufen aber nicht die Ängste und den Druck der antisemitischen Thesen Farrahkhans hervor.

Was die rechten Verschwörungstheorien angeht, so werden sie im amerikanischen Unterricht, in den Medien und in den durch Stiftungen finanzierten Forschungen analysiert und auseinandergenommen, damit Schüler, Studenten und die Öffentlichkeit deren Irrtum erkennen und ihnen nicht zum Opfer fallen. Im Gegensatz dazu werden linke Anschauungen häufig als Wahrheit präsentiert. Nehmen wir wiederum die beiden Varianten der Verschwörungstheorie zur Geschichte der Schwarzen als Beispiel. Wegen seiner Vulgarität ist der Nation of Islam-Antisemitismus als Unterrichtsstoff in den Schulen fast überall inakzeptabel und verboten. Er wird nur von einer Handvoll Professoren dargeboten, die infolgedessen fast überall geschmäht werden.[34] Im Gegenteil dazu wird der Afrozentrismus an führenden Universitäten von vielen Professoren gelehrt, seine Ideen bilden die Grundlage ganzer Forschungsprogramme für Doktoranden, und Bücher, die seine Thesen propagieren, werden von großen Universitätsverlagen herausgebracht.[35] Der Afrozentrismus wird mittlerweile so breit akzeptiert, daß er über ganz Amerika bis in den Unterricht der High Schools vorgedrungen ist. In einigen Grundschulen ist er zur Kernsubstanz des Lehrplans geworden.

– Die Linke ist geschickter. Die Rechte tendiert dazu, eine immense, historische, allumfassende Verschwörung zu postulieren. Die Linke konzentriert sich gewöhnlich auf ein weniger unglaubwürdiges Komplott. Erstere verläßt sich in stärkerem Maße auf Fälschungen und sonstige Verzerrungen. Was noch wichtiger ist: Die Rechte ruft lauthals »Verschwörung«, während die Linke diesen belasteten Begriff oft meidet. Obwohl sich das ganze leninistische Gedankengebäude auf der Idee eines Komplotts wirtschaftlicher Interessen gründet, wird in ihm so gut wie nie ausdrücklich eine Verschwörung erwähnt. Während Hitler über Verschwörungen herzog und ihre Bekämpfung zum eigentlichen Kernstück seines politischen Programmes machte, äußerte Stalin seine Ängste im Flüsterton. Er distanzierte sich persönlich vom Verschwörungsdenken. Während Hitler zudem gegen erkennbar zusammenfantasierte Weltverschwörungen vorging, kämpfte Stalin nur gegen Komplotte, die gegen sein Regime gerichtet waren. Seine Behauptungen weckten weder die gleiche Skepsis noch die gleiche Abscheu wie die Hitlers.

Die Linke ist auch heute geschickter. Susan Faludi meint in ihrem femistischen Bestseller *Backlash*, daß Frauen die Opfer eines »meist heimtückischen«, »starken Gegenangriffs auf die Rechte der Frau« sind, der »über die kulturellen Geheimgänge gekommen« ist und von Regierung, Rechtsanwälten, Wissenschaftlern, Medien, Modedesignern und Hollywood verübt wurde. So haben beispielsweise die Medien »falsche Daten verbreitet«, und berühmte Männer mit Problemen benutzen Frauen, und da insbesondere Feministinnen, als »Sündenböcke für alles«. Faludi trägt ihre Argumente mit Brillanz und elegant formuliert vor. Sie erklärt sogar ausdrücklich: »Der Gegenangriff ist keine Verschwörung.«[36] Doch deshalb ist ihre Grundthese nicht weniger – »kulturelle Geheimgänge«? – eine Verschwörungstheorie als die der ungewaschenen Rechten.

Man beachte auch den linken Begriff vom »Antikommunismus« – ein Phänomen, das für viele Mißstände in den Vereinigten Staaten verantwortlich gemacht wird. Statt den Kampf ge-

gen den Kommunismus als einen Haß auf ein repressives Herr-
schaftssystem und als einen Kampf auf Leben und Tod für die
Zukunft der Menschheit zu sehen, zieht die Linke es vor, ihn
als eine Verschwörung zu betrachten. Joel Kovel, der über dieses Thema geschrieben hat, befindet, daß »der Kommunisten-
haß rein opportunistisch als Mittel zur Sicherung der Macht
und des Reichtums eingesetzt wird«. Vor allem aber stelle er
einen mechanischen Reflex dar, »um die Macht der Arbeiterschaft« in den USA »zu neutralisieren.«[37] Kovel verwendet in
seiner Studie nicht den Begriff *Verschwörung*. Er liegt jedoch
seiner ganzen Argumentation zugrunde.

Auf dieser Form einer subtilen Verschwörungstheorie basiert
ein wesentlicher Teil der amerikanischen Geisteswissenschaft.
Dafür liefert das Ressort Lateinamerika ein besonders auffälliges
Beispiel, weil sich hier die große Mehrheit der Wissenschaftler
der Überzeugung angeschlossen haben, daß eine US-Verschwö-
rung auf die Vorherrschaft über diesen Subkontinent abzielt. So
macht beispielsweise Peter Smith diese Annahme nicht nur zur
Prämisse seiner Geschichte über die Verwicklungen der USA
in Lateinamerika, sondern er schließt hier eine mögliche Bedeutung von Zufällen oder personenbedingter Handlungen
glattweg aus. Für ihn gibt es lediglich die Verschwörung, die
zählt.[38]

– Die Linke hat das Verschwörungsdenken spät angenommen. In den 1780er Jahren »ist die Verschwörungsmythologie
der Linken wie der Rechten bereits skelettartig erkennbar«.[39]
Doch bei der Linken waren es lediglich schwache Konturen.
Politische Bedeutung gewann das Verschwörungsdenken erst
nach der Französischen Revolution, und da hatte es primär eine
rechtsextreme Färbung. In ihrer Angst vor Veränderung und
ihrem Haß auf das Moderne wehrte die Rechte sich gegen die
Französische Revolution, und als die Revolution in ihrer ja-
kobinischen Phase zunehmend radikaler wurde, reagierten
landbesitzender Adel, Klerus und andere Gruppen auf eine ve-
hemente und nicht minder radikale Weise, die auch das Verschwörungsdenken miteinbeschloß. Im geheimbundfeindlichen
Verschwörungsdenken fanden Reaktionäre wie Robison, Barruel und Starck ein Mittel, um die Revolutionäre mit ihren

eigenen Waffen zu bekämpfen. Die gesellschaftlichen Auflösungswirkungen des Kapitalismus und der jüdischen Emanzipation sorgten dann dafür, daß die Rechte sich in den folgenden Generationen weiterhin auf Verschwörungstheorien einließ.

Die Linke war (außer in den 1790er Jahren in Frankreich) selten an der Macht, hegte aber große Ambitionen und schmiedete deshalb während des ganzen 19. Jahrhunderts aktiv Komplotte (viel mehr als daß sie sich wegen Komplotten ängstigte). Diese Situation änderte sich mit der Machtergreifung der Bolschewiken im Jahre 1917. Als Herrscher in einem mächtigen Staat waren die Linken nicht weniger paranoid als die Rechten. Jetzt brauchten die Bolschewiken ebenfalls eine Möglichkeit, um verwirrende Veränderungen abzuwehren, und suchten ebenfalls beim Verschwörungsdenken Zuflucht. Mit dem Ende des Zweiten Weltkriegs sah sich die Rechte vor einem Trümmerhaufen, doch die Macht der Linken wuchs. Die sowjetische Propagandamaschinerie war der Verstärker, der dieses Verschwörungsdenken dann einem weltweiten Publikum nahebrachte. Während des Kalten Krieges waren die kommunistischen Staaten die hauptsächlichen Kolporteure des Verschwörungsdenkens. Es war aber nicht so, daß nur die marxistisch-leninistischen Politiker, Pädagogen, Intellektuellen, Künstler und Journalisten die jeweils neueste Verschwörungstheorie aus Moskau aufgriffen, das besorgten außerdem auch scheinbar unabhängige Zeitschriften (wie die Wochenzeitung *Link* in Indien), die in Wahrheit Werkzeuge der Moskauer Falschinformationspolitik waren. Im übrigen haben gar nicht wenige westliche Sympathisanten die sowjetische Linie übernommen und damit den kommunistischen Verleumdungen die notwendige Glaubwürdigkeit verliehen. Infolgedessen fand die Linie Moskaus in der Presse, an den Universitäten und in den Künsten ein breites Echo.

– Die Sowjetunion schien weniger schlimm als das Dritte Reich. Aufstieg und Fall der Nazis vollzog sich auf eine spektakuläre Weise, die kommunistische Bahn verlief sanfter. Das Dritte Reich dauerte nur zwölf Jahre und endete mit einem gewaltigen Knall, die Sowjetunion dagegen bestand ein Dreivierteljahrhundert und gab den Geist mit einem Wimmern auf. Diese Unterschiede haben wichtige Konsequenzen. Während die Folgen der Naziverschwörung Gegenstand zahlloser Studien und künstlerischer Werke sind, bleiben die vergleichbaren sowjetischen Handlungen relativ im dunkeln. Auschwitz, Birkenau und die übrigen Todeslager sind namentlich bekannt. Doch wer kennt die Namen der sowjetischen Gegenstücke? Die deutschen Archive wurden auf einen Schlag erobert. Die sowjetischen Archive werden erst jetzt langsam geöffnet.

Der gleiche Unterschied gilt für die beiden Diktatoren. Hitler hinterließ einen viel schrecklicheren Ruf als Stalin. Der eine erging sich in Haßtiraden, der andere war kalkulierend. Hitler unternahm keine erkennbaren Versuche, seine Bosheit zu verstecken. Im Gegensatz dazu verbarg Stalin das Böse mit solch großem Fleiß und Erfolg, daß seine Verbrechen erst drei Jahre nach seinem Tod bekannt und dann mit einem Schock aufgenommen wurden. Weil die Fakten über Stalin in unzusammenhängender Form herauskamen, haben seine Verbrechen bis heute nicht die traurige Berühmtheit, die Hitlers Grausamkeit besitzt. Hitler hat sich selbst so diskreditiert, daß so etwas wie Wahnsinn dazugehört, um an ihm überhaupt etwas gut zu finden. Das ist bei Stalin nicht der Fall. Hitlers Apologeten stehen jenseits der Grenzen des Erlaubten, die Apologeten Stalins nicht.

– Die Sympathien der Experten liegen mehr bei der Linken. Die liberale Orientierung der meisten Wissenschaftler und Journalisten hat zur Folge, daß sie vergleichbare Phänomene auf unterschiedliche Weise behandeln. Sie verstecken die Schandtaten der Linken nicht, stellen sie jedoch weniger harsch als isolierte Phänomene und für gewöhnlich eher als die besonderen Charakteristika einer Einzelperson, denn als systemimmanente Fehler dar. Der Leninismus wäre menschlicher gewesen, wenn nicht Stalin die Revolution auf den falschen Weg gebracht hätte. Ohne die Feindschaft der USA wäre die kubanische Revolution möglicherweise erfolgreich verlaufen. Außerdem erwarten die Autoren Verschwörungsdenken vorwiegend auf seiten der Rechten. Da ein sowjetischer Antisemitismus und ein linker Antiimperialismus solch stereotypen

Ideen nicht entsprechen, kommen sie leichter davon. Da eine
linke Paranoia über Washington nicht zu diesem Muster paßt,
wird sie längst nicht so stark erfaßt, verunglimpft und verspottet wie die Paranoia der Rechten.

Wie fällt das abschließende Urteil aus? In diesem Jahrhundert
ist beides, rechtes wie linkes Verschwörungsdenken, sehr stark
und wirksam gewesen. Doch welches von beiden hat den
größeren Einfluß besessen?

Soweit es geheimbundfeindliche und antiimperialistische
Phobien betrifft, gibt es keine Diskussion: Sie waren stets ein
Kernelement linker Anschauungen. Beim Antisemitismus
überwog bis 1945 die Rechte, dann aber hat die Linke das Feld
übernommen. Gewiß, die große Reichweite des Antisemitismus verdankt sich, wie sich an Juan Perón in Argentinien und
in den 1980er Jahren in Japan sehen läßt, in vielem der Rechten. Aber der Judenhaß des letzten halben Jahrhunderts geht
mehr auf den sowjetischen Staat zurück, dessen Macht lange
währte und der ein vielfältiges, starkes Netz von Einflüssen
aufbaute. Vor allem im Zeitraum von 1967 bis 1991 verbreitete
er als »größter Exporteur von Material zur Schürung von Haß
gegen Juden«[40] den Antizionismus in fast alle kommunistischen
Staaten, bei der internationalen Linken und in weiten, reaktionären wie progressiven Teilen der Dritten Welt. Dank des
sowjetischen Drucks hat ein breites Spektrum von Personen
und Institutionen antisemitische Vorstellungen angenommen
und gegen den Zionismus gewettert.

Der Antizionismus [so schrieb Robert Wistrich 1978] ist ein großer
Basar geworden, auf dem sowjetische und chinesische Kommunisten, Marxisten der arabischen und der Dritten Welt, Trotzkisten,
Anarchisten und Castro-Anhänger mit feudalen Scheichs, konservativen islamischen Führern, Ölfirmen und kapitalistischen Interessen
des Westens (von faschistischen Randgruppen ganz zu schweigen) in
ihrem Haß auf den jüdischen Staat eine gemeinsame Basis finden
können. [41]

Ein gutinformierter Beobachter stellt den irreparablen Schaden
fest, den die Moskauer Kampagne angerichtet hat: »Die von

den Sowjets erzeugte antisemitische und antizionistische Propaganda hat jetzt einen großen Teil des Erdballs infiltriert; ihre unheilvollen Wirkungen können nicht ungeschehen gemacht werden.«[42] Der Rückblick auf die beiden mächtigsten totalitären Staaten Europas gibt eine Arbeitsteilung zu erkennen: Hitler vertiefte den Antisemitismus und hat Millionen von Juden getötet. Die Sowjets haben seinen Radius so weit ausgedehnt, daß er zu einer beinahe universalen Ideologie geworden ist. Im übrigen ist es so, daß der Antisemitismus heute in der früheren Sowjetunion, nicht aber in Deutschland blüht. Die Tatsache, daß der Antisemitismus heute weltweit Anspruch findet, spiegelt mehr einen sowjetischen als nationalsozialistischen Einfluß.

In einem weiteren Sinn hat die Linke eine heimtückischere Präsenz und größere Reichweite. Die merkwürdige Abneigung auf seiten der Rechten, Staaten verantwortlich zu machen, hat zur Folge, daß sie sich meistens in einem inkonsequenten Ärger gegen nichtstaatliche Gruppen wie Juden, Freimaurer, den Council on Foreign Relations, europäische Banker und die Vereinten Nationen wendet. Die Linke hat ihre Aufmerksamkeit in sinnvollerer Weise primär auf die Regierungen mächtiger Staaten, insbesondere auf England und die Vereinigten Staaten gerichtet. Diese unterschiedlichen Methoden haben institutionell völlig verschiedene Resultate gezeigt: Die Rechte hat eine Reihe von schwachen Organisationen (wie die antifreimaurerische Partei, die auf wenige US-Bundesstaaten begrenzt blieb und wenige Jahre überlebte) oder kurzlebigen Organisationen (die Nazi-Partei) aufgebaut. Die Linke hat in aller Welt kommunistische Parteien aufgebaut, von denen viele an die Macht kamen und sich jahrzehntelang an der Macht hielten.

Auf Grund ihrer Subtilität vermag die Linke das Verschwörungsdenken mehr zu nutzen als die Rechte. Ein weltgewandter, gebildeter, analytisch denkender Mensch fällt den Dämonen der Verschwörungsmentalität nicht auf die gleiche Weise zum Opfer wie ein Hausmeister in seiner ungeschützten Aufrichtigkeit. Bei den Rabauken der Rechten wirken die Ängste vor Juden und Freimaurern fast immer tief empfunden. Den kultivierten Linken fehlt solch eine Ehrlichkeit. Sie erwecken den Eindruck, als ob sie Verschwörungstheorien nur als Mittel für ihre politischen Ziele verbreiten. In einem Fall nach dem anderen diente das Verschwörungsdenken ihren Zwecken. Wenn Hitler ein an Wahnsinn grenzendes Verschwörungsdenken darstellt, so repräsentiert Stalin hier etwas völlig anderes: politische Gerissenheit. Der Nazistaat hielt das antisemitische Verschwörungsdenken für seine höchste Wahrheit, die er zielbewußt verfolgte, der sowjetische Staat dagegen nutzte es instrumentell – so hat er den Antisemitismus übernommen, um Deutschland nach dem Hitler-Stalin-Pakt im September 1939 entgegenzukommen, und ihn nach der Nazi-Invasion im Juni 1941 fallengelassen, um ihn einige Jahre später wieder aufzugreifen.

Der gleiche Unterschied gilt im amerikanischen Kontext, insbesondere was die Nutzung des Verschwörungsdenkens im Fall des Kennedy-Mordes, der »October-Surprise«-Theorie und dem O.J. Simpson-Prozeß angeht. Die Linke verbreitet Verschwörungstheorien, die bequemerweise erklären, daß zwei frühere Präsidenten der Demokratischen Partei (John F. Kennedy und Jimmy Carter) durch abscheulichste Komplotte aus dem Amt entfernt wurden. Der Fall Kennedy ist bemerkenswert für seine Pfiffigkeit, wenn man bedenkt, daß die Hauptfigur, Lee Harvey Oswald, ein extremer Linker war, der in die Sowjetunion überwechselte, die amerikanische Staatsbürgerschaft aufgab, aktiv einer Pro-Castro Gruppe (dem Fair Play for Cuba Committee) angehörte und in einem früheren Attentat beinahe den General Edwin Walker, eine bekannte Persönlichkeit der Rechten, ermordet hatte. Trotzdem verlagerte sich kurz nach Kennedys Ermordung die Aufmerksamkeit von Oswald, und zwar dank der Arbeit eines Netzes von linken Aktivisten (wie Jim Garrison) und berühmten Buchautoren (Edward Jay Epstein, Mark Lane)[43] wie auch unbekannten Schriftstellern (Thomas Buchanan, Joachim Joesten, Sylvia Meagher, Harold Weisberg).[44] Diese Verfechter einer Theorie des politischen Mordes verfolgten zwei Richtungen. Die eine Gruppe machte aus Oswald einen extremen Rechten (»Oswald wäre bei *Mein Kampf* mehr

zuhause gewesen als bei *Das Kapital*«)[45] und verwandelte seine
Biographie in eine komplizierte Scharade. (So wurde der Kreis
Fair Play for Kuba als eine Fassade des US-Geheimdienstes ausgegeben.) Die andere Richtung reduzierte Oswald zu einer
unbedeutenden Figur, indem sie die Aufmerksamkeit statt dessen auf eine riesige Verschwörung lenkte, in der er nur ein klei-
nes Rad im Getriebe war. Oswalds politische Einstellung, seine
Motive und seine Verbindungen zum sowjetischen Geheim-
dienst verschwanden fast ganz von der Bildfläche und machten
Themen Platz, die den Verdacht auf andere am Attentat betei-
ligte Personen lenkten. Anhänger dieser Theorie des politischen
Mordes stellten die Frage nach der Menge der abgefeuerten
Schußwaffen (man kam bis auf sechzehn), nach den abgegebe-
nen Schüssen, ihren Flugbahnen und der Anzahl von Patronen,
die Kennedy trafen. Im Laufe der Zeit beschafften sie ungefähr
dreißig Schützen als Komplizen von Oswald. Diese Fülle von
Komplizen lenkte die ganze Aufmerksamkeit von Oswald weg
und konzentrierte sie auf die Anstifter und Träger dieser großen Unternehmung. Zu den prominenten Verdächtigen zähl-
ten die CIA (weil Kennedy den Plan hatte, sie zu schließen),
kubanische Castro-Gegner (wegen des Scheiterns der Landung
in der Schweinebucht), Weißrussen (aus Wut über die verbesserten amerikanischen Beziehungen mit der Sowjetunion), die
Mafia (um Robert Kennedys Ermittlungen gegen das organisierte Verbrechen zu beenden), die FBI (Hoover befürchtete,
aus seinem Amt gedrängt zu werden), der militärisch-industrielle Komplex (der den Vertrag gegen Atomwaffenversuche
haßte), die Generäle (die entschlossen waren, einen Abzug aus
Vietnam zu verhindern), texanische Ölmillionäre (um die Diskussion über eine Aufhebung der steuerlichen Absetzbarkeit
von Ölreservenminderung zu stoppen), die internationalen
Banker (die Kennedys aktuelle Währungspolitik nicht leiden
konnten) und Lyndon Johnson (der befürchtete, von Kennedy
1994 nicht wieder als Kandidat für die Vizepräsidentschaft aufgestellt zu werden). Dieser Liste fügten schwarze Amerikaner
die Idee hinzu, die eine Generation später immer noch lebendig ist, daß der Ku-Klux-Klan oder andere weiße Bürger, die
sich für eine Vorherrschaft der Weißen einsetzten, Kennedy

wegen seiner Haltung in der Bürgerrechtsfrage ermordet hätten. Als sich eine Kontroverse über die genaue Identität der rechten Verschwörer entspann, stieg die Zahl der mutmaßlich in das Attentat verwickelten Personen stetig an (»sie hätten ihre konspirativen Treffen schon in Madison Square Gardens abhalten müssen«)[46], und die Rolle Oswalds schwand ganz aus dem Blick. In einigen Büchern wurde seine Existenz fast übergangen, in anderen wurde die These aufgestellt, er sei nur ein Sündenbock. Mit Blick auf die vereinten Anstrengungen von linken Schriftstellern bemerkte Gerald Posner 1993: »Es geht in dieser Debatte nicht mehr darum, ob JFK von einem für sich allein oder als Komplize einer Verschwörung agierenden Lee Oswald ermordet wurde – die Frage lautet statt dessen: Welche Verschwörung ist die richtige?«[47]

Diese Orgie von Spekulationen erscheint um so künstlicher, wenn man sie auf dem Hintergrund anderer amerikanischer Attentate aus jüngster Zeit betrachtet, die allesamt kein Verschwörungsdenken hervorriefen. Robert F. Kennedy wurde im Juni 1968 von Sirhan Bishara Sirhan ermordet, einem aus Jerusalem gebürtigen Palästinenser, der die Tat ausdrücklich als Protesthandlung gegen Kennedys proisraelische Ansichten bezeichnete. Zu dem Zeitpunkt hatte Yasir Arafats Al-Fatah bereits einen Ruf als internationale Terroristengruppe erworben, so daß man sich Sirhan sehr wohl als Komplizen einer Verschwörung hätte vorstellen können; man tat es aber nicht. Die Amerikaner hielten ihn für einen Einzeltäter ohne Verbindung zu einer organisierten Gruppe oder gar zu einer konzertierten Einschüchterungskampagne.[48]

Der Mordversuch des Jahres 1981 von John W. Hinckley Jr. an Ronald Reagan weckte ebenfalls kaum Spekulationen, obwohl das Videoband von der Schießerei ein mehrfaches Aufblitzen von Licht zeigt, das nie erklärt wurde, und die Leibwachen des Präsidenten nach dem Gewehr zunächst in die falsche Richtung blickten – was als mögliche Hinweise auf mehr als nur einen Attentäter gewertet werden könnte. Noch interessanter schien der Bericht, demzufolge Hinckleys Vater ein Freund von Vizepräsident George Bush sein sollte, der ja ein unmittelbarer Nutznießer von Reagans Tod geworden wäre. Es

war besonders bemerkenswert, daß John Hinckleys Bruder sich
genau für den Abend des Mordversuchs mit George Bushs
Sohn Neil zum Abendessen verabredet hatte. Und doch führten solche Koinzidenzen in keiner Weise zu einer Verdächti-
gung des Vizepräsidenten. Das Ausbleiben von Verschwörungstheorien im Umfeld der Robert Kennedy und Reagan
betreffenden Vorfälle deutet daraufhin, wie außergewöhnlich
und möglicherweise manipuliert die Spekulationen um die Ermordung John F. Kennedys gewesen sind.

Die October Surprise-Verschwörungstheorie behauptet, daß
Ronald Reagan 1980 die Präsidentschaftswahlen gewann, weil
er mit den iranischen Mullahs ein Abkommen abgeschlossen
hatte: Sie würden die amerikanischen Geiseln bis nach der
Wahl festhalten, um damit Jimmy Carters Wahlchancen zu zerstören. Diese Verschwörungstheorie wurde von Lyndon La-
Rouche aufgebracht und dann durch ein Netz von Linken verbreitet – von Hodding Carter, Seymour Hersh, Christopher
Hitchens, Robert Parry, Gary Sick, Craig Unger nebst einer
beachtlichen Schar von Helfershelfern. Die Zeitungen widme-
ten diesem Thema ihre Meinungsseiten, ihm wurden in den
Fernsehshows große Zeitblöcke zur Verfügung gestellt, die
großen Wochenzeitschriften brachten es als Titelgeschichte. Im
Januar 1992 waren diese Behauptungen so weit verbreitet, daß
55 Prozent der amerikanischen Bevölkerung sie laut einer Meinungsumfrage für wahr und nur 34 Prozent für falsch hielten.[49]
Jimmy Carter forderte eine Untersuchung, und beide Kon-
greßkammern (sowie etliche Enthüllungsjournalisten) kamen
seinem Aufruf nach. Alle kamen zu dem Schluß, daß die Behauptungen absolut wertlos waren. Die Debatte versandete.

Republikaner, deren Aufstieg nicht mit einer spezifischen
Verschwörung belastet werden kann, werden mit versteckten
Andeutungen beschuldigt. Dafür bietet George Bush ein rele-
vantes Beispiel. Die Linke stellte ihn als jemanden dar, der eine
einzigartige Anzahl von Beziehungen zu Geheimbünden besaß: Skull und Bonesman in Yale, ein texanischer »Ölboß«,
Mitglied des Council on Foreign Relations und der Trilateral Commission, CIA-Chef, ein zeitweiser Mitarbeiter der
Iran/*Contra*-Geheimoperation. Ein Autor bezeichnete ihn als

»eine Verkörperung des Verschwörerischen« und, mehr noch, sogar als den größten Verschwörer der letzten zwei Jahrhunderte.[50]

Der O.J. Simpson-Prozeß bietet ein weiteres Beispiel dafür, wie die Linke das Verschwörungsdenken als politisches Instrument benutzt. Um dem hieb- und stichfesten Beweismaterial des Staatsanwalts zu entkommen, daß Simpson seine ehemalige Frau und deren Freund ermordet hatte, stützte sich das Team von bestbezahlten Topanwälten auf die Verschwörungstheorie, derzufolge das Polizeipräsidium von Los Angeles Simpson aus Gründen von Rassenfeindschaft in eine Falle gelockt und anschließend eine Riesenverschwörung ausgeheckt hatte, um ihm den Mord in die Schuhe zu schieben. Die Anwälte der Verteidigung gestalteten diese Beweisführung so überzeugend, daß Simpson tatsächlich freigesprochen wurde.

Schließlich werden Verschwörungstheorien von Liberalen zu dem Zweck gesponnen, um Konservativen die Legitimität zu entziehen. Zwei weitere amerikanische Beispiele belegen, wie so etwas funktioniert. Michael Lind, Redakteur der Zeitschrift *The New Yorker*, schildert eine Handvoll führender Politiker »hinter den Kulissen« bei dem Versuch »einer Koordinierung der intellektuellen Rechten«, die abweichende Meinungen und die politische Diskussion unterdrückt. Und das tun sie, so suggeriert er, mit Methoden, die von Stalin entliehen sind:

Der moderne konservative Brain Trust ist ursprünglich entstanden bei einem Plan, der von William E. Simon, Irving Kristol und anderen in den 70er Jahren ausgeheckt wurde ... Das Netz der konservativen Intellektuellen, das in den 70er Jahren begründet wurde und bis heute [1996] fortdauert, verrät eine verblüffende Ähnlichkeit mit dem Netzwerk von kulturellen Scheinorganisationen, das in den ersten Jahren des Kalten Krieges von der CIA in den Vereinigten Staaten und in Europa aufgezogen und gesteuert wurde ... Die CIA hat diese Techniken ihrerseits von den Tarnorganisationen der Sowjetunion und den pro-sowjetischen kommunistischen Parteien gelernt ... Beim amerikanischen Konservativismus handelt es sich also um einen Antikommunismus, der bis in ziemlich konkrete Details der Organisation und der Theorie den Kommunismus nachbildet, eben den Kommunismus, den er ablehnt ... [Er degeneriert] zu einem politischen Stil, der genauso konspirativ und so autoritär ist wie die ursprüngliche Gefahr.

Lind, ein konservativer Renegat, gibt vor zu enthüllen, wie die leninistische Maschinerie arbeitet. So behauptet er zum Beispiel: Die »Parteilinie wurde gewöhnlich auf periodischen ›konservativen Gipfelkonferenzen‹, privaten Zusammenkünften angenommen, die ungefähr einmal jährlich stattfanden.« Und diese Verschwörung war angeblich erfolgreich: Nach mehreren Jahrzehnten der Koordination von Stiftungen und gut plazierten Machern »gibt es in den Vereinigten Staaten heute keine unabhängige konservative geistige Bewegung mehr.«[51] Linds komische Ideen fanden außer in konservativen Publikationen allerdings keine Beachtung.

Selbst die Clinton-Regierung hat eine Verschwörungstheorie über die Konservativen propagiert. Im Januar 1997 gab das Office of the White House Counsel ein 331seitiges Dokument mit dem undurchsichtigen Titel »Der Kommunikationsstrom der Verschwörungswirtschaft« heraus. Darin behaupten und belegen nicht genannte Berater des Weißen Hauses die Existenz einer »Medienstoff-Kette«, die sie erklären als

das System, durch welches rechtsextreme Aktivisten Verschwörungstheorien und Unterstellungen von Randmedien in den medialen Mainstream füttern. Die »Futterkette« beginnt mit Aktivisten wie Willie Horton, dem Schöpfer Floyd Browns, Sheffield Nelson und Larry Nichols. Diese Aktivisten füttern die parteiische konservative Presse, Publikationen wie den *American Spectator*, die *Washington Times* und die Meinungsseite des *Wall Street Journal*. Die Mainstream-Presse greift dann diese Berichte auf.

Diesmal gingen die Verschwörungstheoretiker allerdings doch zu weit. Mit Ausnahme der linken Presse stieß die Behauptung, daß anonyme Autoren über das Internet die Nachrichtenberichterstattung steuerten, auf allgemeine Verachtung.

Abschließend werden wir die Entwicklung des Verschwörungsdenkens im Überblick skizzieren, untersuchen, welchen Schaden es verursacht hat, und mögliche künftige Gefahren dieser Denkhaltung skizzieren.

IX

Der Preis des
Verschwörungsdenkens

Die Geschichte des Verschwörungsdenkens ist ein Drama in
sechs Akten. Der Verdacht, daß es Verschwörungen von
Juden und Geheimbünden gab, entstand zur Zeit der Kreuzzüge. Im Zeitalter der Aufklärung wurden lokale Verschwörungstheorien häufig als Mittel zur Deutung von Ereignissen
herangezogen. Die Französische Revolution erhöhte die Ein-
sätze, indem sie zu Verschwörungstheorien anstachelte, die sich
auf nach Welthegemonie strebende Feinde bezogen. Diese
Vorstellungen gewannen im Laufe des 19. Jahrhunderts an Umfang und Tiefe, bis sie ihren klassischen Ausdruck im Rußland
der 1890er Jahre fanden. Zur Zeit der Weltkriege war der paranoide Stil so weitgehend akzeptiert, daß in mehreren großen
Ländern Verschwörungstheoretiker an die Macht kamen und
1940/41 fast eine globale Vorherrschaft erreichten. In den folgenden fünfzig Jahren ging das Verschwörungsdenken in der
westlichen Welt zurück, während es in anderen Teilen der Welt
an Bedeutung gewann. Kurzum: Über knapp zwei Jahrhunderte nahmen Verschwörungstheorien stetig an Bedeutung zu,
bis sie um 1940 ihren Höhepunkt erreichten. Danach verloren
sie an Geltung.

Aus diesem Abriß ergeben sich mehrere Konsequenzen. Erstens: Das Verschwörungsdenken ist eng mit den großen Ereignissen der europäischen Geschichte seit 1750 verbunden, und
diese Ereignisse markieren dessen große Wendepunkte. Der
paranoide Stil wurde mit der Französischen Revolution eine
ernstzunehmende Angelegenheit, er kam nach dem Ersten
Weltkrieg an die Macht, erreichte im Zweiten Weltkrieg seinen Höhepunkt und ging mit dem Kalten Krieg zurück.

Zweitens: Was als Phobie von Randpersönlichkeiten begann, wurde zu einer Kraft, die auf riesige Bevölkerungen wirkte. Dazu hat Norman Cohn bemerkt: »Ein antisemitischer Mythos, der zunächst von ein paar exzentrischen Priestern als Reaktion auf die Französische Revolution ausgedacht worden war, wurde in den 1930er Jahren das Werkzeug, mit dem eine despotische Regierung ihre Macht über ein großes europäisches Volk konsolidieren konnte.«[1] Auf ähnliche Weise gelangte die Angst vor Geheimbünden, die als eine besorgte, aber zum Scheitern verurteilte Reaktion auf 1789 anfing, 1917 an die Macht. Während der folgenden drei Jahrzehnte brachten das antisemitische Verschwörungsdenken und der Marxismus-Leninismus die Welt in Bewegung und hatten sie fast im Griff. Es ist nicht schwierig, sich in der Geschichte von 1929 bis 1945 einige Entwicklungen anders vorzustellen, so daß die totalitären Mächte am Ende obenauf gewesen wären. Im November 1940 schlug Hitler Molotow eine Aufteilung der Welt zwischen dem deutschen, sowjetischen, japanischen und italienischen Diktator vor. Es gab Zeiten, als er darüber nachdachte, ob er Stalin als *Gauleiter* in Rußland behalten sollte. Nach Aussage von Stalins Tochter hat er nach Kriegsende manchmal gemurmelt: »Ach, mit den Deutschen zusammen wären wir unbesiegbar gewesen!«[2] Die Welt war gar nicht so weit von einer konspirativen Hegemonie entfernt. Doch es sollte nicht sein. Statt dessen brachen die großen totalitären Projekte zusammen: 1945 in Deutschland, 1976 in China, 1991 in Rußland. Mit der Schwächung des Totalitarismus ging das Verschwörungsdenken zurück.

Drittens: An historischen Wendepunkten haben die Rechte und die Linke voneinander Ideen übernommen. Zunächst hat die Linke das Verschwörungsdenken von der Rechten gelernt und es so hervorragend zu meistern gewußt, daß sie 1945 das Kommando von der Rechten übernahm und seither ihrerseits der Rechten Verschwörungsdenken beigebracht hat. In der Tat, das linke Verschwörungsdenken, das ab 1945 die Weltbühne beherrschte, hat seine Vorherrschaft erst mit dem beginnenden Zerfall des Sowjetstaats verloren. Dementsprechend hat sich seit 1985 ein rechtes Verschwörungsdenken wieder stärker in den Vordergrund geschoben.

Schließlich ist es für eine Beurteilung der Auswirkungen von Verschwörungsdenken hilfreich, zwischen geistigem und operativem Einfluß zu unterscheiden, weil die beiden nicht unbedingt zusammengehen. Der paranoide Stil kann weithin Anklang finden, ohne daß er die staatliche Politik beeinflußt; er kann aber auch ohne Rückhalt in der Bevölkerung regieren. Die Angst vor Geheimgesellschaften besaß eine hohe Geltung im Denken der Mächtigen des Westens (etwa bei Politikern, religiösen Führern, Journalisten und Akademikern). Das begann mit der Französischen Revolution um 1789 und endete mit der Rede, in der Chruschtschow 1956 Stalins Verbrechen enthüllte. Unabhängig davon hatte diese Phobie in einem kürzeren Zeitraum, nämlich für die von 1917 bis 1991 existierende Sowjetunion, eine operative Bedeutung. Was das antisemitische Verschwörungsdenken angeht, so wurde es intellektuell in den 1870ern bedeutsam und blieb es bis zum Zusammenbruch des Dritten Reiches 1945. In den letzten Jahren ist es ein wenig wiederaufgelebt. Operative Bedeutung gewann es Ende des 19. Jahrhunderts in Rußland und blieb bis zum sowjetischen Zusammenbruch 1991 ein Machtfaktor.

Auf diese Art haben die antisemitischen und die antiimperialistischen Phobien eine unterschiedliche Entwicklung genommen. Die Angst vor den Juden verschwand mit Hitlers Niederlage im Zweiten Weltkrieg und nahm wieder an Bedeutung zu, als das kurze Zwischenspiel der Nazis in der Vergangenheit versank. Die Antiimperialisten blieben um Jahrzehnte länger führend und verblaßten erst mit dem Niedergang der Sowjetunion. Zeitlich gesehen waren in dieser Hinsicht die Imperialisten 1970, die Juden 1995 vorrangiger. Diese Muster geben zu zwei Bemerkungen Anlaß: Die deutsche Erfahrung war zwar äußerst heftig, aber sie kam und ging wieder vorbei. Die operative Bedeutung beider Mythen wird praktisch allein durch Rußland definiert. Und der geheimbundfeindliche Mythos hat länger gewährt, doch der antisemitische Verschwörungsmythos hat in kürzerer Zeit viel größeren Schaden verursacht.

Der Preis des Verschwörungsdenkens

Wer mit Ungeheuern kämpft, mag
zusehen, daß er nicht dabei zum
Ungeheuer wird.
Friedrich Nietzsche,
Jenseits von Gut und Böse (1886)

Das Verschwörungsdenken hat einen tiefen Einfluß auf Europa
und die Weltgeschichte gehabt. Im 18. Jahrhundert hat der Geheimbundmythos bereits zur Entscheidung der amerikanischen
Siedler beigetragen, sich von Großbritannien zu trennen, und
er förderte die Intensität und den Haß der Französischen Revolution, während der Antisemitismus im Zeitraum von 1850
bis Ende 1920 zu Pogromen anfeuerte.

Sein volles Potential realisierte das Verschwörungsdenken jedoch erst in der Mitte unseres Jahrhunderts, als es besonders
große innere soziale Verwerfungen, beispiellos mörderische
Kriege und einige der größten Katastrophen der Menschheitsgeschichte durch Bosheit und Rücksichtslosigkeit noch viel
schlimmer machte. Es hat selbst während der letzten fünfzig
Jahre und bis heute das öffentliche Leben besonders in bestimmten Regionen der nichtwestlichen Welt vergiftet. Das
Verschwörungsdenken hat der Menschheit eine Reihe von tiefen Wunden zugefügt.

EIN VERGIFTETER DISKURS Das Verschwörungsdenken fördert einen Strudel von Illusion und Aberglauben. Wie die Paranoia auch, ist es »der kraftlose Gips, der die weiten, offenen
Fugen im unsoliden Denken überkleistert«.[3] Indem es komplizierte Entwicklungen auf ein Komplott reduziert, behindert
es ein Verständnis der historischen Kräfte. Es schiebt die Schuld
für alle Mißstände auf Außenstehende (»Wir haben nicht verloren; sie haben gemogelt«). Damit macht es eine sorgfältige Einschätzung der Ursachen unmöglich und verlängert so die
Schwierigkeiten. Es verführt die Menschen dazu, etwas zu
fürchten und zu hassen, was ihnen gar nicht schadet, und wiederum andere Dinge, die ihnen schaden, nicht zu fürchten und
nicht zu hassen. Es veranlaßt sie, ihre Aufmerksamkeit mit Un-

wesentlichem zu vergeuden und das Bedeutsame außer acht zu
lassen.

GEGENKULTUR UND SELBSTHASS Es ist aufschlußreich, daß es
ausgerechnet die einzigen drei Länder sind, in denen ein beträchtlicher Anteil der öffentlichen Meinung der eigenen Regierung mißtraut und sie haßt – Großbritannien, die Vereinigten Staaten, Israel –, welche im stärksten Maße Zielscheibe des
Verschwörungsdenkens sind. »Im Grunde fürchten wir unsere
Regierung mehr als die Drogenkartelle und die Mafia«, erklärt
ein amerikanischer Milizionär und bringt damit eine in seinen
Kreisen fast durchgehende Ansicht zum Ausdruck.[4] Führende
Persönlichkeiten der Gegenkultur wie Alexander Cockburn in
Großbritannien, Noam Chomsky in den Vereinigten Staaten
und Israel Shahak in Israel sehen hinter fast allen Übeln eine
Verschwörung der eigenen Regierung. Es ist tatsächlich so, daß
die eigene Gegenkultur (und nicht etwa ausländische Feinde)
die meisten dieser Verschwörungstheorien entwickelt. Es ist
bezeichnend, daß eine bedeutende Studie über den Antiamerikanismus sich zu zwei Dritteln mit Amerikanern und nur zu
einem Drittel mit Ausländern befaßt.[5] Es waren Amerikaner,
die die maßgeblichen antiamerikanischen Ideen (wie den Begriff »Dollar-Diplomatie«) entwickelt haben, die dann von
Ausländern übernommen und adaptiert wurden, damit sie den
anderen Umständen und Ideologien entsprachen.

Das Gleiche gilt für die einzige ethnische Gruppe, die dem
Verschwörungsdenken ausgesetzt ist: die Juden. Auf welches
Volk sonst trifft die Vorstellung vom *Selbsthaß* zu? Manche Ju-
den sind so weit gekommen, daß sie sich in Vereinen zusam-
mentun, deren ausschließlicher Zweck im Zurückweisen von
Judaismus (z. B. Juden für Jesus) oder Zionismus besteht (der
American Council for Judaism). Das Verschwörungsdenken
hilft auch zum Verständnis des Phänomens eines bürgerlichen
Selbsthasses. Kommunisten bürgerlicher oder privilegierter
Herkunft spüren einen brennenderen Haß auf ihresgleichen als
Kommunisten aus Arbeiterfamilien und spiegeln so wiederum
die gänzliche Inanspruchnahme durch Verschwörungstheorien
wider.

TATSÄCHLICHE VERSCHWÖRUNGEN Im innersten Kern des Verschwörungsdenkens herrscht eine furchtbare Ironie: Obwohl es angetrieben wird durch einen starken Drang zur Bekämpfung und Reduzierung von Verschwörungen, bewirkt es das genaue Gegenteil – es steigert die Zahl der Verschwörungen. Dieses subtile und komplizierte Thema würde eine eigene Untersuchung erfordern. An dieser Stelle kann ich nur einige Beispiele zu den beiden Männer liefern, die am konsequentesten Verschwörungstheorien befürworteten und an Verschwörungen teilnahmen: Wladimir Lenin und Adolf Hitler.

Lenin charakterisierte die »Monopolkapitalisten« in seinen Schriften als eine hochdisziplinierte Gruppe, die ihre Wünsche allen übrigen aufzwang, indem sie heimlich die Kontrolle des Staates übernahm. Wenn das aber so gut für Kapitalisten funktioniert hatte, warum dann nicht auch für Sozialisten? Lenin hat nicht nur für seine avantgardistische Partei verschwörerische Taktiken gutgeheißen, sondern hat sich ihrer 1902 sogar in der Öffentlichkeit gerühmt:

> Der Form nach läßt eine so starke revolutionäre Organisation in einem autokratischen Land sich auch als eine »konspirative« Organisation beschreiben ... Für diese Art Organisation ist Geheimhaltung eine so unabdingbare Voraussetzung, daß alle übrigen Voraussetzungen (die Zahl und Selektion der Mitglieder, Funktionen usw.) sich nach ihr richten müssen. Es wäre deshalb in der Tat äußerst naiv, wenn wir es als einen Vorwurf empfänden, daß wir Sozialdemokraten eine konspirative Organisation zu gründen wünschen. Solch ein Vorwurf sollte uns schmeicheln.[6]

Im Sinne dieser frühen Vision hat Lenin seine Partei als eine kleine, geheime und hierarchische Struktur aufgebaut, »die um einen Kreis von Verschwörern gebildet wurde, die alle durch persönliche Loyalität gegenüber ihrem Anführer, Lenin, miteinander verbunden waren«.[7] Es klappte. David Annan nennt die Bolschewiken »den erfolgreichsten nationalen Geheimbund aller Zeiten« und erklärt, wie sie die Praktiken früherer Gruppen zusammenbastelten: »Die Geschichte der bolschewistischen Bewegung ist wirklich eine Geschichte von *russischen* Verschwörern, die mit ihrer kleinen, eng verflochtenen

Klasse ausgebildeter Revolutionäre die Blanquisten imitierten, mit ihrem Anreiz für Armeeoffiziere die Carbonari, mit ihrer Ausbeutung der Unzufriedenheit in der Landbevölkerung die irischen Rebellen und mit ihrer Verwendung des Pöbels die Pariser Kommune.«[8] Als Lenin an die Macht gekommen war, dachte und handelte er weiterhin wie ein Verschwörer, obwohl er nun auf das Leben von Millionen Menschen Einfluß nahm: »Um danach zu urteilen, wie häufig Lenin in seinen vertraulichen Mitteilungen die Ausdrücke *geheim, konspirativ* und *heimlich* verwendete, hat er auch als Diktator von Rußland keineswegs jene Gewohnheiten aufgegeben, die er im vorrevolutionären Untergrund angenommen hatte.«[9]

Anschließend nutzte Lenin die angebliche Verschwörung der Kapitalisten für seine eigenen Zwecke. Zur Bekämpfung der Kapitalisten, die »vor keinem Verbrechen zurückscheuen würden, um unsere friedliche Arbeit zu zerstören«, gründete er die Tscheka (später bekannt als KGB), die ihm dienen sollte als eine »vernichtende Waffe gegen die zahllosen Verschwörungen und die zahllosen Attentate gegen die Sowjetmacht, von Leuten, die unendlich viel stärker als wir sind«.[10] Mit der Unterstellung einer allgegenwärtigen Verschwörung bereitete er, anders gesagt, den Boden für einen totalitären Polizeistaat vor.

Adolf Hitler bahnte sich seinen Weg an die Macht mit Verschwörungen und ließ sich dabei von den Methoden und Praktiken seiner vielen Feinde leiten.[11] Von den Jesuiten übernahm er die Führungsstruktur, die er für die SS verwendete; in diesem Sinne nannte er den SS-Chef Heinrich Himmler »meinen Ignatius«.[12] Von den Freimaurern übernahm er die hierachische Ordnung. Von seinen Hauptgegnern, den Juden, übernahm er deren angeblichen Plan zur Weltherrschaft, wie er in den *Protokollen der Weisen von Zion* umrissen wird. Hitler gab offen zu, daß er von dieser Schrift »enorm gelernt« hatte, und bekannte: »Ich erkannte sofort, daß wir dies nachbilden müßten, auf unsere Art natürlich.«[13] Und wie er sie imitiert hat: Die Liste von Ähnlichkeiten zwischen den *Protokollen der Weisen von Zion* und Hitlers Maßnahmen ist eine sehr lange. In seinen Reden hielt er sich im Inhaltlichen eng an sie[14], und er war ein »Schüler der Weisen« in dem Sinne, daß er sich Praktiken aus den *Protokollen der Weisen von Zion* soweit zu eigen machte, daß zwischen seiner Vision einer von den Juden geführten Welt und der Realität der nationalsozialistischen Gesellschaft sensationelle Ähnlichkeiten bestanden. Herman Bernstein, der zu den frühen Entlarvern der *Protokolle der Weisen von Zion* gehörte, hat festgestellt:

> Der Nazi-Diktator hat sich allem Anschein nach die machiavellistischen Ideen zu eigen gemacht, die in den »Protokollen der Weisen von Zion« und in den »Dialogen in der Hölle«[15] enthalten sind, und sie in die Realität umgesetzt. Während er die Juden beschuldigte, Pläne für die Weltherrschaft zu schmieden und auf die gefälschten »Protokolle der Weisen von Zion« als Beweis für die imaginäre jüdische Verschwörung zeigte, ist der Führer in vielen Punkten den »Protokollen« gefolgt und hat seine Diktatur auf den diabolischen Theorien dieser Dokumente aufgebaut.

Bernstein weist dann auf fünf solche diabolischen Aspekte hin: das Schüren von Unruhe, die Diktatur, die Nutzung des Mobs, Machtdemonstrationen und die Pressekontrolle.[16] Zu den weiteren Punkten gehörten die Verherrlichung des Führers, der Vorrang von Macht über Recht und die Verachtung der Demokratie. Hitlers globale Ambitionen spiegelten diejenigen der mutmaßlichen Weisen. Wie sie verachtete auch er Demokratie und Legalität. Er herrschte über ein ganzes Land so wie ein Großmeister über seine Novizen regiert. Er stützte sich gleichzeitig auf die große Lüge und auf Geheimhaltung. Seine Organisation bewahrte das Drumherum einer Geheimgesellschaft (Initiationsriten, komplizierte Hierarchien, Mißtrauen gegenüber Außenstehenden) und hatte eine geheime Zielsetzung, selbst als sie ein öffentliches Gesicht hatte. Die Nazi-Partei ähnelte eher einer religiösen Sekte als einer normalen politischen Partei und wies damit in gewisser Hinsicht eine Parallele zum Judaismus auf. Die Nazis hielten sich voll und ganz an die Erklärung der *Protokolle der Weisen von Zion*: »Zum Erreichen eines ernsten Zieles geziemt es sich für uns, vor keinem Mittel haltzumachen und nicht die Opfer zu zählen, die sich für dieses Ziel geopfert haben.«[17] In einer Formulierung, die bewußt

Zorn erregen sollte, verkündeten die *Protokolle der Weisen von Zion*: »Alles, was dem jüdischen Volk nützt, ist moralisch gesehen richtig und heilig.« Das klingt in der Formulierung der Nazis nach: »Richtig ist das, was für das deutsche Volk gut ist.«

Außer in solchen Einzelheiten hielten die Nazis sich an die Lehre der angeblichen jüdischen Verschwörung in den *Protokollen der Weisen von Zion,* wie man die begrenzten objektiven Gegebenheiten mit Raffinesse nutzen und eine Weltherrschaft allein mit organisatorischem Geschick gewinnen kann – ein Punkt, der für die Nazis von offenkundigem Interesse war. Daß die *Protokolle der Weisen von Zion* bei den Deutschen eine so weite Faszination auslösten, hatte möglicherweise nicht nur mit Antisemitismus zu tun, sondern weil es sie reizte, von den Juden zu lernen, wie sich die deutsche Machtbasis erweitern ließe. Hannah Arendt schreibt: »Die Fiktion einer gegenwärtigen jüdischen Weltherrschaft bildete die Grundlage für die Illusion einer zukünftigen deutschen Weltherrschaft ... Die Nazis *handelten* wirklich so, als ob die Welt von Juden beherrscht würde und einer Gegenverschwörung bedürfte, um gerettet zu werden.«[18] Norman Cohn, der wie kein anderer die Auswirkung der *Protokolle* nachgewiesen hat, besteht nachdrücklich auf einem Zusammenhang zwischen den *Protokollen der Weisen von Zion* und Hitlers Werdegang:

> Der rücksichtslose Kampf einer Verschwörerbande um Weltherrschaft – ein Weltreich auf dem Fundament eines kleinen, aber gut organisierten und reglementierten Volkes – die totale Mißachtung der Menschheit im allgemeinen – die Wonne an Zerstörung und Massenelend – alle diese Aspekte sind in den *Protokollen der Weisen von Zion* zu finden, und sie waren Kernelemente des Naziregimes. Um es mit aller Vorsicht auszudrücken: In diesem lächerlichen Machwerk aus der Zeit der russischen Pogrome vernahm Hitler die Stimme eines verwandten Geistes, und darauf antwortete er mit seinem ganzen Sein.[19]

So führt also die Verschwörungstheorie zur Verschwörung. Wie Lenin und Hitler wittern auch viele andere echte Verschwörer überall Verschwörungen, gründen auch sie ihre politische Ausrichtung auf die Größe und Bedeutung von feindlichen Verschwörern und widmen sich der Aufgabe, diese Gefahr zu bekämpfen. Und so wie manchmal die Kunst das Leben imitiert, so imitieren reale Verschwörungen auch die verrückten Vorstellungen des Verschwörungsdenkens. Der Weg von der Beschuldigung anderer, Verschwörer zu sein, bis zur Aufnahme eigener konspirativer Tätigkeit ist erschreckend kurz. Wenn man einmal darüber nachdenkt, ist das eigentlich kein sehr überraschendes Paradox. Wer überzeugt ist, daß Komplotte brauchbar und erfolgreich sein können, wird diese Methode höchstwahrscheinlich auch selbst anwenden. Wer überzeugt ist, daß ringsum, und sehr wirkungsvoll, Komplotte durchgeführt werden, wird versucht sein, sich eben dieser Methode auch zu bedienen. Auf diese Weise nehmen Gegner der verborgenen Hand genau die Eigenschaften an, die sie am meisten fürchten.

GEWALT Verschwörungsdenken verschärft politische Konflikte, weil es gegenüber dem anderen, sei er nun eine Minderheit oder eine ausländische Gruppe, Feindseligkeit hervorruft, auf die häufig Gewalt folgt, wie jüngste Vorfälle in den Vereinigten Staaten zeigen. Weil John Salvi glaubte, daß die Freimaurer eine antikatholische Gruppe sind, die die Welt unter ihre Kontrolle bringen will, wollte er der Kirche einen Dienst erweisen, indem er im Dezember 1994 in Abtreibungskliniken des Raumes Boston zwei Menschen ermordete. Im Oktober 1996 wurden sieben Mitglieder der selbsternannten West Virginia Mountaineer Militia verhaftet und wegen eines Planes angeklagt, das nationale Fingerabdruckzentrum, das Gebäude der Criminal Justice Services der FBI in die Luft zu jagen. Wie ein Milizionär gegenüber Geheimagenten erklärte, war dieses Gebäude für sie ein zentrales Zielobjekt, weil man glaubte, daß es als ein Befehlszentrum für die neue Weltordnung diente.

Eine konspirative Schrift, *The Turner Diaries*, ist mit vielen Gewalttaten in Verbindung gebracht worden, darunter ein fast geglücktes Bombenattentat in Oklahoma City im Jahre 1983, 1984 ein Raubüberfall mit einem gepanzerten Fahrzeug in Kalifornien, der eine Beute von 3,6 Millionen Dollar brachte, 1984 der Mord am jüdischen Talkshow-Meister Alan Berg in

Denver, die 22 Raubüberfälle auf Banken des Mittleren Westens durch die Aryan Republican Army 1994/95 und das
Bombenattentat des Jahres 1995 auf das Bundesgebäude in
Oklahoma City, bei dem 168 Menschen ums Leben kamen.
Besonders eng scheint der Zusammenhang für letzteren Fall,
bei dem die Operation in einer Reihe von Einzeldetails –
einschließlich Sprengstoffart und Tageszeit – mit dem Roman
übereinstimmte. Der Hauptangeklagte, Timothy J. McVeigh,
hielt die *Turner Diaries* in hoher Achtung. Ein Bericht drückte
es so aus: »Er pries das Buch an, als ob es eine Überlebensbibel
wäre.«[20]

Eine Reihe von schwarzen Organisationen (darunter die
Nation of Islam und das Student Non-Violent Coordinating
Committee) trieft von antisemitischem Verschwörungsdenken.
Gelegentlich äußern die Haßempfindungen sich in Form von
Gewalttätigkeit. Roland J. Smith, Jr., der sein Leben lang an die
verborgene Hand geglaubt hat (»Für ihn war absolut alles eine
Verschwörung gegen schwarze Menschen«), demonstrierte re-
gelmäßig vor einem Geschäft in jüdischem Besitz in Harlem,
wo Al Sharpton und andere schwarze Führer herzogen über die
»jüdischen Blutsauger« und ihre Verschwörung zur Schwächung von Black Power. Eines Tages waren Smith verbale antisemitische Äußerungen nicht mehr genug. Im Dezember 1995
schritt er zur Tat und setzte das Geschäft in Brand, wobei sieben
Angestellte und er selbst ums Leben kamen.[21]

EXTREMISMUS Das Denken aller Haßgruppen ist im Kern
durch eine Verschwörungstheorie bestimmt. Generell gilt: Je
mehr Verschwörungstheorien Anklang finden, um so unge-
sunder ist die politische Gemeinschaft. Das Verschwörungsdenken ist sowohl eine Ursache wie eine Folge von politischem
Extremismus, den es antreibt, während moderates Verhalten
schwächt. So berichtet etwa ein Kenner der Milizbewegung in
den Vereinigten Staaten: »Sofern man das Bild, das sich diese
Leute von der Welt machen, überhaupt verallgemeinern kann,
geht es darum, daß Amerika als Staat mittels einer bösen
Verschwörung regiert wird.«[22] Das entspricht dem größeren
Rahmen, den der Philosoph Karl Popper festgestellt hat: daß

nämlich die Annahme der Verschwörungstheorie sich kaum
vermeiden lasse bei Menschen, die zu wissen glauben, wie sich
der Himmel auf Erden einrichten läßt. Als Erklärung für ihr
Unvermögen, diesen Himmel zu schaffen, bleibe nur die Bos-
haftigkeit des Teufels, der ein ureigenes Interesse an der Hölle
habe.[23] Je weiter eine Person nach rechts oder links steht, desto
beständiger wird sie sich folglich auf Verschwörungstheorien
stützen und desto profunder wird sie in ihrem Weltbild von
ihnen geprägt. »Für die Hundertfünfzigprozentigen ... war
eine Verschwörungstheorie absolut essentiell; ohne sie ist das
extremistische Denken unverständlich.«[24]

TOTALITARISMUS Verschwörungsdenken impliziert Totalitarismus, da es das Bewußtsein einer Notstandssituation wach-
hält, die nur durch eine starke Herrschaft gemeistert werden
kann. Es »führt daher auf unmittelbarem Wege zu einer Diktatur, die als Demokratie verteidigt wird«.[25] So hat beispielsweise
Hitler eine Diktatur ausdrücklich gefordert zur Bekämpfung
der vielen in Deutschland laufenden Komplotte. Wie David
Pryce-Jones bemerkt, ist absolute Herrschaft »die letzte Erfüllung einer Verschwörung, die gigantische Verschwörung eines
einzigen Mannes gegen alle anderen«.[26] Totalitäre Bewegungen
sind die Hauptträger der Verschwörungstheorien gewesen. Es
ist kein Zufall, daß beide zusammen im Zeitraum von 1930–
1945 ihren Höhepunkt erreichten. Umgekehrt bedeutet die
Einstellung des Verschwörungsdenkens die Rückkehr zu einer
normaleren Politik. Am 3. April 1953, also kurz nach Stalins
Tod, gab Berijas Ministerium ein Kommuniqué heraus, daß die
Ärzte »widerrechtlich verhaftet« worden waren, ein Einge-
ständnis, das eine Ablehnung von Stalins willkürlichem Terror
und das Ende der Ein-Mann-Herrschaft bedeutete. Um einen
Historiker zu zitieren: »Diese offizielle Erklärung, die ein Ärztekomplott leugnete, markiert eine Wasserscheide in der sowjetischen Geschichte«[27] und setzte den Prozeß in Gang, der
nach fast vier Jahrzehnten schließlich zur Auflösung der
Kreml-Diktatur führte.

KRIEGE Verschwörungstheorien liefern einem Aggressor sehr oft einen – ehrlich geglaubten oder passend fabrizierten – Grund, zu den Waffen zu greifen. In Polen marschierte Hitler mit dem Vorwand ein, daß polnische Soldaten einen deutschen Radiosender angegriffen hätten – es war ein Angriff, den die Deutschen fingiert hatten. Die arabischen Truppenmassierungen des Jahres 1967 folgten auf Verschwörungstheorien über amerikanische Versuche, Gamal Abdel Nasser zu stürzen. Saddam Hussein redete von einer Verschwörung Kuwaits, die irakische Wirtschaft durch eine Senkung des Ölpreises zu untergraben. »Alle Kriege beginnen mit Verschwörungstheorien, die von den jeweiligen Regierungen ausgestreut werden und zur – mindestens zeitweiligen – Zufriedenheit der Bürger beweisen, daß der ganze Ärger absichtlich von der Gegenseite verursacht worden war.«[28]

Verschwörungsdenken erzeugt auch eine feindselige Stimmung, die die Bevölkerung auf Krieg vorbereitet und eine Illusion von Macht zu schaffen vermag, die einem Kriegsgang förderlich ist. Die Überzeugung, daß Deutschland den Ersten Weltkrieg wegen einer Verschwörung seiner politischen Führung verlor – und nicht wegen des Kriegseintritts der Amerikaner –, verleitete Hitler 1941 zu seiner unbekümmerten Kriegserklärung an die Amerikaner. Es bedarf keiner großen geistigen Anstrengung, um die Rolle zu erklären, die dem Verschwörungsdenken generell für den Zweiten Weltkrieg zukommt. Stellen Sie sich nur einmal vor, daß die führenden Verschwörungstheoretiker nicht wegen der Juden und Großbritannien, sondern wegen des Vatikans und wegen Moskau besorgt gewesen wären. Dann hätten der Hitlerismus und der Leninismus von dem Scheitel bis zur Sohle völlig anders ausgesehen, und der Zweite Weltkrieg hätte niemals in der Form ablaufen können, die er tatsächlich genommen hat.

MASSENMORD Verschwörungstheorien haben eine Schlüsselrolle in der Entwicklung mörderischer Instinkte, sei es, daß sie in jedem Schritt der Vorbereitung und Durchführung von Massenmord (wie im Abschlachten von Juden, Slawen und anderen Gruppen durch die Nazis) präsent waren oder sich nur mittelbar auswirkten (wie in der Mordgier der Japaner im Zweiten Weltkrieg). Das Verschwörungsdenken beraubt die Beklagten ihrer Menschlichkeit und setzt sie schutzlos der Eliminierung aus, als ob sie eine unerwünschte Seuche wären. Die Tötungsmaschinerie beginnt mit der Abstempelung von Bürgern als Saboteure, Konterrevolutionäre und Spione und geht dann so weit, daß sie schließlich als Ungeziefer, Hunde, Bakterien oder einfach als »Abschaum« klassifiziert werden. Es gibt keine anderen Gedankensysteme sonst, die Nachbarn so gründlich zu Feinden zu machen, die exterminiert zu werden verdienen. Ohne solche Meinung von den Opfern ist es schwierig, Kader davon zu überzeugen, eine Greueltat nach der andern durchzuführen. Das galt für Stalins Maßnahmen zum Aushungern der Ukrainer, zur Ermordung der Kulaken, zur Eliminierung trotzkistischer Saboteure. Es war bei Mao der Fall in den Maßnahmen zur Konsolidierung seiner Macht, in seiner Kampagne gegen die Rechte, im »Großen Sprung nach vorn« und in der Kulturrevolution. Es war der Fall in den Säuberungsaktionen der Roten Khmer, in Saddam Husseins *Anfal*-Feldzug gegen die Kurden im Irak. Slobodan Milošević hat die serbischen »ethnischen Säuberungen« zum Teil dadurch vorangetrieben, daß er von einem muslimischen Komplott mit dem Ziel sprach, serbische Frauen zu fangen und in Harems zu stecken. So wird Verschwörungsdenken in seiner verhängnisvollsten Form zum tödlichen Komplizen des Völkermords.

Kein anderes Volk ist solchem konspirativen Verdacht so sehr ausgesetzt worden wie die Juden[29], kein anderes Volk hat solch fürchterliche Folgen erlitten. Antisemitisches Verschwörungsdenken hat physische Gewalttätigkeit gegen die Juden gezüchtet, eine Gewalttätigkeit, die mit der Zeit immer heftiger wurde. Angst vor jüdischer Verschwörung machte aus Judenhaß eine Lebensweise und aus gelegentlicher Verfolgung einen Genozid. Es begann mit den Auswüchsen spontaner Mobs so wie jenen, die 1096 durch den Feuereifer der Kreuzzüge bewegt wurden. Es steigerte sich zu halbamtlichen Pogromen wie im Rußland des späten 19. Jahrhunderts. Darauf folgten die organisierten Angriffe wie bei den Greueltaten der Weißen Ar-

mee in der Zeit von 1918 bis 1920. Es gipfelte in der Todesmaschinerie der Nazis.

Es ist wichtig festzuhalten, daß der Antisemitismus auch
Nichtjuden schadet. Hitler war der Auffassung, daß andere
Rassen (insbesondere die Slawen) unter jüdischem Einfluß
standen und führte deshalb einen Genozid gegen sie durch.
Dem Rachen der Vernichtungsindustrie fielen auch andere
Gruppen wie Zigeuner und Behinderte zum Opfer. Der japanische Antisemitismus mag den Eindruck einer harmlosen
Fantasterei erwecken, doch auch er hatte tragische Folgen. Die
Aum Shinri Kyo-Sekte veröffentlichte im Januar 1995 eine
krasse antisemitische Flugschrift, die die Geschichte Japans
während der gesamten Nachkriegszeit so darstellt, als ob das
Land unter jüdischer Oberherrschaft stünde. Aum Shinri Kyo
rief zum Kampf auf gegen diese ungeheuere Macht und gab bekannt: Sie »erklärt der ›Schattenweltregierung‹, die unzählig
viele Menschen mordet, formell den Krieg«.[30] Als die Sekte nur
zwei Monate später einen Giftgasangriff durchführte, wählte
sie als Tatort die U-Bahn in Tokio, weil sie die Hauptstadt als
das »jüdische« Herzstück des Landes betrachtete. Auf Grund
von logistischen Fehlern gab es nur viele Tausende von Verletz-
ten und nicht von Toten. Es hätte aber auch anders kommen
können.

Die Feindseligkeit, die das Verschwörungsdenken gegen Geheimgesellschaften weckt, hat nicht minder schreckliche Konsequenzen. Die Charakterisierung von ausländischen Staaten
als Organe mit einem teuflischen Griff nach der Macht bildete
das Rohmaterial, mit dem eine neue Art von Haß geschürt
wurde. Als die französische Revolutionsregierung unter Robespierre in den 1790er Jahren Berichte ausstreute, daß alle
Schwierigkeiten des Landes einzig und allein durch England
verursacht seien, war die Folge ein Aufwallen der öffentlichen
Empfindung, das die internationale Politik tiefgreifend verändert hat, wie der Historiker H. D. Schmidt ausführt:

> Es war das erste Mal, daß der Samen nationalen Hasses von einer
> Regierung systematisch gesät wurde. Die Ernte des Hasses und der
> nationalen Vorurteile war unendlich viel größer als Robespierre

und seine Kollegen sich überhaupt vorstellen konnten. Die von
Robespierre eingeleitete und von Napoleon vervollkommnete antibritische Propaganda hat ihre Initiatoren um hundertfünfzig Jahre
überlebt und hat das Denken führender europäischer Staatsmänner
geprägt, die sich der eigentlichen Quelle, die ihre Gedanken vergiftet hatte, oft gar nicht bewußt waren.[31]

All diese Ströme von Haß kulminierten in der Verteufelung
Großbritanniens durch Stalin. Wenngleich er seinen Feind
nicht direkt konfrontierte, so richtete er doch die volle Wucht
der sowjetischen Macht gegen Englands angebliche russische
Agenten (angefangen mit Leo Trotzki bis hin zu erfolglosen
Bauern). Ähnliche Mythen von britischer und amerikanischer
Verschwörung führten zu ebenso großen Tragödien in anderen Ländern unter kommunistischer Herrschaft, doch vielleicht nirgends so unerbittlich wie in Kambodscha unter den
Roten Khmer, wo schon die geringfügigste Beziehung eines
Menschen zur westlichen Welt – die Kenntnis der englischen
oder französischen Sprache, der Besitz von Büchern in diesen
Sprachen, eine Schulbildung über die siebente Klasse hinaus
oder sogar der Besitz einer Brille – als Ursache für seine Ermordung ausreichen konnte. In ihrem ungeheuerlichen Ehrgeiz, alle kambodschanischen Beziehungen zur Außenwelt zu
unterbrechen, begannen die Roten Khmer mit der Durchführung eines Programms, bei dem bis auf eine Million die
gesamte, 7 Millionen Menschen zählende Bevölkerung des
Landes getötet werden sollte. Zu dem Zeitpunkt, als ihnen
die Macht genommen wurde, hatten sie 2,4 Millionen Menschen umgebracht.

Die Verschwörungsmentalität scheint von besonderer Rele-
vanz, wenn Regierungen sich daranmachen, einen Demozid,
also Massenmord, außerhalb des Kontexts von Kriegsführung
zu begehen. Ein Forscher schätzt die Zahl der Opfer von De-
moziden für »etliche Male höher als die Zahl der Toten in
sämtlichen Kriegen dieses Jahrhunderts«.[32] Er beziffert die Zahl
dieser Toten in der Sowjetunion mit 63 Millionen, der Opfer
der chinesischen Kommunisten auf 35 Millionen, der Nazi-
Opfer auf 21 Millionen, der durch die chinesischen Nationa-

listen Ermordeten auf 10 Millionen und die Opfer der japanischen Militaristen auf 6 Millionen Menschen. Er schätzt, daß im 20. Jahrhundert allein die Mörder an der Spitze von Regierungen 169 Millionen Menschenleben auf dem Gewissen haben.[33]

Wieviel Grund zur Sorge

> Praktiker, die sich gegenüber intellektuellen Einflüssen für ziemlich immun halten, sind für gewöhnlich die Sklaven irgendeines längst verstorbenen Ökonomen. Wahnsinnige in Regierungsämtern, die in der Luft Stimmen hören, beziehen ihre Raserei von irgendeinem wissenschaftlichen Schreiberling aus Zeiten, die schon ein wenig zurückliegen.
> *John Maynard Keynes, Allgemeine Theorie der Beschäftigung, des Zinses und des Geldes* (1936)

Was läßt sich aus der Geschichte des Verschwörungsdenkens an Einsichten für die Zukunft gewinnen? Steht uns mehr oder weniger Ärger bevor? In der westlichen Welt scheint die während der letzten Jahrzehnte eingetretene Marginalisierung von Dauer zu sein, so daß Verschwörungstheorien keine operative Bedeutung mehr gewinnen werden. Doch in Rußland, im Nahen Osten und darüber hinaus bleiben sie eine Macht und folglich eine Angelegenheit, mit der die übrige Welt sich befassen muß.

Was die Vereinigten Staaten angeht, so gibt es zwei Deutungen, eine optimistische und eine pessimistische. Die pessimistische Variante sieht die Verschwörungstheorien im Anstieg begriffen und sorgt sich wegen der Konsequenzen. Der herausragende amerikanische Historiker Henry Steele Commager bemerkte 1967: »Da ist in jüngster Zeit ... eine Verschwörungspsychologie aufgekommen, wie man es nennt ... Wir befinden uns auf dem Wege zu einer paranoiden Sichtweise von Ereignissen.«[34] Ihm pflichtet aus neuerer Zeit der vielgelesene Kolumnist Clarence Page bei: »Es wird viel mehr von Verschwörungen geredet als früher.«[35] Charles Paul Freund von der *Washington Post* kommt zu der Schlußfolgerung: »Er ist eine gewaltige Macht, dieser Glaube an Verschwörungen, und seine Macht droht weiterhin zu wachsen.« Er empfindet ihn als ein »potentiell beunruhigendes Phänomen«.[36]

Die Pessimisten verweisen auch auf die zunehmende Legitimierung von Verschwörungsdenken als einer Form des politischen Diskurses. Ernsthafte Aspiranten für das Amt des US-Präsidenten äußern sich in dieser Form ebenso wie viele führende schwarze Persönlichkeiten und gar nicht wenige Universitätsdozenten und Journalisten. Selbst amtierende Politiker, die stets an das Wahlvolk denken müssen, frönen dem Verschwörungsdenken. So gibt die Kongreßabgeordnete Helen Chenoweth (eine Republikanerin aus Idaho) Stellungnahmen zu einer Weltregierung ab und warnt einen Staatssekretär im Landwirtschaftsministerium, daß sie sein »schlimmster Alptraum« werden wird, falls er nicht dafür sorgt, daß die Flüge von schwarzen Hubschraubern ein Ende nehmen. Charles Duke, ein republikanischer Senator des Bundesstaats Colorado, stellt das Thema der Implantation von Mikrochips in amerikanischen Kleinkindern zur Steuerung ihres späteren Verhaltens als Erwachsene offen zur Debatte.

Der Politologe Michael Barkun hat 1996 bemerkt: »Die Kluft zwischen dem Weltbild der Verschwörungsdenker und dem Mainstream schien noch vor fünf Jahren praktisch unüberbrückbar. Annahmen, die früher einmal nur den äußersten Rändern des politischen und religiösen Lebens in Amerika vorbehalten waren, scheinen heutzutage nicht mehr so vereinzelt und so stigmatisiert zu sein.« Er nennt zwei besonders bedeutsame Brückenbauer, die diese Kluft nun überspannen: Pat Robertson, dessen Medienimperium sich dem Verschwörungsdenken verschrieben hat, und die Milizen, die nach außen hin Mainstreamwerte vertreten, ihre Novizen aber in ein ganz eigenes, separates Kommunikationsnetz und Weltverständnis einführen. Barkun räumt ein: »Es gibt bisher keine Beweise dafür, daß [die Milizen] auch nur den Anfang einer Massengefolgschaft gewonnen haben«, hält so etwas jedoch für eine realistische Möglichkeit.[37]

Nach optimistischer Sicht ist der paranoide Stil in den Vereinigten Staaten, wo die Informationsflut die Aufnahmekapazität und Aufmerksamkeitsspanne aller übersteigt, einfach nur zu einer neuen Form von Unterhaltung geworden. Millionen Menschen lesen die Bücher von Pat Robertson, hören die Songs von Ice T. oder schauen die Filme von Oliver Stone, die für die bestehende Ordnung allesamt zutiefst beunruhigende Implikationen enthalten. Sie können die konspirativen Deutungen der Ermordung Kennedys oder der Wahl Reagans übernehmen und möglicherweise die Überzeugung ausdrükken, daß die Existenz von UFOs offiziell vertuscht wird. Doch die große Mehrheit des Publikums und der Wählerschaft scheint von den Verschwörungstheorien ringsum seltsam unbeeindruckt. Mit Ausnahme kleiner Kreise von Milizionären, schwarzen Muslimen und anderen Randgruppen entfalten Verschwörungstheorien anscheinend keine sonderliche Wirksamkeit. Der Trommelwirbel der miteinander wetteifernden Ideen, von denen einige vernünftig sind und andere nicht, ist in einer mediengesättigten Kultur so laut, daß ihre Botschaften, wie der Kolumnist Charles Krauthammer erklärt, dazu führen,

> daß sich eine Augenbraue hebt, jedoch nie eine Faust. Eine dermaßen trivialisierte Politik ist weder großen Entscheidungen noch entschiedener Führung förderlich. Sie ist allerdings auch ganz hübsch immunisiert gegen die schlimmsten Formen der politischen Pathologie. Schließlich ist Oliver Stone – genauso wie David Duke und Louis Farrakhan und all die anderen amerikanischen Vertreiber von Paranoia – bloß ein weiteres Unterhaltungsphänomen, ein weiteres Kinoerlebnis. Die Seichtigkeit unserer politischen Kultur hat ein Element seligmachender Gnade.[38]

Um zu der eingangs dieses Buches verwendeten Terminologie zurückzukehren: Die Pessimisten konzentrieren sich auf das Potential der Unzufriedenen, und die Optimisten betonen die

Albernheit der Verdächtigungstheorien. Die einen sehen Zorn und Gefahr, die anderen sehen geistige Leere und Dummheit.

Ich tendiere eher zu der optimistischen Sicht, zumindest was Amerika und Westeuropa betrifft. In diesen Regionen gehört das ernsthafte Verschwörungsdenken eher der Vergangenheit an als der Zukunft. Es bestimmt nicht länger das Handeln von Regierungen oder anderer führender Organisationen. Letztendlich haben eine Chenoweth oder ein Farrakhan nur eine begrenzte Bedeutung. Und wenngleich es nicht oft den Anschein hat, ist es im übrigen doch so, daß menschliche Gemeinschaften aus ihren Fehlern lernen, und dieses Jahrhundert hat einige schwere Fehler erlebt, aus denen gelernt werden muß. Das Zeitalter der Diktatoren hat den Westen anscheinend dagegen geimpft, die Macht noch einmal Politikern auszuhändigen, die im Banne von Verschwörungstheorien stehen. »Die Antikörper der Gesellschaft reagieren.«[39] Der Impuls, der die Bevölkerung großer und kultivierter Länder veranlaßte, ihr Schicksal in die Hände rücksichtsloser Verschwörungstheoretiker zu legen, scheint nicht mehr zu existieren. Während der politische Mainstream zu einer weniger fieberhaften Betrachtungsweise zurückkehrt, hat der paranoide Stil eine Stellung inne, die in etwa seiner Bedeutung im Zeitalter der Aufklärung entspricht: eine weitverbreitete Präsenz, doch ohne die Fähigkeit, den Gang der Ereignisse zu bestimmen. Chenoweth erhebt Anschuldigungen, und Farrakhan tobt – den Lauf der Geschichte bewegen sie damit jedoch nicht.

Diese heilsame Entwicklung hat natürlich auch mit dem demokratischen Reifeprozeß zu tun. Das Verschwörungsdenken plagt Länder in der Phase des Übergangs zur Demokratie (die Vereinigten Staaten in ihrer frühen Periode, die Weimarer Republik, das postsowjetische Rußland). Dort, wo die Demokratie voll entwickelt ist, kommt ihm eine wesentlich geringere Bedeutung zu – damit sind nicht Situationen gemeint, wo der Gang zur Wahlurne Routine geworden ist, sondern wo die übrigen Aspekte einer Zivilgesellschaft wie die Rechtsordnung, die Redefreiheit und die Minderheitenrechte fest etabliert sind. Das Abschütteln des Verschwörungsdenkens nach zwei Jahrhunderten, in denen es eine gesteigerte Bedeutung innehatte, stellt wahrscheinlich einen historischen Wandel im öffentlichen Leben der westlichen Welt dar.

Diese Rückkehr des gesunden Menschenverstandes ist am auffälligsten in den Vereinigten Staaten und in Westeuropa, in Osteuropa und in der Sowjetunion ist es weniger augenfällig. In fast allen Ländern des ehemaligen Sowjetblocks gewinnt das von den Regierungen geförderte Verschwörungsdenken heute Stimmen. Dennoch gibt es auch hier Anhaltspunkte für einen Optimismus, da diese Länder sich von der traumatischen Erfahrung der leninistischen Herrschaft lösen. Zu seiner Zeit war Stalin dominierend und hat fast die Welt beherrscht. Gennadi Schuganow mußte sich den Wählern stellen und verlor die Wahl. Der vielfach erwartete Ausbruch antisemitischer Gewalttätigkeiten ist in Rußland keineswegs eingetreten. Die Freimaurerei ist im Begriff, erneut in Osteuropa und in die ehemalige Sowjetunion zurückzukehren.[40] Das alldurchdringende Verschwörungsdenken früherer Zeiten scheint auf dem Rückzug zu sein. Als ein russischer Ladenbesitzer im Dezember 1996 die für die Jahreszeit unverhältnismäßig warme Witterung kommentierte, gab er zu bedenken: »Zu alten Zeiten hätten wir geglaubt, es sei das Werk der CIA« – eine Erklärung, die er für sich persönlich nicht akzeptierte.[41] Einige Russen unternehmen gewaltige Anstrengungen, um sich der alten Verschwörungsmentalität zu entledigen. Obwohl es nicht leicht zu bewerkstelligen ist, werden wahrscheinlich am Ende vernünftige Publizisten und klare Argumente die Einsicht durchsetzen, daß nicht alle Ereignisse im voraus geplant worden sind.[42]

Die Dinge sind weniger hoffnungsvoll in anderen Teilen der Welt, wo das importierte Verschwörungsdenken inzwischen heimisch geworden ist und sich anscheinend fest etabliert hat. Obwohl Verallgemeinerungen über so viele Regionen in ihrer ganzen Vielfalt schwierig sind, enthalten die großen Verbesserungen des öffentlichen Diskurses im Westen doch zwei Lehren für die übrige Welt. Auf der positiven Seite legen sie die Vermutung nahe, daß die im Banne eines Verschwörungsdenkens stehenden Regionen mit seinem schließlichen Verschwinden rechnen dürfen. Es ist keine ewige Plage. Es gibt ein Ende.

Einzelpersonen, Institutionen und Gesellschaften ziehen aus bitteren Erfahrungen die Erkenntnis, daß Verschwörungstheorien ein falscher Weg sind, um mit Schwierigkeiten fertigzuwerden. Weniger positiv ist die Botschaft, daß Verschwörungsdenken über Jahrhunderte hinweg wachsen, sich jahrzehntelang an der Macht halten und auf dem Wege zu riesigen Tragödien führen kann. Der Tribut, den das Verschwörungsdenken im Westen an Menschenleben, an Verletzungen und Schäden gefordert hat, geht weit über das hinaus, was irgendeine nichtwestliche Region bisher erleiden mußte. Müssen die Philippinen, Indien, der Iran und Haiti durch Verwüstungen gehen, die denen vergleichbar sind, welche der Westen durchlitt, bevor ihre Völker die Dämonen des Verschwörungsdenkens austreiben? Logisches Denken und eine gute politische Führung sind für sich allein offenbar nicht genug, um den paranoiden Stil zum Verschwinden zu bringen. Es bedarf tiefgreifenderer Wandlungen, damit diese Weltsicht nicht länger eine Funktion auszuüben vermag. Das erfordert gewöhnlich eine profunde Neubewertung der eigenen Identität sowie fundamentale Veränderungen der Denkprozesse und der gesellschaftlichen Wahrnehmung. Es mag sein, daß es, um dahinzukommen, Katastrophen braucht – so wie es in Europa gewesen ist. Mit ein bißchen Glück wird es ihrer nicht bedürfen.

Vorteilhafter Antisemitismus

> Ich habe viele hochrangige Persön-
> lichkeiten – in England und an-
> derswo – gefragt, warum England
> vor den Zionisten kapituliert hat,
> und keiner hat mir eine klare Ant-
> wort geben können. Mit Geld hatte
> es nichts zu tun. Aber womit dann?
> *Ein britischer General, der in Palästina*
> *diente* (1920)[1]

In den meisten Fällen hat der Mythos von der jüdischen Macht und Weltverschwörung den Juden Zerstörung ge-bracht – aber nicht immer. Merkwürdigerweise hat er für sie auch einige positive Konsequenzen gehabt. In solchen Fällen hat Angst vor den Juden nämlich Antisemiten veranlaßt, die Juden mit einer Vorsicht zu behandeln, die zu deren Vorteil ge-reichte. Zu den bemerkenswerten Fällen gehören die britische Entscheidung, die Balfour-Erklärung von 1917 abzugeben, das Interesse verschiedener arabischer Staatsmänner, das Wohlwol-len der Großmächte zu gewinnen, Stalins Unterstützung Israels in der Anfangsphase und die widersprüchliche Behandlung der Juden durch die Japaner im Zweiten Weltkrieg.[2]

Der Zionismus hat seit seiner Entstehung eine indirekte Förde-rung durch Antisemiten gewonnen, die ihn als ein Instrument zur teilweisen oder gänzlichen Entfernung der Juden aus ihrer Umgebung betrachteten. Im Jahr 1878 hat ein führender unga-rischer Antisemit den Juden empfohlen, in den entlegenen Weiten des Ostens die Macht zu übernehmen. »Jetzt ist die Zeit gekommen für ein so fortschrittliches, gebildetes und intellek-tuell fähiges Volk wie die Juden, eine führende Rolle im Ori-

ent zu ergreifen.« Er hat die Juden dann aufgefordert, »die Er-
neuerung des mohammedanischen Reiches zu verwirklichen«.[3]
Ein deutscher Antisemit ging noch weiter, als er den Juden den
Rat gab: Erobert Asien, eure Heimat, so wie ihr euch die Vereinigten Staaten erobert habt.[4]

Es waren Gedanken, die überall in der Welt wiederkehrten.
Der Minister Katsuisa Sakai, ein Christ, publizierte 1924 drei
Traktate, die durch die *Protokolle der Weisen von Zion* angeregt
waren und in denen er die Japaner warnte, daß die jüdische
Weltverschwörung sich bald auch auf Japan ausweiten »und
selbst auf die kaiserliche Familie übergreifen« würde.[5] Zur gleichen Zeit befürwortete Sakai engagiert den jüdischen Nationalismus: »Der Wiederaufbau von Zion ist nicht nur eine ehrgeizige Hoffnung der Juden, sondern ein göttlicher Auftrag an
sie. Ihre Bewegung bedeutet daher auch keine Invasion, sondern eine Wiederauferstehung. Sie sollten stolzerfüllt, mit we-
henden Fahnen angreifen!«[6] Sakai betrachtete sich selbst als
einen so strammen Zionisten, daß er seinen Zionismus als Beglaubigung anführte, als er eine zionistische Organisation in
England (erfolglos) um Gewährung eines Darlehens ersuchte.

Die britische Überschätzung jüdischer Macht in den Vereini-
nigten Staaten und in Rußland spielte bei der Balfour-Erklärung im November 1917 eine zentrale Rolle. Die Sache beginnt im Juli 1908, als die Jungtürken (offiziell: das Komittee
»Einheit und Fortschritt«) im Osmanischen Reich die eigent-
liche Führung übernahmen. Obwohl die Jungtürken sich hauptsächlich aus türkisch sprechenden muslimischen Offizieren
zusammensetzten, hielt Gerard Lowther, der britische Botschafter in Istanbul, sie hinsichtlich ihrer geistigen Ausrichtung
und Führung im wesentlichen für eine Gruppe von Juden. Es
war eine Überschätzung, doch viele Europäer fanden die Annahme plausibel, daß die Juden so große Macht ausübten.
(Manche sahen da auch einen freimaurerischen Einfluß.) Sie
wurde breit akzeptiert. In den Augen von Antisemiten hatten
die Juden also vor Beginn und während des Ersten Weltkrieges
eine Großmacht unter ihrer Kontrolle.

Der Weltkrieg trug viel dazu bei, den Glauben an die Macht
der Juden zu stärken. Der britische Botschafter Lowther hob

bereits 1910 die Möglichkeit hervor, daß die Zionisten den Expansionsbestrebungen der deutschen Regierung unter Kaiser Wilhelm II. zum Erfolg verhelfen könnten. Als vier Jahre später der Weltkrieg ausbrach, haben die Deutschen tatsächlich versucht, das Wohlwollen der Zionisten zu gewinnen, weil auch Berlin ihre Macht überschätzte und meinte, über die Juden eine Gruppe von Amerikanern in Schlüsselpositionen beeinflussen zu können. Die Deutschen haben insbesondere bei ihrem osmanischen Verbündeten interveniert, um seine Feindseligkeit gegenüber den Zionisten in Palästina zu mindern, und ihnen auch sonst viele Dienste geleistet. (So haben sie beispielsweise einem führenden Zionisten für seine Reisen einen Diplomatenpaß ausgestellt.)

Das alles war jedoch nur Vorgeplänkel. Im Jahr 1915 war der Krieg an der Westfront festgefahren. Britische (wie übrigens auch französische und deutsche) Soldaten gingen zu Hunderttausenden in den Tod, und es half doch nicht weiter. In London suchten die Diplomaten verzweifelt nach neuen Verbündeten, um sich aus dieser Sackgasse zu befreien, unter anderem bei den Zionisten wie bei den Arabern. Die Araber hatten den Vorteil der geographischen Lage und der größeren Zahl. Die Faktoren, die für die Juden sprachen, waren von subtilerer Art und spiegelten die damals vorherrschende Überschätzung ihrer Macht wider. Um die Gunst der Juden zu gewinnen, hat (der spätere britische Premierminister) David Lloyd George schon zu einem so frühen Zeitpunkt wie 1915 die Gründung eines zionistischen Staates in Palästina mit Wohlwollen betrachtet. Ein Telegramm des Foreign Office vom 11. März 1916 gab zu bedenken, daß die Kriegspartei, welche die jüdische Besiedlung Palästinas unterstützte, »sich einem großen und mächtigen Teil der jüdischen Gemeinschaft in aller Welt« empfehlen würde. Auf Grund dieser Tatsache »besitzt der zionistische Gedanke sehr weitreichende politische Möglichkeiten«. Der Absender beschwor die Gefahr, daß die Entente-Mächte mit einer Unterstützung des Zionismus »die jüdischen Kräfte in Amerika, im Osten und anderswo« für ihre Sache gewinnen würden.[7] Sollten die Briten dem zuvorkommen, könnten sie umgekehrt von denselben Kräften profitieren.

Sieben Tage später hat sich Mark Sykes – ein maßgeblicher britischer Diplomat – voll hinter diese Betrachtungsweise gestellt. »Nach meiner Auffassung sind jetzt die Zionisten der Schlüssel zu[r Lösung] dieser Situation – die Frage ist nur, wie sie zufriedengestellt werden sollen.« Welchen konkreten Beitrag vermochten die Zionisten für den britischen Kriegseinsatz zu leisten? Sykes listete auf: »Falls die Zionisten den Vorschlag für gut genug befinden, werden sie unseren Sieg wünschen – Falls sie unseren Sieg [wünschen], werden sie ihr Bestes tun, d.h. sie werden ihre Aktivitäten (a) in Rußland zurücknehmen, (b) in Deutschland eine negative Entwicklung nehmen lassen, (c) in Frankreich, England & Italien ankurbeln, (d) in den USA zu Hochformen bringen.«[8] Im weiteren Verlauf des Krieges haben andere einflußreiche britische Politiker (Lloyd George, Lord Milner, Herbert Samuel) sich Sykes Argument angeschlossen, daß eine prozionistische Position sich entscheidend auf die öffentliche Meinung in den Vereinigten Staaten und in Rußland auswirken könnte.

Dieser hohe Respekt vor jüdischer Einflußmacht besaß eine Bedeutung, welche die aktuelle Politik weit überstieg, insofern er im Dezember 1917 zur Balfour-Erklärung führte, eine Verlautbarung, daß die britische Regierung »in Palästina die Gründung einer nationalen Heimat für das jüdische Volk« befürwortete. Außenminister Balfour argumentierte (auf der Sitzung des Kriegskabinetts, auf der die Deklaration angenommen wurde), daß ihr Inkrafttreten es der britischen Regierung ermöglichen würde, »eine äußerst nützliche Propaganda sowohl in Rußland als auch in Amerika zu betreiben«.[9] Es war ein Gedanke, den andere Beobachter ein wenig überdrehten. Ein Direktoriumsmitglied des Nachrichtendienstes im Kriegsministerium fiel auf, daß Lenin nur fünf Tage nach der Balfour-Erklärung die Macht ergriff, worauf er spekulierte: »Es ist sogar denkbar, daß ein früheres Datum der [Balfour-] Erklärung sich auf den Verlauf der [Russischen] Revolution ausgewirkt hätte.«[10] Nach dem Ende des Ersten Weltkrieges folgten einige arabische Führer dem britischen und deutschen Beispiel und versuchten, die allmächtigen Juden für sich zu gewinnen. König Feisal von Syrien kam den Zionisten mit einigen kalkuliert freundlichen

Schritten entgegen, die im Januar 1919 in einem Geheimabkommen mit Chaim Weizmann gipfelten. Feisal hat diese
Übereinkunft zum großen Teil aus einem übertriebenen Gefühl jüdischer Macht heraus unterzeichnet, wie Moshe Ma'oz
erläutert:

> Er glaubte offenbar, daß die Zionisten über den potentiellen Wirt-
> schaftsfaktor hinaus, den sie für Syrien darstellten, bei der führen-
> den Großmacht der Welt, bei Großbritannien (von dem sie bereits
> die Balfour-Erklärung erhalten hatten), über großen Einfluß ver-
> fügten. Da die zionistische Bewegung außerdem in den Vereinig-
> ten Staaten (die an der Friedenskonferenz nach Kriegsende teilnah-
> men) von einigem Gewicht war, könnten sie Feisal, so wie er es
> sah, bei der Erfüllung seines ehrgeizigsten Zieles helfen; die Unab-
> hängigkeit Arabiens unter seiner Führung, die von England unter-
> stützt und von der internationalen Gemeinschaft anerkannt sein
> würde. Um dieses Ziel zu erreichen und Frankreichs Anspruch auf
> eine Oberherrschaft über Syrien zunichtezumachen, stimmte Feisal
> vorbehaltlich der Schaffung der jüdischen Nationalheimat in Palä-
> stina zu.[11]

Man beachte hier die Gedankenkette: Zuerst gaben die Briten
die Balfour-Erklärung heraus, weil sie annahmen, daß Juden in
den Vereinigten Staaten Einfluß besaßen. Ein Jahr später traf
ein arabischer König größtenteils deswegen ein Übereinkommen mit den Zionisten, weil die Balfour-Erklärung eine jüdische Einflußnahme auf London verriet!

Fast zwei Jahrzehnte später trafen führende Politiker aus Syrien und dem Libanon sich mit Chaim Weizmann und anderen
Zionisten, wiederum in der Absicht, sich einzuschmeicheln,
aber diesmal nicht mit Blick auf London, sondern auf Paris, wo
im Juni 1936 der prozionistische Jude Léon Blum Ministerprä-
sident geworden war. Weizmann berichtete, daß der syrische
Premierminister Jamil Mardam ihm das Angebot unterbreitet
hatte, »die Araber in Palästina anzuweisen, Ruhe zu geben, falls
wir ihnen in Syrien helfen würden. Was anscheinend auf der
Annahme beruhte, daß wir Blum in der Tasche hatten.«[12] In
ähnlichem Sinne berichtete eine israelische Quelle, daß der
Sunnitenführer Riyad as-Sulh (später der erste Ministerpräsi-

dent des unabhängigen Libanon) bereit war, »für den Fall, daß
Syrien seine Unabhängigkeit gewönne«, »alles uns nur Mögliche zu unternehmen in dem Bemühen, die Situation in Palästina zu erleichtern« im Gegenzug einer Unterstützung der Juden im wirtschaftlichen und administrativen Bereich.[13]

In jüngster Zeit hat Israel wegen seines angeblichen Einflusses in Washington weltweit die Freundschaft von schwachen
Staaten gewonnen, die an verbesserten Beziehungen mit der
US-Regierung interessiert sind. Das nahm solche Ausmaße an,
daß israelische Politiker ihre Botschaften anwiesen, die Besuche
hochrangiger Besucher einzugrenzen. Noch bemerkenswerter
ist die Tatsache, daß antizionistische Staaten sich um Israel
bemühen, weil sie eine übertriebene Vorstellung vom Nutzen
Israels als Türöffner zur Regierung der Vereinigten Staaten haben. Aus diesem Grunde akzeptierte der Iran die israelische In-
itiative, die zu dem Iran/Contra-Skandal führte, und danach
leiteten der Irak und Libyen mit Israel diplomatische Beziehungen ein. Auf diese Weise kam es zu der absonderlichen Situation, daß die US-Regierung Israel wegen seiner Kontakte mit
arabischen Staaten rügte. Sie hat Jerusalem im August 1993 angeblich eine »scharfe« Aufforderung zugeleitet, »seine Bemühungen um den Aufbau von Beziehungen mit Libyen ab-
zubrechen«.[14] Ein Jahr später tadelte Washington Israel wegen
seiner diplomatischen Kontakte zum Irak. Mit Blick auf diese
seltsamen Entwicklungen folgerte der israelische Kommentator
Yo'el Marcus, die arabischen Politiker hätten einen »mystischen
Glauben ... an die Echtheit und Wahrheit der Protokolle der Weisen von Zion ... Noch nie hat ein so grundloses antisemitisches
Schriftstück uns [Israelis] solchen Dienst erwiesen wie jetzt dieses Werk ... Da nimmt es kaum Wunder, daß es schwerfällt,
sich in diesem Lande zu bewegen, ohne einem Minister, Prin-
zen, König, Ministerpräsidenten u. a. in die Arme zu laufen, der
uns in der unverhohlenen Hoffnung besucht, daß wir ihnen in
Amerika die Türe zu öffnen vermögen.«[15]

Die sowjetische Unterstützung des Zionismus in den Jahren
1947/48 war von anderer Art. Da ging es nicht darum, das
Wohlwollen einer Großmacht zu gewinnen, sondern deren In-

teressen zu schädigen. Auf britische Bemühungen, die Sowjetunion aus dem Nahen Osten auszuklammern, reagierte Stalin, indem er die stärkste Kraft der Region heraussuchte und förderte, in der Hoffnung, sie als antiimperialistischen Verbündeten zu gewinnen. Für diese Rolle hielten er und seine Berater die arabischen Führer ungeeignet, die sie nur als Schwächlinge und Lakaien der imperialistischen Mächte betrachteten. In der kräftigen Ausdrucksweise eines sowjetischen Politikers: »Bevor sich irgend etwas im arabischen Osten bewegt, wird es zu revolutionären Entwicklungen auf den Hawaii-Inseln kommen.«[16] Dagegen hielt Stalin den jüdischen Machteinfluß anscheinend für so gewaltig, daß er ihm, im Verbund mit den Briten, eine Verhinderung sowjetischer Interessen zutraute. Um das zu verhindern, unternahm er alles in seinen Kräften Stehende, um die Zionisten London zu entfremden. Und so wurde die Sowjetunion für die Dauer eines Jahres zum hauptsächlichen Befürworter zionistischer Bestrebungen zur Gründung eines unabhängigen jüdischen Staates, den er in der Zeit diplomatisch und militärisch förderte, als Israel solcher Hilfe am meisten bedurfte.

Auf diese Weise ist die Errichtung des Staates Israel von der Balfour-Erklärung bis zum Unabhängigkeitskrieg durch das merkwürdige Phänomen eines vorteilhaften Antisemitismus mitgetragen worden.

In Japan haben vorteilbringende und feindselige Anschauungen von jüdischer Macht fast ein Jahrhundert lang nebeneinander existiert, was zu einer Konfusion von beinahe komischem Zuschnitt geführt hat. Die wohlwollende Einstellung setzte ein mit der finanziellen Unterstützung Japans im Krieg gegen Rußland (1904/05) durch vereinzelte Juden (insbesondere Jacob Schiff). Daraufhin erklärten die Russen ihre militärische Niederlage mit einer jüdischen Verschwörung, und es war ausgerechnet diese feindselige Auffassung von jüdischer Macht, die in der Zeit von 1918–1922, als Weißrussen an der Seite von japanischen Truppen in Sibirien kämpften, auf Japan übertragen wurde. Viele Anti-Bolschewiken sahen in den *Protokollen der Weisen von Zion* die Erklärung für die Russische Revolution und überzeugten ihre japanischen Kontaktpersonen von der Wahrheit dieser Deutung.

In ihrer abgrundtiefen Unkenntnis der Juden, deren angebliche Macht sie jedoch faszinierte, und ihrem Glauben an die Existenz einer jüdischen Weltverschwörung schwankten die Führer des autokratischen Japan zwischen Feindseligkeit und wohlwollender Haltung. (Sie ersuchten die Juden: »Ihr müßt das Heilige Japan in seinem Heiligen Krieg aktiv fördern und unterstützen.«)[17] Um sich jüdischen Goodwill zu sichern, luden sie in den späten 1930er Jahren Juden zur Niederlassung in der besetzten Mandschurei ein, in der Hoffnung, die Weisen von Zion dadurch bewegen zu können, ihren Einfluß zugunsten einer freundlicheren Haltung Amerikas gegenüber dem japanischen Imperialismus geltend zu machen.

Auf einer Kabinettssitzung im Dezember 1938 kam es zu einer Konfrontation dieser gegensätzlichen Auffassungen. Wegen der endlosen Debatte über die jüdische Frage zog sich die Kabinettssitzung bis tief in die Nacht. Die eine Seite vertrat die feindselige Ansicht, die aus Nazi-Deutschland herüberkam, die andere Seite befürwortete die wohlwollende Auffassung, die in Japan eine gewisse Anhängerschaft besaß. Die Fürsprecher der positiven wohlwollenden Deutung erinnerten an den Russisch-Japanischen Krieg von 1904/05 und erhofften sich für die Zukunft weitere finanzielle und politische Unterstützung von seiten der Juden (zum Beispiel eine freundlichere Einstellung Präsident Roosevelts zu Japan). Am Ende hat diese Seite gewonnen (»Wir können es uns nicht leisten, die Juden abspenstig zu machen«): Den Juden sollte Einlaß gewährt werden in die japanisch besetzte Mandschurei, damit sie die Region entwickelten und Japan eine günstige Publizität brächten. Aus Rücksicht auf Nazi-Deutschland wurde diese politische Strategie allerdings nie öffentlich bekanntgemacht.[18]

Stalins wunder Punkt

> Wir dürfen nie vergessen, daß wir
> immer nur um Haaresbreite von
> einer Invasion entfernt sind.
> *Josef Stalin* am 15. Februar 1939[1]

> Das haben wir bestimmt nicht ver-
> dient.
> *Außenminister Molotows Reaktion*
> *auf die deutsche Kriegserklärung am*
> *22. Juni* 1941[2]

> Die ganz besonders mißtrauischen
> Menschen sind oft ganz besonders
> leichtgläubig.
> *Kardinal de Retz*[3]

Seinen Höhepunkt erreichte das Verschwörungsdenken in der Zeit von 1941 bis 1945 an der Ostfront des Zweiten Weltkrieges, wo Hitlers und Stalins Armeen in einem Kampf aufeinanderstießen, der zum großen Teil aus den zwei größten Fehlern der Kriegsgeschichte resultierte. Hitler begann irrtümlicherweise einen Zweifrontenkrieg, und Stalin sah nicht, was auf ihn zukam. Da Stalins Fehler in einem engen Zusammenhang steht mit seiner Verschwörungsangst, werde ich ihn etwas gründlicher betrachten.

Der deutsch-russische Nichtangriffspakt vom August 1939 (mit seinen Geheimklauseln) hatte eine zehnjährige Waffenruhe zwischen beiden Seiten festgelegt. Im Dezember 1940 hatte Hitler sich jedoch entschlossen, ihn zu brechen und einen Überraschungsangriff auf die Sowjetunion zu führen. Während der ersten Hälfte des Jahres 1941 erhielt Stalin eine Fülle von Informationen über deutsche Aktionen und Pläne, die allesamt korrekt auf Hitlers Vorhaben hindeuteten.

Die Warnungen setzten im Januar 1941 mit einer Nachricht der US-Regierung ein, die auf Informationen aus Berlin fußte. Sie wurde durch weitere amerikanische Hinweise, Briefe von Winston Churchill und eine breite Palette von Mitteilungen sowjetischer Quellen bestätigt (darunter Kontakte der Botschaft in Berlin, Berichte des brillanten Richard Sorge aus Tokio und viele andere mehr). Gegen Ende März grassierten in Moskau Gerüchte über die bevorstehende Katastrophe. In einem vielleicht einzigartigen Akt von Diplomatie enthüllte der deutsche Botschafter in Moskau das Datum für die Einmarschpläne seiner Regierung. Ein Überläufer aus den Streitkräften der Nazis, der von einer unmittelbar bevorstehenden Invasion berichtete, wurde ignoriert, ein zweiter wurde wegen Verbreitung von Falschinformation auf der Stelle hingerichtet. Alles in allem hat der Kreml hundert oder mehr voneinander unabhängige Warnungen vor einem Angriff der Nazis erhalten.

Über diese Nachrichten aus unterschiedlichen maßgeblichen Quellen hinaus konnten die sowjetischen Befehlshaber an der Grenzlinie die massiven deutschen Vorbereitungen selbst wahrnehmen. Die Angriffskräfte der Nazis, die in einem Zeitraum von zehn Monaten zusammengezogen wurden, waren über eine dreitausend Kilometer lange Frontlinie von der Ostsee bis ans Schwarze Meer aufgestellt. Das deutsche Ostheer umfaßte 3,2 Millionen Männer (bei einer Gesamtstärke von über 3,8 Millionen), 600 000 Lkw und 600 000 Pferde, 7000 Artilleriegeschütze, 3350 Panzer und mehr als 2000 Flugzeuge. Alles in allem läßt sich behaupten: »Es gibt wenige Völker, die vor einer anstehenden Invasion besser gewarnt waren als die Sowjetunion im Juni 1941.«[4]

Doch Stalin zog es vor, sowohl öffentlich wie privat, all diese Informationen zu ignorieren.[5] Für jede besorgte Benachrichtigung hatte er die gleiche Reaktion: »Kein Grund zur Panik. Ruhe bewahren. Der Chef ist voll im Bilde.« Am 21. Juni, einem Samstag, verbrachten die obersten Militärs einen »ganz gewöhnlichen Abend« mit Theaterbesuchen oder sonstigen Vergnügungen. Die Amtsstuben der Staatssicherheit waren so gut wie unbesetzt. Berichte über einen unmittelbar bevorstehenden Angriff tat Stalin ab als »grundlose Panikmache«[6].

Möglicherweise hat er selbst sich an diesem Abend einen Film angeschaut.

Stalin hatte über die Jahre viele Schritte unternommen, um das Vertrauen der Nazis zu gewinnen. Wie der deutsche Botschafter in Moskau zutreffenderweise nach Berlin meldete, hatte »Stalin sich vorgenommen, die Sowjetunion vor einem Konflikt mit Deutschland zu bewahren«.[7] Ihm war offenbar schon während der Krise um die Tschechoslowakei 1938 daran gelegen, der Nazi-Regierung zu versichern, daß sich keine sowjetischen Truppen in Richtung Tschechoslowakei bewegen würden. Er scheute keine Mühe, alle im Nichtangriffspakt eingegangenen Verpflichtungen aufs genaueste zu erfüllen. Als 1940 die deutschen Streitkräfte westwärts vordrangen, nahm er eine antifranzösische und antibritische Haltung ein. Die sowjetischen Geheimdienstagenten in Deutschland hatten beispiellos stark einschränkende Anweisungen zu befolgen, und Stalin leitete einige der bei ihm eingegangenen Warnungen an die Deutschen weiter (darunter mindestens eine Mitteilung Churchills). Seine Vertrauensseligkeit war so grenzenlos, daß mit sowjetischen Gütern beladene Eisenbahnzüge in von Deutschen besetzte Gebiete fuhren, als der deutsche Angriff schon begonnen hatte (und das trotz der Tatsache, daß die Deutschen ihre Lieferungen an die Sowjetunion bereits seit Monaten eingestellt hatten).

Im Frühjahr 1941 unternahm Stalin viele Schritte zur Beschwichtigung der öffentlichen Meinung in der Sowjetunion. Amtliche Verlautbarungen gegen die Nazis waren bereits völlig eingestellt, früheres nazifeindliches Material wurde aus dem Verkehr gezogen, die deutsch-russische Freundschaft öffentlich proklamiert, und Sowjetbürger deutscher Herkunft wurden aus der Haft entlassen. Eine öffentliche Bekanntmachung vom 14. Juni wies das Gerede von einer deutschen Invasion als »plumpe Lüge« zurück, um dann zu behaupten: »Die Gerüchte, daß Deutschland den Pakt zu brechen und die Sowjetunion anzugreifen plane, sind völlig grundlos, und die jüngste Verlegung deutscher Truppen nach Beendigung ihrer Operationen auf dem Balkan in die östlichen und nördlichen Teile von Deutschland müssen auf andere Beweggründe zurückgeführt

werden, die mit den sowjetisch-deutschen Beziehungen nicht
in Verbindung stehen.«[8] Was die Aussagen Stalins und seiner
Handlanger immer wieder hervorhoben, war nicht die Gege-
benheit, daß drei Millionen feindlicher Soldaten sich an der
Grenze zusammengezogen hatten, sondern die Notwendigkeit, nichts zu unternehmen, was sie »provozieren« könnte.
Einem Untergebenen schrieb Stalin: »Hitler sollte nicht auf den
Gedanken kommen, daß wir uns nur darauf einrichten, gegen
ihn in den Krieg zu ziehen.«[9] Die sowjetische Bevölkerung, der
eingehämmert worden war, alle Verlautbarungen ihrer Oberen
äußerst ernst zu nehmen, verstanden solche Erklärungen in
dem Sinne, daß kein Krieg stattfinden würde.

Während die deutschen Streitkräfte ihren Angriff vorbere-
iteten, ordnete Stalin konkrete Maßnahmen an, die seine Truppen verwundbar machten. In einem Fall machte er den Befehl
eines Kommandeurs rückgängig, Marinestützpunkte und Flug-
häfen partiell zu verdunkeln. Ein andermal weigerte er sich,
Flakgeschütze zum Abschuß von überfliegenden Aufklärungs-
flugzeugen vorzubereiten. Ja, als einige Aufklärungsflugzeuge
notlanden mußten, wurden sie sogar repariert und mit einem
vollen Tank auf die Heimreise geschickt. Bei einer Gelegenheit
schoß eine sowjetische Grenzeinheit eine deutsche Spionage-
maschine ab, wobei zwei Besatzungsmitglieder getötet wurden, woraufhin die Sowjets sich in Berlin entschuldigten und
die an der Aktion beteiligten Soldaten bestraften.

Stalin hatte solche Angst, in eine Falle zu geraten, daß er
nach Beginn des deutschen Angriffs in den frühen Morgen-
stunden des 22. Juni die Gegenmaßnahmen seiner Truppen
weitere acht Stunden lang einschränkte, in der vergeblichen
Hoffnung, daß es sich bei den Angriffen um einen von Hitler
nicht sanktionierten Versuch deutscher Generäle handelte,
einen Krieg zu provozieren. Es entsprach dieser Furcht, daß ein
(um 0.30 Uhr ausgegebener) militärischer Erlaß die sowjetischen Kommandeure anwies, »sich nicht zu provokativen
Handlungen jedweder Art hinreißen zu lassen, die größere
Komplikationen auslösen könnten«.[10] Der für die baltische Region verantwortliche General gab gegen 2.30 Uhr Anweisungen, die folgende Wendungen enthielten: »Im Falle eines pro-

vozierenden Verhaltens seitens der Deutschen kein Feuer eröffnen. Für den Fall, daß deutsche Maschinen unser Gebiet
überfliegen, keine Scheinmanöver veranlassen und bis zu dem
Zeitpunkt, daß feindliche Flugzeuge mit militärischen Operationen beginnen, *kein Feuer* auf sie eröffnen. Im Falle offensiver
Operationen von starken feindlichen Kräften sie vernichten.«[11]
Um 7.15 Uhr stimmte Stalin einer Direktive mit dem Befehl an
die Truppen zu, »den Gegner anzugreifen und zu vernichten«.[12] Und selbst dann schränkte er, noch immer das Unmög-
liche hoffend, den Befehl auf sowjetisches Territorium ein und
mahnte die Soldaten an, die Grenzlinie nicht zu überschreiten,
d. h. er verfügte noch immer keine Kriegserklärung und keinen
Befehl zur Generalmobilmachung.

Erst am Mittag erklärte der sowjetische Außenminister
Deutschland den Krieg. Die sowjetischen Streitkräfte wurden,
wie der deutsche Generalstab in seinem Tagebuch festhielt,
»taktisch an der gesamten Front überrascht«.[13] Ihre mangelnde
Kampfbereitschaft verschaffte den Deutschen einen immensen
Anfangsvorteil, der die Sowjetunion in den folgenden vier Jahren nie genau gezählte Millionen Menschenleben kosten sollte.

Zu Stalins Fehlverhalten trug das Verschwörungsdenken in drei
wesentlichen Aspekten bei: indem es ihn von der Außenwelt
isolierte, indem es ihn mit gar nicht gegebenen Komplotten beschäftigte und ablenkte und indem es ihn mit einem sonderba-
ren Vertrauen zu Hitler erfüllte.

ISOLIERUNG Stalin war der Gefahr eines immensen Fehlverhaltens ausgesetzt, weil es nach den Säuberungsaktionen der
vorausgegangenen Jahre niemandem möglich war, Stalin zu
widersprechen. In Stalins Bewußtsein war Kritik an seiner Person gleichbedeutend mit einer Verschwörung gegen ihn. Gegen ihn gerichtete Witze verstand er als einen ersten Akt von
Terrorismus, Kontakte mit Ausländern bedeuteten Spionage,
und politische Nörgeleien nach Tisch stellten einen ersten
Schritt zu seiner Ermordung dar. Stalin hatte seit langem die
Angewohnheit, vereinzelte Kritiker, die über den riesigen sowjetischen Raum verstreut waren, als einen festen, auf ein Ziel

ausgerichteten Kreis zu betrachten, der Anweisungen aus dem Mexiko seines inzwischen toten Erzfeindes Trotzki befolgte und seine Befehle auf solchen Wegen wie Mitteilungen in unsichtbarer Tinte in Filmzeitschriften empfing.

In seiner krankhaften Angst vor Verschwörungen hielt Stalin sich nur mehr im Kreml und in seinem Landhaus auf, umgab sich mit Leibwachen und Jasagern. So wurde er der realen Welt entfremdet. Wie Chruschtschow in seiner Stalin entlarvenden Rede von 1956 bemerkte, reiste und sprach der Diktator nie mit gewöhnlichen Menschen. »Er kannte das Land und die Landwirtschaft nur aus Filmen. Und diese Filme hatten die bestehenden landwirtschaftlichen Verhältnisse herausgeputzt und beschönigt. Viele Filme stellten das Leben auf den Kolchosen so dar, daß die Tische sich unter dem Gewicht von Truthähnen und Gänsen bogen. Allem Anschein nach glaubte Stalin, daß es tatsächlich so war.«[14] Am Ende glaubte Stalin an die Illusion, die er geschaffen hatte. Er wurde der Gefangene – möglicherweise der einzige im ganzen Land – seiner eigenen Traumwelt.

Im gewissen Sinne blieb ihm gar nichts anderes übrig. Denn nachdem er alle selbständig denkenden Menschen ausgemerzt und der Verschwörung beschuldigt hatte, war er nicht nur von Speichelleckern umgeben, die keine eigene Meinung zu äußern wagten (»Jawohl, Genosse Stalin. Selbstverständlich, Genosse Stalin. Du hast eine weise Entscheidung getroffen, Genosse Stalin«), sondern von geistigen Zwergen, die tatsächlich von Stalins Weisheit und Weitsichtigkeit überzeugt waren. In dem von ihm geschaffenen System konnte nur er wichtige Entscheidungen treffen. Diejenigen Persönlichkeiten, die in den Regierungsorganen, in den Medien oder in der Wissenschaft anderer Meinung als er sein mochten, hatten gelernt, sie für sich zu behalten. »Eingeschlossen im Kreml, Herr einer Welt, die er durch seine selektiven Morde erzeugt hatte und die ihm nur die Bilder zurückwarf, die er selbst angeordnet hatte, in seinen eigenen ›Genius‹ vertieft und mit dessen Ergüssen gespeist, konnte Stalin Meinungsverschiedenheiten und Zweifel durch seine irren Fantastereien vertreiben.«[15]

Was Deutschland betraf, so hatte Stalin sich seine eigene Traumwelt aus der Überzeugung geschaffen, daß Hitler, um einen Zweifrontenkrieg zu vermeiden, ihn nicht vor Mai 1942 angreifen würde. Stalin war, möglicherweise indem er zu sehr auf sein Glück baute, zu einer festen Anschauung gelangt, und damit hatte es sich. Anschließend machte er sich daran, die Welt im Einklang mit seinen festen Anschauungen zu ordnen. So ernannte er sich im Mai 1941 zu seinem eigenen Ministerpräsidenten. Außerdem gab er seinem Geheimdienstberater Anweisung, eingehende Informationen über deutsche Pläne gegen England im Dossier »Zuverlässige Quellen« abzulegen, während entsprechende Mitteilungen mit Bezug auf die Sowjetunion in die Akte »Fragwürdige Quellen« wandern sollten. Es war im allgemeinen so, daß die »Fragwürdigen Quellen« von Stalin nicht weitergegeben wurden.

VERSCHWÖRUNGSTHEORIEN Auf der Grundlage solch einer Anfälligkeit erklärte Stalin die vielen ihm zukommenden Warnungen einfach mit Verschwörungstheorien aus der Welt.

Die erste Verschwörungstheorie betraf ein britisches Komplott. Stalin erinnerte sich an Churchills zutiefst antibolschewistische Haltung in den 1920er Jahren und verdächtigte ihn, zwischen den zwei totalitären Staaten Krieg stiften zu wollen. Folglich wies er die vielen warnenden Mitteilungen des britischen Premierministers zurück. Dem Foreign Office entwendete Unterlagen bestärkten ihn ironischerweise in diesem Argwohn. Denn Whitehall hatte eine zuversichtlichere Interpretation der Nazi-Absichten, die Stalin wiederum für eine authentischere Spiegelung britischer Ansichten hielt als die Briefe, die ihm Churchill schickte. Er argwöhnte, daß der Premierminister entweder den deutsch-sowjetischen Nichtangriffspakt von 1939 zunichte machen oder aber mit Deutschland gemeinsam gegen die Sowjetunion Krieg führen wollte. In dieser Furcht vor einer britischen Verschwörung zu einem gemeinsamen Vorgehen mit Hitler gegen Stalin sah er sich durch den Flug von Rudolf Hess nach Schottland im Mai 1941 bestätigt. Die Furcht erreichte solche Ausmaße, daß »Stalin alle Warnungen vor einem deutschen Angriff, ganz gleich, aus welcher Quelle sie kamen, als weitere Beweise für eine britische Verschwörung deutete«.[16] So reagierte er beispielsweise auf

Vorhersagen eines deutschen Angriffs durch eine sowjetische Geheimdienstquelle in Prag mit der Notiz: »Englische Provokation. Nachforschen. Stalin.« Übereinstimmend mit Stalins obsessiver Vorstellung von »Provokationen« sahen führende sowjetische Regierungsbeamte »Provokation als ein unvermeidliches Werkzeug der endlosen Verschwörung kapitalistischer Mächte gegen den Sowjetstaat. Wenn die UdSSR sich in Punkten, die durch ihre kapitalistischen Feinde ausgesucht sind, provozieren ließe, würde sie ihnen in die Hände spielen und vorübergehend die Kontrolle über den Gang der Geschichte verlieren.«[17]

Stalins zweite Verschwörungstheorie betraf eigensinnige deutsche Generäle. Er gab manchmal seiner Befürchtung Ausdruck, daß die Wehrmachtsführung im Widerspruch zu den Wünschen Hitlers und im Überschwang ihrer außergewöhnlichen Erfolgsserie von 1939 bis 1941 einen Krieg mit der UdSSR suchte. (In Wahrheit sprachen sich fast alle Generäle gegen das Unternehmen Barbarossa aus.) Als ein Deserteur nur wenige Stunden vor dem deutschen Großangriff den Sowjets mitteilte, was auf sie zukam, wischte Stalin diese Warnung mit der Begründung vom Tisch, daß ihn die deutschen Generäle geschickt hätten, »um einen Konflikt zu provozieren«.[18] Auch nach Beginn des Angriffs weigerte Stalin sich, ihm mit voller Kraft zu begegnen, weil er vermutete, daß »dies nur eine provokative Handlung seitens mehrerer undisziplinierter Teile des deutschen Heeres darstellt und daß eine Reaktion unsererseits den Deutschen den Anlaß liefern könnte, einen Krieg zu beginnen«.[19]

RESPEKT VOR HITLER Anläßlich der Unterzeichnung des Nichtangriffspaktes von 1939 gab Stalin zwei einander widersprechende Kommentare ab. Dem deutschen Außenminister gegenüber äußerte er naiv fromm: »Die sowjetische Regierung nimmt das neue Abkommen sehr ernst. Ich kann Ihnen auf mein Ehrenwort versichern, daß die Sowjetunion ihren Vertragspartner nicht verraten wird.«[20] Gegenüber seinen Untergebenen betonte er zynisch: »Das alles ist nur ein Spiel, bei dem jeder herauszufinden versucht, wer wen zum Narren

halten kann. Ich weiß, was Hitler vorhat. Er denkt, er hat mich
überlistet, doch in Wirklichkeit habe ich ihn ausgetrickst.«[21]
Es ist unbegreiflich, doch der erste Kommentar entspricht seinen Handlungen wesentlich mehr als der zweite. Anders gesagt: Stalin zeigte ein einzigartiges, unerklärliches Vertrauen in
Hitler.

Es war in seinem Leben das einzige Mal, daß Stalin Wort
hielt und einem anderen Menschen vertraute. Wie merkwürdig, daß er sich dafür ausgerechnet Hitler aussuchte. (Es ist aufschlußreich, daß der sowjetische Ausdruck für Hitlers Angriff
dann später »Vertrauensbruch« bzw. *verolomstwo* werden sollte.)
Diese Wahl wird durch mehrere Faktoren verständlich, die mit
dem Verschwörungsdenken zusammenhängen.

Respekt war ein Faktor. Während Stalin über die Nazis herzog, hat er ihnen gleichzeitig konspirative Tricks abgeschaut.
So hat Stalin beispielsweise genau verfolgt, wie Hitler sich
gegen seine Freunde wandte und sich ihrer mit der Beschuldigung einer Verschwörung gegen ihn entledigte. Hitlers Mord
am SA-Führer Ernst Röhm im Juni 1934 – mit der fälschlichen
Begründung, Röhm plane einen Staatsstreich – weckte Stalins
Bewunderung. »Ist das ein Kerl, dieser Hitler. Der weiß, wie er
mit seinen politischen Gegnern umzugehen hat.«[22] Der Stalin-
Biograph Edward Razinsky zieht die Schlußfolgerung: »Nach
Lenin und Trotzki war Hitler Stalins dritter Lehrmeister.«[23]

Zweitens ist festzustellen, daß Stalins langjährige verschwörungstheoretische Obsession in bezug auf Trotzki, die durch
einen riesigen Polizei- und Propagandaapparat unterstützt
wurde, möglicherweise dazu führte, daß er auf Hitler psycho-
logisch nicht vorbereitet war. Ein Herrscher ist von seinen
eigenen Worten nicht weniger – wahrscheinlich sogar noch
mehr – beeinflußt als die Bevölkerung. Indem Stalin Trotzki als
leibhaftigen Gottseibeiuns verteufelte, hat er möglicherweise
seine Wahrnehmungsfähigkeit für den tatsächlichen Teufel ab-
gestumpft.

Drittens ist da seine Bereitschaft zur Machtteilung. Es war
anscheinend Stalins Bereitschaft, sich die Welthegemonie mit
Hitler zu teilen, die ihn zu der Annahme verleitete, daß Hitler
umgekehrt die Macht auch mit ihm teilen würde. Das war

nicht der Fall. In dieser Hinsicht war Hitler noch einen Grad durchtriebener als Stalin. Er wollte die ganze Welt für sich, Stalin war mit der Hälfte zufrieden. Die Annahme, daß Hitler die Beute aufteilen würde, verführte Stalin zu dem Glauben, daß Hitler ihn in Frieden lassen würde, falls er, Stalin, es absolut klarstellen würde, daß er keine Angriffspläne gegen Deutschland hegte. Er schien zu glauben, daß wenn er keine Schritte zu einer »Provokation« Deutschlands – nicht einmal die üblichen Maßnahmen zur Verteidigung sowjetischen Territoriums – unternähme, er Hitler in Ruhe wiegen und dazu bewegen würde, seinerseits nicht anzugreifen (als ob Hitler sich aufgrund irgendeines sowjetischen Fehlverhaltens zu einem Krieg hätte hinreißen lassen, den er nicht wollte). Andernfalls würde es zu dem von Stalin befürchteten Angriff kommen, bevor er die nötige Zeit zum Wiederaufbau der sowjetischen Streitkräfte hätte. Es ist eine Ironie, daß Stalin ausgerechnet das eine Mal einen fast tödlichen Fehler beging, als er nicht auf einer totalen Macht für sich bestand.

Seltsamerweise ist Stalin nie auf den Gedanken gekommen, Churchill und Roosevelt zufriedenzustellen, die er für raffgierig und destruktiv hielt, Hitler dagegen dadurch abzuwehren bemüht war, indem er sich verhielt wie ein Lamm. Hier verfiel der Diktator dem schlimmsten Irrtum eines Verschwörungstheoretikers. Er schrieb Hitlers Charakterbild Churchill zu, und umgekehrt. Auf diese Weise hat die alte Tatsache, daß »der äußere Schein trügt«, Stalin dahin gebracht, aus eingebildeten Gründen Millionen von Menschen zu opfern, eine gegebene Verschwörung dagegen aber nicht zu erkennen. Eine Reihe von imaginären Verschwörungen hat ihn blind gemacht für die reale Verschwörung.[24]

Anhang C

Das Internet

> Das Internet ist einer der Haupt-
> gründe dafür, daß die Milizenbe-
> wegung sich schneller ausgebreitet
> hat als jede bisherige Haßgemein-
> schaft der Geschichte.
>
> *Kenneth Stern*[1]

Neue Technologien, einschließlich billiger Rundfunksen-
der und dem Fotokopiergerät, haben der Faszination für
Verschwörungstheorien Auftrieb gegeben. In ihrem unersättli-
chen Hunger nach Materialien und der unbezähmbaren Suche
nach neuen Ausdrucksmöglichkeiten haben die Verschwörungstheoretiker sich der neuen Medien mit Begeisterung angenommen. Vor allem das Internet in seinen verschiedenen
Formen – E-Mail, Diskussionsgruppen und World Wide Web
– ist weit verstreuten Personen ein nahezu vollkommenes Vehikel, um miteinander in Kontakt zu treten, Interessen auszu-
tauschen und riesige Mengen an Informationen zu sammeln,
und all das zu minimalen Kosten. Sie bieten für alle von einer
Teilnahme an den Mainstream-Medien ausgeschlossenen Personen perfekte Nebenkanäle.

Die Hauptthemen des Verschwörungsdenkens – Freimau-
rerfeindlichkeit, Antisemitismus, das Attentat auf John F. Kennedy, die neue Weltordnung – sind im Cyberspace auffallend
präsent. Neue Themenkreise breiten sich binnen Wochen ra-
scher aus, als es ihnen früher innerhalb mehrerer Jahre möglich
war, und sie lösen ein breiteres Echo aus. So fragte beispielsweise keine 48 Stunden nach dem Absturz des TWA-Fluges 800
außerhalb von New York City im Juli 1996 ein auf der Newsgroup [rec.aviation.piloting] positioniertes Gerücht: »Hat es die
Navy verursacht?« und hielt fest, »wie viele Belege es dafür gibt,

daß es [das Flugzeug] versehentlich getroffen wurde«. Diese
Vorstellung, daß die US-Navy eine Rakete abschoß, die ein
amerikanisches Flugzeug vom Himmel holte, und daß große
Teile der Bundesregierung einschließlich des Weißen Hauses in
eine Verschwörung verwickelt waren, um diesen Akt zu verschleiern, fand dann im Internet eine breite Anhängerschaft. Die
allgemeine Mißtrauensstimmung wiederum veranlaßte Journalisten, verschiedentlich Regierungsbeamte nach der Möglichkeit des Absturzes durch ›friendly fire‹ zu befragen und die
empörte Reaktion (»welch eine unverschämte Unterstellung!«)
bestärkte die Verschwörungstheoretiker dann nur in ihrem Mißtrauen. Die Raketen-Verschwörungstheorie machte schließlich
international Schlagzeilen, als Pierre Salinger vom Fernsehsen-
der ABC News sie Anfang November übernahm, wobei er sich
lediglich auf Informationen aus dem Internet stützte. Er ist sogar
mit einem Ausdruck des Textes in der Hand fotografiert worden, den er von [http://www.lsoft.com] bezogen hatte.[2]

Es kommt auch vor, daß Mainstream-Zeitungen sich dieses
alternativen Netzwerks bedienen, um Verschwörungsdenken
zu verbreiten. Ohne das Zeitalter des Internets hätte der Bericht
der *San José Mercury News* im August 1996, der den Crack-
Konsum in Los Angeles mit der CIA in Verbindung brachte,
landesweit wahrscheinlich nur wenig Aufmerksamkeit gefunden. Angesichts der weiten Computerverbreitung erhielt die
Mercury-News-Site jedoch nicht nur wochenlang pro Tag gut
200 000 zusätzliche Benutzungen, sondern die Schwarzen
machten sie außerdem landesweit zu einem Brennpunkt des
Interesses. Die Geschichte wurde von Newsgroups aufgegrif-
fen, teilweise in Programmen von Rundfunkstationen vorgele-
sen und in Community-Gruppen debattiert. Den Text konnten
sich alle Personen, denen ein Computer zur Verfügung stand,
auf den Bildschirm holen und ausdrucken, und viele haben es
auch getan. Es kam soweit, daß selbst in Kosmetiksalons Aus-
drucke auftauchten.

Die unten aufgeführten Sites repräsentieren entweder wichtige Institutionen oder wichtige Anschauungen, oder sie bieten
Zugang zu vielen anderen Sites (insofern sind sie dann eigentlich Bibliographien).

Antisemitische Sites[3]

Verleugnung des Holocaust: [http://www.nizkor.org].

Radio Islam: [http://abbc.com/islam] Sitz in Schweden, fördert ein breites Spektrum von antisemitischen Thesen – mit einem islamischen Dreh.

Stormfront White Nationalist Resource Page: [http://www.stormfront.org.] Enthält die meisten Aufführungen von neonazistischen Sites.

Geheimbundfeindliche Sites

Anti-Freimaurermaterial: [http://www.crocker.com]. Für Freimaurerinformationen, siehe [http://www.chrysalis.org. masonry].

John Birch Society: [http://www jbs.org.].

Das John F. Kennedy-Attentat: [alt.conspiracy.jfk.]. Alte Dokumentationen werden auf vielen Sites angeboten, dieses Site verfolgt den aktuellen Meinungsstand.

Noam Chomsky ist einer der beliebtesten Autoren im Internet, zu dessen Sites u.a. zählen [http://www.whistler.net/ worldtour/homepage/gallery/cmsky001htm], [http://www. whistler.net/worldtour/homepage/ejournal/chomsky.htm], und [http.www.worldmedia.com/archive/]. Die MIT Press hat sogar den vollen Text ihrer Chomsky-Biographie[4] auf Internet eingegeben, auf [http://www-mitpress.mit.edu/chomsky/].

The Consortium: [http://www.delve.com/consort.html]. Auszüge aus einer von Robert Parry herausgegebenen verschwörungstheoretischen Publikation.

San José Mercury News: [http://www.sjmercury.com]. Die Geschichte über den Verkauf von Drogen in Los Angeles durch die CIA zur Finanzierung der Contras in Nicaragua, plus Reaktionen und Nachfaßberichte.

Sixty Greatest Conspiracies of All Time: [http://www.conspire.com/conspire/]. Jonathan Vankins und John Whalens leicht ironische Darstellung vieler Verschwörungstheorien aus jüngerer Zeit, einschließlich Aum Shinri Kyo, Buchanan, Nation of Islam, JFK, Lyndon Larouche und UFOs. Das »Rant-O-Rama« enthält auch Dokumentationsmaterial, zum Teil mündlicher Natur.

Die UFO-Verschleierung: [http://www.conspire.com/conspire/ds/ufochap.html]. Mehr als 300 Websites handeln von Außerirdischen.

Sowohl antisemitisch wie geheimbundfeindlich

Pat Buchanan: [http://www.buchanan.org.]. Reden und andere Äußerungen wie auch Reaktionen von Anhängern. Stellt einen Sucher zur Verfügung.

Lyndon Larouche: [http://www.etext.org/Politics/LaRouche]. Materialien und Zeitschriften von ihm und seinen Anhängern wie beispielsweise Transkriptionen von Fernseh- und Rundfunksendungen, ein Kapitel aus einem Buch und Auszüge aus seinen Zeitschriften.

Militia of Montana: [http://www.logoplex.com/shops/mom/].

Nation of Islam: [http://www.noi.org]. Die Final Call Online mit Reden von Louis Farrakhan.

Leser, die eigene Verschwörungstheorien zu verbreiten wünschen, können die Newsgroup [alt.conspiracy] ansprechen. Sie umfaßt Diskussionskreise zu fast allen in diesem Buch erwähnten Themenkreisen.

Als Gegengift zu diesen vielen Haßträgern bietet die Anti-Defamation League eigene Forschungen und Dokumentationen hauptsächlich, aber nicht ausschließlich über antisemitische Gruppen an, unter [http://www.adl.org].

Anmerkungen

Die wahren Gelehrten und die wahren Gläubigen können leicht verwechselt werden (in dem Sinne, wie es Kapitel III, »Die Entlarvung der Verschwörungstheorie«, erläutert). Als Unterscheidungshilfe werden in den Anmerkungen die Namen von Theoretikern, die nicht an Verschwörungstheorien glauben, in gewöhnlichen Buchstaben geschrieben, während die Namen von Verschwörungstheoretikern in Großbuchstaben gesetzt sind. Im Falle von Personen, die zwischen diesen beiden Gruppen hin und her wechseln (Gary Sick, Jonathan Vankin), ändert sich dementsprechend die Schreibweise mit ihrer Einstellung.

Um einen Eindruck von der Riesenfülle der Literatur über das Verschwörungsdenken zu vermitteln, bieten die Anmerkungen Hinweise auf wichtige Werke, darunter auch manche, die im Haupttext nicht erwähnt werden.

Die Kursivsetzung in Zitaten entspricht dem Original.

Motti

American Mercury, 29. August 1799. Zitiert in Vernon Stauffer, *New England and the Bavarian Illuminati.* New York 1918, S. 307.

Fürst Metternich: Zitiert in Hans J. Morgenthau, *Politics Among Nations: The Struggle for Power and Peace.* 5. Auflage, New York 1973, S. 527.

Josef Stalin. Zitiert in Edward Crankshaw, *Krushchev Remembers.* Übers. u. hrsg. von Strobe Talbott. Boston 1970, S. 307.

Vorwort

1 Robert Conquest, *Der Große Terror. Sowjetunion 1934–1938.* München 1993, S. 65.

2 R. J. Rummel, *Death by Government.* New Brunswick, N. J. 1994, S. 8, schätzt, daß Stalin etwa 43 Millionen seiner eigenen Untertanen umbrachte, im Vergleich zu den 21 Millionen, die Hitler umbrachte. Rummel schreibt Mao, einem der vielen Jünger Stalins, 38 Millionen Morde zu.

I Verschwörungstheorien überall

1 *The Wall Street Journal,* 13. November 1996; *The New York Times,* 1. Dezember 1996.

2 Richard Grenier, »On the Trail of America's Paranoid Class: Oliver Stone's JFK«, *The National Interest,* Frühjahr 1992, S. 84.

3 Jonetta Rose Barras, »Race, Crime and Conspiracies«, *The Washington Times,* 11. Oktober 1996.

4 JEWELLE TAYLOR GIBBS (zur Erklärung der in Großbuchstaben gesetzten Namen siehe S. TK), *Race and Justice: Rodney King and O. J. Simpson in a House
   Divided*. San Francisco 1996, S. 241, 237f. GIBBS bietet eine ausführliche, allerdings mehr oder weniger zustimmende Darstellung des Verschwörungsdenkens.

5 Patricia A. Turner, *I Heard It Through the Grapevine: Rumour in African-American
   Culture*. Berkeley 1993, S. 82–107, 128–36, untersucht diese auf Unternehmen bezogenen Verschwörungstheorien im Detail und stellt fest, daß ihnen
   allen gemeinsam ist, daß sie Unternehmen im Besitz von Weißen betreffen,
   die wenig Werbung machen und nichtlebenswichtige Güter vorwiegend in
   schwarzen Wohnbezirken anbieten. Anschließend bezeichnet sie die Verschwörungstheorien gegen diese Firmen lobend als »eine Art selbstauferlegten
   Konsumentensicherheitsgurt« (S. 98).

6 MALIK ZULU SHABAZZ, Ansprache in der Howard University, 23. Februar
   1994.

7 *The Washington Post*, 4. Oktober 1996.

8 *The New York Post*, 4. Dezember 1991.

9 Für ein Muster dieser Werbung siehe *Rolling Stone*, 12. November 1992.

10 *U.S. News & World Report*, 12. März 1990; *Essence*, September 1991.

11 *The New York Times*, 29. Oktober 1990. Für die Weißen lauteten die entsprechenden Zahlen 5 und 12 Prozent. Eine andere Umfrage des Jahres 1990 unter
   schwarzen Kirchgängern in fünf Großstädten brachte das Ergebnis, daß 34
   Prozent von ihnen der Meinung zustimmten, daß »der AIDS-Virus in einem
   Kriegsbakterien-Laboratorium erzeugt wurde«, s. *The Boston Globe*, 2. November 1995.

12 Gary Webb, »Dark Alliance: The Story Behind the Crack Explosion«, *San Jose
   Mercury News*, 18.-20. August 1996.

13 Roberto Suro und Walter Pincus, »The CIA and Crack: Evidence Is Lacking
   of Contra-Tied Plot«, *The Washington Post*, 4. Oktober 1996.

14 Jesse Katz, »Tracking the Genesis of Crack Trade«, *The Los Angeles Times*,
   20. Oktober 1996. Dieser Beitrag war die erste Folge einer dreiteiligen Artikelserie.

15 Tim Golden, »Tale of C.I.A. and Drugs Has Life of Its Own«, *The New York
   Times*, 21. Oktober 1996.

16 Vor allem K.L. Billingsley, »Déjà Voo-Doo: The *Mercury News* Dredges up the
   Christics«, *Hetorodoxy*, Dezember 1996.

17 *San José Mercury News*, 8. September 1996.

18 Ebd., 27. September 1996.

19 Associated Press, 29. September 1996.

20 *The Boston Globe*, 12. November 1996.

21 Zitiert in Tucker Carlson, »A Disgraceful Newspaper Exposé and Its Fans«,
   The Weekly Standard, 30. September 1996.

22 *San José Mercury News*, 6. Oktober 1996.

23 Zitiert in *The Philadelphia Inquirer*, 6. Oktober 1996.

24 Zu Reden auf der Konferenz, s. »The Other Face of Farrakhan: A Hate-Filled
   Prelude to the Million Man March«, *ADL Fact Finding Report*, Oktober 1995.

25 *The Final Call*, 23. März 1992. Zitiert in Mattias Gardell, *In the Name of Elijah*

Muhammad: Louis Farrakhan and the Nation of Islam. Durham, N.C. 1996.
S. 327.

26 Tynetta Muhammad, »$4,4 Billion Dollars Is Not Enough!« *The Final Call,*
17. Dezember 1996. Tynetta Muhammad war eine der Geliebten von Elijah
Muhammad und wurde später eine National of Islam-Ideologin.

27 *The Washington Post,* 1. März 1990.

28 Vor allem THE HISTORICAL RESEARCH DEPARTMENT, *The Secret Relationship between Blacks and Jews.* Boston 1991, Bd.1. Dieses HISTORICAL RESEARCH DEPART-
MENT gibt auch das Nachrichtenblatt *Blacks and Jews News* heraus.

29 Es gibt eine noch seltsamere Parallele. Die neue Weltordnung jagt auch antiamerikanischen Kreisen in aller Welt, darunter auch Kommunisten in Rußland und fundamentalistischen Muslimen Angst ein. Wie die amerikanische
Rechte sehen auch sie die neue Weltordnung als eine schreckliche Verschwörung mit Hauptsitz bei den Vereinten Nationen in New York. Sie reagieren
auf ähnliche Weise – indem sie Gebäude der US-Regierung mit Autobomben
angreifen, von denen die eine ein bundesstaatliches Gebäude in Oklahoma
City und die andere die US-Botschaft in Beirut zerstörte. Trotz dieser Ähnlichkeiten verstehen die beiden Gruppen den Begriff »New World Order« jedoch genau gegensätzlich. Für die Amerikaner bedeutet er eine Übernahme
der Vereinigten Staaten durch Ausländer, für die Kommunisten und Fundamentalisten eine Übernahme der restlichen Welt durch die Vereinigten Staaten.

30 GARY H. KAH, *En Route to Global Occupation.* Lafayette, La. 1991, S. 12.

31 *The New York Times,* 6. Juli 1995.

32 CALVIN GREENUP, ein Montana-Milizionär, zitiert in Kenneth S. Stern, *A
Force upon the Plain: The American Militia Movement and the Politics of Hate.* New
York 1996, S. 87.

33 *The New York Times,* 6. Juli 1995.

34 ANDREW MACDONALD [Pseudonym f. WILLIAM L. PIERCE], *The Turner
Diaries.* Washington 1978, und *Hunter.* Hillsborough, W.Va. 1989.

35 *The Washington Post,* 24. April 1995.

36 *The New York Times,* 14. Juli 1992.

37 PATRICK J. BUCHANAN, »Will the American Nation Survive?« Presseverlaut-
barung o.D.

38 PATRICK J. BUCHANAN, »Investigate the NAFTA Bailout«, Presseverlautba-
rung v. 1. Februar 1995.

39 Andere (wie LOUIS FARRAKHAN) bemerken, daß zwei andere Institutionen in
dem gleichen schrecklichen Jahr gegründet wurden: das Federal Bureau of Investigation und die Anti-Defamation League of B'nai B'rith. Das Siebte
Amendment, das die Volkswahl der Senatoren einführte, wurde ebenfalls 1913
verabschiedet.

40 PAT ROBERTSON, *The New World Order.* Dallas 1991, S. 65 (dt.: *Geplante Neue
Welt.* Wuppertal 1993). Er betrachtet die Gründung der Federal Reserve
Board als den Augenblick, da »das amerikanische Kapital vom europäischen
Kapital und seinen starken amerikanischen Verbündeten gekapert wurde«
(S. 127).

41 Ebd., S. 65, 92, 37, 253, 216.

42 Ebd., S. 35. Andere Verschwörungstheorien stellen die kühnere These auf, daß die US-Regierung immer Komplizin eines Komplotts gewesen ist. »Seit Jeffersons Zeit sind die Bürger der USA allmählich auf den Tag hin konditioniert worden, an dem die Illuminaten das Land übernehmen wollen.« WILLIAM GUY CARR, *The Conspiracy to Destroy All Existing Governments and Religions*. Metairie, La.[1960], S. 19.

43 Ebd., S. 37. Er berichtet (auf S. 104f.) davon, daß er dem designierten US-Präsidenten Carter bei einer Begegnung eine Liste mit den Namen evangelischer Christen überreichte, die er für hohe Regierungsämter in der neuen Administration empfahl. Daraufhin traten Carter Tränen in die Augen. ROBERTSON verstand das als Reaktion darauf, »daß der Prozeß der Ministererennungen nicht in seinen Händen liegt« und die Unmöglichkeit, die empfohlenen Personen zu ernennen.

44 Ebd., S. 133.

45 Ebd., S. 176f.

46 Dennis King, *Lyndon LaRouche and the New American Fascism*. New York 1989, S. 45.

47 JOSEPH BREWDA, »Saudi Bombing. It's the British Hitting the U.S.A.«, *The New Federalist*, 8. Juli 1996.

48 *U.S. News & World Report*, 2. Juni 1992.

49 *The New Yorker*, 15. Juni 1992.

50 *60 Minutes, CBS-TV*, 25. Oktober 1992. Scott Barnes, einer von Ross Perots Wahlkampfhelfern, hatte Jahre später eingeräumt, daß er die Geschichte über die Hochzeit erfunden hat (*The Dallas Morning News*, 28. März 1997).

51 *The New York Times*, 26. Oktober 1992.

52 Brief mit Datum vom 20. April 1988. Zitiert in Paul Findley, »An Unresolved Question: Did AIPAC Unmask Agnew?«, *The Washington Report on Middle East Affairs*, November/Dezember 1996, S. 21.

53 Jacob Cohen, »Conspiracy Fever«, *Commentary*, Oktober 1975, S. 41, 33.

54 William Manchester, zitiert in Gerald Posner, *Case Closed: Lee Harvey Oswald and the Assassination of JFK*. New York 1993.

55 *The Washington Post*, 19. Mai 1991.

56 *Time*, 13. Januar 1992, berichtet, daß 73 Prozent an eine Verschwörung glauben und 72 Prozent eine amtliche Verschleierung vermuten. *The New York Times*, 4. Februar 1992, berichtet von jeweils 77 Prozent und 75 Prozent.

57 Zitiert in Tucker Carlson, »Trento's Last Case: From Boorda to Clinton«, *The Weekly Standard*, 3. Juni 1996.

58 CHARLES BERLITZ und WILLIAM L. MOORE, *The Roswell Incident*. New York 1980.

59 HOWARD BLUM, *Out There: The Government's Secret Quest for Extraterrestrials*. New York 1990.

60 MILTON WILLIAM COOPER, »*Behold a Pale Horse*«. Sedona, Ariz. 1991, S. 209.

61 *The New York Times Magazine*, 17. November 1996.

62 Posner, *Case Closed*. S. xi.

63 JOHN A. STORMER, *None Dare Call It Treason . . . 25 Years Later*. Florissant, Mo. 1990, S. vii. Daß eine verschwörungsträchtige Literatur sich gut verkauft, ist weder eine neue Entwicklung noch ein speziell amerikanisches

Phänomen. Im 19. Jahrhundert erfreuten sich u. a. AUGUSTIN DE BARRUEL, BENJAMIN DISRAELI und LUCIEN DE LA HODDE eines großen geschäftlichen Erfolges, weil sie dieses Bedürfnis befriedigten. Was sich heute geändert hat, ist die hohe Zahl der entsprechenden Titel und der hohe Nervenkitzel ihrer Thesen.

64 Umberto Eco, *Foucault's Pendulum.* London 1990, S. 404 (dt.: *Das Foucaultsche Pendel.* München 1989).

65 ROBERT SHEA und ROBERT ANTON WILSON, *The Illuminatus Trilogy.* 3 Bde., New York 1975.

66 Michiko Kakutani, »Bound by Suspicion«, *The New York Times Magazine,* 19. Januar 1997.

67 Charles Paul Freund, »If History Is a Lie«, *The Washington Post,* 19. Januar 1992.

68 JONATHAN VANKIN, *Conspiracies, Cover-Ups and Crimes: Political Manipulation and Mind Control in America.* New York 1991, S. 259.

69 OLIVER STONE, »Splinters In the Brain«, *New Perspectives Quarterly,* Frühjahr 1992, S. 53.

70 Zitiert in *Freedom Review,* Mai-Juni 1992, S. 40.

II Ein Spiegelsaal

1 Henry Campbell Black, *Black's Law Dictionary,* 4. Aufl. St. Paul, Minn. 1951, S. 382.

2 NESTA H. WEBSTER, *Secret Societies and Subversive Movements.* New York 1924, S. xi.

3 Der deutsche Begriff *Verschwörungsmythos* ist hilfreicher als der englische Terminus *Verschwörungstheorie,* weil er deutlicher auf das Imaginäre des Inhalts verweist.

4 Dieser Aspekt wird häufig übersehen. Walter Laqueur schreibt in *Black Hundred: The Rise of the Right in Russia.* NewYork 1993, S. 34 (dt.: *Der Schoß ist fruchtbar noch. Der militante Nationalismus der russischen Rechten.* München 1993), daß die Verschwörungstheorie von der Geschichte »wahrscheinlich genauso alt ist wie die Geschichte selbst«. Steven E. Ambrose ist sich noch sicherer: »Die Verschwörungstheorien sind so alt wie die Geschichte.« Siehe »Writers on the Grassy Knoll: A Readers' Guide«, *The New York Times Book Review,* 2. Februar 1992.

5 Richard S. Levy, *Antisemitism in the Modern World: An Anthology of Texts.* Lexington, Mass. 1991, S. 4, 122.

6 Ausgesagt von John Coogan über seine Kusine Gertrude Coogan, zitiert in Donald Warren, *Radio Priest: Charles Coughlin, the Father of Hate Radio.* New York 1996, S. 142.

7 MICHAEL HOWARD, *The Occult Conspiracy: Secret Societies – Their Influence and Power in World History.* Rochester, Vt. 1989, S. vii.

8 Dennis King, *Lyndon LaRouche and the New American Fascism.* New York 1989, S. 274f.

9 Zitiert in Hélène Lööw, »Racist Violence and Criminal Behavior in Sweden:

Myths and Reality«, in *Terror from the Extreme Right*, hrsg. Tore Bjørgo. London 1995, S. 127

10　GARY H. KAH, *En Route to Global Occupation*. Lafayette, La. 1991, S. 24.

11　Dan E. Moldea, *The Killing of Robert F. Kennedy: An Investigation of Motive, Means and Opportunity*. New York 1995, S. 309. Moldea mißtraute anfangs der offiziellen Version, daß der überführte Täter, Sirhan Bihara Sirhan, für sich allein handelte und akzeptierte statt dessen die Verschwörungstheorie in bezug auf eine zweite Tatwaffe und ein weitreichenderes Komplott. Gründliche Nachforschungen einschließlich eines aufschlußreichen Interviews mit Sirhan selbst führten ihn dann jedoch zu dem Schluß, daß Sirhan Einzeltäter war. »Ich verstehe jetzt, daß selbst Ordnungskräfte ... Fehler machen.« Moldea stellte fest, daß er ursprünglich von den Behörden zu viel erwartet hatte. »Wenn man nicht gelegentliche amtliche Fehler und Inkompetenz in Rechnung stellt, dann könnte fast jeder ... politische Mord nach einem Komplott aussehen, vor allem wenn eine private Nachforschung – mit begrenzten Zugangsmöglichkeiten und Ressourcen – nach einem Komplott sucht« (S. 307).

12　KAH, *En Route to Global Occupation*, S. 24.

13　Edward Crankshaw, *Khrushchev Remembers*, übers. und hrsg. von Strobe Talbott. Boston 1970, S. 596, 300.

14　Zhisui Li, *The Private Life of Chairman Mao: The Memoirs of Mao's Personal Physician*, übers.v. Hung-chao Tai. New York 1994, S. 585. Li fährt fort: »Ich sah mich als Arzt der Gesundheit des Vorsitzenden verpflichtet. Er sah mich als einen Feind.«

15　*The Los Angeles Times*, 20. Oktober 1996.

16　Jahre zuvor hatte Webb als Redaktionsmitglied des *Cleveland Plain Dealer* in dieser Zeitung geschrieben, daß die Betreiber des Cleveland Grand Prix-Rennens, in Verletzung ihres Vertrages mit der Stadt, fast eine Million Dollar der Renneinnahmen abgezweigt hatten. Die Betreiber des Rennens strengten 1990 eine Leumundsklage gegen den *Plain Dealer* an und erhielten 13,6 Millionen Dollar Schadenersatz zugesprochen, einigten sich aber mit der Zeitung gegen Zahlung einer nicht genannten Summe.

17　LYNDON H. LAROUCHE, JR. *The Power of Reason: 1988, An Autobiography*. New York 1987, S. 181f.

18　Léon Poliakov, *Histoire de l'Antisemitisme de Voltaire à Wagner*. Paris 1968. Bd. 3, S. 337. Dt. *Die Geschichte des Antisemitismus*. Frankfurt a.M.

19　Laqueur, *Black Hundred*, S. xv.

20　Das erklärt, warum die Nazis den Terminus von 1935 nicht benutzten, weil sie die Araber nicht befremden wollten.

21　C. H. DOUGLAS im Jahr 1939, zitiert in Michael B. Stein, *The Dynamics of Right-Wing Protest: A Political Analysis of Social Credit in Quebec*. Toronto 1973, S. 34 Anm. 50.

22　W. MARR. *Vom jüdischen Kriegsschauplatz. Eine Streitschrift*. Bern 1879, S. 39.

23　V. SKURLATOV, *Sionism i Aparteid*. Kiew 1975. S. 42. Zitiert in Yaacov Tisgelman, »›The Universal Jewish Conspiracy‹ in Soviet Anti-Semitic Propaganda, in Theodore Freedman, Hrsg., *Antisemitism in the Soviet Union: Its Roots and Consequences*. New York 1984, S. 416.

24　Johannes Rogalla von Bieberstein, *Die These der Verschwörung 1776–1945:*

Philosophes, Freimaurer, Juden, Liberale und Sozialisten als Verschwörer gegen die Sozialordnung. Bern 1976, S. 51.

25 CHARLES LOUIS CADET DE GASSICOURT, *Le Tombeau de Jacques Molay, ou, Le secret des conspirateurs, à ceux qui veulent tout savoir.* Paris [1792].

26 George Johnson, *Architects of Fear: Conspiracy Theories and Paranoia in American Politics.* Los Angeles 1983, S. 24.

27 McLaughlin Report, 26. August 1990.

28 *Komsomolskaya Prawda*, 4. Oktober 1967.

29 *The Washington Post*, 3. Februar 1984.

30 Michael Billig, »*Antisemitic Themes and the British Far Left*«, in Carl F. Graumann und Serge Moscovici, Hrsg., *Changing Conceptions of Conspiracy.* New York 1987, S. 132.

31 *The Protocols of the Meetings of the Elders of Zion.* Übers. v. Victor Marsden. London 1923. S. 34. Dt. *Die Protokolle der Weisen von Zion* herausgegeben von Gottfried zur Beck. München 1930. Diese Angst spiegelt den Ursprung der *Protokolle* in den 1890er Jahren, als in westeuropäischen Großstädten die ersten Untergrundbahnen gebaut wurden, und die Beunruhigung in antisemitischen Kreisen über die große Zahl jüdischer Aktionäre bei der Pariser Métro.

32 Charles Paul Freund, »If History Is a Lie«, *The Washington Post*, 19. Januar 1992.

33 Ein Ausländer, der lange Jahre in Haiti lebte, zitiert in Douglas Farch, »Letter from Haiti: Reality Check«, *The Washington Post*, 7. Dezember 1993.

34 Zitiert in Gershom Scholem, »Toward an Understanding of the Messianic Idea in Judaism«, in *The Messianic Idea in Judaism.* New York 1971, S. 29.

35 Zitiert in ebd., S. 342f.

36 J. M. Roberts, *The Mythology of the Secret Societies.* New York 1972, S. 101.

37 Paul Goodman, *Towards a Christian Republic: Antimasonry and the Great Transition in New England, 1826–1836.* New York 1988, S. 21.

38 DER GRAF VON BEACONSFIELD [BENJAMIN DISRAELI], *Coningsby, Or the New Generation.* Neue Ausgabe. London 1891. S. 250. In späteren Jahren wurde es weithin so verstanden, daß die »mächtige Revolution« bald darauf eintrat, nämlich 1848.

39 Ebd., S. 252. Die einflußreichste englische Ausgabe der *Protokolle der Weisen von Zion* zitiert diese Stelle in der Einleitung und zieht dann den Schluß, daß »diese Persönlichkeiten allesamt Juden waren«. *The Protocols of the Meetings of the Elders of Zion.* London 1923, S. 9.

40 Benjamin Disraeli, *Lord George Bentinck: A Political Biography.* London 1852, S. 9.

41 *Hansard's Parliamentary Debates* [House of Commons], 14. Juli 1854, col. 774.

42 *The Times* [London], 27. November 1875.

43 Zitiert in HENRY WICKHAM STEED, *The Habsburg Monarchy.* 2. Aufl. London 1914, S. 169.

44 CARROLL QUIGLEY, *Tragedy and Hope: A History of the World in Our Time.* New York 1966, S. 950. Siehe S. 132f, 582f, 945ff, 991f zu Einzelheiten über Toynbee Hall, »Milner's Kindergarten«, den »Cliveden Set«, den Rhodes Trust und die Round Table-Kreise.

45 Richard Hofstadter, »The Paranoid Style in American Politics«, in Richard Hofstadter, *The Paranoid Style in American Politics and Other Essays.* New York

1967, S. 36. Hofstadter scheint den Terminus »paranoider Stil« geprägt zu haben.

46 August Wolfsteig, *Bibliographie der freimaurerischen* Literatur. Leipzig 1923.

47 Bill Alexander, der ehemalige Assistent District Attorney von Dallas, über das Kennedy-Attentat, zitiert in Gerald Posner, *Case Closed: Lee Harvey Oswald and the Assassination of JFK.* New York 1993, S. 467.

48 *The New York Times,* 4. März 1995. Diese »historischen Primärquellen« sind in Wahrheit Sekundärquellen, und sie mischen unterschiedslos legitime Forschungsarbeiten mit solch abgestandenen verschwörungstheoretischen Materialien wie die hier erwähnten Bücher von ANATOLI GOLIZIN, JOHN ROBISON, und NESTA WEBSTER.

49 ISAIAH BEN-DASAN [Pseud. f. SHICHIHEI YAMAMOTO], *The Japanese and the Jews.* Übers. v. Richard L. Gage. Tokio 1972.

50 MICHAEL BAIGENT, RICHARD LEIGH und HENRY LINCOLN, *Holy Grail, Holy Blood.* New York 1982, S. 79, 284ff.

51 MICHAEL BAIGENT, RICHARD LEIGH und HENRY LINCOLN, *The Messianic Legacy.* New York 1986, S. 324.

52 In JOSEPH DE HAMMER-PURGSTALL, *Mysterium Baphometis Revelatum.* Wien 1818; JOSEPH VON HAMMER, *Die Geschichte der Assassinen aus morgenländischen Quellen.* Stuttgart 1818; JOSEPH VON HAMMER-PURGSTALL, *Die Schuld der Templer in Denkschriften der kaiserlichen Akademie der Wissenschaften, Philosophisch-Historische Classe.* Wien 1855, 6, 175–210.

53 Gary Sick, *All Fall Down: America's Tragic Encounter with Iran.* New York 1985, S. 33.

54 *New York Daily News,* 26. August 1988; *Rocky Mountain News,* 30. Oktober 1988.

III Die Entlarvung der Verschwörungstheorie

1 Zitiert in Martin Seymour Lipset und Earl Raab, *The Politics of Unreason: Right-Wing Extremism in America, 1790–1970.* New York 1970, S. 255.

2 Christopher Andrew und Oleg Gordievsky, *KGB: The Inside Story of Its Foreign Operations from Lenin to Gorbachev.* New York 1990, S. 475.

3 David Brion Davis macht den Vorschlag, daß »das Phänomen der Kontersubversion unabhängig von seiner Wahrheit oder Unwahrheit als eine besondere Sprach- oder Kulturform untersucht werden könnte«. Siehe die Einleitung zu dem von ihm herausgegebenen Werk *The Fear of Conspiracy: Images of Un-American Subversion from the Revolution to the Present.* Ithaca, N.Y. 1971, S. xv.

4 H.A.L. Fisher, *A History of Europe: Ancient and Medieval.* London 1935, S. vii.

5 L.B. Namier, *Avenues of History.* London 1952, S. 4.

6 David Kelley, *The Art of Reasoning.* Erweiterte Auflage, New York 1990, S. 500.

7 Gerald Posner, *Case Closed: Lee Harvey Oswald and the Assassination of JFK.* New York 1993, S. 202 Anm.

8 Kelley, *Art of Reasoning,* S. 502.

9 Niccoló Machiavelli, *Der Fürst,* Kapitel XIX.

10 Karl R. Popper, Conjectures and Refutations: *The Growth of Scientific Knowledge*. London 1963, S. 341f. (dt.: *Vermutungen und Widerlegungen. Das Wachstum der wissenschaftlichen Erkenntnis*. Tübingen 1994).

11 Davis, Einleitung zu *The Fear of Conspiracy*, S. xv.

12 Tynetta Muhammad, »$4,4 Billion Dollar Is Not Enough?«, *The Final Call*, 17. Dezember 1996. Muhammad meint wahrscheinlich nicht »implemented« [ausgeführt], sondern »implicated« [involviert].

13 Anonymus [HIERONIM ZAHOROWSKI zugeschrieben], *Monita Secreta Societatis Jesu*. Notobriage 1612 [soll heißen Krakau 1614]. Für den Text von Edwin Allen Shermans englischer Übersetzung von 1883, *The Engineer Corps of Hell: or, Rome's Sappers and Miners* siehe [http://www. infidels.org/library/modern/]. Für eine Aufstellung von gefälschten Zitaten, die von Verschwörungstheoretikern oft als Beweise verwendet werden, s. John George und Laird Wilcox, *American Extremists: Militias, Supremacists, Klansmen, Communists, and Others*. Amherst 1996, S. 383–419.

14 AGNES WATERS, zitiert in John Roy Carlson [Pseud. f. Arthur Derounian], *Under Cover: My Four Years in the Nazi Underworld of America – The Amazing Revelation of How Axis Agents and Our Enemies Within Are Now Plotting to Destroy the United States*. New York 1943, S. 280.

15 *San José Mercury News*, 18.- 20. August 1996.

16 Charles Ward, *The Times-Picayune*, 1983, zitiert in *Newsweek*, 23. Dezember 1991.

17 Saviour's Day Speech, Chicago, 26. Februar 1995.

18 Umberto Eco, *Foucault's Pendulum*. London 1990, S. 200.

19 GARY SICK, *October Surprise: America's Hostages in Iran and the Election of Ronald Reagan*. New York 1991, S. 83.

20 Zitiert in Paul Goodman, *Towards a Christian Republic: Antimasonry and the Great Transition in New England, 1826– 1836*. New York 1988, S. 58.

21 *The Protocols of the Meetings of the Elders of Zion*. Übers. v. Victor Marsden. London 1923, S. 11.

22 WILLIAM GUY CARR, *The Red Fog over America*. Willowdale, Ont. 1955, S. 6.

23 PAT ROBERTSON, *The New World Order*. Dallas 1991, S. 31.

24 NESTA H. WEBSTER, *Secret Societies and Subversive Movements*. New York 1924, S. 403.

25 LÉON MEURIN, *La Franc-Maconnerie, synagogue de satan*. Paris 1893, S. 210.

26 WILLIAM GUY CARR, *The Conspiracy to Destroy All Existing Governments and Religions*. Metairie, La.[1960], S. 14.

27 JONATHAN VANKIN, *Conspiracies, Cover-Ups and Crimes: Political Manipulation and Mind Control in America*. New York 1991, S. 221.

28 ROBERTSON, *The New World Order*. Dallas 1991, S. 95.

29 Zitiert in Carlston, *Under Cover*, S. 458.

30 Lipset und Raab, *Politics of Unreason*, S. 62.

31 Richard Hofstadter, »The Paranoid Style in American Politics«, in Richard Hofstadter, *The Paranoid Style in American Politics and Other Essays*. New York 1967, S. 29.

32 Karl R. Popper, *The Open Society and Its Enemies*. 5. Revid. Auflage. Princeton

1966. Bd. 2, S. 95. Dt. *Die offene Gesellschaft und ihre Feinde.* Tübingen, 7. verb.
Auflage 1992.

33   ROBERTSON, *Geplante Neue Welt*, S. 9.

34   WILLIAM GUY CARR, *Pawns in the Game*, 2. Auflage, Toronto 1956, S. 86.

35   Zitiert in Michael Billig, *Fascists: A Social Psychological View of the National
Front.* London 1978, S. 315f.

36   *The New York Times*, 31. Mai 1995.

37   Zitiert in Andrew und Gordievsky, *KGB*, S. 118.

38   *The Thunderbolt*, zitiert in Lipset und Raab, *Politics of Unreason*, S. 282.

39   Bernard Bailyn, *The Ideological Origins of the American Revolution.* Cambridge,
Mass., S. 93.

40   Steven Emerson, »Ross Perot's Conspiracy Fever – and Ours«, *The Wall Street
Journal*, 28. Oktober 1992.

41   Richard Pipes, Einleitung zu Richard Pipes, Hrsg., *The Unknown Lenin: From
the Secret Archive.* New Haven 1996, S. 13.

42   Zitiert in Andrew und Gordievsky, *KGB*, S. 127f.

43   *The Protocols of the Elders of Zion*, S. 32.

44   NESTA H. WEBSTER, *World Revolution: The Plot Against Civilisation.* London
1921, S. 95. Für Weiteres in diesem Sinne s. JUNE GREM, *Karl Marx, Capitalist.*
Oak Park, Ill. [1972].

45   OSWALD SPENGLER, *Der Untergang des Abendlandes: Umrisse einer Morphologie
der Weltgeschichte.* München 1922, Bd. 2, S. 502.

46   ROBERT WELCH in *American Opinion*, November 1966. Zitiert in George
Johnson, *Architects of Fear: Conspiracy Theories and Paranoia in American Politics.*
Los Angeles 1983, S. 134.

47   ROBERTSON, *The New World Order*, S. 31. Bei anderer Gelegenheit betont
Robertson diese Kollusion mit dem Hinweis, daß die Banker und die Kommunisten »große Ziele« gemeinsam haben« (ebd., S. 71). S. auch S. 177f.

48   JOHN LOFTUS und MARK AARONS, *The Secret War against the Jews: How We-
stern Espionage Betrayed the Jewish People.* New York 1994, S. 4.

49   Zitiert in James V. Compton, *The Swastika and the Eagle: Hitler, the United States
and the Origins of World War II.* Boston 1967, S. 32.

50   Zitiert in ebd., S. 34.

51   DAN SMOOT, *The Invisible Government*, 2. Auflage Boston 1977, S. 131. Auf
S. 130 gibt Smoot zu, daß »der Council kein Besitzrecht über seine Mitglieder
hat«.

52   SIDNEY und BEATRICE WEBB, *Soviet Communism: A New Civilisation?* New
York 1936, Bd. 1, S. 282 Anm. 2.

53   Für ihre Aussagen wie die anderer ausländischer Beobachter siehe Robert
Conquest, *The Great Terror: A Reassessment.* New York 1990, S. 499–513 (dt.:
Der Große Terror. Sowjetunion 1934–1938. München 1993).

54   WILLIAM GUY CARR, *Pawns in the Game.* 2. Aufl., Toronto 1956, S. 151, 147.

55   LOUIS J. HALLE, *The Cold War as History.* New York 1967, S. 414.

56   ROBERT JEWETT, *The Captain America Complex: The Dilemma of Zealous Nationalism.* Philadelphia 1973, S. 132.

57   JOEL KOVEL, *Red Hunting the Promised Land: Anticommunism and the Making of
America.* New York 1994, S. xi.

58 Zitiert in JONATHAN VANKIN, *Conspiracies, Cover-Ups and Crimes: Political Manipulation and Mind Control in America*. New York 1991, S. 100f. Vankin selbst »sieht Verschwörungstheorien als die Materie, mit der die herkömmliche Politikwissenschaft zu befassen sich verweigert« (S. 251).

59 Im Englischen war das klassische Werk John Clelands Geschichte von Fanny Hill in *Memoirs of a Woman of Pleasure*. London 1749. [Dt. *Die Memoiren der Fanny Hill*, Hamburg 1980.] Über dieses und ähnliche Bücher s. Lynn Hunt, Hrsg., *The Invention of Pornography: Obscenity and the Origins of Modernity, 1500–1800*. New York 1993, S. 31f.

60 Richard S. Levy sieht sich genötigt, dem Leser zu versichern, daß seine Auswahl aus den *Protokollen der Weisen von Zion* keinen Schaden anrichten wird: »Ein kurzer Ausschnitt aus dem Text der *Protokolle* wird hier gebracht zur Förderung des Verständnisses beim Leser, er wird jedoch denen wenig nutzen, die die *Protokolle* mit den gewöhnlichen destruktiven Zielen verbreiten.« Vorwort zu Benjamin W. Segel, *Welt-Krieg, Welt-Revolution, Welt-Verschwörung, Welt-Oberregierung*. Berlin 1926. Übers. und hrsg. von Richard S. Levy, *A Lie and a Libel: The History of the Protocols of the Elders of Zion*. Lincoln 1966, S. ix.

61 Billig, *Facists*, S. 300.

62 Zitiert in Armin Pfahl-Traughber, *Der antisemitisch-antifreimaurerische Verschwörungsmythos in der Weimarer Republik und im NS-Staat*. Wien 1993, S. 39. Schirach wurde zu zwanzig Jahren Haft verurteilt.

63 Richard S. Levy, *Antisemitism in the Modern World: An Anthology of Texts*. Lexington, Mass. 1991, S. 2.

IV Die Ursprünge: Bis 1815

1 Zitiert in James Parkes, *The Jews in the Medieval Community*. 2. Auflage New York 1976, S. 334.

2 Zitiert in Malcom Barber, *The Trial of the Templars*. Cambridge (England) 1978, S. 45.

3 Salo Wittmayer Baron, *A Social and Religious History of the Jews*. Bd. 4: *Meeting of East and West*. 2. Auflage New York 1957, S. 94f.

4 Manche Autoren verfolgen sie bis auf die Uranfänge zurück: »Wenn die Chronologie des Ersten Buches Mose zutrifft, dann war Verschwörung die erste spontane Handlung, in der irgendwelche Geschöpfe nach der Schöpfung zusammenkamen, sie wäre noch älter als der Geschlechtsverkehr, der nicht vor dem vierten Kapitel in Erscheinung tritt.« Robert Wernick, »Don't Look Now – But All Those Plotters Might Be Hiding under Your Bed«, *Smithsonian*, März 1995, S. 109.

5 Origenes, *Contra Celsum*, S. 4, 23, zitiert in Léon Poliakov, *Geschichte des Antisemitismus*, Frankfurt. Bd I.

6 Robert Chazan, *European Jewry and the First Crusade*. Berkeley 1965, S. 64.

7 Zitiert in ebd., S. 78f.

8 Ebd., S. 132.

9 Poliakov, *History of Antisemitism*, Bd. I., S. 62.

10 Norman Cohn, *Warrant for Genocide. The Myth of the Jewish World Conspiracy and the Protocols of the Elders of Zion*. New York 1969, S. 254.

11 Martin Luther, »Von den Juden und ihren Lügen« in: *Sämtliche Schriften*, hrsg. von J. G. Walch. [Nachdruck] Groß-Oesingen 1986. Bd. XX. Kolumne 1984, 1989

12 Ebd., Kolumne 2010

13 Mark R. Cohen, *Under Crescent and Cross: The Jews in the Middle Ages*. Princeton 1994, S. xix.

14 »*Abd al-Masih al-Kindi, Ar-Risala*«, ins Lateinische übers., zitiert in Salo Wittmayer Baron, *A Social and Religious History of the Jews*. Bd. 5: *High Middle Ages, 500–1200*, 2. revid. Auflage New York 1957, S. 124.

15 Luther, »Von den Juden und ihren Lügen«, Walch, XX, Kolumne 2015.

16 Allan Harris Cutler und Helen Elmquist Cutler, *The Jew As Ally of the Muslim: Medieval Roots of Anti-Semitism*. Notre Dame 1986, S. 82.

17 Ebd., S. 96,6.

18 Marion Melville, »Les Débuts de l'Ordre du Temple« in Josef Fleckenstein und Manfred Hellman, Hrsg., *Die geistlichen Ritterorden Europas*. Sigmaringen 1986, S. 23.

19 Zitiert in Barber, *Trial of the Templars*, S. 11.

20 Ebd., S. 246. Andere finden die Templer nicht schuldig: »Die Geschichte, die sie erzählten, fügen sich nicht zu einer zusammenhängenden Darstellung einer Ketzerei.« Joseph R. Strayer, *The Reign of Philip the Fair*. Princeton 1980, S. 291.

21 DENIS LEBEY DE BATILLY (1551–1607), *Traicte de l'origine des ancient Assassins porte-couteaux* (Lyon 1603) ist allem Anschein nach der erste, der die Herkunft der Templer bis auf die Zeit Alexanders des Großen zurückverfolgt.

22 Umberto Eco, *Foucault's Pendulum*. London 1990, S. 375.

23 Peter Partner, *The Murdered Magicians: The Templars and Their Myth*. Oxford 1982, S. 101.

24 In ähnlicher Weise konzentriert die russische Rechte sich mehr auf die Juden als die Chinesen, befassen die Araber und Iraner sich mehr mit Israel als mit Indien und erregen die amerikanischen Milizionäre sich über die Vereinten Nationen statt über die Drogenhändler.

25 MESTA H. WEBSTER, *World Revolution: The Plot Against Civilization*. London 1921, S. 4.

26 JOHN J. ROBINSON, *Born in Blood: The Last Secrets of Freemasonry*. New York 1989, S. xix.

27 Mervyn Jones, »Freemasonry« in Norman MacKenzie, Hrsg., *Secret Societies*. New York 1967, S. 167.

28 Zitiert in J. M. Roberts, *The Mythology of Secret Societies*. New York 1972, S. 54.

29 Im Jahr 1958 gab Pius XII. der Freimaurerei die Schuld für den »modernen Niedergang des religiösen Glaubens«. 1983 bekräftigte Joseph Kardinal Ratzinger auf Geheiß von Papst Johannes Paul II. diese Verurteilung in einem Schriftstück der Heiligen Kongregation für die Glaubenslehre: »Das negative Urteil der Kirche in bezug auf freimaurerische Vereinigungen bleibt unverändert … Die [katholischen] Gläubigen, die sich in freimaurerischen Vereinigungen als Mitglieder einschreiben, befinden sich in einem Zustand schwerer Sünde und dürfen die Heilige Kommunion nicht empfangen.«

30 NICHOLAS BONNEVILLE (1760–1828) macht das zum Hauptthema seines Werkes *Les Jésuites chassés de la Maconnerie, et leur poignard par les Maçons.* 2 Bde., Paris 1788.

31 ABBÉ LARUDAN, *Les Franc-Macons Écrasés.* Amsterdam 1747.

32 Zitiert in Paul Goodman, *Towards a Christian Republic: Antimasonry and the Great Transition in New England, 1826–`1836.* New York 1988, S. 237.

33 Für Details s. Richard van Dülmen, *Der Geheimbund der Illuminaten.* Stuttgart 1977. Für eine weniger ablehnende Haltung s. James H. Billington, *Fire in the Minds of Men: Origins of the Revolutionary Faith.* New York 1980, S. 94ff.

34 Klaus Epstein, *Die Ursprünge des Konservatismus in Deutschland.* Berlin 1973. S. 599.

35 Partner, *Murdered Magicians,* S. 126.

36 Anonymus [MARQUIS DE LUCHET], *Essai sur la secte des Illuminés.* Paris 1788, S. 46. Die Verwirrung um den [engl.-frz.] Begriff *illuminist* [aufklärerisch] hat viel zum Nimbus der Illuminaten beigetragen, so daß diese kleine Organisation selbst dort aktiv erscheint, wo sie überhaupt nicht präsent ist.

37 Roberts, *Mythology of Secret Societies,* S. 134, 144.

38 René le Forestier, *Les Illuminés de Bavière et la Franc-maconnerie allemande.* Paris 1914, S. 613, 622.

39 Vernon Stauffer, *New England and the Bavarian Illuminati.* New York 1918, S. 113.

40 WEBSTER, *World Revolution,* S. 289.

41 Zitiert in Donald Warren, *Radio Priest: Charles Coughlin, the Father of Hate Radio.* New York 1996, S. 132f.

42 WILLIAM GUY CARR, *Pawns in the Game.* 2. Auflage Toronto 1956, S.13.

43 ROBERT WELCH in *Birch Society Bulletin,* August 1968. Zitiert in Seymour Martin Lipset und Earl Raab, *The Politics of Unreason: Right-Wing Extremism in America, 1790–1970.* New York 1970, S. 253.

44 PAT ROBERTSON, *The New World Order.* Dallas 1991, S. 180.

45 ANONYMUS, *Théorie des Conspirateurs.* Paris 1797(!), S. 6. Zitiert in Johannes Rogalla von Bieberstein, *Die These von der Verschwörung 1776–1945: Philosophes, Freimaurer, Juden, Liberale und Sozialisten als Verschwörer gegen die Sozialordnung.* Bern 1976, S. 56.

46 WEBSTER, *World Revolution,* S. 72.

47 Roberts, *Mythology of the Secret Societies,* S. 146.

48 Stephen L. Kaplan, *The Famine Plot Persuasion in Eighteenth-Century France.* Philadelphia 1982.

49 Roberts, *Mythology of the Secret Societies,* S. 148f.

50 Zitiert in Epstein, *The Genesis of German Conservatism,* S. 537.

51 JACQUES FRANÇOIS LEFRANC, *Le Voile levé pour les curieux, ou Les secrets de la Révolution de France révélés á l'aide de la Franc-Maçonnerie.* Paris [1792]. Zur These, daß es sich hier um die früheste Darstellung handelt, s. Marcelin Défourneaux, »Complot maçonique et complot jésuitique«, *Annales historique de la Révolution Française* (1965), S. 175.

52 CHARLES LOUIS CADET DE GASSICOURT, *Le Tombeau de Jacques Molay, ou, Le secret des conspirateurs, à ceux qui veulent tout savoir.* Paris [1792]. CADET DE GASSICOURT veröffentlichte ein Jahr danach Textvarianten dieses Buches mit et-

was anderen Titeln. Im Jahr 1799 schrieb er ein Pamphlet gegen die Freimaurer, *Les Franc-Macons, ou, Les Jacobins demasqués: fragments pour l'histoire.*

53   N. DESCHAMPS, *Les Societés secrètes et la société, ou philosophie de l'histoire contem-
poraine.* 3. Auflage Avignon 1880, Bd. 1, S. 313–32, liefert reichliche Details.
See ROBINSON, *Born in Blood* für ein jüngeres Beispiel dieser Methode. Im
übrigen geht die Vorstellung, daß »jeder wahre Freimaurer ein Tempelritter
ist«, auf den Baron Hunde in den 1740er Jahren zurück.

54   JOHN ROBISON, *Proofs of a Conspiracy against All the Religions and Governments of
Europe, Carried on in the Secret Meetings of the Free Masons, Illuminati, and Reading
Societies, Collected from Good Authorities.* Edinburgh 1797. Die John Birch So-
ciety hat dieses Werk 1967 nachgedruckt, und es ist noch immer lieferbar.

55   *Porcupine's Gazette,* 14. Juli 1798. Zitiert in Vernon Stauffer, *New England and
the Bavarian Illuminati.* New York 1918, S. 285.

56   David Brion Davis, »Some Ideological Functions of Prejudice in Ante-Bellum
America«, *American Quarterly* 15 (1963), S. 119.

57   Abbé Barruel, *Mémoires pour servir à l'histoire du Jacobinisme.* London 1797/98.
Das Buch ist in jüngerer Zeit mehrfach nachgedruckt worden, unter anderem
bei der Diffusion de la Pensée Française, Chiré-en-Montreuil 1973. Über Barruel s. Sylva Schaeper-Wimmer, *Augustin Barruel, S.J. (1741– 1820). Studien zu
Biographie und Werk.* Frankfurt 1985; Michel Riquet, *Augustin de Barruel: Un
jésuite face aux Jacobins francs-maçons, 1741– 1820.* Paris 1989.

58   Le Forestier, *Les Illuminés de Bavière,* S. 688.

59   Brief vom 1. Mai 1797, in R.B. McDowell, Hrsg., *The Correspondence of Edmund Burke.* Cambridge (England) 1970, Bd. 9, S. 319.

60   Walter Edwin Peck, »Shelley and the Abbe Barruel«, *Modern Language Association of America, Publications* 36 (1921), S. 348.

61   Thomas De Quincey, »Secret Societies«, in David Masson, Hrsg., *The Collected
Writings of Thomas de Quincey.* London 1897, Bd. 7, S. 173– 185. Dieser Artikel
erschien zuerst in *Taft's Magazine* im Jahre 1847.

62   »[C]elle pourriture de l'illuminisme est un effect et non un cause«, zitiert in
Roberts, *Mythology of the Secret Societies,* S. 296.

63   Jean-Joseph Mounier, *De l'influence attribuée aux Philosophes, aux Franc-Maçons
et aux Illuminés sur la Révolution Française.* Tübingen 1801. Engl. Übersetzung v.
J. Walker, *The Influence Attributed to Philosophers, Free-Maçons, and to the Illuminati on the Revolution in France.* London 1801, S. v.

64   George Farquhar, *The Beaux' Stratagem,* 4. Akt, 1. Szene.

65   Jacques Droz, »La Légende du complot illuministe et les origines du romanti-
cisme politique en Allemagne«, *Revue historique* 226 (1961), S. 313–338.

66   Partner, *Murdered Magicians,* S. 131.

67   Roberts, *Mythology of the Secret Societies,* S. 193.

68   JOHANN AUGUST STARCK, *Der Triumph der Philosophie im 18. Jahrhundert.*
2 Bde., Augsburg 1803. Zuvor hatte er veröffentlicht *Über die alten und neuen
Mysterien.* Berlin 1782.

69   Léon Poliakov, *The History of Antisemitism,* Bd. 3, New York 1975, S. 221 (dt.:
Die Geschichte des Antisemitismus. Frankfurt a. M.)

70   Für Simoninis Brief s. »Les Souvenirs du P. Grivel sur les PP. Barruel et Feller«,
Le Contemporain, Juli 1878, S. 58–61. De Barruel hatte bereits in dieser Rich-

tung zu denken begonnen. Eine Fußnote der deutschen Übersetzung seiner *Memoires*, die im Jahre 1800 erschien, spricht von der »Jüdischheit der Freimaurer«. Augustin de Barruel, *Denkwürdigkeiten zur Geschichte des Jakobinismus*, 4 Bde., Münster 1800–1803, Bd. I, S. 349.

71 Poliakov, *The History of Antisemitism*, Bd. 3, S. 283.

72 Cohn, *Warrant for Genocide. London 1967*, S. 30.

V Die Blütezeit: 1815–1945

1   WERNER SOMBART, *Die Juden und das Wirtschaftsleben*, Leipzig 1911, S. 112.

2   Bericht über eine Unterhaltung v. 14. Dezember 1940, zitiert in Donald Warren, *Radio Priest: Charles Coughlin, the Father of Hate Radio*. New York 1996, S. 113.

3   Obwohl dieses berühmte Diktum eine Empfindung des 19. Jahrhunderts einfängt, wurde es 1929 vom amerikanischen Außenminister Henry L. Stimson ausgesprochen, als er die »Black Chamber« schloß, das Dekodierungsamt im Außenministerum.

4   J. M. Roberts, *The Mythology of Secret Societies*. New York 1972, S. 347.

5   Richard Pipes, *The Russian Revolution*. New York 1990, S. 142. Andere Forscher halten die Assassinaten, eine muslimische Gruppe des Mittelalters, für die erste politische Terrororganisation.

6   Vladimir Dedijer, *The Road to Sarajevo*. New York 1966, S. 178.

7   Roberts, *The Mythology of Secret Societies*, S. 222.

8   Ebd., S. 300, 14.

9   Peter Partner, *The Murdered Magicians: The Templars and Their Myth*. Oxford 1982, S. 168.

10 Dedijer, *The Road to Sarajevo*, S. 499ff.

11 FRIEDRICH WICHTL, *Weltfreimaurerei –Weltrevolution – Weltrepublik: Eine Untersuchung über Ursprung und Endziele des Weltkrieges*. München 1919, S. 183.

12 »Die Freimaurerei als Generalstab des Marxismus«, *Völkischer Beobachter*, 15. März 1927.

13 Nirad C. Chaudhuri, *Autobiography of an Unknown Indian*. Berkeley 1968, S. 104. Ähnlich, »Wir hörten, daß die Engländer die Schlacht von Waterloo gewannen, indem sie Grouchy bestachen« (ebd.).

14 *Al-Ahram* (Kairo), 21. Mai 1993.

15 Dieser Absatz stützt sich auf Dan Diner, *America in the Eyes of the Germans: An Essay on Anti-Americanism*. Princeton 1997, besonders S. 55ff.

16 J. A. HOBSON, *Imperialism: A Study*. 3. Auflage London 1968, S. 46, 48, 53, 57.

17 W. I. LENIN, »Vorwort«, datiert 1920, in *Der Imperialismus als höchstes Stadium des Kapitalismus. Gemeinverständlicher Abriß*. Berlin 1989.

18 Dan Diner, *America in the Eyes of the Germans*, S. 64.

19 ANDRE GUNDER FRANK, *Capitalism and Underdevelopment in Latin America*. New York 1967; IMMANUEL WALLERSTEIN, *The Modern World System*, 3 Bde., San Diego 1974–1989.

20 HEINRICH AUGUST WINKLER, Hrsg., *Organisierter Kapitalismus. Voraussetzungen und Anfänge*. Göttingen 1974, S. 7.

21 SIR JOHN RETCLIFFE [Pseud. f. HERMANN GOEDSCHE], *Biarritz, historisch-politischer Roman.* Berlin 1868.

22 Binjamin W. Segel, *Welt-Krieg, Welt-Revolution, Welt-Verschwörung, Welt-Oberregierung.* Berlin 1926. Übers. und hrsg. von Richard S. Levy, *A Lie and a Libel: A History of the Protocols of the Elders of Zion.* Lincoln 1966, S. 75.

23 Für diese und andere Schlüsseltexte in englischer Übersetzung s. Herman Bernstein, *The Truth about the* ›*The Protocols of Zion*‹: *A Complete Exposure.* New York 1935.

24 Für eine informierte abweichende Meinung, die Rachkowski für ein »riesiges Ablenkungsmanöver« hält und die Verantwortung auf Yuliana Glinka legt, s. James Webb, *The Occult Establishment,* Bd. 2 von *The Age of the Irrational.* La Salle, Ill. 1976, 4. Kapitel.

25 *The Protocols of the Meetings of the Learned Elders of Zion.* Übers. v. Victor Marsden. London 1923, S. 22, 27, 41.

26 SERGEJ ALEXANDROWITSCH NILUS, *Velkoe v Malom i Antikrist, kak Blizkaia Politicheskaia Voznozhnost.* 3. Auflage, Tsarskoje Zelo 1905. »Antichrist« bedeutet hier »globale jüdische Hegemonie«.

27 Laut einer Zählung sind die *Protokolle* in den 1950er Jahren 8mal, in den 1960ern 16mal, in den 1970ern 23mal, in den 1980ern 20mal und in den frühen 1990ern 4mal neu aufgelegt worden − anders gesagt: Seit Hitlers Selbstmord alle acht Monate einmal.

28 Umberto Eco, *Foucault's Pendulum.* London 1990, S. 490.

29 DIETRICH ECKART, *Der Bolschewismus von Moses bis Lenin: Zwiegespräch zwischen Adolf Hitler und mir.* München 1924.

30 JENS JÜRGENSEN, *Die entdeckten* ›*Henker und Brandstifter der Welt*‹ *und ihr 2000jähriges Verschwörungssystem: Der Schlüssel zur Weltgeschichte und Weltpolitik, aus Geheimarchiven und Bekenntnissen von einem Eingeweihten.* München 1928.

31 WILLIAM GUY CARR, *Pawns in the Game.* 2. Auflage, Toronto 1956, S. 114.

32 GRIGORY KLIMOFF, ein Interview in *Moladaya Guardia,* berichtet in *The Forward,* 19. Juli 1991. Dagegen bezeichneten die Nazis Roosevelt als »den Freimaurerpräsidenten«. Zitiert in Armin Pfahl- Traughber, *Der antisemitisch-antifreimaurerische Verschwörungsmythos in der Weimarer Republik und im NS-Staat.* Wien 1993, S. 111.

33 *Komsomolskaya Prawda,* 4. Oktober 1967.

34 Marx machte den Juden in mehrerer Hinsicht zu schaffen: der Atheismus verweigerte ihnen im Sowjetblock ihr Erbe, die Linke übernahm seine antijüdische Haltung, die Rechte sah ihn als Juden und machte das jüdische Intrigieren für den Sozialismus verantwortlich. (Er war als Jude geboren, doch sein Vater ließ ihn mit sechs Jahren protestantisch taufen.)

35 Der Buchtitel wird zitiert in David G. Goodman und Masanori Miyazawa, *Jews in the Japanese Mind: The History and Uses of a Cultural Stereotype.* New York 1995, S. 245.

36 HOBSON, *Imperialism,* S. 57.

37 *The Pakistan Times,* 4. Februar 1991.

38 THE HISTORICAL RESEARCH DEPARTMENT, *The Secret Relationship between Blacks and Jews.* Boston 1991, Bd. 1, S. 111.

39 David Brion Davis, Einleitung zu David Brion Davis, Hrsg., *The Fear of Con-*

spiracy: Images of Un-American Subversion from the Revolution to the Present. Ithaca, N. Y. 1971, S. xiii.

40 David Brion Davis, *The Slave Power Conspiracy and the Paranoid Style.* Baton Rouge 1969, S. 3f.

41 Bernard Bailyn, *The Ideological Origins of the American Revolution.* Cambridge, Mass., S. ix.

42 Ebd., S. 95.

43 Ebd., S. 121.

44 Zitiert in ebd., S. 119.

45 Ira D. Gruber, »The American Revolution as a Conspiracy: The British View«, *William and Mary Quarterly,* 3. Folge, 26 (1969), S. 369.

46 Robert S. Levine, *Conspiracy and Romance. Studies in Brockden Brown, Cooper, Hawthorne and Melville.* Cambridge (England) 1989, S. 5.

47 Text in Felix Gilbert, *To the Farewell Address: Ideas of Early American Foreign Policy.* Princeton 1961, S. 147.

48 Proklamation v. 6. März 1799 in Charles Francis Adams, Hrsg., *The Works of John Adams, Second President of the United States: With A Life of the Author, Notes and Illustrations.* Boston 1854, Bd. 9, S. 172.

49 Alexander Hamilton, »The Public Conduct and Character of John Adams, Esq., President of the United States«, in Henry Cabot Lodge, Hrsg., *The Works of Alexander Hamilton.* New York 1904, Bd. 7, S. 324.

50 Zitiert in William Preston Vaughn, *The Antimasonic Party in the United States, 1826–1843.* Lexington 1983, S. 15.

51 Zitiert in Paul Goodman, *Towards a Christian Republic: Antimasonry and the Great Transition in New England, 1826–1836.* New York 1988, S. 57.

52 David Brion Davis, »Some Ideological Functions of Prejudice in Ante-Bellum America«, *American Quarterly* 15 (1963), S. 124.

53 Serge Moscovici, »The Conspiracy Mentality«, in Carl F. Graumann und Serge Moscovici, Hrsg., *Changing Conceptions of Conspiracy.* New York 1987, S. 153.

54 Zitiert in Pfahl-Traughber, *Der antisemitisch-antifreimaurerische Verschwörungsmythos,* S. 55.

55 Webb, *Occult Establishment,* S. 295.

56 WILLIAM DUDLEY PELLEY, »This Book«, in ERNEST F. ELMHURST [Pseud. f. HERMANN FLEISCHKOPF], *The World Hoax.* o.O. 1938, S. 2,3.

57 Zitiert in Webb, *Occult Establishment,* S. 130.

58 Zitiert in Robert Lacey, *The Kingdom.* London 1981, S. 386.

59 Richard Pipes, *Russia under the Bolshevik Regime.* New York 1993, S. 258.

60 Alldeutscher Verband, Deutschvölkischer Schutz- und Trutzbund, Nationalsozialistische Deutsche Arbeiterpartei, Reichshammerbund, Verband gegen Überhebung des Judentums.

61 GOTTFRIED ZUR BECK [Pseud. f. LUDWIG MÜLLER VON HAUSEN], *Geheimnisse der Weisen von Zion.* Charlottenburg 1919. Obwohl auf 1919 datiert, erschien dieses Buch 1920.

62 HENRY WICKHAM STEED, »A Disturbing Pamphlet: A Call for Enquiry«, *The Times,* 8. Mai 1920. Jene »unheimlichen« Prophezeiungen waren nicht 1897 geschrieben, sondern 1919 und dann dem Text hinzugefügt worden.

63 Für Einzelheiten über die bemerkenswerte Wirkung dieses Artikels s. Pierre-André Taguieff, *Les Protocols des Sages de Sion*. Paris 1992, Bd. 1, S. 39–98.

64 ALFRED ROSENBERG, *Die Protokolle der Weisen von Zion und die jüdische Weltpolitik*. München 1923.

65 Segel, *Welt-Krieg*, S. 62.

66 Zitiert in Pfahl-Traughber, *Der antisemitisch-antifreimaurerische Verschwörungsmythos*, S. 109.

67 Zitiert in Christopher Andrew und Oleg Gordievsky, *KGB: The Inside Story of Its Foreign Operations from Lenin to Gorbachev*. New York 1990, S. 46.

68 Edward Crankshaw, *Khrushchev Remembers*, übers. und hrsg. von Strobe Talbott. Boston 1970, S. 309

69 Zitiert in Edvard Radzinsky, *Stalin*, übers. von H.T. Willem. New York 1996, S. 448.

70 Léopold Trepper in Zusammenarbeit mit Patrick Rotman, *Le Grand jeu*. Paris 1975, ins Engl. übers. als *The Great Game: Memoirs of the Spy Hitler Couldn't Silence*. New York 1977, S. 39.

71 *Prawda*, 29. Mai 1948. Zitiert in Amitzur Ilan, *The Origins of the Arab-Israeli Arms Race: Arms, Embargo, Military Power and Decision in the 1948 Palestine War*. New York 1996, S. 246.

72 Louis Rapoport, *Stalin's War against the Jews: The Doctors' Plot and the Soviet Solution*. New York 1990, S. viii.

73 Ebd., S. 158.

74 Radzinsky, *Stalin*, S. 551.

75 ERICH LUDENDORFF, *Kriegshetze und Völkermorden in den letzten 150 Jahren im Dienste des »allmächtigen Baumeisters aller Welten«*. München 1928, S. 29.

76 MATHILDE LUDENDORFF, *Erlösung von Jesu Christu*. München 1935, S. 245. Auf Englisch erschien ein Abriß unter dem Titel *Getting Rid of Jesus Christ*. London [1937].

77 Zitiert in Carlson, *Under Cover*, S. 37.

78 Pfahl-Traughber, *Der antisemitisch-antifreimaurerische Verschwörungsmythos*, S. 92.

79 REINHARD HEYDRICH, zitiert in Pfahl-Traughber, *Der antisemitisch-antifreimaurerische Verschwörungsmythos*, S. 99.

80 Der Kongreßabgeordnete JOHN E. RANKIN, zitiert in Carlson, *Under Cover*, S. 233f.

81 Zitiert in ebd., S. 431.

82 Zitiert oben, Anm. 11.

83 Pfahl-Traughber, *Der antisemitisch-antifreimaurerische Verschwörungsmythos*, S. 33f. Dieser Teil stützt sich in starkem Maße auf Pfahl-Traughbers gut dokumentierte Untersuchung.

84 KARL HEISE, *Die Entente-Freimaurerei und Weltkrieg: Ein Beitrag zur Geschichte des Weltkrieges und zum Verständnis der wahren Freimaurerei*. Basel 1919.

85 ERICH LUDENDORFF, *Vernichtung der Freimaurerei durch Enthüllung ihrer Geheimnisse*. München 1927.

86 Siehe Helmut Neuberger, *Freimaurerei und Nationalsozialismus. Die Verfolgung der deutschen Freimaurerei durch völkische Bewegung und Nationalsozialismus 1918–1945*. 2 Bde., Hamburg 1980. Alles andere – Linke, Intellektuelle, Gemäßigte, Finanziers – wurden als Ableger von Juden oder Freimaurern betrachtet.

87 Zitiert in Pfahl-Traughber, *Der antisemitisch-antifreimaurerische Verschwörungs-mythos*, S. 56.

88 »Das Ende der Freimaurerei in Deutschland«, *Völkischer Beobachter*, 9. August 1935.

89 Zitiert in William L. Shirer, *The Rise and Fall of the Third Reich: A History of Nazi Germany*. New York 1960. S. 784.

90 GISELHER WIRSING, *Der maßlose Kontinent. Roosevelts Kampf um die Weltherr-schaft*. Jena 1942, S. 188. Zitiert in Diner, *America in the Eyes of the Germans*, S. 95.

91 OTTO SCHÄFER, *Imperium Americanum. Die Ausbreitung des Machtbereichs der Vereinigten Staaten*. Essen 1943, S. 191. Zitiert in ebd., S. 81. Für weitere Bei-spiele siehe ebd., S. 82, 84, 95 ff., 116.

92 Zitiert in Robert C. Tucker, *Stalin in Power: The Revolution from Above, 1928–1941*. New York 1990, S. 415.

93 Hitler machte seinen Fehler ein halbes Jahr später wieder wett, als er den Ver-einigten Staaten grundlos den Krieg erklärte und damit eigentlich eine dritte Front eröffnete.

94 Dmitri Volkogonov, *Triyumf i Tragediya: politicheskii portret* I.V. Stalina. Moskau 1989, hrsg. und übers. als *Stalin: Triumph und Tragödie*. London 1991, S. 524.

95 R.J. Rummel, *Lethal Politics: Soviet Genocide and Mass Murder since 1917*. New Brunswick, N.J. 1990. Seine Auflistung endet mit 1987.

96 Andrew und Gordievsky, *KGB*, S. 114.

97 Tucker, *Stalin in Power*, S. 591.

98 Zitiert in Vokogonov, *Stalin: Triumph and Tragedy*, S. xxi.

99 Andrew und Gordievsky, *KGB*, S. 114. Siehe auch S. 128, 144, 146.

100 Nora Levin, *The Jews of the Soviet Union since 1917: Paradox of Survival*. New York 1988, S. 483.

101 Walter Laqueur, *Black Hundred: The Rise of the Extreme Right in Russia*. New York 1993, S. 103.

102 Ron Rosenbaum. »Explaining Hitler«, *The New Yorker*, 1. Mai 1995, S. 67.

103 Norman Cohn, *Warrant for Genocide: The Myth of the Jewish World Conspiracy and the Protocols of the Elders of Zion*. London 1967, S. 192.

VI Wanderung an die Peripherie: Nach 1945

1 Pavel Sudoplatov und Anatoli Sudoplatov mit Jerold L. und Leona P. Schecter, *Special Tasks: The Memoirs of an Unwanted Witness – A Soviet Spymaster*. Boston 1994, S. 4.

2 Zitiert in William Korey, »The Soviet *Protocols of the Elders of Zion*« in Theo-dore Freedman, Hrsg., *Anti-Semitism in the Soviet Union: Its Roots and Conse-quences*. New York 1984, S. 152.

3 Für einen Punkt-für-Punkt-Vergleich, der die fast identische Beschaffenheit des Antisemitismus in der zaristischen Zeit, bei den Nazis und bei den Sowjets dokumentiert, vgl. das beeindruckende Werk von Ruth Okuneva, »Anti-Se-mitic Notions: Strange Analogies« in Freedman, Hrsg., *Anti-Semitism in the Soviet Union*, S. 266–381.

4 Zitiert in Abdel Magid Farid, *Nasser: The Final Years*. Reading (England) 1994, S. 22.

5 Zitiert in Korey, »Soviet *Protocols*«, in Freedman, Hrsg., *Anti-Semitism in the Soviet Union*, S. 154.

6 TROKHYM KORNIIOVYCH KICHKO, *Judaizm bez Prykras*. Kiew 1963.

7 Josef Frolik, *The Frolik Defection*. London 1975, S. 9.

8 Zitiert in Tore Bjørgo, »Extreme Nationalism and Violent Discourses in Scandinavia: »›The Resistance‹, ›Traitors‹ and ›Foreign Invaders‹« in *Terror from the Extreme Right*, Hrsg. v. Tore Bjørgo. London 1995, S. 197.

9 James H. Hutson, »The Origins of ›The Paranoid Style in American Politics‹: Public Jealousy from the Age of Walpole to the Age of Jackson, in David D. Hall u. a., Hrsg., *Saints and Revolutionaries: Essays on Early American History*. New York 1984, S. 369. Hudson verwendet *Eifersucht* in der archaischen Bedeutung von Verdacht oder Angst.

10 Léon Poliakov, *The History of Antisemitism*. New York 1990, S. 469.

11 Julius Gould, »Impugning Israel's Legitimacy: Anti-Zionism and Antisemitism« in Robert S. Wistrich, Hrsg., *Anti-Zionism and Antisemitism in the Contemporary World*. New York 1990, S. 181.

12 Richard S. Levy, *Antisemitism in the Modern World: An Anthology of Texts*. Lexington, Mass. 1991, S. 261.

13 Michel Gurfinkiel, »Islam in France: The French Way of Life Is in Danger«, *Middle East Quarterly*, März 1997, S. 19–30.

14 Michael Billig, »The Extreme Right: Continuities in Anti-Semitic Conspiracy Theory in Post-War Europe« in Roger Eatwell und Noël O'Sullivan, Hrsg., *The Nature of the Right: American and European Policies and Political Thought since 1789*. Boston 1989, S. 162.

15 *The New York Times*, 13. August 1993.

16 Ebda., 23. September 1993.

17 Ebda., 11. Januar 1997.

18 Für Beispiele siehe Armin Pfahl-Traughber, »Die neue/alte Legende vom Komplott der Juden und Freimaurer, *Osteuropa* 41 (1991), S. 122–133.

19 John F. Dunn, »Hard Times in Russia Give Rise to Conspiracy Theories«, *Post-Soviet/East European Report*, 17. November 1992.

20 Zitiert in David Aikman, »Zyuganov the Terrible«, *The American Spectator*, Mai 1996, S. 49.

21 Ebda. Siehe auch Adrian Karatnycky, »Gennady Zyuganov: Russia's Pragmatic Extremist«, *Freedom Review*, Mai-Juni 1996 S. 27–40.

22 *The Washington Post*, 8. Dezember 1991.

23 ANATOLIY GOLITSYN, *New Lies for Old: The Communist Strategy of Deception and Disinformation*. New York 1984, S. 231.

24 In *Perestroika Deception* (London 1995) vertritt Golizin die Ansicht, daß die Leninisten Rußland immer noch unter ihrer Kontrolle haben und daß sie den Westen immens überlistet haben, so daß er nicht mehr auf der Hut gewesen ist.

25 Zitiert in David Brion Davis, Hrsg., *The Fear of Conspiracy: Images of Un-American Subversion from the Revolution to the Present*. Ithaca, N.Y. 1971, S. 279.

26 14. Juni 1951, *Congressional Record*, 82. Cong. 1st Sess., Band 97, Pt.5, S. 6602.

27 DAN SMOOT, *The Invisible Government*, 2. Auflage, Boston 1977, S. 115. PTA
    ist die Abkürzung für Parent-Teachers Association, ein Verein, der die akti-
    ve Anteilnahme der Eltern an den Schulen organisiert, die ihre Kinder besu-
    chen.

28 GARY H. KAH, *En Route to Global Occupation*. Lafayette, La. 1991, S. 36.

29 SMOOT, *Invisible Government*, S. 3, xvi.

30 Ebda. S. 14.

31 Das erklärt vermutlich, warum mein Name in JAMES PERLOFF, *The Shadows of
    Power: The Council on Foreign Relations and the American Decline* (Appleton,
    Wisc. 1998, S. 261) zitiert wird.

32 PAT ROBERTSON, *The New World Order*. Wuppertal 1993, S. 135f.

33 KAH, *En Route to Global Occupation*, S. 55.

34 ROBERT WELCH, *The Politician*. Belmont, Mass. 1963, S. 83, 17, 6.

35 Father Louis Rohr, zitiert in Donald Warren, *Radio Priest: Charles Coughlin, the
    Father of Hate Radio*. New York 1996, S. 296.

36 ROBERT K. SPEAR, *Surviving Global Slavery: Living under the New World Order*.
    Leavenworth, Kan. 1992, S. 5.

37 MURRAY ROTHBARD, zitiert in Peter Schwartz, »Libertarianism: The Perver-
    sion of Liberty« in Leonard Peikoff, Hrsg., *The Voice of Reason: Essays in Objec-
    tivist Thought*. New York 1988, S. 321.

38 BARBARA CONRY, »U.S. ›Global Leadership‹: A Euphemism for World Police-
    man« CATO Institute Policy Analysis, 5. Februar 1997.

39 *The Washington Post*, 10. April 1984.

40 *Christian Posse Comitatus Newsletter*, ohne Jahr, zitiert in Kenneth S. Stern,
    A Force upon the Plain: The American Militia Movement and the Politics of Hate.
    New York 1996, S. 50.

41 Ilan Peleg, »Censorship and Comparative Perspective: An Analytical Frame-
    work« in Ilan Peleg, *Patterns of Censorship around the World*. Boulder, Colo.
    1993, S. 7.

42 Die englische Fassung ist zu finden unter: http://www.webcom.com./-ezun-
    del/english/a.acht.html.

43 Manchmal verbreitet sich Einfluß auch in der anderen Richtung. Die
    Skinheads sind zum Beispiel ein britischer Import.

44 MARVIN S. ANTELMAN, *To Eliminate the Opiate*. New York 1974, S. 155. Titel-
    seite, S. 157.

45 *The New York Times*, 16. September 1990.

46 FOUAD AYOUB, Leserbrief in der *Washington Post*, 18. Dezember 1990, der zu
    einem angeblichen irakisch-jordanischen-jemenitischen Plan zur Eroberung
    Saudi-Arabiens Stellung nimmt.

47 *Cumhuriyet*, 13. Februar 1993.

48 Daniel Pipes, *The Hidden Hand: Middle East Fears of Conspiracy*. New York
    1996. Erst nach Erscheinen dieses Werkes bin ich auf ein anderes Buch zu die-
    sem allgemeinen Thema aufmerksam geworden: Tore Bjørgo, *Conspiracy Rhe-
    toric in Arab Politics: The Palestinian Case*. Oslo 1987. Der entscheidende Aspekt
    von Verschwörungstheorien im arabisch-israelischen Krieg im Juni 1967 wird
    ausführlich erörtert in Richard B. Parker, Hrsg., *The Six-Day War: A Retro-
    spective*. Gainesville 1996, S. 237–288.

49 »Les Souvenirs du P. Grivel sur les PP. Barruel et Feller«, *Le Contemporain*, Juli 1878, S. 58–61.

50 Walther Rathenau, *Zur Kritik der Zeit*. Berlin 1919.

51 Nach einem Buch aus dem Jahre 1956 haben »weniger als DREIHUNDERT MÄNNER« die Politik während »mehrerer Jahrhunderte« beherrscht. Siehe das Vorwort zu *Pawns in the Game* von WILLIAM GUY CARR, 2. Auflage, Toronto 1956. Amerikanische Milizen verkaufen Videobänder von *The Committee of 300*. Ein Teilnehmer am Konvent der Reform Party von Ross Perot zur Wahl eines Kandidaten für die Präsidentschaftswahlen von 1996 erzählte einem Journalisten, daß jährlich 1,4 Billionen Dollar aus den USA verschwinden. »Und wohin geht das Geld Ihrer Meinung nach?« wollte der Journalist daraufhin wissen. »Wahrscheinlich an irgendeine Art von Komitee der Dreihundert in Europa – die herrschenden Mächte oder etwas in der Richtung. Sie verwenden das Geld für ihr eigenes Progamm.« *The Wall Street Journal*, 13. August 1996.

52 Interview vom 28. September 1958. Der Textlaut findet sich in *President Gamal Abdel Nasser's Speeches and Press Interviews during the Year 1958*. Kairo 1959, S. 402.

53 NESTA H. WEBSTER, *Secret Societies and Subversive Movements*. New York 1924, S. xii, Fußnote. Der Neologismus *Antisemitismus* wurde von dem Antisemit WHILHELM MARR oder von seinen Rivalen geprägt; s. Moshe Zimmerman, *Wilhelm Marr: The Patriarch of Anti-Semitism*. New York 1986, S. 88–95, 112.

54 IBRAHIM AL-HARDALLO, *Antisemitism: A Changing Concept*. Khartum 1970, S. 9.

55 Zitiert in Richrad S. Levy, *Antisemitism in the Modern World: An Anthology of Texts*. Lexington, Mass. 1991, S. 218.

56 Voice of the Islamic Republic, 14. Februar 1993, 3. September 1993.

57 *The Jerusalem Report*, 6. Juni 1991.

58 Frank Dikötter, *The Discourse of Race in Modern China*. London 1992, S. 114.

59 Diese Definition des japanischen Antisemitismus findet sich in David G. Goodman und Masanori Miyazawa, *Jews in the Japanese Mind: The History and Uses of a Cultural Stereotype*. New York 1995, S. 11.

60 Zitiert in ebda., S. 106.

61 HOKUZAN ATAGO; zitiert in ebda., S. 107, 226, 245.

62 *Mainichi shimbun*, 12. September 1944 und *Yomiuri shimbun*, 22. Januar 1944. Zitiert in ebda., S. 108f.

63 MASAO MASUDA, geschrieben im November 1942. Zitiert in ebda. S. 120f.

64 UNO MASAMI, *Yudaya ga wakaru to Nihon ga miete kuru*. Tokio 1986, idem, und *Yudaya ga wokuru to sekai ga miete kuru*. Tokio 1986. Die beiden Buchtitel haben die Bedeutung: »Wenn Sie die Juden verstehen, verstehen Sie Japan« und »Wenn Sie die Juden verstehen, verstehen Sie die Welt.«

65 Carlos Rangel, *Del buen salvaje al buen revolucionario: mitos y realidades de America Latina*. Caracas 1976, S. 42.

66 ANDREO MATIAS, *CIA, Sendero Luminoso: Guerra politica*. Lima 1988.

67 *The New York Times*, 28. November 1988.

68 Douglas Farah, »Letter from Haiti: Reality Check«, *The Washington Post*, 7. Dezember 1993.

69 Alan Berlow, »Way Off Base«, *The New Republic*, 31. Dezember 1990.

70 *The Times of India*, 2. April 1993.

71 Mary Clabaugh Wright, *The Last Stand of Chinese Conservatism: The Tung-Chih Restoration, 1862–1874*. Stanford 1957, S. 44, n.b.

VII Zwei Traditionen des Verschwörungsdenkens

1 Armin Pfahl-Traughber, *Der antisemitisch-antifreimaurerische Verschwörungsmythos in der Weimarer Republik und im NS-Staat*. Wien 1993, S. 21.

2 Robert Welch, in *American Opinion*, November 1966. Zitiert in George Johnson, *Architects of Fear: Conspiracy Theories and Paranoia in American Politics*. Los Angeles 1983, S. 136.

3 GARY ALLEN, *None Dare Call it Conspiracy*. Rossmoor, Calif. [1972], S. 39.

4 WILLIAM GUY CARR, *The Red Fog over America*. Willowdale, Ont. 1955, S. 186.

5 NESTA H. WEBSTER, *World Revolution: The Plot against Civilization*. London 1921, S. 296, 297–304,305.

6 CARR, *Red Fog over America*, S. 4, 7. CARR behauptet auch, *goy* bedeute keineswegs »Nicht-Juden« sondern »*alle* Leute von *allen* Rassen und von *allen* Religionen«, die nicht zu den Illuminaten gehören. An anderer Stelle präsentiert WILLIAM GUY CARR, *Pawns in the Game* (2. Auflage Toronto 1956) S. 27–31, 157 die *Protokolle der Weisen von Zion* als eine »Erweiterung« einer Verschwörung, die ursprünglich von Mayer Rothschild 1773 einer Gruppe von nicht-jüdischen Bankiers und Industriellen vorgestellt wurde.

7 MILTON WILLIAM COOPER, »*Behold a Pale Horse*«. Sedona, Ariz. 1991, S. 267. Cooper druckt den kompletten Text der *Protokolle* (in der Übersetzung von Marsden) in seinem Buch ab.

8 Steven L. Kaplan, *The Famine Plot Persuasion in Eighteenth-Century France*. Philadelphia 1982, S. 2.

9 David Brion Davis, Einleitung zu David Brion Davis, Hrsg., *The Fear of Conspiracy: Images of Un-American Subversion from the Revolution to the Present*. Ithaca, N.Y. 1971, S. xv, 37.

10 Robert S. Wistrich, *Antisemitism: The Longest Hatred*. New York 1991, S. xxiv.

11 Norman Cohn, *Warrant for Genocide: The Myth of the Jewish World Conspiracy and the Protocols of the Elders of Zion*. London 1967, S. 277.

12 Serge Moscovici, »The Conspiracy Mentality« in Carl F. Graumann und Serge Moscovici, Hrsg., *Changing Conceptions of Conspiracy*. New York 1987, S. 157, 168.

13 GARY H. KAH, *En Route to Global Occupation*. Lafayette, La. 1991, S. 120. CARR, *Red Fog over America*, S. 5.

14 Wäre es da nicht sinnvoller, die Freimaurerei als ein englisches Versteckpferd zu betrachten? Immerhin ist sie in London entstanden. Doch, von einigen Nazis abgesehen, sind die Verschwörungstheoretiker sich dieser Verbindung anscheinend nicht bewußt.

15 Zitiert in ARTHUR SINGER, *Der Kampf Roms gegen die Freimaurerei: Geschichtliche Studie*. Leipzig 1925, S. 37. Der Titel dieses Buches verdient Beachtung.

Die Idee ist noch in einigen Kreisen lebendig. CARR schreibt in *Pawns in the Game*, S. 12f. folgendes: »Es waren die Illuminaten und die falschen Priester und Weisen, die von ihnen bezahlt wurden und die Verschwörung ausheckten, durch die Christus von den römischen Soldaten hingerichtet wurde.« Und »nachdem diese üble Tat erfolgt war«, hätten die Juden dann die Schuld von sich weg auf die Illuminaten geschoben.

16 Zitiert in Paul Goodman, *Towards a Christian Republic: Antimasonry and the Great Transition in New England, 1826–1836*. New York 1988, S. 59. Diese Ansicht wurde nicht allgemein geteilt in der Antifreimaurer-Partei, wo andere Mitglieder die Freimaurerei für eine antichristliche Aktivität hielten, die von den Juden mit den »Jesuiten und französischen Atheisten« geprägt war. Zitiert in *The Antimasonic Party in the United States, 1826–1843* von William Preston Vaughn. Lexington 1983, S. 15.

17 Besonders EDUARD EMIL ECKERT, *Der Freimaurer-Orden in seiner wahren Bedeutung*. Magdeburg 1848. Das Werk wurde übersetzt (und von 30 auf über 800 Seiten ausgeweitet) als *La Franc-Maçonnerie dans sa véritable signification, ou son organisation, son but et son histoire*. Liège 1854.

18 BENJAMIN DISRAELI, *Lord George Bentinck: A Political Biography*. London 1852, S. 497.

19 GOUGENOT DE MOUSSEAUX, *Le Juif, le Judaïsme et la judaisation des peuples chrétiens*. Paris 1869, S. 340, Anm. 1, 342, 347, 515f.

20 C. C. DE SAINT-ANDRE [Pseud. f. E. H. CHABAUTY], *Franc-Maçons et Juifs, sixième age de l'église d'après l'Apocalypse*. Paris 1880, S. 652.

21 LEON MEURIN, *La Franc-Maçonnerie, synagogue de Satan*. Paris 1893, S. 260.

22 Jacob Katz, *Jews and Freemasons in Europe, 1723–1939*, übers. v. Leonard Oschry. Cambridge, Mass. 1970, S. 162.

23 Zitiert in Richard Pipes, *Russia under Bolshevik Regime*. New York 1993, S. 257.

24 WEBSTER, *World Revolution*, S. 307.

25 *Münchener Beobachter*, 9. November 1918.

26 FRIEDRICH WICHTL, *Freimaurerei – Zionismus – Kommunismus – Spartakismus – Bolschevismus*. Hamburg [1920].

27 Zitiert in Pfahl-Traughber, *Der antisemitisch-antifreimaurerische Verschwörungsmythos*, S. 66.

28 Katz, *Jews and Freemasons*, S. 221. In manchen verschwörerischen Kreisen wie der Nation of Islam, wird diese Identifizierung aufrechterhalten.

29 Beispiele in diesem und dem folgenden Absatz stammen, wenn nicht anders angegeben, aus H.D. Schmidt, »Anti-Western and Anti-Jewish Tradition in German Historical Thought«, *Leo Baeck Institute Year Book* 4 (1959), 37–60.

30 Eine Passage, die in der englischen Ausgabe taktvoll ausgelassen wurde; zitiert in Herman Bernstein, *The Truth about »The Protocols of Zion«: A Complete Exposure*. New York 1935, S. 65.

31 ÉMILE FLOURENS, *La France conquise: Edouard VII. et Clémenceau*. Paris [1907], S. 17, 28.

32 W.I. LENIN, *Imperialism the Highest stage of Capitalism: A Popular Outline*. New York 1933, S. 73 (dt.: *Imperialismus als höchstes Stadium des Kapitalismus*. Berlin 1989).

33   MARY E. LEASE, *The Problem of Civilization Solved*. Chicago 1895, S. 319f. Zitiert in Richard Hofstadter, *The Age of Reform: From Bryan to F.D.R.* New York 1955, S. 79.

34   G. BUTMI; *Vragi Roda Cheloviecheskago Posviashchaesia Soinzu Russkago Naroda*, 3. Auflage, St. Petersburg 1906, S. 109. Zitiert in *An Appraisal of the Protocols of Zion* von John S. Curtiss. New York 1942, S. 24.

35   29. Mai 1920. Nachdruck in *The International Jew: The World's Foremost Problem*. Dearborn, Mich. 1920, S. 30.

36   Zitiert in *America in the Eyes of the Germans: An Essay on Anti-Americanism* von Dan Diner. Princeton, N.J. 1997, S. 20, 67.

37   *The New York Times Magazine*, 29. April 1984.

38   Paul Hollander, *Anti-Americanism: Critiques at Home and Abroad, 1965–1990*. New York 1992, S. 364.

39   *The Washington Times*, 30. Januar 1992.

40   Diner, *Americans in the Eyes of the Germans*. Für frühere Beispiele siehe S. 66f., 70–73.

41   WILLIAM HOPE HARVEY, *Coin's Financial School*. Chicago 1894, S. 124.

42   »Es kommt vor, daß die sowjetische Regierung zu 90 Prozent aus Juden besteht«, erklärte Father Charles Coughlin 1930 vor dem Repräsentantenhaus. Zitiert in Donald Warren, *Radio Priest: Charles Coughlin, the Father of Hate Radio*. New York 1996, S. 33.

43   Von jüdischer Herkunft, aber nicht jüdischer Identifikation. Sie betrachteten sich als internationale Sozialisten und hielten keinerlei emotionale oder sonstige Bindungen zur jüdischen Gemeinschaft aufrecht.

44   Und Wladimir Lenin. Viele Antisemiten machten Lenin fälschlicherweise zu einem Juden namens Chaim Goldman. Bis zu einem fortgeschrittenen Stadium des Zusammenbruchs der Sowjetunion gelang es Lenin und der Kommunistischen Partei jedoch zu verbergen, daß sein Großvater mütterlicherseits, Dimitrowitsch Blank, ein Jude war, der 1820 zum russisch-orthodoxen Glauben konvertierte und den Namen Alexander annahm. Enthüllt wurde diese Tatsache in M. Stein, »Genealogiya rod Ulyanovikh«, *Literator*, 12. September 1990.

45   W.S. CHURCHILL, »Zionisms versus Bolshevism«, *Sunday Illustrated Herald*, 8. Februar 1920. Weishaupt benutzte das Pseudonym Spartacus.

46   In *Zionism in the Age of the Dictators*. London 1983.

47   Zionistische Führer waren bereit, »die Juden der Diaspora zu opfern« und verfolgten deshalb die »Politik, mit den Nazis zu verhandeln«. *Perdition: A Play in Two Acts*. London 1987, S. 35.

48   C.C. DE SAINT-ANDRE [Pseud. f. E.H. CHABAUTY], *Franc-Maçons et Juifs, sixième age de l'église d'après l'Apocalypse*. Paris 1880, S. 539.

49   Zum Beispiel MICHAEL SABA, *The Armageddon Network*. Brattleboro, Vt. 1984 und PAUL FINDLEY, *They Dare to Speak Out: People and Institutions Confront Israel's Lobby*, revid. Auflage, Chicago 1989.

50   Zum Beispiel Iliya Abu Ruways, *Al-Yuhudiya al-'Alamiya wa-Harbiba al-Mustamirra 'ala al-Masihiya*. Beirut 1993 und *Idharu al-Khadi 'aal-Yuhudiya*. Beirut 1988. Die beiden Titel haben die Bedeutung »Das Weltjudentum und der laufende Krieg gegen das Christentum« und »Achtung vor dem neuen jüdischen Betrug«.

51 YASUMASA KURODA, »Bush's New World Order: A Structural Analysis of In-
    stability and Conflict in the Gulf« in Tareq Y. Ismael und Jacqueline S. Ismael,
    Hrsg., *The Gulf War and the New World Order.* Gainesville 1994, S. 69.

52 Dean Rusk, wie mitgeteilt an Richard Rusk, *As I Saw It.* New York 1990,
    S. 380f. Für eine ausführliche Untersuchung der amerikanisch-israelischen
    Beziehungen siehe Daniel Pipes, *The Hidden Hand: Middle East Fears of Con-
    spiracy.* New York 1996, Kap. 8.

53 JOSEPH BREWDA, »Rabin Assassination Part of London's Terror Wave«, *The
    New Federalist.* 13. November 1995.

54 Mattias Gardell, *In the Name of Elijah Muhammad: Louis Farrakhan and the Na-
    tion of Islam.* Durham, N.C. 1996, S. 411.

55 Dennis King, *Lyndon LaRouche and the New American Fascism.* New York 1989,
    S. 273.

56 Kenneth S. Stern, *A Force upon the Plain: The American Militia Movement and the
    Politics of Hate.* New York 1996, S. 247. Konkret schreibt Stern (S. 69) über den
    Mann, der die Militia von Montana gegründet hat: »Wenn er von ›Schattenre-
    gierung‹ oder ›Bankenelite‹ sprach, wußten die Leute, daß er ›Juden‹ meinte.«

57 MICHAEL LIND, *Up from Conservatism: Why the Right Is Wrong for America.* New
    York 1996, S. 8. »ZOG« steht für Zionist Occupied Government.

58 Zum Beispiel PAT ROBERTSON, *The New World Order,* 1993, S. 74, 208, 243,
    256f.

59 Michael Lind, »Rev. Robertson's Grand International Conspiracy Theory«,
    The New York Review of Books, besonders S. 22, Kol. 3; und LIND, *Conserva-
    tism,* S. 101.

60 *The New York Times,* 4. März 1995.

61 JAMES PERLOFF, *The Shadows of Power: The Council on Foreign Relations and the
    American Decline.* Appleton, Wisc. 1988, S. 19, 217.

62 Robert S. Wistrich, *Antisemitism: The Longest Hatred.* New York 1991, S. 181.

63 *Protocolls of the Meetings of the Learned Elders of Zion.* London 1923, S. 33.

64 WEBSTER, *World Revolution,* S. 280.

65 ROBERTSON, *The New World Order,* S. 68.

66 ISHMAEL REED, *Mumbo-Jumbo.* Garden City, N.Y. 1972, S. 19f.

67 JOHN DANIEL, *Scarlet and the Beast: A History of the War between English and
    French Freemasonry.* 3 Bände. Tyler, Tex. 1995.

68 Außer wenn sie von Juden geschrieben waren. Für Beispiele siehe Jeffrey
    Goldberg, »The Protocols of the Teenagers of Zion«, *Jerusalem Post International
    Edition.* 7. Dezember 1991; und Ze'ev Chafets, »Sag, das es nicht so ist, Lin-
    ker«, *The Jerusalem Report,* 19. Mai 1994.

69 »The Great Conspiracy«, *The New York Times,* 2. Juli 1894.

70 Fred E. Foldway, »Blaming it All on Stamp Collectors«, *The American Philate-
    list,* Dezember 1991, S. 116f.

71 Wladimir Nabokov, *Fahles Feuer.* Hamburg 1968.

72 Text von MICHAEL LITCHFIELD. Berkeley, Cal. 1992. Weitere neue Beispiele
    von lustigem Verschwörungsdenken sind u. a. MICHAEL HOWARD, *The Occult
    Conspiracy: Secret Societies – Their Influence and Power in World History.* Roche-
    ster, Vt. 1989; ROBERT ERINGER; *The Conspiracy Peddlers: A Review of the Con-
    spiracy Media in the United States.* Mason, Mich. 1981; und JONATHAN VANKIN

und JOHN WHALEN, *50 Greatest Conspiracies of All Time: History's Biggest Mysteries, Coverups and Cabals* (Secaucus, N.J. 1955) mit angeschlossener World Wide Web Site (siehe Anhang C).

73 Calvin Trillin, »Tracing a Conspiracy of Cuckoos«, *The Philadelphia Inquirer*, 29. Juli 1995.

74 David Cogswell und Paul Gordon, *Chomsky for Beginners*. New York 1996.

75 Peter Partner, *The Murdered Magicians: The Templars and their Myth*. Oxford 1982.

76 WEBSTER, *World Revolution*, S. 314, 203, 309.

77 Ansprache vom 8. April 1917, zitiert in Richard Pipes, *The Russian Revolution*. New York 1990, S. 397.

78 Ebda., S. 396, 352.

79 Zitiert in James V. Compton, *The Swastika and the Eagle: Hitler, The United States, and the Origins of World War II*. Boston 1967, S. 259.

80 *Dearborn Independent*, 29. Mai 1920. Nachgedruckt in *The International Jew: The World's Foremost Problem*. Dearborn 1920, S. 29.

81 GARY ALLEN, *None Dare Call It Conspiracy*. Rossmore, Calif. 1972. ALLEN wiederholt das gleiche Thema auf S. 59, 62, 98, 102f., 106f.

82 Zitiert in Robert S. Wistrich, Hrsg., *The Left Against Zion: Communism, Israel and the Middle East*. London 1979, S. 225.

83 ALBERTO RIVERA und JACK T. CHICK, *My Name? . . . In the Vatican?* Zitiert in Johnson, *Architects of Fear*, S. 88.

84 Diese Erklärung ist erhältlich über http//www.conspire.com/conspire/chick.au.

85 Zitiert in Warren, *Radio Priest*, S. 189.

86 CARR, *Pawns in the Game*, S. 20.

87 Zitiert in Carlson, *Under Cover*, S. 44.

88 Zitiert in Warren, *Radio Priest*, S. 135.

89 James Dale Davidson und William Rees-Mogg, *The Great Reckoning: How the World Will Change in the Depression of the 1990s*. New York, S. 213.

90 *The Washington Times*, 27. September 1995.

91 Für ein französisches Beispiel s. Jean-Claude Barreau, *La France va-t-elle disparaître?* Paris 1997.

92 Zitiert in Michael Billig, »Rhetoric of the Conspiracy Theory: Arguments in National Front Propaganda«, *Patterns of Prejudice*, Sommer 1988, S. 28.

93 Tore Bjørgo, »Extreme Nationalism and Violent Discourses in Scandinavia: ›The Resistance‹, ›Traitors‹ and ›Foreign Invaders‹« in *Terror from the Extreme Right*, Hrsg. v. Tore Bjørgo. London 1995. S. 209

94 WLADIMIR SCHIRINOWSKI, *Posledniy Brosok na Yug* (Moskau S. 129.) Zitiert in Paul Quinn-Judge, »Zhirinovsky vs. the Turks«, *Middle East Quarterly*. Juni 1994, S. 88.

95 »Playboy Interview: Vladimir Zhirinovsky«, *Playboy*, März 1995, S. 59.

96 Alan J. Koman, »The Last Surge to the South: The New Enemies of Russia in the Rhetoric of Zhirinovsky«. *Studies in Conflict & Terrorism* 19 (1996), S. 310. Andere spekulieren, daß Schirinowski für die antitürkische Rhetorik Geld von der deutschen Rechten bekam.

97 Feldmarschall AUGUST NEITHARDT GNEISENAU (1760–1831), Text in Franz

Kobler, *Juden und Judentum in deutschen Briefen aus drei Jahrhunderten*. Wien 1935, S. 209.

98   ADOLF STOECKER, »Unsere Forderungen an das moderne Judentum«, *Christlich-Sozial: Reden und Aufsätze*. Bielefeld 1885, S. 44.

99   WILHELM MARR, *Der Sieg des Judenthums über das Germanenthum: Vom nicht confessionellen Standpunkt aus betrachtet*. Bern 1879, S. 22.

100 Zitiert in Warren, *Radio Priest*, S. 106.

101 Zitiert in John Roy Carlson [Pseud. f. Arthur Derounian], *Under Cover: My Four Years in the Nazi Underworld of America – The Amazing Revelation of How Axis Agents and Our Enemies Within Are Now Plotting to Destroy the United States*. New York 1943, S. 350.

102 Goodman, *Towards a Christian Republic*, S. 36, 23.

VIII Rechte Spinner, linke Kultursnobs

1   Die Fakten dieses Falles waren nicht klar, bis sie nachgewiesen wurden von Fritz Tobias in seiner monumentalen Studie *Der Reichstagsbrand; Legende und Wirklichkeit*. Rastatt 1962.

2   In WORLD COMITTEE FOR VICTIMS OF GERMAN FASCISM, *Braunbuch über Reichstagsbrand und Hitler Terror*. Basel 1933; *The Brown Book of the Hitler Terror and the Burning of the Reichstag*. London 1933, New York 1933; und *The Reichstag Fire Trial: The Second Brown Book of the Hitler*. London 1934. Das WORLD COMITTEE war tatsächlich eine kommunistische Fassade, die von dem sowjetischen Meisterpropagandisten Willi Münzenberg geleitet wurde.

3   Der Hollywood Film *Foreign Affair* (1948) erzählt diese Interpretation nach.

4   Zum Beispiel Robert Leckie, *Delivered from Evil: The Saga of the World War II*. New York 1987, S. 60.

5   Michael Kelly, »The Road to Paranoia«, *The New Yorker*, 19. Juni 1995.

6   Robert S. Wistrich, Einleitung zu Robert S. Wistrich, Hrsg., *The Left against Zion: Communism, Israel and the Middle East*. London 1979, S. viii.

7   GENNACY ZYUGANOV, *Za Gorizontom* (Moskau 1995).

8   PETER LANGAN von der Aryan Republican Army, Associated Press, 10. Februar 1997.

9   THE HISTORICAL RESEARCH DEPARTMENT, *The Secret Relationship Between Blacks and Jews*. Boston 1991, Bd. 1, S. vii.

10 *The Final Call*, 22. April 1991: Zitiert in Mattias Gardell, *In the Name of Elijah Muhammad: Louis Farrakhan and the Nation of Islam*. Durham, N.C. 1996, S. 278.

11 Zitiert in Kenneth S. Stern, *A Force upon the Plain: The American Militia Movement and the Politics of Hate*. New York 1996, S. 97.

12 Zitiert in Arthur J. Magida, *Prophet of Rage: A Life of Louis Farrakhan and His Nation*. New York 1996, S. 155.

13 *The New York Times*, 12. Oktober 1985.

14 ADOLF HITLER, *Mein Kampf*. München 1935, S. 356. Zuerst erschienen 1925–1927.

15 Zitiert in Ran Marom, »The Bolsheviks and the Balfour Declaration 1917–1920«, *The Wiener Library Bulletin*, Bd. 29. Nr. 37/38 (1976), S. 22.

16   TODD GITLIN, »The Stoning of Oliver and the Fascination of JFK«, *Tikkun*, März-April 1992, S. 54.

17   Richard S. Levy, *Antisemitism in the Modern World: An Anthology of Texts*. Lexington, Mass. 1991, S. 7.

18   Walter Laqueur, *Black Hundred: The Rise of the Extreme Right in Russia,* S. xv.

19   Michael Lerner, *The Socialism of Fools: Anti-Semitism on the Left*. Oakland, Calif. 1992, S. v, 39.

20   Michael Billig, »The Extreme Right: Continuities in anti-Semitic Conspiracy Theory in Post-War Europe« in Roger Eatwell und Noël O'Sullivan, Hrsg., *The Nature of the Right: American and European Policies and Political Thought since 1789*. Boston 1989, S. 149.

21   Richard Hofstadter, »The Paranoid Style in American Politics« in Richard Hofstadter, *The Paranoid Style in American Politics and Other Essays*. New York 1967, S. 1, 3. Dieses Kapitel befindet sich notabene in einem Abschnitt mit dem Titel »Studies in the American Right«.

22   Seymour Martin Lipset und Earl Raab, *The Politics of Unreason: Right-Wing Extremism in America 1790–1970*. New York 1970.

23   George Johnson, *Architects of Fear: Conspiracy Theories and Paranoia in American Politics*. Los Angeles 1983, S. 199 und auch S. 13f., 69, 166.

24   Dennis King, *Lyndon LaRouche and the New American Fascism*. New York 1989.

25   In der Zeit zwischen den zwei Weltkriegen gab es mehr als nur einige Ausnahmen und das nicht nur in Deutschland. In der englischsprachigen Welt gab es so hochrangige Schriftsteller wie HILAIRE BELLOC, G. K. CHESTERTON, EZRA POUND und HUGH WALPOLE, die das Verschwörungsdenken der Rechten übernahmen.

26   MARY STEWART RELFE, *When Your Money Fails . . . the »666 System« Is Here*. Montgomery, Ala. 1981, S. 127f.

27   »Das folgende auf Mai 1979 datierte Dokument [in dem die Illuminaten den Vereinigten Staaten den Krieg erklären] wurde am 7. Juli 1986 in einem IBM Kopiergerät gefunden, das gebraucht gekauft wurde.« MILTON WILLIAM COOPER, »Behold a Pale Horse«. Sedona, Ariz. 1991, S. 36.

28   Nach dem Einmarsch in Kuwait kamen die Iraker mit einem offensichtlich gefälschten Memorandum aus dem Kuwaiter Archiv, das gemeinsame Anstrengungen von Kuwait und CIA nachwies, um die irakische Wirtschaft zu schwächen. Dieses Memorandum wurde von SALINGER und ERIC LAURENT komplett nachgedruckt und oft verwendet in ihrem Buch *Guerre du Golfe: Le dossier secret*. Paris 1991; die englische Übersetzung von Howard Curtis trug den Titel *Secret Dossier: The Hidden Agenda behind the Gulf War*. Harmondsworth (England) 1991.

29   Robert F. Barsky, *Noam Chomsky: A Life of Dissent*. Cambridge, Mass. 1997, S. 3.

30   WILLIAM GUY CARR, *The Red Fog over America*. Willowdale, Ont. 1955, S. 170, 172. Siehe auch WILLIAM GUY CARR, *The Devil's Poison: Or »The Truth about Fluorine«* (Willowdale, Ont. 1956). Die gleiche Organisation interpretierte die »Veröffentlichung von Verbrechen und Sex Comics« als »Bestandteil eines kommunistischen psychologischen Krieges«. Siehe WILLIAM GUY CARR, *Pawns in the Game*, 2. Auflage Toronto 1956, S. 127.

31   RELFE, *When Your Money Fails*. Einige Christen glauben, daß die Nummer 666

»das Zeichen des Tiers« der Offenbarung des Johannes 13:16–17 ist (weil 666 die numerische Wertigkeit im Hebräischen des Namens vom römischen Kaiser Nero bedeutet. SERGEJ NILUS, der die *Protokolle der Weisen von Zion* als erster in Buchform veröffentlichte, hatte dazu in einer kuriosen Parallele ein System entwickelt, mit dem er Zeichen des Antichrist in Handelswarenverzeichnissen entdeckte.

32 *The Washington Times*, 28. April 1996. (Maurer-Gläser? Das klingt schon verdächtig).

33 *The New York Times*, 18. September 1996. Wenige Monate später schrieb Boutros-Ghali in einer besseren Laune den schwarzen Helikoptern zum Teil das amerikanische Veto gegen seine zweite Amtszeit zu.

34 TONY MARTIN vom Wellesley College in Massachusetts hält Juden für den Sklavenhandel verantwortlich. LEONARD JEFFRIES, JR. von der City University in New York ist der Meinung, daß die Juden in einem Komplott aktiv waren, »das in Hollywood ausgeheckt und geschmiedet wurde«, um »das schwarze Volk zu vernichten«. Ebda., 11. August 1991.

35 Besonders einflußreich ist MARTIN BERNAL, *Black Athena: The Afroasiatic Roots of Classical Civilization*, 2 Bände (New Brunswick, N.J. 1987–1991). Es rief sogar eine seriöse, vollständige Widerlegung hervor: Mary Lefkowitz, *Not Out of Africa: How Afrocentrism Became an Excuse to Teach Myth as History*. New York 1996.

36 SUSAN FALUDI, *Backlash: The Undeclared War against American Women*. New York 1991, S. xviii, xxii, 56, 69, xxi.

37 JOEL KOVEL, *Red Hunting in the Promised Land: Anticommunism and the Making of America*. New York 1994, S. 11f.

38 PETER H. SMITH, *Talons of the Eagle: Dynamics of U.S.-Latin American Relations*. New York 1996.

39 J. M. ROBERTS, *The Mythology of the Secret Societies*. New York 1972, S. 139.

40 William Korey, »The Soviet Protocols of the Elders of Zion« in Theodore Freedman, Hrsg., *Anti-Semitism in the Soviet Union: Its Roots and Consequences*. New York 1984.

41 Wistrich, Einleitung, S. viii-ix.

42 Nora Levin, *The Jews of the Soviet Union since 1917: Paradox of Survival*. New York 1988, S. xxiii.

43 EDWARD JAY EPSTEIN, *Inquest: The Warren Commission and the Establishment of Truth*. New York 1966; MARK LANE, *Rush to Judgement: A Critique of the Warren Commission's Inquiry into the Murders of President John F. Kennedy, Officer J. D. Tippitt and Lee Harvey Oswald*. New York 1966.

44 THOMAS C. BUCHANAN, *Who Killed Kennedy?* New York 1964; JOACHIM JOESTEN, *Oswald: Assassin or Fall-Guy?* New York 1964; SYLVIA MEAGHER, *Accessories after the Fact: The Warren Commission, the Authorities, and the Report*. Indianapolis 1967; und HAROLD WEISBERG; *Whitewash: The Report on the Warren Report*. Hyattstown, Md. 1965.

45 JIM GARRISON, zitiert in Gerald Posner, *Case Closed: Lee Harvey Oswald and the Assassination of JFK*. New York 1993, S. 443.

46 Steven E. Ambrose, »Writers on the Grassy Knoll: A Reader's Guide«, *The New York Times Book Review*, 2. Februar 1992.

47 Posner, *Case Closed*, S. x.

48 Für eine entschiedene Nichtanerkennung von Bemühungen, Sirkhan mit einer Verschwörung zu verbinden, s. Dan E. Moldea, *The Killing of Robert F. Kennedy: An Investigation of Motive, Means and Opportunity*. New York 1995, besonders Kap. 30.

49 Nicht veröffentlichte Umfrage von New York Times/CBS, 22.–25. Januar 1992; in »Belief in Conspiraca Theories«, *Political Psychology* 15 (1994): 733. Berichtet von Ted Goertzel.

50 JONATHAN VANKIN, *Conspiracies, Cover-Ups, and Crimes: Political Manipulation and Mind control in America*. New York 1991, S. 205, 191.

51 MICHAEL LIND, *Up from Conservatism: Why the Right Is Wrong for America*. New York 1996, S. 85, 80f., 94f., 86f.

IX Der Preis des Verschwörungsdenkens

1 Norman Cohn, *Warrant for Genocide: The Myth of the Jewish World Conspiracy and the Protocols of the Elders of Zion*. London 1967, S. 223.

2 Swetlana Allilujeva, *Only One Year*. Engl. Übersetzung von Paul Chavchavadze. New York 1969, S. 392.

3 Clarence Page, »Evasive Genocide Blamers«, *The Washington Times*, 16. August 1991.

4 JOHN HARRELL, zitiert in *The Wall Street Journal*, 24. April 1995.

5 Paul Hollander, *Anti-Americanism: Critiques at Home and Abroad, 1965–1990*. New York 1992.

6 WLADIMIR I. LENIN, *What Is to Be Done? Burning Questions of our Movement*, Übersetzung von George Hanna und Victor J. Jerome (New York, International Publishers, 1969), S. 133.

7 Leonard Schapiro, *The Communist Party of the Soviet Union*. New York 1960, S. 61.

8 David Annan, »Nationalist Secret Societies« in Norman MacKenzie, Hrsg., *Secret Societies*. New York 1967, S. 201.

9 Richard Pipes, Introduction to Richard Pipes, Hrsg., *The Unknown Lenin: From the Secret Archive*. New Haven 1996, S. 3f. Für Beispiele von Lenins Verschwörungen s. S. 74, 122, 125, 132, 138, 164.

10 Zitiert in Andrew and Gordievsky, *KGB*, S. 48.

11 Die Nazis übernahmen auch aus anderen verschwörerischen Quellen. So übernahm etwa die SS die geheimen Schwüre, Riten, Hierarchien und sonstige Paraphanalia der Ritterorden des Mittelalters.

12 Zitiert in James Webb, *The Occult Establishment*, Band 2 von *The Age of the Irrational*. La Salle, Ill. 1976, S. 320. Ignatius von Loyola gründete den Jesuitenorden.

13 Hermann Rauschning, *Gespräche mit Hitler*. New York 1940, S. 224f.

14 Alexander Stein, *Adolf Hitler, Schüler der »Weisen von Zion«*. Karlsbad 1936, S. 34–37, 39–44 bietet Wort-für-Wort-Vergleiche zwischen dem Text der *Protokolle der Weisen von Zion* und Hitlers Reden zu diesem und vielen anderen Punkten.

15 »Dialoge in der Hölle« beziehen sich auf Un Contemporain [Pseud. f. Maurice Joli], *Dialogue aux enfers entre Machiavel et Montesquieu: ou la politique de Machiavel au XIX siècle* (Brüssel 1864), eine Satire, die in vielem die Grundlage der *Protokolle* darstellt.

16 Herman Bernstein, *The Truth about »The Protocols of Zion«: A Complete Exposure*. New York 1935, S. 60ff.

17 *Protocols of the Meetings of the Learned Elders of Zion*, Übersetzung von Victor E. Marsden. London 1923, S. 52.

18 Hannah Arendt, *Elemente und Ursprünge totalitärer Herrschaft*. Frankfurt 1955, S. 533, 536.

19 Norman Cohn, *Warrant for Genocide: The Myth of the Jewish World Conspiracy and the Protocols of the Elders of Zion*. London 1967, S. 213. Für einen Abriß des Messianischen Zeitalter wie dargestellt in den *Protokollen der Weisen von Zion* s. ebda., S. 70ff.

20 Brandon M. Stickney, *»All-American Monster«: The Unauthorized Biography of Timothy McVeigh*. Amherst, N. Y, 1996, S. 159.

21 *The New York Times*, 13., 18. Dezember 1995.

22 Michael Barkun, zitiert ebda., 26. April 1995.

23 Karl R. Popper, *Conjectures and Refutations: The Growth of Scientific Knowledge*. London 1963, S. 342 (dt.: *Vermutungen und Widerlegungen. Das Wachstum der wissenschaftlichen Erkenntnis*. Tübingen 1994).

24 Walter Laqueur, *Black Hundred: The Rise of the Extreme Right in Russia*, S. 103.

25 Michael Billig, *Fascists: A Social Psychological View of the National Front*. London 1978, S. 326.

26 David Pryce-Jones, *The Closed Circle: An Interpretation of the Arabs*. New York 1989, S. 102.

27 Louis Rapoport, *Stalin's War against the Jews: The Doctors' Plot and the Soviet Solution*. New York 1990, S. 218f.

28 Robert Wernick, »Don't Look Now – But All Those Plotters Might Be Hiding under Your Bed«, *Smithsonian*, März 1994, S. 120.

29 Seymour Martin Lipset und Earl Raab, *»The Politics of the Unreason: Right-Wing Extremism in America, 1790–1970*. New York 1970, S. 95 übertreiben, wenn sie den Anti-Katholizismus als »den Antisemitismus der Protestanten während des 19. Jahrhunderts« beschreiben.

30 Zitiert in *Anti-Semitism Worldwide. 1995/96*, S. 265.

31 H. D. Schmidt, »The Idea and Slogan of ›Perfidious Albion‹«, *Journal of the History of Ideas* 14 (1953), S. 609.

32 R. J. Rummel, *China's Bloody Century: Genocide and Mass Murder since 1900*. New Brunswick, N.J. 1991, S. IX.

33 R. J. Rummel, *Death by Government*. New Brunswick, N.J. 1994, S. 4. Sogar diese Liste, die bis 1987 zurückgeht, ist alles anders als vollständig, da sie mörderische Regime in Äthiopien und in Irak und auch jüngstere wie Serbien, Sudan und Ruanda nicht berücksichtigt.

34 Am 28. Juni 1967 in CBS News über *The Warren Report* gesprochen, S.16f. Zitiert in Gerald Posner, *Case Closed: Lee Harvey Oswald and the Assassination of JFK*. New York 1993, S. 470.

35 *The New York Times*, 11. August 1991.

36 Charles Paul Freund, »If History Is a Lie«, *The Washington Post*, 19. Januar 1992.
37 Michael Barkun, »Religion, Militias and Oklahoma City: The Mind of Conspiratorialists«, *Terrorism and Political Violence*, Frühling 1996, S. 61f. Chip Berlet von den Political Research Associates, der optimistisch ist, ist der Meinung, daß eine größere Aufmerksamkeit für Milizen die Folge haben wird, daß viele Mitglieder diese Gruppen verlassen. Associated Press, 30. März 1997
38 Charles Krauthammer, »JFK‹: A Lie, But Harmless«, *The Washington Post*. 10. Januar 1992
39 Kurt Andersen, »The Age of Unreason«, *The New Yorker*, 3. Februar 1997.
40 *L'Express*, 17. Januar 1992.
41 *The New York Times*, 12. Dezember 1996.
42 Für ein Beispiel siehe Akop Nazaretyan, »Don't Forget the Fool«, *The Moscow Times*, 19. März 1995.

Anhang A
Vorteilhafter Antisemitismus

1 In C.R. Ashbee, *A Palestine Notebook, 1918–1923* (Garden City, N.Y. 1923, S. 90f.).
2 Frühere Beispiele in dieser Richtung schlossen die Angst von einer jüdischen Weltverschwörung nicht ein. Ein Beispiel geht auf 1807 zurück, als Napoleon einen »Großen Sanhedrin« in Hinblick auf die Idee einberief, den europäischen Juden eine zentrale Regierung zu geben, um so ihre Gunst zu erlangen. Er hoffte, daß die jüdischen Geschäftsleute für ihn Partei ergreifen und ihm bei einer Blockade gegen Großbritannien helfen würden.
3 GYÖZÖ ISTÓCZY, Rede vor dem ungarischen Parlament, 25. Juni 1878. Text in W. MARR, *Vom jüdischen Kriegschauplatz: Eine Streitschrift*. Bern 1879, S. 43. Hat ISTÓCZY den achtzehnjährigen Theodor Herzl beeinflußt, der in Budapest studierte? Moshe Zimmerman erwähnt diese Möglichkeit in *Wilhelm Marr: The Patriarch of Anti-Semitism*. New York 1986, S. 87.
4 MARR, *Vom jüdischen Kriegsschauplatz*, S. 39.
5 Zitiert in David G. Goodman und Masanori Miyazawa, *Jews in the Japanese Mind: The History and Uses of a Cultural Stereotype*. New York 1995, S. 82.
6 Ebda., S. 82f.
7 Das Foreign Office an St. Petersburg, 11. März 1916. Zitiert in Elie Kedourie, *Arabic Political Memoirs and Other Studies*. London 1974, S. 238.
8 Mark Sykes an George Arthur, 18. März 1916. Text in ebda., S. 240f.
9 Zitiert in Leonard Stein, *The Balfour Declaration*. New York 1961, S. 547.
10 Zitiert in ebda., S. 348.
11 Moshe Ma'oz, *Syria and Israel: From War to Peace-making*. Oxford 1995, S. 4.
12 Zitiert in Neil Caplan, *Futile Diplomacy*, Band 2: *Arab-Zionist Negotiations and the End of the Mandate*. London 1986, S. 49.
13 Zitiert in ebda.
14 Israel Television, 25. August 1993.
15 *Ha'aretz*, 16. August 1995.
16 Gesprochen Ende der zwanziger Jahre, zitiert in Oded Eran und Jerome

E. Singer, »Soviet Policy towards the Arab World, 1955–71«, *Survey*, Herbst 1971, S. 10, Anm. 2.

17   KORESHIGE INUZUKA, ein »offiziell anerkannter Antisemit«, in einem »Brief an den Führer der Juden«, zitiert in Goodman und Miyazawa, *Jews in the Japanese Mind*, S. 130f.

18   Marvin Tokayer und Mary Swartz, *The Fugo Plan: The Untold Story of the Japanese and the Jews during World War II*. New York 1979, besonders S. 44–61. (Man kann den sehr schmackhaften, aber extrem giftigen Fisch essen, doch nur, wenn die giftigen Teile von erfahrenen Händen entfernt werden; in ähnlicher Weise wurden Juden als potentiell äußerst nützlich, doch gefährlich betrachtet, wenn man sie falsch behandelte.)

Anhang B
Stalins wunder Punkt

1   Zitiert in Christopher Andrew und Oleg Gordievsky, *KGB: The Inside Story of Its Foreign Operations from Lenin to Gorbachev*. New York 1990, S. 145

2   Zitiert in Vladimir Petrov, *»June 22, 1941«: Soviet Historians and the German Invasion*. Columbia 1968, S. 322.

3   Zitiert in Andrew und Gordievsky, *KGB*, S. 269.

4   H. P. Willmott, *The Great Crusade: A New Complete History of the Second World War*. New York 1990, S. 144.

5   Für eine revisionistische These, nach der Stalin einen Überraschungsangriff gegen Deutschland vorbereitete, s. Edvard Radzinsky, *Stalin*, Übersetzung von H. T. Willetts, New York 1990, S. 450–459.

6   Zitiert in John Erickson, *Stalin's War with Germany*, Bd. 1, *The Road to Stalingrad*. New York 1975, S. 104, 108.

7   Zitiert in William L. Shirer, *The Rise and Fall of the Third Reich: A Hitory of Nazi Germany*. New York 1960, S. 842.

8   »Muß angenommen werden« löste eine weitverbreitete Bestürzung aus. Die »anderen Beweggründe, die mit der sowjetisch-deutschen Beziehung nicht in Beziehung stehen«, könnten sich auf Hitlers vertraulichen Brief einige Monate zuvor beziehen, in dem er die Bewegung deutscher Truppen nach Osten mit der Absicht erklärte, sie vor Luftangriffen der Engländer zu schützen.

9   Zitiert in Dmitri Volkogonov, *Triyumfi i Tragediya: politicheskii portret I. V. Stalina* (Moskau 1989), als *Stalin: Triumph and Tragedy*, hrsg. und übers. v. Harold Shukman. London 1991, S. 396.

10   Zitiert in Erickson, *The Road to Stalingrad*, S. 10.

11   Zitiert in ebda., S. 111.

12   Zitiert in ebda., S. 124.

13   Zitiert in Shirer, *The Rise and Fall of the Third Reich*, S. 852.

14   Geheime Rede vom Februar 1956, zitiert in Edward Crankshaw, *Khrushchev Remembers*, übersetzt und hrsg. von Strobe Talbott. Boston 1970. S. 610.

15   Erickson, *The Road to Stalingrad*, S. 80.

16   Andrew und Gordievsky, *KGB*, S. 262.

17   Ebda., S 267.

18 Zitiert in Erickson, *The Road to Stalingrad*, S. 109.

19 Geheime Rede von Februar 1956, zitiert in Crankshaw, *Khrushchev Remembers*, S. 590.

20 Zitiert in Robert Leckie, *Delivered from Evil: The Saga of World War II*. New York 1987, S. 92.

21 Crankshaw, *Khrushchev Remembers*, S. 128.

22 Zitiert in Robert C. Tucker, *Stalin in Power: The Revolution from Above, 1928–1941*. New York 1990, S. 275.

23 Radzinsky, *Stalin*, S. 313.

24 Man sollte beachten, daß dies nicht die einzigen irrigen Verschwörungstheorien Stalins über die Nazis waren. Er hatte früher eine Verbindung seiner Rivalen zu den Nazis heraufbeschworen, die mit Trotzki anfing und viele andere einbeschloß. Er entwickelte dann eine Geschichte, derzufolge sie versuchten, die sowjetische Wirtschaft zu sabotieren. Er sah sogar deutsche Hände in der Roten Armee im Spiel.

Anhang C
Das Internet

1 Kenneth S. Stern, *A Force upon the Plain: The American Militia Movement and the Politics of Hate*. New York 1996, S. 228.

2 Für eine detaillierte Widerlegung der »friendly fire«-Theorie siehe Ronald Lewis in http://www.infowar.com. Für eine Zusammenschau dieses seltsamen Vorfalls siehe Frank J. Prial, »How Salinger Got Tangled in TWA-crash Web«, *The Washington Times*, 17. November 1996; und Jonathan Vankin und John Whalen, »How a Quack Becomes a Canard«, *The New York Times Magazine*, 17. November 1996.

3 Für einen Überblick und eine Analyse der antisemitischen Aktivitäten s. David S. Hoffman, *The Web of Hate: Extremists Exploit the Internet*. New York 1996.

4 Robert F. Barsky, *Noam Chomsky: A Life of Dissent*. Cambridge, Mass. 1997.

Namenregister

Sachregister